Marius Reiser

Die Letzten Dinge
im Licht des
Neuen Testaments

Marius Reiser

Die Letzten Dinge
im Licht des Neuen Testaments

Patrimonium-Verlag 2013

Impressum

© **2013** by
Patrimonium-Verlag
Büro: Abtei Mariawald
52396 Heimbach/Eifel

Tel.: 0 24 46 / 95 06 15
Fax.: 0 24 46 / 95 06 15
E-mail: info@patrimonium-verlag.de
Internet: www.patrimonium-verlag.de

Printed in Germany

Gestaltung, Druck und Herstellung
Druck & Verlagshaus Mainz GmbH
Süsterfeldstraße 83
52072 Aachen

Auslieferung
Verlagsgruppe Mainz
Süsterfeldstraße 83
52072 Aachen

Tel: 0241 / 87 34 34
Fax: 0241 / 87 55 77
Internet: www.verlag-mainz.de

Abbildungsnachweis
Umschlag: „*Apokalyptisches Lamm auf dem Buch mit sieben Siegeln*", Johann Heinrich Rohr, um 1775, Bild: Apokalyptisches_Lamm.JPG, Eigene Fotografie im Dommuseum Köln, Dezember 2004, Urheber: Hafenbar, *http://upload.wikimedia.org/wikipedia/commons/c/c8/Apokalyptisches_Lamm.JPG*

ISBN-10: 3-86417-018-4
ISBN-13: 978-3-86417-018-8

Vorwort

„Wie kam es zu dem langweiligen und gelangweilten Christentum, das wir in der Neuzeit beobachten, aus eigener Erfahrung kennen?“ So fragt Joseph Ratzinger in seinem 1977 publizierten Büchlein über die Eschatologie.[1] In der Tat fehlt es dem heutigen Christentum im westlichen Europa an Kühnheit, Schwung, Esprit, Humor, Aufbruchswille, Experimentierfreude, Opferbereitschaft und Angriffslust in geistigen Auseinandersetzungen. Der missionarische Geist ist völlig dahin. Dieses Christentum ist nicht nur langweilig und gelangweilt, sondern tief verunsichert und ganz in die Verteidigungsposition gerückt. Im Haus der Kirche bröckelt es an allen Ecken und Enden, und man kommt mit Reparieren nicht nach. Ein Hauptgrund, wenn nicht der Hauptgrund dafür, ist meines Erachtens die Verdrängung der Letzten Dinge in der Verkündigung der Kirche und im Bewußtsein der Gläubigen. Mit dieser Verdrängung hat das christliche Leben sein Ziel, seine Rechtfertigung und seine Motivation verloren. Übrig bleibt ein wenig frommer Balsam für die verwundete Seele, ein Rest von Humanismus und mit den verbleibenden Kräften soziales Engagement. Wen wollen wir damit noch begeistern? Und was hat das mit dem Evangelium zu tun?

Wie es eigentlich zu dem langweiligen und gelangweilten Christentum der Neuzeit kam, ist ein Thema für Historiker, die sich mit Mentalitäts- und Kulturgeschichte befassen. Die Einführung zu diesen Beiträgen thematisiert nur knapp den allgemein feststellbaren Überzeugungswandel im Hinblick auf das Jenseits und die Letzten Dinge. Deutlich sichtbar setzt er ein mit der sogenannten Aufklärung im 18. Jahrhundert. Letztlich ist dieser Überzeugungswandel wohl darauf zurückzuführen, daß nicht nur die sogenannten Ungläubigen, sondern auch die Christen Gott nicht mehr ernst nehmen. Aber dieser Aspekt der Angelegenheit kann hier nicht Thema sein.

So geht es in der Einführung vor allem um den unausweichlichen Bildcharakter aller Rede über die Letzten Dinge. Der Versuch, darüber ganz bildlos zu reden oder sie zu entmythologisieren, gehört zum Erbe der Aufklärung, die ihr Heil in Begriffen und Abstraktionen suchte; er endet notwendig in einem Antiquitätenkabinett unverstandener Bilder oder im ratlosen Schweigen. Die Theologie sollte dringend zu einer neuen Würdigung der Bilder kommen. Dabei muß allerdings das Bewußtsein für die Metaphorik aller konkreten Schilderungen des Jenseits geschärft werden. Ein entsprechender Mangel ist bei zahlreichen Höllendarstellungen vom Mittelalter bis in die Neuzeit hinein zu beobachten. Da findet man das Höllenfeuer, den Gestank, den Lärm, die Qualen und die vulgäre Gesellschaft dieses „Kerkers“ beschrieben und sogar die genaue Dicke seiner

[1] *J. Ratzinger*, Eschatologie – Tod und ewiges Leben (Kleine katholische Dogmatik Bd. 9), Regensburg 1977, 22.

Mauern. Im Gegensatz dazu steht dann die Lieblichkeit des himmlischen Paradieses, der Blumenduft, die selige Stille und die Gesellschaft der Engel und Heiligen. Ein Recht zu solchen Schilderungen hat nur, wer deutlich macht, daß all das analoge und übertragene Rede zur Veranschaulichung theologischer Sachverhalte ist. Im übrigen schiene es mir für die Verkündigung der Letzten Dinge sinnvoll, mehr das göttliche Gericht zu thematisieren, vor dem wir unser Leben zu verantworten haben. Das Alte wie das Neue Testament bietet sehr unterschiedliche Bilder dafür und neue, moderne lassen sich durchaus finden.

Die fünfzehn Beiträge über eschatologische Themen streben wenigstens für das Neue Testament ein Gesamtbild an, das natürlich nicht in jedem Betracht gleich detailliert sein kann. Sie haben unterschiedlichen Charakter. Die ersten fünf Beiträge sind aus öffentlichen Vorträgen hervorgegangen und können als Überblick über das Gesamtthema gelesen werden. Einer davon stellt eine fiktive Erzählung dar, deren didaktischer Zweck wohl durchsichtig ist. Die acht folgenden Beiträge befassen sich mit einzelnen Aspekten der Eschatologie in den neutestamentlichen Texten. Es geht mir jedoch in fast allen diesen Beiträgen nicht nur um die historisch faßbaren Konzeptionen und Motive mit ihrem jüdischen Hintergrund, sondern auch um ihre Rezeption und Ausgestaltung in der christlichen Tradition. Welche Folgen eine andere Eschatologie für die praktische Lebensgestaltung hat, zeigt der siebte Beitrag über „Spaßkultur und Todeskultur".

Die beiden letzten Beiträge über das christliche Geschichtsbild und John Henry Newmans „Traum des Gerontius" ergänzen sich von der Sache her gegenseitig. Das christliche Geschichtsbild denkt global; es setzt ein mit der Schöpfung, sieht Christus in der dramatischen Schlüsselrolle und blickt voraus auf das allgemeine Gericht und die Vollendung aller Dinge. Innerhalb dieses Dramas steht jeder Mensch mit seiner persönlichen Geschichte, die mit dem Tod an ihren Gerichtstag gelangt. Diese Sicht der Dinge muß das Christentum wieder in das lebendige Bewußtsein aufnehmen, wenn es sich nicht ganz auflösen will.

Die bereits früher publizierten Beiträge sind überarbeitet, auf einander abgestimmt und teilweise erweitert worden. Abkürzungen für Quellenliteratur, Zeitschriften, monographische Reihen und Standardwerke richten sich nach dem Abkürzungsverzeichnis der Theologischen Realenzyklopädie (TRE), nach dem Lexikon der Alten Welt (Zürich 1963) (LAW) oder nach der 3. Auflage des Lexikons für Theologie und Kirche (LThK). Übersetzungen stammen, wenn nicht anders angegeben, vom Verfasser. Er hat sich als Neutestamentler vielfach auf dogmatisches Gebiet begeben und ist für sachliche Kritik und Korrekturen immer dankbar.

Ich danke dem Bernardus-Verlag für die Anregung zu diesem Band und die Übernahme in sein Programm.

Heidesheim, am Hochfest der Geburt des hl. Johannes des Täufers 2013

Marius Reiser

Inhalt

Einführung: Eschatologie und Metaphorik

1. Ein Überzeugungswandel in der Moderne

Die Letzten Dinge sind traditionsgemäß vier: Tod, Gericht, Himmel und Hölle. Aber wie können wir über diese Dinge Bescheid wissen? Woher nehmen wir unsere Kenntnis darüber? Oder ist alles, was wir darüber zu wissen meinen, imaginär? Diese Ansicht scheint sich heute mehr und mehr durchzusetzen, selbst unter Christen oder solchen, die noch als Christen gelten wollen. Die kirchliche Verkündigung zieht es für gewöhnlich vor, darüber zu schweigen oder mit einigen allgemeinen Bemerkungen darüber hinwegzugehen. Das ist nicht etwa eine Entwicklung der letzten Jahrzehnte. Anhand von publizierten Predigten und Predigtzeitschriften läßt sich zeigen, wie sich diese Verhältnisse im 19. Jahrhundert anbahnen und dazu führen, daß im Laufe des 20. Jahrhunderts die traditionelle Eschatologie allmählich aus der christlichen Verkündigung verschwindet. Hölle und Fegfeuer werden zunehmend ausgeblendet oder explizit geleugnet, Gottes Liebe und Erbarmen decken angeblich alle Mängel zu, der Himmel geht auf alle über und über allen auf.[1]

Aber wo bleiben dann Recht und Gerechtigkeit, nach denen der Mensch doch so sehr verlangt? Welche Faszinationskraft hat der Himmel noch, wenn er allein übrig bleibt, und dies vielleicht nur als abstrakter Begriff? Kann der Himmel noch Himmel bleiben, wenn alle, so wie sie sind, hineinkommen? Kann er überzeugend verkündet werden – ohne irgendeine Form von Gericht und Fegfeuer? Wenn wir ehrlich sind, müssen wir zugeben, daß wir das selbst nicht glauben. Die Folge unserer unstimmigen Überzeugungen und unserer unehrlichen Haltung aber ist, daß um uns herum der Glaube an ein Jenseits überhaupt verblaßt und verschwindet. Für dieses Verblassen und Verschwinden wiederum dürfte die kirchliche Verkündigung nur ein Symptom sein. Schon vor Jahrzehnten bemerkte Hans Urs von Balthasar, daß der moderne Mensch des Fragens über die Zeit hinaus ins Ewige hinein „irgendwie tief überdrüssig geworden“ sei:

> Er lehnt nicht im einzelnen die denkerischen Ergebnisse oder Religions- und Kultursysteme ab, die dem Leben einen Sinn vom Jenseits her gaben; er ist des Fragens selbst müde geworden. Er ist, wie Comte so simpel aber die Tatsachen treffend feststellt, aus einem religiösen und metaphysischen Menschen zu einem Menschen der Wissenschaft geworden, das heisst zu einem, der sich mit dem Ordnen des Diesseits *begnügt*, so weit es sich eben ordnen lässt. Der moderne Mensch ist metaphysisch resigniert, er lebt in der Bescheidung, er ist sehr, sehr bescheiden geworden.[2]

---

[1] Vgl. *M.N. Ebertz*, Die Zivilisierung Gottes. Der Wandel von Jenseitsvorstellungen in Theologie und Verkündigung, Ostfildern 2004, hier besonders 197–200. 238–246.

[2] *H.U. von Balthasar*, Die letzten Dinge des Menschen und das Christentum, in: *Ders.*, Eschatologie in unserer Zeit (Vorwort von A.M. Haas, Nachbetrachtung von J.-H. Tück), Einsiedeln, Freiburg 2005, 87–115, hier 91.

Der moderne Mensch ist des Fragens nach dem Jenseits müde geworden und „metaphysisch resigniert". Diese Beobachtung macht um dieselbe Zeit wie Hans Urs von Balthasar auch Reinhold Schneider in seinen letzten Aufzeichnungen:

> Das Korn will Erdreich, in dem es sterben kann, um aufzuerstehen. Wenn der Mensch das ewige Leben weder ersehnt noch fürchtet – und dieser Zone sind wir sehr nah –, verdorrt das Korn für immer. Der Glaube an Auferstehung setzt den Wunsch nach Auferstehung voraus – oder die Angst vor dem Nichts. Aber weder dieser Wunsch noch die Angst verstehen sich von selbst; in der Definition des Menschlichen, soweit sie überhaupt möglich ist, sind sie nicht eingeschlossen. Menschentum kann sich darstellen, formen, ohne von der Frage nach Unsterblichkeit beunruhigt zu werden: hier ist die Grenze der Verkündung, der Mission, des Wortes, des Christentums.[3]

Diese Einschätzung der Dinge wurde durch eine Umfrage des Instituts für kirchliche Sozialforschung in Wien, die im Jahr 1970 durchgeführt und 1980 wiederholt wurde, klar bestätigt.[4] Unabhängig vom Alter hat sich demnach kaum die Hälfte der Befragten überhaupt mit den letzten Dingen befaßt; sie erachteten sie für die Lebensgestaltung als bedeutungslos. Etwa ein Drittel der Befragten erklärte, mit dem Tod sei alles aus. Diejenigen, die an ein Weiterleben nach dem Tod glaubten, glaubten auch, daß sie selbst in den Genuß dieses Lebens kommen würden und daß es für sie erfreulich ausfallen werde.[5]

Wenn wir uns auf diese Ergebnisse einigermaßen verlassen können, hat sich unter den Christen weithin die Überzeugung durchgesetzt, daß wir alle in den Himmel kommen, und zwar problemlos und direkt. Das ist auch der Eindruck, den man aus eigener Erfahrung gewinnen kann, insbesondere bei Beerdigungsansprachen und Totengottesdiensten. Es gibt allerdings auch die Beobachtung, daß Gespräche über religiöse Dinge immer dann lebhaft werden, wenn es um die Letzten Dinge geht, und dann zeigt es sich, daß zumindest die Gläubigen durchaus darüber nachgedacht haben. Auch wenn diese Dinge in den üblichen Predigten und der kirchlichen Verkündigung weithin ausgespart werden, das Interesse der Gläubigen daran ist alles andere als erloschen. Das sollen auch die folgenden drei Blitzlichter zeigen, die lediglich in die theologische Problematik einführen wollen, wie sie nach dem zweiten Weltkrieg diskutiert wurde.

2. Drei Stimmen

Während des Zweiten Weltkriegs, im September 1944, kam einer der besten Klerikerromane des Schotten Bruce Marshall heraus: „All Glorious Within". 1954 erschien die Übersetzung von Jakob Hegner unter dem Titel: „Alle Herrlichkeit ist innerlich". Gleich zu Beginn des Romans tritt die Hauptperson, Pfarrer Smith, auf. Er betet voll Mitleid für die Seelen all der armen Sünder, die an diesem Tag ahnungslos sterben und vor das Gericht des Allmächtigen treten würden:

---

[3] R. *Schneider*, Winter in Wien. Aus meinen Notizbüchern 1957/58, Freiburg u.a. 1958, 69. Vgl. ebd. 99.

[4] Vgl. *W. Zauner*, Individuelle und universale Eschatologie im Bewußtsein des Volkes, in: F. Dexinger (Hg.), Tod – Hoffnung – Jenseits. Dimensionen und Konsequenzen biblisch verankerter Eschatologie. Ein Symposium, Wien 1983, 139–160. Vgl. dazu auch u. 100f.

[5] Ebd. 140–142. Umfragen in anderen Ländern Europas bringen ähnliche Ergebnisse: Vgl. HK 50 (1996) 320 (Italien).

Natürlich würden sie nicht alle in die Hölle kommen, genausowenig wie alle in den Himmel. Es gab ja das Fegefeuer, wo die Schwachen und Weltverstrickten geläutert wurden, denn auch der beste Mensch konnte nicht damit rechnen, nachdem er sich sein Lebtag lang über Regenschirme und Stockschnupfen unterhalten hatte, schnurstracks in Gottes Gegenwart hineinzustolpern.[6]

Was den armen Pfarrer aber vor allem beschäftigt, ist der Gedanke an die Hölle. „Sie war nach dem Urteil der Theologen wirklich ein recht ungemütlicher Ort. Ärger als die ärgste Pein, die je einer auf Erden erlitten hatte, und andauernd für immer und immer." Und er erinnert sich an einen drastischen Vergleich eines Amtsbruders, den dieser in einer Predigt gebraucht hatte, um den Männern in seiner Gemeinde die höllische Pein recht deutlich zu machen. Sein Bischof neigt allerdings zu einer „duldsameren Auffassung". „Tatsächlich wissen wir von der Hölle nicht mehr, als daß sie ein Zustand ist, den es gibt", hatte er ihm einmal anvertraut:

Wir wissen, daß es eine Hölle gibt, weil Gott es uns gesagt hat, und Gott kann weder täuschen noch getäuscht werden. Aber wir sind nicht verpflichtet zu glauben, daß jemand darin ist. ... Und selbst wenn arme unglückliche Seelen in der Hölle sind, dürfen wir, glaube ich, annehmen, daß ihre Qualen mehr geistiger als körperlicher Natur sind. Denn das Wesen der Hölle ist Getrenntsein von Gott, und in der Hölle werden sogar Ungläubige und Sünder Gott lieben und werden fühlen, daß sie ihn verloren haben.[7]

Solche Ansichten lasen die Frommen damals offenbar, ohne Anstoß zu nehmen, denn sie standen ja in einem Roman. Das war anders im Jahr 1968, das in der deutschen Geschichte ein besonderes Jahr war. Damals erschien ein Buch mit dem Titel: „In der Hölle brennt kein Feuer". Er prangte in roter Schrift auf dem schwarzen Leineneinband. Der Verlag hatte von den Autoren, Thomas und Gertrude Sartory, ein Buch dieses Titels gewünscht. Es sollte „die katholische Weltanschauung, wie sie sich heute darstellt, auf eine klare und objektive Weise" interpretieren.[8] Für den Verlag gehörte zur katholischen Weltanschauung demnach zentral die Vorstellung der Hölle, die in dem Buch auch tatsächlich eine Hauptrolle spielt. Die Einleitung der Autoren schließt mit den Sätzen:

Die traditionellen Höllenvorstellungen lasten nämlich auch heute noch wie eine zu schwere Hypothek auf dem Gewissen vieler Christen. Es wäre eine Illusion, anzunehmen, daß die Christen des 20. Jahrhunderts frei von Höllenschrecken wären. In einem Haus der Furcht und Angst kann sich aber das Evangelium als frohe Botschaft nicht entfalten.[9]

Das Buch ist sehr informativ und verteidigt im Grunde die zitierte Sicht des Bischofs aus dem Roman von Bruce Marshall. Dem Neuen Testament ist ein eigenes Kapitel gewidmet. Aus dem exegetischen Befund schließen die Autoren, daß Jesus „am Thema ‚Hölle an sich'" nicht interessiert gewesen sei und darum „in ausschließlich traditionellen Redewendungen" über sie spreche.[10]

---

[6] *Bruce Marshall*, Alle Herrlichkeit ist innerlich. Roman, deutsch von Jakob Hegner, Zürich 1976, 10f. „Of course they wouldn't all go to hell any more than they would all go to heaven. There was purgatory, wherein the weak and the worldly were made clean, because even the best of men couldn't hope to go clod-hopping straight into God's presence after spending a lifetime talking about umbrellas and colds in the head" (Bruce Marshall, All Glorious Within, London [4]1945, 8).

[7] *Bruce Marshall*, Herrlichkeit (s. Anm. 6) 11f.

[8] *Thomas und Gertrude Sartory*, In der Hölle brennt kein Feuer, München (Kindler Verlag) 1968, 9.

[9] Ebd. 12.

[10] Ebd. 205.

Vermutlich hat Jesus in der Feuerhölle nicht nur ein Bild gesehen; und ziemlich sicher haben zumindest seine Zuhörer nicht daran gedacht, Jesus bildlich oder symbolisch zu verstehen, wenn er die Hölle erwähnte, sondern haben solche Sprüche sehr drastisch wörtlich genommen.[11]

Die Formulierung, Jesus habe in der Feuerhölle vermutlich „nicht nur ein Bild" gesehen, ist verräterisch. Was soll „nur ein Bild" heißen? Imaginär? Und woher wissen die Autoren, daß die Zuhörer Jesu „ziemlich sicher" nicht daran gedacht haben, solche Aussagen „bildlich oder symbolisch zu verstehen"? Vielleicht haben diese Zuhörer besser gewußt, wie bildliche Aussagen zu verstehen sind als die Theologen des 20. Jahrhunderts. Die beiden Autoren unseres Buchs sehen jedenfalls nur die Alternative „wörtlich" oder „bildlich". Da es für die Christen des 20. Jahrhunderts unmöglich sei, sich die Botschaft Jesu im wörtlichen Sinn anzueignen, laute die entscheidende Frage nicht, „welche Höllenvorstellungen in den Predigten Jesu deutlich werden (Finsternis, Feuerofen usw.), sondern welche *Funktion* das Thema ‚Hölle' in der Botschaft des Evangeliums hat."[12] Diese Funktion aber sei „eine ausschließlich paränetische"; die Höllenworte Jesu „sollen den Ernst der Situation, die Radikalität der geforderten Entscheidung verdeutlichen".[13]

Die paränetische Funktion der eschatologischen Warnungen Jesu ist ganz richtig bestimmt und gilt natürlich für die gesamte eschatologische Predigt des Neuen Testaments. Fragwürdig ist freilich die Folgerung, die von den Autoren aus diesem Befund gezogen wird. Sie plädieren mit Berufung auf Karl Rahner für die „Entapokalyptisierung" der eschatologischen Aussagen Jesu und des Neuen Testaments überhaupt. Damit hoffen sie, „die eigentliche Botschaft" aus ihrer Verklammerung mit der „apokalyptischen Ausdrucksgestalt" zu lösen.[14] Auf die Schwierigkeit einer solchen Herauslösung der „eigentlichen Botschaft" aus der „Ausdrucksgestalt" gehen die beiden nicht ein. Sie schreiben zwar ganz richtig, daß „zwischen der Realität selbst und dem *Bild*, das wir von ihr haben", zu unterscheiden sei,[15] scheinen aber der Auffassung zu sein, „diesen Unterscheidungs- und Klärungsprozeß" könne das Programm der „Entmythologisierung" leisten.[16] Aber man wird mit Bildern nicht dadurch fertig, daß man sie einfach wegläßt. In der überarbeiteten Taschenbuchausgabe sind die entsprechenden Ausführungen ersatzlos gestrichen.

Diese Ausgabe erschien 1974 unter dem neuen Titel: „Nach dem Tod – die Hölle?" Die Verfasser erklären zur Änderung des Titels:

Traditionell Denkende nahmen, was als Chiffre gemeint war – das Höllenfeuer – als Inhaltsangabe; sie argwöhnten, hier solle die Kirche lächerlich und der Glaube verächtlich gemacht werden durch eine Kritik an alten, längst überholten Vorstellungen, von denen jedes Kind schon wissen könne, daß es sich da nur um Bilder handele.[17]

Die hier zitierten „traditionell Denkenden" haben immerhin ganz richtig gespürt, daß es auf die Frage, ob in der Hölle ein Feuer brenne, keine einfache Antwort mit Ja oder Nein gibt, und daß

[11] Ebd. 203.
[12] Ebd. 203f.
[13] Ebd. 204.
[14] Ebd. 210–212.
[15] Ebd. 312.
[16] Ebd. 325–327.
[17] *Thomas und Gertrude Sartory*, Nach dem Tod – die Hölle?, München (dtv) 1974, 10.

der Titel „In der Hölle brennt kein Feuer" als Behauptung genommen an der Sache ebenso vorbeigeht wie die gegenteilige Behauptung, wenn man unter „Feuer" lediglich das bekannte Naturphänomen versteht. Entsprechendes gilt für die Frage, ob das Feuer, das traditionell mit der Hölle verbunden wird, „nur ein Bild" sei oder nicht. Es ist zweifellos ein Bild, aber dann müssen wir fragen: Was ist der Sinn dieses Bildes? Warum hat man gerade dieses Bild gewählt, um die gemeinte Sache anzudeuten? Auf dieses Problem gehen die Autoren auch in der überarbeiteten Fassung ihres Buchs nicht ein, ja es scheint ihnen gar nicht aufgegangen zu sein. So brachte das Buch auch in der überarbeiteten Fassung mehr Verwirrung als Klärung.

Es verwundert daher nicht, daß sich eine ganz ähnliche Affäre wenige Jahre später abspielte, jetzt allerdings schon in einem kleineren Rahmen. 1986 veröffentlichte Hans Urs von Balthasar, herausgefordert durch Äußerungen von „traditionell Denkenden", ein Büchlein in leuchtend grünem Umschlag mit dem Titel: „Was dürfen wir hoffen?" Auch er verteidigt die Auffassung des Bischofs aus dem eingangs zitierten Roman, und wie zu erwarten mit gediegener Theologie. Und doch sieht er sich genötigt, im Jahr darauf einen „Kleinen Diskurs über die Hölle" nachzuschieben. Darin weist er auf die oft übersehene Tatsache hin, daß die Kirche zwar viele Menschen heiliggesprochen, sich jedoch nie über das Verlorensein eines einzigen geäußert hat.[18] Die Kirche hat viele mit Namen genannt, die im Himmel sind, aber von keinem einzigen Menschen hat sie mit gleicher Bestimmtheit behauptet, daß er in der Hölle sei. Im Hinblick auf die theologische Frage der Hölle schließt sich Balthasar einer vorsichtigen Formulierung Joseph Ratzingers an, indem er schreibt:

> Jede neutestamentliche und theologische Rede über die Hölle hat nur einen Sinn: „den Menschen dahin zu bringen, sein Leben im Angesicht der *realen Möglichkeit* ewigen Scheiterns zu meistern und die Offenbarung als einen Anspruch von letzter Ernsthaftigkeit zu verstehen."[19]

Die beiden zuletzt referierten Auseinandersetzungen über die Frage der Hölle waren in gewisser Hinsicht schon zu ihrer Zeit Nachhutgefechte und Anachronismen, wie der im ersten Abschnitt skizzierte Überzeugungswandel deutlich macht. Außerdem leiden auch Balthasars Publikationen daran, daß die Frage der Bildhaftigkeit eschatologischer Rede kaum reflektiert wird, schon gar nicht auf dem Kenntnisstand der modernen Metaphorikforschung. Die von Thomas und Gertrude Sartory zitierte Sorge frommer Gläubigen, es könne sich bei den Letzten Dingen vielleicht „nur um Bilder" handeln, ist symptomatisch und sollte ernst genommen werden. Denn wenn es sich „nur" um Bilder handelt, ist auch „die reale Möglichkeit ewigen Scheiterns" nicht festgehalten. Unser Autorenpaar beantwortet diese Sorge mit dem Hinweis auf die Hermeneutik Karl Rahners und seinen Vorschlag einer „Entapokalyptisierung". Hilft diese Hermeneutik wirklich weiter?

---

[18] Ebd. 25.

[19] Ebd. 33. Das Zitat von *J. Ratzinger* findet sich in seinem Artikel „Hölle": LThK² 5 (1960) 446–449, hier 448.

3. Karl Rahners Hermeneutik eschatologischer Aussagen

Im Jahr 1960 hielt Karl Rahner einen Vortrag in Bonn über „Theologische Prinzipien der Hermeneutik eschatologischer Aussagen".[20] In seinen sieben Thesen geht es ihm darum, „welchen Sinn eschatologische Aussagen überhaupt haben, was sie eigentlich meinen, wieweit sie in eine Glaubensaussage hineingehören, von woher und wie solche Aussagen in der Schrift zu interpretieren sind."[21] Um das eigentlich Gemeinte einer eschatologischen Aussage zu gewinnen, empfielt er in seiner fünften These eine „Entapokalyptisierung" entsprechender biblischer und kirchenamtlicher Aussagen.[22] Dabei meint er mit Apokalyptik die Vorstellung, man könne die letzten Dinge der Endzeit gleichsam vorwegnehmend berichten. Schon in der ersten These verwahrt sich Rahner dagegen, diese Entapokalyptisierung auf die existentiale Deutung nach Art des Entmythologisierungsprogramms von Rudolf Bultmann einzuengen.[23] Das entscheidende hermeneutische Prinzip zur Deutung eschatologischer Aussagen formuliert er dann erst in der siebten und letzten These: Es sei „zu unterscheiden zwischen Aussageweise und Aussageinhalt".[24] Er sieht jedoch selbst ein, daß diese Unterscheidung schon darum prekär ist, „weil eine Aussage über die Sache ohne irgendein Bild überhaupt nicht möglich ist, in diesem Sinn ein ‚Mythos' immer nur durch einen anderen, nie aber durch eine absolut bildlose Rede ersetzt werden kann". In seinem 1976 publizierten „Grundkurs des Glaubens" erklärt Rahner darüber hinaus, daß „der Mensch immer in Bildern und Gleichnissen reden muß und das auch unbefangen darf", und daß „ein Mensch früherer Perioden eben in den Bildern, mit dem Anschauungsmaterial seine Eschatologie aussagt, wie sie ihm in seiner geistes- und gesellschaftsgeschichtlichen Situation vorgegeben waren", was man zugestehen müsse.[25] Aus diesem Sachverhalt ergibt sich sich für Rahner dann aber konsequent, daß ein Unterschied in der Aussageweise von Apokalyptik und Eschatologie nicht eindeutig gemacht werden könne. Der Ausdruck „Entapokalyptisierung" fällt deshalb auch nicht mehr.

Die Unzulänglichkeit seiner Vorschläge hat Rahner also selbst gespürt; doch der Grund dafür scheint ihm entgangen zu sein. Es ist die von ihm selbst bemerkte Unmöglichkeit, Bild und Gehalt säuberlich auseinanderzunehmen. Kein abstakter Begriff kann das konkrete Bild adäquat ersetzen. Die entscheidende Frage muß also lauten: Wie kommen wir vom Bild oder Mythos zum Gehalt, von der bildhaften Aussageweise zum Verstehen des ausgesagten Inhalts? Wie gelangen wir zum Verständnis metaphorischer Aussagen, ja bildlicher Darstellungen überhaupt? Darum geht es in der Hermeneutik metaphorischer Aussagen und symbolischer Darstellungen.

---

[20] *K. Rahner*, Theologische Prinzipien der Hermeneutik eschatologischer Aussagen, in: *Ders.*, Schriften zur Theologie Bd. IV, Einsiedeln u.a. 1960, 401–428.

[21] Ebd. 403.

[22] Ebd. 418. Seinen Vorbehalt gegen die Wortbildung „Entapokalyptisierung" drückt er mit dem Zusatz in Klammern „wenn man das Wort wagen dürfte" aus.

[23] Ebd. 404f. Eine gründliche Kritik und Würdigung des Bultmannschen Unternehmens bietet *Kurt Hübner*, Die Wahrheit des Mythos, Freiburg i.B. 2011, 359–387. Sein Buch erschien ursprünglich in München 1985.

[24] Ebd. 426.

[25] *K. Rahner*, Grundkurs des Glaubens. Einführung in den Begriff des Christentums, Freiburg i.B. u.a. 1976, 416.

4. Theologische Erkenntnis und bildhafte Vermittlung

Bevor wir zur Hermeneutik metaphorischer Aussagen kommen, wollen wir noch eine andere Frage stellen: Woher beziehen wir eigentlich unsere Kenntnis der Letzten Dinge? Nach einer viel zitierten Formulierung Hans Urs von Balthasars gilt:

> Gott ist das Letzte Ding des Geschöpfs. Er ist als Gewonnener Himmel, als Verlorener Hölle, als Prüfender Gericht, als Reinigender Fegfeuer.[26]

Wenn dieser Satz als theologische Quintessenz katholischer Eschatologie anerkannt wird, können die Erkenntnisquellen über die Letzten Dinge keine anderen sein als die der Gotteserkenntnis überhaupt. Die Erkenntnisquellen der Gotteserkenntnis aber sind nach Edith Stein drei.[27] Die erste ist die *natürliche Gotteserkenntnis*. Sie steht grundsätzlich jedem Menschen zur Verfügung. Mit ihr meint Edith Stein Gotteserkenntnis, die durch begriffliches Denken und eine philosophische Besinnung auf die Welt als sinnvolles Ganzes gewonnen wird. Die geschaffene Welt kann als Symbol, ja als eine Art „Porträt" Gottes betrachtet werden. Denn Gott hat sich in seinem Gebilde abgebildet und gibt sich dadurch zu erkennen (vgl. Röm 1,20).[28] Diese Betrachtungsweise muß freilich erlernt werden. Die zweite Erkenntnisquelle dagegen ist nicht allgemein zugänglich; es sind *übernatürliche Gotteserfahrungen*, wie sie Menschen nur sehr selten geschenkt werden. Erfahrungen und Einsichten, die auf diesem Weg gewonnen sind, werden großenteils mit Hilfe von Metaphern und Gleichnissen sprachlich vermittelt. Was Mose erfahren hat, kann er nur im Bild von Gott als einem verzehrenden Feuer weitergeben. Schon aufgrund der natürlichen Gotteserkenntnis ist ein gewisses Verständnis solcher Bilder möglich, besser noch mit Hilfe eines lebendigen Glaubens, der Gott aufgrund eigener Erfahrung kennt und liebt. Nur wer Gott persönlich kennt, kann ihn in den angebotenen „Porträts" wiedererkennen. Das ist die dritte Quelle der Gotteserkenntnis: der *Glaube* als das begründete Vertrauen auf das Zeugnis und die Autorität derer, die selbst übernatürliche Gotteserfahrungen gemacht haben.[29]

Die sprachliche Vermittlung von Gotteserfahrungen ist also immer wieder auf Metaphern und Gleichnisse angewiesen.[30] Aber wir sollten uns zunächst einmal klar machen, daß dies nicht nur von Gotteserfahrungen gilt, sondern von einem Großteil unserer Erfahrungen überhaupt. Schon die Beschreibung, wie ein Gericht schmeckt, gelingt nur über Vergleiche und Metaphern. „Das schmeckt wie eingeschlafene Beine" kann gegebenenfalls die genauest mögliche Beschreibung

---

[26] *H.U. von Balthasar*, Umrisse der Eschatologie, in: *Ders.*, Verbum Caro. Skizzen zur Theologie I, Einsiedeln 1960, 276–300, hier 282. In dieser Formulierung ist das Fegfeuer unter die vier Letzten Dinge aufgenommen, unter Weglassung des Todes.

[27] Vgl. *E. Stein*, Wege der Gotteserkenntnis. Dionysius der Areopagit und seine symbolische Theologie, in: Erkenntnis und Glaube (Edith Steins Werke XV), Freiburg 1993, 65–127.

[28] Vgl. *J. Barr*, Biblical Faith and Natural Theology, Oxford 1993, 39–80.

[29] Diese Unterscheidung macht bereits *Origenes*: Lev h. 13,1 (SC 287,196).

[30] Speziell zur biblischen Metaphorik vgl. *G.B. Caird*, The Language and Imagery of the Bible, London 1980. ²1988, besonders das letzte Kapitel über „The Language of Eschatology" (243–271). Zum Unterschied von Metaphorik und Symbolik vgl. *M. Reiser*, Biblische Metaphorik und Symbolik, in: *Ders.*, Bibelkritik und Auslegung der Heiligen Schrift. Beiträge zur Geschichte der biblischen Exegese und Hermeneutik (WUNT 217), Tübingen 2007, 79–98.

sein. Dasselbe gilt von der Schilderung menschlicher Stimmungen, die mehr sagen will als „er war traurig“ oder „schlecht gelaunt“. Der Ich-Erzähler zu Beginn von Hermann Melvilles „Mobby Dick“ spricht von „einem feuchten, nieseligen November in meinem Herzen (a damp, drizzly November in my soul)“. Jeder Leser weiß sofort, was das für eine Stimmung ist. Aber beides sind metaphorische Redeweisen. Über die Seele und ihre „Regungen“ können wir nur metaphorisch reden, ebenso wie über das „Herz“, das als Synonym des Inneren selbst eine Metapher ist.[31]

Noch schwieriger als bei Geschmackserklärungen und der Beschreibung von Seelenregungen wird es bei einem alltäglichen Phänomen wie der Zeit. Die mit dem Wort „Zeit“ bezeichnete Realität erfassen wir sprachlich nur mit Metaphern, die als Analogien im strengen Sinn zu fassen sind. Es gibt kurze, lange oder geraume Zeit, und sie hat sogar einen Zahn. Die Zeit schreitet unaufhaltsam und unerbittlich fort, sie rennt einem davon, läuft ab, fließt dahin, schleicht dahin, verrinnt, vergeht im Flug, oder flieht. Die Zeit lindert, heilt und deckt vieles zu, man kann sie sich gönnen, sie vergeuden, anderen wegnehmen, widmen oder schenken. Man kann einen Wettlauf gegen sie aufnehmen oder gegen ihren Strom schwimmen. Ständig ändert sie sich und bleibt doch die gleiche. All das ist metaphorische, analoge Rede. Natürlich ist die Zeit weder kurz noch lang; sie vergeht nicht, schleicht nicht und läuft nicht ab, sie kann weder rennen noch fliegen oder fließen. Und dennoch tut sie das alles irgendwie, wie jeder aus Erfahrung weiß. Niemand kann einen Wettlauf gegen sie gewinnen oder gegen ihren Strom schwimmen, und doch geschieht es. Was ist „Zeit“ in Wirklichkeit? Das, was unsere Metaphern andeuten? Das, was die Philosophie darüber sagen kann?[32] Das, was die Relativitätstheorie herausgefunden hat? Das, was wir mit unseren Uhren messen? Manche Physiker meinen, Zeit gäbe es gar nicht oder man könne sie auch ohne Veränderung denken. Jedenfalls aber unterscheidet sich die physikalische Zeit grundlegend von der Zeit unserer Alltagserfahrung, da sie kein ausgezeichnetes Jetzt und damit auch keinen Zeitfluß kennt.[33] Das bedeutet: Was unsere Metaphern über das Phänomen der Zeit sagen, und das, was die Physik darüber sagt, betrifft jeweils nur Teilaspekte einer Wirklichkeit, mit der wir täglich schalten und walten, die über uns bestimmt, die uns fest im Griff hat und die wir doch so ungenügend kennen. Es gilt immer noch, was schon Augustinus in seinen berühmten Kapiteln über dieses Phänomen gesagt hat:

> Denn was ist Zeit? Wer könnte das leicht und kurz erklären? Wer könnte das, um es wörtlich darzustellen, auch nur gedanklich erfassen? Und doch: Was ist uns in unserer Sprache vertrauter und bekannter als der Begriff der Zeit? Wir

---

[31] Vgl. *M. Di Franco*, Die Seele. Begriffe, Bilder und Mythen, Stuttgart (Reclam) 2009.

[32] Vgl. *W.Ch. Zimmerli / M. Sandbothe* (Hg.). Klassiker der modernen Zeitphilosophie, Darmstadt 1993. Einer der Beiträge beschäftigt sich mit der Metaphorik vom „Fluß der Zeit“: *J.J.C. Smart*, Der Fluß der Zeit, ebd. 106–119 (urspr. The River of Time: Mind 58, 1949, 483–494). Wenig hilfreich ist *G. Dux*, Die Zeit in der Geschichte. Ihre Entwicklungslogik vom Mythos zur Weltzeit, Frankfurt a.M. 1989. Dort S. 461–472 jedoch eine Bibliographie. *K. Mainzer*, Zeit. Von der Urzeit zur Computerzeit, München 1995. Dem Problem der Zeit mit vielen Beiträgen ist auch der Bd. 2 (1994) der Studies in Science and Theology gewidmet. Interessante Beiträge auch in: *R. Le Poidevin / M. MacBeath* (Hg.), The Philosophy of Time, Oxford 1993; *G.J. DeWeese*, God and the Nature of Time, Aldershot 2004; *N. Mewis / S. Schlag* (Hg.), Zeit. Eine Ringvorlesung der Fachschaft Philosophie der Johannes Gutenberg-Universität Mainz, Stockach 2006 (ebd. 15–18 zu Metaphern); *J. Kreuzer / G. Mohr* (Hg.), Die Realität der Zeit, München 2007.

[33] Vgl. die Ausführungen von *Kurt Hübner* dazu in: Glaube und Denken. Dimensionen der Wirklichkeit, Tübingen 2001 ([2]2004), 41–46.

verstehen jedenfalls, was damit gemeint ist, wenn wir von ihr sprechen und verstehen es auch, wenn wir einen andren darüber sprechen hören. Was ist also Zeit? Solange mich niemand fragt, weiß ich es; wenn ich es einem auf seine Frage hin erklären will, weiß ich es nicht.[34]

Was immer die Physiker herausfinden und wie sie ihre Funde deuten: Der menschlich wichtigere Teil der Wirklichkeit Zeit dürfte in dem gefaßt sein, was unsere Metaphern sagen.

Wenn wir uns von irgendetwas ein Bild, eine Vorstellung machen wollen, wenn wir über etwas Unanschauliches anschaulich reden wollen, können wir der Metapher nicht entrinnen. Arthur Schopenhauer geht so weit, zu behaupten:

Sogar beruht alle Begriffsbildung im Grunde auf Gleichnissen; sofern sie aus dem Auffassen des Ähnlichen, und Fallenlassen des Unähnlichen in den Dingen erwächst. Ferner besteht jedes eigentliche *Verstehn* zuletzt in einem Auffassen von Verhältnissen (un saisir de rapports): man wird aber jedes Verhältnis um so deutlicher und reiner auffassen, als man es in weit von einander verschiedenen Fällen und zwischen ganz heterogenen Dingen als das selbe wieder erkennt. So lange nämlich ein Verhältnis mir nur als in einem einzelnen Falle vorhanden bekannt ist, habe ich von demselben bloß eine individuelle, also eigentlich nur noch anschauliche Erkenntnis: sobald ich aber auch nur in zwei verschiedenen Fällen dasselbe Verhältnis auffasse, habe ich einen *Begriff* von der ganzen Art desselben, also eine tiefere und vollkommenere Erkenntnis.[35]

Im selben Sinn erklärt die philosophisch gebildete Dichterin Dorothy L. Sayers:

Tatsache ist, daß jede Sprache, gleich wovon sie handelt, analoger Natur ist; wir denken in einer Reihe von Metaphern. Wir können kein Ding erklären mit Begriffen, die von ihm selbst genommen sind, sondern nur mit Begriffen, die anderswoher genommen sind. Selbst die Mathematik kann sich nur solange in Begriffen ausdrücken, die von ihr selbst genommen sind, als sie sich mit einem idealen System reiner Zahlen befaßt; sobald sie anfängt, sich mit Zahlen von *Dingen* zu befassen, ist auch sie wieder zur analogen Sprache gezwungen.[36]

Und C.S. Lewis schließlich schreibt kurz und bündig: „Alle Sprache über Nichtgegenständliches kann gar nicht anders sein als metaphorisch."[37] Damit ist der Bereich der Wirklichkeit, den wir nur metaphorisch beschreiben können, klar bezeichnet: alles Nichtgegenständliche. Das ist ein ziemlich großer Bereich unserer Wirklichkeit, und es ist zugleich der menschlich bedeutsamste Teil davon. Karl Jaspers handelt in seinem Buch „Von der Wahrheit" über die Verachtung der Bilder, die in der Bemerkung, etwas sei „nur ein Bild" zum Ausdruck komme, als sei das ein Einwand gegen einen Gedanken. Er meint dagegen, der sogenannte eigentliche Ausdruck sei doch nur eine gewohnte Metapher, deren metaphorischer Charakter vergessen wurde.

Daher ist das Metaphorische als solches keineswegs ein Einwand, vielmehr ist die Aufgabe: erstens die Universalität des Metaphorischen bewußt zu halten, und zweitens jede besondere Metapher nach ihrem Wert, ihrem Treffen und Verfehlen, nach der Art ihrer Fruchtbarkeit zu prüfen. Glückliche Metaphern können die Sprache des eigentlichen Gedankens sein, schaffende Gedanken. ... Hohe Philosophie ist ein Sprechen in beweglichen, entwicklungsfähigen Bildern. Die Philosophie ist immer bildhaft wie auch die exakteste Wissenschaft.[38]

---

[34] *Augustinus*, Conf. XI 14. Übersetzung nach J. Perl.

[35] *A. Schopenhauer*, Parerga und Paralipomena Kap. 23: Über Schriftstellerei und Stil § 289. Er beruft sich anschließend auf Aristoteles.

[36] *D.L. Sayers*, The Mind of the Maker, San Francisco 1987 (urspr. 1941) 23.

[37] *C.S. Lewis*, Ist Theologie Dichtung?, in: *Ders.*, Der innere Ring und andere Essays, Basel 1991, 41–58, hier 53.

[38] *K. Jaspers*, Von der Wahrheit, München 1947 (Neuausgabe 1991), 436.

Hans Blumenberg hat an ein Wort Paul Valérys erinnert: „Ce qui n'est pas ineffable n'a aucune importance."[39] „Was nicht unaussprechlich ist, hat keinerlei Wichtigkeit." Das Unaussprechliche ist aber genau das, was wir mit Hilfe von Metaphern andeutend bezeichnen.

Dieser Sachverhalt läßt sich gut zeigen am Beispiel der Metaphern für das Phänomen Geschichte. Sie sind gesammelt und besprochen in einem äußerst lehrreichen und anregenden Buch des Historikers Alexander Demandt.[40] Demandt schließt sein Buch mit folgenden Feststellungen:

> Die Geschichte ist kein Fluß, kein Weg, kein Buch und keine Tragödie. Die Geschichte wächst nicht, und in der Geschichte wächst auch nichts wie ein Kind oder wie ein Baum. Die Geschichte bewegt sich nicht und „in der Geschichte" bewegt sich nichts, weder vor- oder rückwärts, noch auf- oder abwärts, weder gradlinig noch im Kreise. Die Geschichte wird nicht gemacht wie ein Haus oder ein Teppich, sie wird auch nicht gespielt wie ein Drama, eine Schachpartie oder eine Symphonie. Das einzige, was man über die Geschichte an sich aussagen kann, ist, daß sie geschieht. Und damit sagt man gar nichts.[41]

Genau genommen ist bereits das Abstraktum „Geschichte" eine Deutung, da sie mehr oder weniger zusammenhängende Ereignisse als Einheit begreift.[42] Falls wir das Geschehen um uns herum, das Geschehen, von dem wir selbst bedingt sind und in dem wir selbst mitwirken, nicht einfach ungedeutet lassen wollen – und können wir das überhaupt? –, sind wir auf Metaphern und Bilder angewiesen. Wichtig ist nur, daß wir uns dessen bewußt sind und unsere Metaphern „vernünftig, das heißt abgewogen und sparsam" gebrauchen.[43]

Bereits Karl Jaspers hat, wie erwähnt, den Einwand: „Das ist ja nur ein Bild!" als unverständig zurückgewiesen, zumal wenn er mit geringschätzigem Unterton gesprochen wird, so als sei die Metapher eine in philosophischer Hinsicht minderwertige Form der Rede, der doch keinerlei Wirklichkeit entspreche. Man kann sagen: „ein schlechtes Bild", „ein schiefes Bild", „ein gewagtes Bild", „ein unzutreffendes Bild", aber nicht: „*nur* ein Bild". Bildrede hat einen Referenten, ein Bezugsobjekt; sie benennt Wirklichkeit ebenso wie ein abstrakter Begriff oder eine mathematische Formel, und sie kann ihre Absicht verfehlen und an der Wirklichkeit vorbeigehen, so gut wie ein philosophischer Begriff oder eine mathematische Formel.[44] Das gilt zum Beispiel von Lessings berühmter Ringparabel aus dem „Nathan" (III 7). Die Frage, die mit diesem Gleichnis behandelt wird lautet: Wie sollen wir uns dazu stellen, daß die drei großen Weltreligionen Judentum, Christentum und Islam denselben Wahrheitsanspruch erheben? Lessings Antwort hat durch das geist-

---

[39] *H. Blumenberg*, Ausblick auf eine Theorie der Unbegrifflichkeit, in: *Ders.*, Schiffbruch mit Zuschauer, Frankfurt a.M. 1997, 87–106, hier 94.

[40] *A. Demandt*, Metaphern für Geschichte. Sprachbilder und Gleichnisse im historisch-politischen Denken, München 1978.

[41] Ebd. 453. Es folgt nur noch der Schluß von Grimms Märchen „Hans heiratet". Das gibt dem Ganzen eine nihilistische Note (vgl. ebd. 16). Das müßte nicht sein.

[42] Vgl. u. 180f.

[43] *A. Demandt*, Metaphern (s. Anm. 40) 16. Das ist genau das, was Don Quijote, fast immer vergeblich, von Sancho Pansa verlangt.

[44] Zum Problem der Referenz und dem Realismus metaphorischer Rede, insbesondere in theologischen Dingen, sei auf das ausgezeichnete Werk von *Janet M. Soskice* hingewiesen: Metaphor and Religious Language, Oxford 1985. [4]1992, hier insbesondere 118–161. *Johannes Hartl* lehnt den Referenzcharakter der Metapher aus mir uneinsichtigen Gründen ab, hält aber daran fest, daß die Metapher Wahres sagen kann (Metaphorische Theologie. Grammatik, Pragmatik und Wahrheitsgehalt religiöser Sprache, Berlin 2008, 113–120). Vgl. u. 207 Anm. 29.

reiche Gleichnis suggestiv gewirkt, sie ist aber, zumindest aus der Sicht der katholischen Dogmatik, unannehmbar.

Natürlich ist Bildrede, wie schon gezeigt, vielsagende und insofern auch ungenaue Rede. Dazu kommt, daß man oft nicht ohne weiteres sieht, was an einem Bild und welcher Zug in einem Gleichnis auf die gemeinte Wirklichkeit übertragen werden soll. Es ist nicht immer leicht, das *Tertium comparationis*, den Vergleichspunkt oder den Skopus zu finden, gerade wenn es um Referenten wie Gott und das Jenseits geht, über die wir nur die oben erwähnten Informationsquellen besitzen. Inwiefern ist das Jüngste Gericht wie eine irdische Gerichtsverhandlung? Oder wie das Ernten des Gesäten? Oder wie eine Feuerprobe? Oder wie der Schmelzvorgang bei der Läuterung von Gold? Worauf genau bezieht sich die Analogie von Bildspender und Referent? Was ist mit dem Feuer der Hölle, was mit dem Feuer des Fegfeuers gemeint? Wenn wir sagen, daß ein Vergleich hinkt, so ist es doch oft schwer zu bestimmen, inwiefern er hinkt. In solchen Situationen hilft es, wenn man mehrere Metaphern und Gleichnisse mit demselben Referenten hat. Metaphern und Gleichnisse ergänzen und korrigieren sich gegenseitig. Darum sollte man es gerade in der Theologie vermeiden, eine bestimmte Metapher zu verabsolutieren, und nicht den „zornigen" Gott vergessen über dem „sich erbarmenden", den „Richter" und „König" über dem „Vater".[45]

5. Die Leistung der Metapher

Woher kommt das Trockene und Öde so vieler Darlegungen? Nicht zum geringsten Teil vom Mangel an anschaulichen Bildern und Vergleichen. Der Mensch liebt nun einmal Bilder und Vergleiche, denn sie wecken Assoziationen und machen eine Aussage erst lebendig und packend. Nehmen wir zunächst ein Beispiel aus Shakespeares „Macbeth". Gegen Ende des Stückes wird Macbeth philosophisch und spricht die melancholischen Verse:

Life's but a walking shadow; a poor player,
That struts and frets his hour upon the stage
And then is heard no more; it is a tale
Told by an idiot, full of sound and fury,
Signifying nothing. (V 5,24–28)

„Das Leben ist nur ein wandelnder Schatten; ein armer Schauspieler, der, stolzierend und jammernd, sein Stündchen über die Bühne bringt und dann verstummt. Es ist eine Geschichte, wie sie ein Irrer erzählt, voller Wildheit und Lärm, ohne jeden Sinn." Der Dichter bietet uns hier zwei althergebrachte Bilder (das Leben als Schattendasein und als Theater) und ein origenelles Bild (das Leben als furiose Geschichte, die ein Irrer erzählt). Wozu diese Bilder? Warum ließ Shakespeare seinen Protagonisten nicht einfach sagen: „Das Leben ist sinnlos"? Der propositionale Gehalt wäre mit dieser Aussage vollständig erfaßt. Aber er kann die Bilder nicht ersetzen. Der abstrakte

---

45 Zu einem angemessenen Verständnis der Metapher von Gottes „Zorn" vgl. die beiden ausgezeichneten Kapitel bei *E. Bevan*, Symbolism and Belief, London 1938, 206–251.

Satz ermöglicht lediglich ein theoretisches Erfassen, die Bilderfolge Shakespeares dagegen ein lebendig-reales Begreifen.[46]

Es gibt zahlreiche Metaphern, die den Tod als Referenten haben. Im „Don Quijote" von Miguel de Cervantes charakterisiert Sancho Pansa einmal den Tod mit einer ganzen Serie von Metaphern, der selbst Don Quijote sein Lob nicht versagen kann:

Dem Knochenmann, will sagen, dem Tod ist nicht zu trauen, der frisst das Lamm so gut wie den Hammel, und von unserm Pfarrer habe ich gehört, der achtet auf keine Bitte, sondern pocht mit gleicher Hand an den Palast wie an die Hütte. Mächtig ist der Mann und beileibe nicht mäkelig, der ekelt sich vor nichts, von allem frisst er, alles nimmt er, füllt mit Leuten von jeder Art, jedem Alter, jedem Rang seinen Knappsack. Das ist kein Schnitter, der sein Mittagsschläfchen hält, der mäht zu jeder Stunde und schneidet das dürre wie das grüne Gras, und er kaut nicht, nein, er schlingt und schluckt, was ihm in den Weg kommt, denn er hat einen Bärenhunger, nie wird er satt, und hat er auch keinen Wanst, so scheint er doch die Wassersucht zu haben, immer durstig, um sich toll und voll zu saufen mit dem Leben eines jeden, der da lebt, als würde er sich mit einem Krug frischen Wassers die Gurgel schmieren.[47]

Der Tod erscheint hier als Schnitter und unerbittlicher Menschenfresser, dem wir alle ohnmächtig ausgeliefert sind. Natürlich könnte man auch diesen Sachverhalt ohne Bild beschreiben, aber kaum so eindrucksvoll.

Große Dichtung ist das bekannte Lied aus der Zeit des dreißigjährigen Kriegs: „Es ist ein Schnitter, heißt der Tod".[48] Er hat seine Gewalt „vom großen Gott". In Aufnahme alttestamentlicher Motive erscheinen die Menschen in diesem Lied als Wiesenblumen, die unterschiedslos abgemäht werden, und nicht nur abends, sondern auch morgens.[49] In fünfzehn Strophen werden sie aufgezählt: Rose, Lilie und Kaiserkrone, Maßliebchen, Vergißmeinnicht und Tausendschön, Schwertlilie, Rittersporn, Hahnenfuß usw. Der Refrain lautet stets: „Hüt dich, schöns Blümelein!" Doch in der sechzehnten Strophe tritt unerwartet ein Blümelein auf, das dem Furchtbaren herausfordernd entgegenruft:

Trutz, Tod, komm her, ich fürcht dich nit![50]
Trutz, komm und tu ein Schnitt!
Wann er mich wegfretzet,
So werd ich versetzet –
Ich will es erwarten –
In himmlischen Garten.
Freu dich, schöns Blümelein!

Das Bild vom Schnitter erscheint noch auf der ersten Seite des von Matthias Claudius herausgegebenen „Wandsbecker Boten". Der Sensenmann trägt dort einen originellen Namen: „Freund Hein". In dem berühmten, von Franz Schubert vertonten Gedicht „Der Tod und das Mädchen"

---

46 Zu dieser Unterscheidung von theoretischem Erfassen und lebendig-realem Begreifen vgl. u. 209f.

47 *M. de Cervantes Saavedra*, Der geistvolle Hidalgo Don Quijote von der Mancha, hg. und übersetzt von Susanne Lange, 2 Bde. München 2008, Bd. 2, 184 (II 20).

48 Vgl. dazu den Beitrag von *Hermann Kurzke* in: H. Becker u.a. (Hg.), Geistliches Wunderhorn. Große deutsche Kirchenlieder, München 2001, 224–230.

49 Vgl. Ps 90,6; 103,15f; Jes 40,6. Diese Metaphorik ist auch in *Paul Gerhards* berühmtem Lied „Geh aus, mein Herz und suche Freud" aufgegriffen. Vgl. dazu *A. Franz*, „Weißt du, wo der Himmel ist?" Himmelsvorstellungen im Kirchenlied: Jahrbuch für Biblische Theologie 10 (2005) 381–411, hier 382–385.

50 „Trutz" als Interjektion heißt „Ich will dir trotzen".

wird er mit „wilder Knochenmann“ und „Lieber“ angeredet und antwortet als „Freund“, der nicht zu strafen kommt und nicht wild ist, sondern sanften Schlaf in seinen Armen verspricht. Claudius hat auch einen kaum weniger berühmten Vierzeiler geschrieben, eines der vollkommsten deutschen Gedichte überhaupt. Es ist schlicht überschrieben mit „Der Tod“:

Ach, es ist so dunkel in des Todes Kammer,
    Tönt so traurig, wenn er sich bewegt
Und nun aufhebt seinen schweren Hammer
    Und die Stunde schlägt.

Hier erscheint der Tod als derjenige, der die unheimliche letzte Stunde schlägt. Die Lebensuhr mit ihrem Stundenschlag bildet hier lediglich die Hintergrundmetaphorik. Die Stimmung in diesen beiden Gedichten ist freilich eine andere als in dem Lied aus dem dreißigjährigen Krieg. Die Glaubenssicherheit ist zwar in beiden Fällen dieselbe, aber der trotzige Ton der Schlußstrophe des Schnitterliedes ist Claudius fremd.

Noch einmal eine andere Seite der Angelegenheit wird sichtbar in einem Gedicht von Wisława Szymborska. Sie will „Vom Tod ohne Übertreibung“ reden:

Er kennt keinen Spaß,
keine Sterne, Brücken, Webereien,
weder Bergwerk, Landwirtschaft
noch Schiffsbau oder Kuchenbäckerei.

Schmieden wir Pläne für morgen,
spricht er das letzte Wort
nicht zum Thema.

Er kann nicht einmal das,
was zu seinem Beruf gehört:
die Gruft ausheben,
den Sarg zimmern,
danach aufräumen.

Mit dem Töten beschäftigt,
tut er es linkisch,
ohne System und Übung.
Als müßte er’s an jedem von uns noch erlernen.

Sieg hin, Sieg her,
doch wie viele Niederlagen,
Fehlschläge,
und immerzu neue Versuche!

Manchmal fehlt ihm die Kraft,
eine Fliege in der Luft zu fangen.
Gegen manche Raupe
verliert er den Wettlauf im Kriechen.

All diese Knollen, Hülsen,
Fühler, Flossen, Atemröhren,
Festgefieder und Winterfelle
zeugen von Rückständen
seiner Plackerei.

Böser Wille genügt nicht,
sogar unser Beistand bei Kriegen und Revolutionen
half bis jetzt wenig.

In Eiern pochen Herzen.
Säuglingsskelette wachsen.
Samenkörner treiben die ersten zwei Blätter,
oft wachsen sie zu hohen Bäumen am Horizont.

Wer behauptet, der Tod sei allmächtig,
ist lebendiger Gegenbeweis.

Es gibt kein Leben,
das nicht wenigstens für einen Augenblick
unsterblich wäre.

Der Tod
kommt immer um diesen einen Augenblick zu spät.

Umsonst rüttelt er am Griff
der unsichtbaren Tür.
Er kann, was jemand erreicht hat,
nicht rückgängig machen.[51]

In diesem Gedicht erscheint der Tod geradezu als Tölpel, der freilich keinen Spaß versteht und alle Pläne durchkreuzen kann; als unfähiger Fachmann, der sich in jedem neuen Fall wie ein Anfänger anstellt, der dem Leben stets den Vortritt lassen muß und immer um einen Augenblick zu spät kommt. Ohne Übertreibung betrachtet beweist der Tod die Macht des Lebens.

Daß man vom Tod freilich auch mit ganz anderen Metaphern reden kann, zeigt Guiseppe T. di Lampedusa, dessen Roman „Der Leopard" eine Fundgrube gelungener, oft kühner Metaphern ist. Der Protagonist, der alte Fürst, früher ein großer Verehrer der weiblichen Schönheit, sehnt sich am Ende so sehr nach dem Tod, daß sein Neffe bemerkt, er hofiere den Tod, als wäre er eine schöne Frau. Dieses Bild greift der Erzähler auf und entwickelt es zu einem Bildwort, mit dem er den Abschied vom Leben, wie ihn der Fürst nimmt, tatsächlich als Entführung einer Schönen beschreibt: „Jetzt war das Hofieren zu Ende: die Schöne hatte ihr Ja gesagt, die Flucht war beschlossen, das Abteil im Zuge reserviert."[52] Der Tod erscheint in diesem Bildwort als umworbene Schöne, mit der man in die Fremde fliehen möchte. Das Sterben selbst ist nur der Zug mit dem für die Flucht reservierten Abteil.

Metaphern haben, wie die Beispiele mit dem Thema „Tod" zeigen, nicht nur illustrierende Funktion, sondern auch erschließende. Sie zeigen das Phänomen in einem bestimmten Licht und heben bestimmte Aspekte seiner Wirklichkeit hervor. In jedem Fall muß der Leser oder Hörer entscheiden, ob und inwiefern ihm der erschlossene Aspekt richtig erscheint oder nicht. Dabei haben wir es beim Thema „Tod" mit einer Realität zu tun, die kein Lebender wirklich erfahren hat. Das hindert uns nicht, darüber zu reden und Argumente auszutauschen.

---

[51] *W. Szymborska*, Auf Wiedersehn. Bis morgen. Gedichte. Ausgewählt und übertragen von Karl Dedecius, Frankfurt a.M. 1995, 49f.

[52] *G.T. di Lampedusa*, Der Leopard, übersetzt von Charlotte Birnbaum, München ^{27}1993, 289.

6. Bild und Wirklichkeit

Was wir am Beispiel der Metaphern über das Phänomen der Zeit, über die Geschichte und über Leben und Tod gesehen haben, ist auch auf die Metaphern und Bilder über Himmel und Hölle anzuwenden. Das fällt Autoren schwer, die bezweifeln, daß es darüber Informationsquellen gibt und jede Form eines Jenseitsglaubens für illusionär halten. So hat Bernhard Lang zusammen mit Colleen McDannell ein Buch verfaßt mit dem Titel: „Der Himmel. Eine Kulturgeschichte des ewigen Lebens".[53] Es ist in mehrere Sprachen übersetzt und vor allem in Amerika ein Bestseller. Auf über 500 Seiten gibt es eine Übersicht über Vorstellungen und Bilder, die man sich in der jüdisch-christlichen Tradition über den Himmel und das Jenseits gemacht hat. Dabei werden nicht nur Theologen aller Art, berufene und unberufene, sondern auch Dichter und Romanschriftsteller berücksichtigt. So ist eine in jeder Hinsicht interessante und bunte Sammlung entstanden. Mit Hilfe der Kategorien: „theozentrische" und „anthropozentrische Modelle" haben die Autoren (vergeblich, wie mir scheint) versucht, etwas Ordnung in das Bilder- und Vorstellungschaos zu bringen.

Aber in diesem Buch, das sich fast ausschließlich mit Metaphern, Gleichnissen und Bildern des Jenseits befaßt, fehlt jede metaphorologische Reflexion und damit jeder Versuch, Bilder als Bilder zu begreifen. Die Frage, was Mythen, Symbole und Metaphern leisten und wie sie vom jeweiligen Theologen oder Dichter gemeint sind, haben sich die Autoren nie gestellt. Ein Buch wie Kurt Hübners „Die Wahrheit des Mythos"[54] ist ihnen unbekannt. Sie begreifen selbst hoch artifizielle und sorgfältig konstruierte Texte als phantastische Reportagen über das Jenseits und gehen offenbar davon aus, daß man zwischen Bild und Referent nicht zu unterscheiden brauche und nie unterschieden habe, ja, daß die referierten Autoren das nicht wollten oder konnten. Doch die Erfindung und der gezielte Gebrauch von Metaphern ist ohne die Unterscheidung von Bild und Referent gar nicht denkbar. Die Menschen des Alten Orients, die von himmlischen Tafeln oder Büchern redeten, haben ebenso wenig an ein im Himmel existierendes Archiv aus gebrannten Tontafeln geglaubt wie die alten Griechen an ein entsprechendes Archiv des Zeus aus Holztäfelchen mit Wachsüberzug. Sie haben die Rede von solchen Archiven durchaus als Metapher oder Symbol für die göttliche Vorsehung begriffen.[55] Für die biblischen Autoren hat G.B. Caird an linguistischen Indizien nachgewiesen, daß ihnen die moderne Unterscheidung von Metapher und Referent völlig bewußt war. Zu den Indizien dafür gehören unter anderem die Häufung verschiedener Metaphern mit demselben Referenten, die konsistente Enfaltung einzelner Metaphern oder die Hinzufügung nichtmetaphorischer Attribute (z.B. das *unauslöschliche* Feuer von Jes 66,24; Mt 3,12; Mk 9,48). Es hat sicher nie eine Zeit in der Geschichte Israels gegeben, „in der man sich Gott wörtlich als einen

---

[53] *B. Lang / C. McDannell*, Der Himmel. Eine Kulturgeschichte des ewigen Lebens, Frankfurt a.M. 1990.
[54] S.o. 6 Anm. 23.
[55] Vgl. u. 167f.

Löwen vorstellte (Am 3,8), als eine Quelle (Jer 2,13) oder als einen Vogelfänger (Hos 7,12)".[56] Und wer wird annehmen, daß man das quadratisch und würfelförmig angelegte neue Jerusalem von Offb 21 mit seinen Häusern aus reinem Gold, seinen Mauern aus Jaspis und seinen Perlentoren jemals wörtlich verstanden hat und nicht als Bild für die gemeinte Realität? Das gilt grundsätzlich für alle anschaulichen Schilderungen transzendenter Wirklichkeit. Wir sollten endlich aufhören, alle Menschen, die vor der sogenannten Aufklärung gelebt haben, für naive Kinder oder sogenannte Fundamentalisten zu halten. Diese Ansicht gehört zu den naiven Mythen der Aufklärung des 18. Jahrhunderts. Das Himmelsbuch der beiden Autoren jedenfalls macht, da eine reflektierte Interpretation der referierten Metaphern und Bilder fehlt, den Eindruck eines Kuriositätenkabinetts.

Das vorletzte Kapitel des Buches befaßt sich mit der akademischen Theologie des Himmels im 20. Jahrhundert; Karl Barth, Karl Rahner und Paul Tillich kommen zur Sprache.[57] Völlig zu Recht wird hier aufgezeigt, daß die Versuche, die Himmelsbilder und -metaphern durch Abstrahieren und Minimalisieren zurückzudrängen, in Skepsis an der Realität des Himmels und eines Lebens nach dem Tod überhaupt enden müssen. Aber lautet die Alternative denn wirklich Symbole, Mythen und Visionen auf der einen und konkrete, „wirklichkeitsgetreue Informationen" auf der anderen Seite, wie das Autorenpaar anzunehmen scheint?[58] An dieser Stelle rächt es sich endgültig, daß die sprachwissenschaftlichen Forschungen zum Zeichencharakter der Sprache und zur Funktion und Leistung metaphorischer und symbolischer Rede vollständig mißachtet werden. Grundsätzlich müssen Bilder, sprachliche ebenso wie solche der darstellenden Kunst, in ihrer Intention erfaßt und gedeutet werden.

Was von dem genannten Himmelsbuch gilt, gilt auch von dem ganz ähnlichen Buch von Herbert Vorgrimmler über die „Geschichte der Hölle".[59] Auch in ihm fehlen hermeneutische Überlegungen zum Verhältnis von Bild und Referent. Nach Ansicht Vorgrimmlers gibt es nur die innere und äußere Hölle im Diesseits, aber keine entsprechende Realität im Jenseits.[60] Dann können Schilderungen einer jenseitigen Hölle natürlich nur Fiktionen und Ausgeburten der Phantasie sein. Doch die Autoren, die er referiert, sehen das meistens anders. Nehmen wir Dantes „Göttliche Komödie" als Beispiel. Dieses Gedicht ist eine große Allegorie, man kann auch sagen: eine dramatisierte Metapher. Ihr zentrales Thema ist die freie Wahl der Seele, die über ihr endgültiges Schicksal selbst entscheidet. Das ganze Werk ist kunstvoll strukturiert nach einer sorgfältig durchdachten Theologie. Jedes Strukturelement darin hat seinen theologisch bestimmten Ort, jede Szene und jedes Bild eine eigene Funktion und Bedeutung. Dante nimmt nicht an, die Hölle sei tatsächlich ein Trichter, der sich unterhalb von Jerusalem bis zur Erdmitte erstreckt, oder das Purgatorium ein Inselberg auf der Seite der Antipoden, und er denkt sich den Himmel auch nicht wirklich in den Himmelssphären lokalisiert.

---

[56] *G.B. Caird*, The Language and Imagery of the Bible (s. Anm. 30) 189. Vgl. *M. Reiser*, Biblische Metaphorik und Symbolik, in: *Ders.*, Bibelkritik (s. Anm. 30) 79–98, hier 84f.

[57] *B. Lang / C. McDannell*, Himmel (s. Anm. 53) 466–470.

[58] Vgl. ebd. 468.

[59] *H. Vorgrimmler*, Geschichte der Hölle, München 1993.

[60] Ebd. 367.

Er gibt sich zwar die größte Mühe, um seine geographischen Fakten so wahrscheinlich und wissenschaftlich exakt wie möglich zu gestalten; aber das ist genau die Methode, mit der ein Romanautor seiner Geschichte Wahrscheinlichkeit verleiht. Dante wußte es besser, und von Zeit zu Zeit warnt er seine Leser davor, ein Werk der Einbildungskraft als bare Darstellung von Fakten zu mißdeuten. Er teilte allerdings den Glauben aller Katholischen Christen, daß jede lebende Seele in der Welt die Wahl zu treffen hat, ob sie Gott akzeptieren oder verwerfen will, und daß sie im Augenblick des Todes entdecken wird, welche Wahl sie getroffen hat: in der äußeren Finsternis des entfremdeten Selbst zu verbleiben und Gott nur als Schrecken, Gericht und Qual zu erfahren, oder sich mit Freuden einer anstrengenden Reinigung zu unterziehen, die sie in die Lage versetzt, auf ewig die unverhüllte Gegenwart Gottes auszuhalten und zu genießen.

Das schreibt eine Autorin, die nicht nur Dante übersetzt und kommentiert hat, sondern auch wußte, wie man fiktionale Erzählungen entwirft und gestaltet: Dorothy L. Sayers.[61] Vorgrimmler referiert den Teil der „Göttlichen Komödie" über die Hölle verhältnismäßig ausführlich und betrachtet Dantes Darstellung dabei als eine (möglicherweise fiktiv gemeinte) Reportage.[62] Zur Deutung des großen Gedichts sagt er kaum mehr, als daß es „in erster Linie eine politische Dichtung" sei.[63] Die politische Absicht ist unbestreitbar, aber sicher nicht die Hauptsache an dieser grandiosen Dichtung.[64] Die Wahrheit von Dantes *Inferno* muß auf der metaphorischen Ebene gesucht werden. Die Landkarte der Hölle ist die Landkarte des schwarzen Herzens. Der Weg von ihrem Vorraum zum Zentrum steht jedem Menschen offen.[65] Nur wer ihn bewußt und freiwillig wählt, gelangt hinein. Das jedenfalls war Dantes Überzeugung, und die katholische Dogmatik wird ihm kaum widersprechen.

Ein Mißverständnis ähnlicher Art wiederholt sich in Vorgrimmlers Buch hinsichtlich der Erzählung von C.S. Lewis „The Great Divorce" „Die große Scheidung". Der englische Untertitel, der in beiden deutschen Übersetzungen leider fehlt, lautet: „A Dream".[66] Als Traum bezeichnet auch John Henry Newman sein dramatisches Gedicht über das Jenseits: „The Dream of Gerontius".[67] Die aus dem Zusammenhang gerissenen und übergangslos aneinandergereihten Zitate, die Vorgrimmler in diesem Fall bietet, lassen nicht einmal das originelle Bild der Hölle erkennen, das Lewis in seiner phantastischen Erzählung entwirft. Vorgrimmler sieht darin „den Versuch, die christliche Höllenlehre, von Ausmalungen gereinigt und auf den Wesensgehalt reduziert, zu verteidigen".[68] Apologetik ist zweifellos eine Nebenabsicht des Erzählers, in der Hauptsache aber stellt die Erzählung nach Form und Inhalt eine moderne Version von Dantes „Göttlicher Komödie" dar. Nichts darin ist „von Ausmalungen gereinigt und auf den Wesensgehalt reduziert". Vorgrimmlers Formulierung beweist nur sein völliges Unverständnis für jede Art von Bildrede und bildhafter Darstellung.

---

[61] *D.L. Sayers*, Introduction zu: The Comedy of Dante Alighieri the Florentine. Dantica I: Hell, translated by Dorothy L. Sayers, London (Penguin) 1949, 14.
[62] Ebd. 175–190.
[63] Ebd. 190.
[64] Für eine angemessene theologische Deutung von Dantes Werk kann man sich immer noch an die einschlägigen Werke von *D.L. Sayers* wenden. S. u. 150 Anm. 37.
[65] *D.L. Sayers*, The City of Dis, in: *Dies.*, Introductory Papers on Dante, New York 1954, 127–150, hier 130.
[66] *Vorgrimmler* bezieht sich noch auf die Übersetzung von Helmut Kuhn „Die grosse Scheidung", Einsiedeln [6]1989. Inzwischen ist die hervorragende Übersetzung von Christian Rendel erschienen (Gießen 1998). Vgl. u. 138 Anm. 46.
[67] Vgl. u. 217f.
[68] *H. Vorgrimmler*, Hölle (s. Anm. 59) 389.

Jede Rede über die Letzten Dinge ist Bildrede und muß daher mit dem hermeneutischen und interpretativen Instrumentarium der Metaphorik interpretiert werden. Grundlegend ist dabei die Unterscheidung von Bild oder Bildwelt einerseits und Referent oder Bezugsobjekt (gemeinte Sache, Sachwelt) andererseits. Man sagt zwar gern, eine Metapher dürfe nicht wörtlich verstanden werden, aber diese Redeweise ist ebenso irreführend wie die Feststellung, etwas sei ja „nur" ein Bild. Eine Metapher erreicht ihr Ziel nur, wenn sie zugleich wörtlich und nicht wörtlich verstanden wird.[69] Um zu verstehen, warum Herodes in Lk 13,32 als „Fuchs" bezeichnet wird, muß ich an das Tier Fuchs und seine traditionelle Charakterisierung als listig und verschlagen denken. Die Aussage wird nur verständlich, wenn ich sie im eigentlichen und uneigentlichen Sinn zugleich verstehe. Dabei gibt es unterschiedliche Möglichkeiten der Rezeption und Akzentuierung. Wenn ich in meiner Vorstellung die eigentliche Bedeutung des Wortes Fuchs akzentuiere und das Tier sozusagen in Herodes hineinlese, nimmt Herodes geradezu tierische Züge an. Der Ausdruck bleibt aber auch verständlich, wenn ich „Fuchs" einfach im uneigentlichen Sinn als Bild für Verschlagenheit verstehe. Poetisch veranlagte Menschen werden die erste Möglichkeit zumindest reizvoll finden.

Im Fall eines Gleichnisses muß ich nicht nur den entscheidenden Vergleichspunkt zwischen Bildwelt und Sachwelt erkennen, sondern auch die Pointe, die Botschaft, die auf diese Weise vermittelt werden soll. Als Beispiel kann eine Folge von drei zusammenhängenden Bildworten Jesu dienen:

> Wenn dir deine Hand zum Verhängnis wird, dann hau sie ab; es ist besser, du gehst verstümmelt in das Leben ein als daß du mit beiden Händen in die Hölle fährst, in das unauslöschliche Feuer. Und wenn dir dein Fuß zum Verhängnis wird, dann hau ihn ab; es ist besser, du gehst lahm ins Leben ein als daß du mit beiden Füßen in die Hölle geworfen wirst. Und wenn dir dein Auge zum Verhängnis wird, dann reiß es aus; es ist besser, du gehst einäugig ins Reich Gottes ein als daß du mit beiden Augen in die Hölle geworfen wirst, wo ihr Wurm nicht stirbt und das Feuer nicht erlischt. (Mk 9,43–48)

Dieser Spruch besteht fast vollständig aus Metaphern: Das Abhauen von Hand und Fuß und das Ausreißen des Auges ist ebenso metaphorisch zu verstehen wie das Eingehen ins Leben und das Reich Gottes sowie das zur Hölle Fahren, „wo ihr Wurm nicht stirbt und das Feuer nicht verlischt". Letzteres ist ein Zitat aus Jes 66,24, dessen Bilder zur Charakteristik der Höllenqualen in Judentum und Christentum traditionell geworden sind.[70] Schon die nichtmetaphorischen Zusätze der Unsterblichkeit des Wurms und der Unverlöschlichkeit des Feuers beweisen den metaphorischen Charakter der Aussage. Feuer und Wurm in diesem Bild müssen wörtlich und nicht wörtlich zugleich verstanden werden. Die Frage nach der Natur des höllischen Wurms und des höllischen Feuers verkennt den Bildcharakter. Würmer sind Würmer und Feuer ist Feuer, auch wenn sie symbolisch zu nehmen sind. Der Bildcharakter wird aber genauso verkannt, wenn man darin „nur" ein Bild sehen und deshalb auf die Irrealität der Qualen schließen will. Metaphern haben Referenten und sind offen für eine sachlich sinnvolle Interpretation. Alle drei Bildworte variieren

---

[69] Vgl. *A. Horn*, Zur Paradoxie der Metapher: Colloquium Helveticum 5 (1987) 9–28. In diesem anregenden Aufsatz unterscheidet András Horn eine dreifache Paradoxie, die mit jeder Metapher verbunden ist.

[70] Vgl. *M. Reiser*, Die Gerichtspredigt Jesu. Eine Untersuchung zur eschatologischen Verkündigung Jesu und ihrem frühjüdischen Hintergrund (NTA. NF 23), Münster 1990, Register zu Jes 66,24.

denselben Gedanken: Es geht um den entschlossenen Kampf gegen die Laster, die uns zum Verhängnis werden, da sie uns hindern, nach Gottes Willen zu leben und uns damit den Weg zur ewigen Seligkeit verbauen; ein Kampf, der auch schmerzliche Verzichte einschließen kann. Das ist die Pointe dieser Spruchreihe. Meine Erläuterung gebraucht ihrerseits zwei neue Metaphern: die vom „Kampf" und die vom „Verbauen des Wegs". Wir entkommen der Metaphorik nie ganz.

Zu den bildhaften Elementen in eschatologischen Aussagen, die metaphorisch verstanden werden müssen, gehören aber nicht nur räumlich-materielle wie das himmlische Paradies oder das höllische Feuer, sondern auch alle zeitlichen Elemente einschließlich der Ewigkeit. Jenseits des Todes und jenseits des Jüngsten Tages herrscht keine mit Uhren meßbare Zeit mehr wie jetzt unter den irdischen Bedingungen der Raumzeit.[71] Dieser Sachverhalt scheint mir, wie unreflex auch immer, bereits bei Paulus angedeutet zu sein. In 1 Kor 15,52 läßt er die Auferstehung der Toten und ihre Verwandlung „in einem Nu, in einem Augenblick, bei der letzten Fanfare" erfolgen. Die letzte Fanfare ist ein traditionelles Motiv; mit dem Nu (griechisch: ἄτομον) und dem Augenblick ist ein nicht mehr meßbarer Zeitraum gemeint.[72] Damit ist begriffen, daß sich die Endereignisse außerhalb der irdischen Zeit abspielen. Mit dieser Einsicht in den metaphorischen Charakter der zeitlichen Strukturen in eschatologischen Aussagen lassen sich auch die klassischen Probleme der „Zwischenzeit" zwischen dem Tod des einzelnen (bzw. dem „Besonderen Gericht") und dem Jüngsten Tag mit dem allgemeinen Weltgericht lösen.[73]

Diese Einsicht läßt sich aber auch auf die eschatologischen Aussagen über die Nähe der Endereignisse (des Tages des Herrn, des Gerichts oder des Reiches Gottes) anwenden. Wer diese Nähe nur im zeitlichen Sinn versteht, hat ihre metaphorische Bedeutung übersehen. Wir dürfen, ja wir müssen diese Nähe zumindest auch im existentiellen Sinn verstehen; sie bringt Dringlichkeit zum Ausdruck. Und wir können ruhig davon ausgehen, daß sie so auch schon von den Propheten verstanden wurde. Wie hätten diese sonst über 600 Jahre hinweg verkünden können: „Nahe ist der Tag des Herrn"?[74] Der Tag des Herrn ist immer nahe, weil Gott immer nahe ist.[75]

7. Das bildfeindliche Erbe der Aufklärung

Ein großer Teil der Schwierigkeiten, die der moderne Mensch mit der Eschatologie hat, hängt mit den Schwierigkeiten zusammen, die dieser Mensch mit der Metaphorik hat. Das gilt von Gebildeten fast noch mehr als von einfachen Menschen. Dorothy L. Sayers beklagt sich in ihren Briefen öfters über verständnislose Kritiker der Evangelien, die sie noch schlimmer findet als die Dantes. Zur Erklärung des Phänomens bemerkt sie einmal:

---

[71] Die interessanten Überlegungen *J.H. Newmans* dazu sind u. 206 zitiert.
[72] Vgl. u. 56f.
[73] Vgl. u. 104f. 133. 148. 206f.
[74] Vgl. Jes 13,6; Ez 7,7; 30,3; Joel 1,15; 4,14; Obd 15; Zef 1,7. 14.
[75] Vgl. Ps 119,151.

> Ich vermute, ein großer Teil der Schwierigkeiten rührt daher, daß die Leute im Allgemeinen und Wissenschaftler im Besonderen jedes Gespür für den Bereich poetischer Wahrheit samt dem Verständnis für Bildsprache und Metapher verloren haben, ja sogar das Gespür für die üblichen Redegewohnheiten des natürlichen Menschen.[76]

Das ist ein mißliches Erbe der Aufklärung. Die angeblich autonome Vernunft der Aufklärer tauchte die Welt in ein kaltes Licht, das nur gelten lassen wollte, was die fünf körperlichen Sinne anspricht und von praktischem Nutzen ist, was klar gesagt und exakt berechnet werden kann. Alles Geheimnisvolle und Unfaßbare betrachtete sie bestenfalls als vorläufig ungelöste Rätsel. Sie bevorzugte die begriffliche Sprache und meinte mit ihr die Wirklichkeit präzise, vollständig und befriedigend beschreiben zu können. Sie liebte das Prosaische und verachtete die bildliche Rede als unnütze Zierde. Ein typisches Beispiel kann man in Franz Grillparzers Vater finden. An den Gedichten des Sohnes machten ihm die Spuren von Bildung, Belesenheit und Scharfsinn Freude. „Sobald aber ein poetisch-uneigentliches, etwa tropisch gebrauchtes Wort vorkam", wurde er zornig und nannte es unverständig, abgeschmackt, absurd und höchsten Unsinn.[77] Die Auswirkungen dieser aufklärerischen Bildfeindlichkeit auf die Kirchenlieder hat Hermann Kurzke in einem instruktiven Aufsatz skizziert.[78] Er bezeichnet sie schlagwortartig als „Entpoetisierung, Entmetaphorisierung, Abstrahierung" und stellt im selben Zusammenhang eine Tendenz zur „Entmythisierung" fest, die er auf das fehlende Verhältnis zur Eschatologie zurückführt.[79] Es wird höchste Zeit, daß wir dieses mißliche Erbe der Aufklärung erkennen und wieder ein neues Verhältnis zu Poesie und Metaphorik gewinnen. Die Freude am Bild auch im Denken und Reden gehört zur *Conditio humana.* Konsequente Bilderfeindlichkeit ist immer in Gefahr, unmenschlich zu werden und den Bezug zur Wirklichkeit zu verlieren.

---

76 *D.L. Sayers*, Brief vom 21. September 1945 an Rev. C. Lattey, in: The Letters of Dorothy L. Sayers, hg. von B. Reynolds, Bd. III, Cambridge 1998, 158.
77 *F. Grillparzer*, [Bruchstück einer Selbstbiographie], in: *Ders.*, Sämtliche Werke. Vierter Band, München 1965, 9–19, hier 15.
78 *H. Kurzke*, Kirchenlied und Literaturgeschichte. Die Aufklärung und ihre Folgen: Jahrbuch für Liturgik und Hymnologie 35 (1994/95) 124–135.
79 Ebd. 127f.

Der Auferstehungsglaube

im Alten Testament und im Frühjudentum

Wenn wir heute von „Auferstehung" reden, dann meinen wir meistens ein Weiterleben nach dem Tod im Jenseits bei Gott. Das ist nicht ganz falsch, aber es ist auch nicht ganz richtig. Ja, man muß sagen: Diese Auffassung geht am Entscheidenden vorbei. Was hätte wohl ein frommer Jude oder ein frommer Christ des 1. Jahrhunderts zu dieser Definition gesagt? Vielleicht folgendes: „‚Weiterleben nach dem Tod' – ja, daran glaube ich, aber das meine ich nicht mit Auferstehung. Freilich leben die Frommen weiter ‚im Jenseits bei Gott', aber doch nur *bis* zum Tag der Auferstehung. Dann leben sie weiter, aber nicht im Jenseits, sondern hier auf Erden mit einem neuen Leib!"

Wir müssen also die Vorstellung eines Weiterlebens nach dem Tod unterscheiden von der Vorstellung einer Auferstehung der Toten. An ein Weiterleben nach dem Tod glauben viele Religionen. Auch Griechen und Römer kannten ein Jenseits des Todes mit der Insel der Seligen für die Guten und dem Tartaros für die Bösen. Ein echter Glaube daran war allerdings nicht sehr verbreitet. Die Vorstellung einer leiblichen Totenauferstehung war ihnen dagegen völlig fremd. Wie kam es nun zu dieser Vorstellung im Judentum? Und was meint sie genau? Erst wenn wir diese Fragen geklärt haben, können wir verstehen, was die ersten Christen sagen wollten, wenn sie verkündeten: „Christus ist auferstanden von den Toten!" Wenden wir uns also zunächst dem Alten Testament zu und dann dem Frühjudentum.

Wenn wir in das Alte Testament schauen, dann stellen wir zunächst mit einiger Überraschung fest, daß da weder von einem Leben nach dem Tod noch von einer Auferstehung der Toten viel die Rede ist.[1] Die Hoffnung auf eine Überwindung der Todesgrenze und ein Leben im Jenseits, das den Namen „Leben" wirklich verdient, ist nur an wenigen Stellen vage angedeutet, und ein klares Zeugnis für den Glauben an eine leibliche Totenauferstehung gar finden wir nur an einer einzigen Stelle. Das ist zunächst ein merkwürdiger Befund. Aber schauen wir genauer hin.

Der Mensch des Alten Testaments möchte sterben wie die Patriarchen: alt und lebenssatt, umgeben von Kindern und Kindeskindern, um dann „zu seinen Vätern versammelt zu werden" (Gen 25,8; Ijob 42,16f). Darüberhinaus möchte er nichts. Wenn ihm ein langes, erfülltes Leben vergönnt ist, nimmt er den Abschied davon als gottgegeben hin. Was der Mensch des Alten Testaments und der Antike überhaupt fürchtet, ist nur der frühzeitige, vorzeitige Tod. Die Klage darüber ist auf Grab-

---

[1] Vgl. *Th. Podella*, Grundzüge alttestamentlicher Jenseitsvorstellungen: Sheol: BN 43 (1988) 70–89; *Th. Hieke* (Hg.), Tod – Ende oder Anfang? Was die Bibel sagt, Stuttgart 2005; *N.T. Wright*, The Resurrection of the Son of God, Minneapolis 2003, 86–128.

schriften oft zu finden. Angesichts dieser Gefahr fängt der Fromme selbst vor Gott an zu klagen. Ein solches Klagelied ist Psalm 88.[2] Darin wird deutlich, was der Fromme, oder zumindest *dieser* Fromme, für eine Vorstellung von dem Ort hat, an den seines Erachtens alle Toten gelangen und der hebräisch „Scheol“ heißt:

Herr, du Gott meines Heils,
zu dir habe ich geschrien bei Tag und bei Nacht.
Laß mein Gebet zu dir dringen,
neige dein Ohr meinem Schreien zu!
Denn meine Seele ist gesättigt mit Leiden,
und mein Leben ist nahe der Scheol.
Schon bin ich gerechnet zu denen, die in die Grube hinabfahren,
ich bin wie ein Mann ohne Kraft.
Hingestreckt bin ich unter die Toten,
wie Erschlagene, die im Grab liegen.
Du denkst nicht mehr an sie,
denn sie sind abgeschnitten von deiner Hand. (Ps 88,2–6)

Der Tote ist nach dieser Vorstellung ein kraftloses Wesen, um das sich auch Gott nicht mehr kümmert, weil seine helfende Hand es nicht mehr erreichen kann. Selbst Gott, so meint der Beter, kann doch an einem solchen Zustand kein Interesse haben, und das gibt er ihm in einigen rhetorischen Fragen „zu bedenken“:

Wirst du an den Toten Wunder tun,
werden Schatten aufstehn, um dich zu preisen?
Erzählt man im Grab von deiner Güte,
von deiner Treue im Abgrund?
Werden in der Finsternis bekannt werden deine Wunder,
und deine Gerechtigkeit im Land des Vergessens? (Ps 88,11–13)

Die Scheol ist hier also „das Land des Vergessens“, ja des Vergessenseins von Gott und den Menschen, mit einem Wort: „Finsternis“. Die drei rhetorischen Fragen sind zwar alle mit „Nein“ zu beantworten, aber sie haben doch eine indirekte Appellfunktion: Soll es bei dem schmerzlichen „Nein“ bleiben?

Nach dem Babylonischen Exil wurden die Fragen dieses Psalms offenbar immer bedrängender, und man empfand die bisherige Vorstellung mehr und mehr als unbefriedigend. Sollte denn ein Mensch wirklich der Macht Gottes, und zwar seiner segnenden ebenso wie seiner strafenden Macht, einfach dadurch entzogen werden können, daß er starb? Sollte die Macht des Schöpfers aller Wesen an der Pforte des Todes zu Ende sein? Wenn seine Macht jedoch unbegrenzt ist, warum sollte er dann denen, die ihm ihr Leben lang treu gedient hatten, nach ihrem Tod seine Liebe entziehen? Und sollte ein großer Verbrecher seiner gerechten Strafe einfach dadurch entgehen können, daß er starb? War ein solches Verhalten von Gott denkbar? Als man solche Fragen einmal klar und deutlich stellte, da beantwortete man sie – zunächst vorsichtig, dann immer entschiedener – mit „Nein!“ Nicht nur

---

[2] Ausführlich dazu ist *B. Janowski*, Die Toten loben JHWH nicht. Psalm 88 und das alttestamentliche Todesverständnis, in: F. Avemarie / H. Lichtenberger (Hg.), Auferstehung – Resurrection (WUNT 135), Tübingen 2001, 3–45.

Gottes Macht, sondern vor allem Gottes Liebe muß über den Tod hinausreichen. Wenn aber seine Liebe bis ins Jenseits des Todes reichen würde, dann zweifellos auch sein gerechter Zorn. In dieser wie in jeder anderen Hinsicht blieb der antike Fromme immer Realist.

Die ersten Spuren dieser Erkenntnis finden wir in einigen Psalmen, die offenbar aus einem Kreis von Frommen und Priestern stammen, denen Gott und die Begegnung mit Gott im Tempelgottesdienst das eigentliche Lebensglück bedeutete. Gerhard von Rad sprach von einem „Kreis von levitischen Spiritualen".[3] Sie konnten bekennen: „Du erfüllst mein Herz mit größerer Freude, als jene haben bei Wein und Weizen im Überfluß" (Ps 4,8). „Bei dir ist die Quelle des Lebens, und in deinem Licht schauen wir das Licht" (Ps 36,10). Sollte diese Quelle des Lebens einmal versiegen? Oder sollte sie nur diesseits des Todes fließen? Die neue Antwort gibt Psalm 16:

Ich sage zum Herrn: „Du bist mein Herr;
    mein ganzes Glück bist du allein."
...
Auf schönes Land ist mein Anteil gefallen,
    ja, mein Erbteil gefällt mir.
...
Darum freut sich mein Herz und frohlockt meine Seele;
    auch mein Fleisch wird in Sicherheit wohnen.
Denn du wirst mich nicht der Scheol überlassen,
    du wirst nicht zulassen, daß dein Frommer die Grube schaut.
Du wirst mir den Weg zum Leben zeigen,
    vor deinem Angesicht gehen die Freuden nicht aus,
Wonnen sind zu deiner Rechten für alle Zeit. (Ps 16,2.6.9–11)

Die griechische Übersetzung dieses Psalms verdeutlicht den Gedanken noch, wenn sie von der „Hoffnung" spricht, in der das Fleisch ruht, und wenn sie den Psalmisten erklären läßt: „Du wirst mich nicht im Hades zurücklassen und dafür sorgen, daß dein Frommer *die Verwesung* (διαφθοράν) (statt: die Grube) nicht schaut."[4] Daß man im Urchristentum auf diese Stelle aufmerksam wurde, kommt also nicht von ungefähr, und wenn nach der Apostelgeschichte sowohl Petrus als auch Paulus die hier ausgesprochene Hoffnung in der Auferstehung Jesu verwirklicht sehen (Apg 2,25–31; 13,35), so tun sie das auch aus heutiger Sicht mit einer sachlichen Berechtigung. Im übrigen findet sich eine ganz ähnliche Aussage auch im hebräischen Psalter: Ps 49,16: „Doch Gott wird mich loskaufen aus der Gewalt der Scheol, er wird mich aufnehmen (oder: entrücken)." Hierher gehört auch Psalm 73:

Ich bin ja immer bei dir,
    du hast meine Rechte ergriffen.
Du leitest mich nach deinem Ratschluß
    und nimmst mich am Ende auf in Herrlichkeit.

---

[3] *G. von Rad*, „Gerechtigkeit" und „Leben" in der Kultsprache der Psalmen, in: *Ders.*, Gesammelte Studien zum Alten Testament I, München 1958, 225–247; *ders.*, Theologie des Alten Testaments I, München 1960, 414–420. Vgl. *G. Stemberger*, Das Problem der Auferstehung im Alten Testament, in: *Ders.*, Studien zum rabbinischen Judentum (SBA 10), Stuttgart 1990, 19–45, hier 39–44; *J. Barr*, The Garden of Eden and the Hope of Immortality, London 1992,21–56.

[4] Vgl. *J. Schaper*, Eschatology in the Greek Psalter (WUNT 2. R. 76), Tübingen 1995, 48–50. Er weist auch auf die entsprechende Deutung im Midrasch zur Stelle hin. Dieser und weitere Belege bei *Billerbeck* II 618.

Wen habe ich im Himmel?
    Und neben dir freut mich nichts auf Erden.
Selbst wenn mein Fleisch und mein Herz verschmachtet sind –
    Gott bleibt der Fels meines Herzens, mein Anteil auf ewig. (Ps 73,23–26)

Der Psalmist entwickelt hier „eine originäre Idee von der Überwindung des Todes, die weder auf griechische noch auf persische Muster zu verrechnen ist. Er operiert weder mit dem Seelenbegriff noch mit dem Auferstehungsgedanken, sondern kommt allein aus dem Gottesbegriff und der Idee der Gemeinschaft bzw. der Erfahrung der Gemeinschaft [mit Gott] zu seiner Aussage."[5] Wem hier auf Erden Gott das ein und alles ist, dem wird er es auch nach dem Tod sein, das war die Überzeugung dieser Frommen. Über die näheren Umstände einer solchen Weiterexistenz machten sie sich keine Sorgen.

Ihren ergreifendsten Ausdruck findet diese Tradition aber nicht in den Psalmen, sondern an einer berühmten Stelle aus dem Buch Ijob.[6] In seinem Elend, zu dem seine Freunde als „leidige Tröster" noch beitragen, spricht Ijob eine Hoffnung aus, die selbst jene der zitierten Psalmisten noch übertrifft:

Ich aber weiß, daß mein Erlöser lebt;
    als letzter wird er sich über dem Staub erheben.
Und nachdem meine Haut zerschunden ist,
    werde ich ohne mein Fleisch Gott schauen.
Ihn selber werde ich dann für mich schauen,
    meine Augen werden ihn sehen,
    und nicht mehr als Fremden.
Das ersehnen meine Nieren im Innern. (Ijob 19,25–27)

Ijob rechnet damit, Gott nach dem Tod zu schauen; darauf richtet sich seine ganze Sehnsucht. Wie dies geschehen soll, darüber gibt der hebräische Text keine Auskunft. Die Septuaginta, die griechische Übersetzung des Alten Testaments, verdeutlicht wieder: Der Erlöser wird seine Haut (Sinaiticus und Alexandrinus: seinen Leib) wieder erstehen lassen. Der griechische Übersetzer denkt also bereits an die Auferstehung von den Toten. Am Schluß des Buches macht er sogar einen Zusatz, in dem er ausdrücklich erklärt: „Es steht geschrieben, daß er (Ijob) wieder auferstehen wird zusammen mit denen, die der Herr auferstehen läßt."[7] Die Vulgata, die lateinische Übersetzung des Alten Testaments, läßt Ijob diese Überzeugung ganz konsequent selbst aussprechen:

Ich weiß, daß mein Erlöser lebt.
    Am jüngsten Tag werde ich auferstehen aus der Erde,
ich werde wieder umgeben werden mit meiner Haut
    und werde meinen Gott schauen in meinem Fleisch.[8]

Nun ist die Vulgata als christliche Übersetzung zweifellos von der christlichen Sicht geprägt. Aber an unserer Stelle läßt sie Ijob nichts sagen, was nicht auch Juden seit dem 2. Jahrhundert v.Chr. sagen

---

[5] *J. Ratzinger*, Eschatologie – Tod und ewiges Leben, Regensburg 1977, 81. Vgl. *B. Janowski*, Die Toten (s. Anm. 2) 40f.
[6] Zum folgenden vgl. *F. Stier*, Das Buch Ijjob. Hebräisch und Deutsch, München 1954, 298–300.
[7] Vgl. *P.H. Tremblay*, Job 19,25–27 dans la Septante et chez les pères Grecs. Unanimité d'une tradition (EtB.NS 47), Paris 2002.
[8] Ijob 19,25f Vulg.

konnten. Wirklich verchristlicht ist Ijobs Hoffnung erst in der berühmten Sopran-Arie aus Händels „Messias“. Dort werden Ijobs Worte mit einem Zusatz versehen:

Ich weiß, daß mein Erlöser lebet;
denn Christ ist erstanden von dem Tod,
der Erstling derer, die schlafen.[9]

Mit Hilfe der autorisierten Übersetzungen der Ijob-Stelle und der Deutung durch einen großen Musiker konnten wir also drei Phasen des Auferstehungsglaubens verfolgen: Er beginnt keimhaft mit der Hoffnung eines kleinen Kreises von Frommen auf eine Weiterexistenz nach dem Tod in der Nähe Gottes. Er nimmt dann die Form der Hoffnung auf ein gemeinsames Wiederaufstehen der Toten an und findet diese Hoffnung schließlich in Jesus von Nazaret verwirklicht. Im folgenden wollen wir die zweite Phase noch etwas genauer ins Auge fassen, um von daher besser zu verstehen, was die Auferstehung Jesu eigentlich bedeutet.

Das wichtigste frühe Zeugnis für den jüdischen Auferstehungsglauben findet sich im gemeinsamen Kanon von Juden und Christen; es ist das Zeugnis im 12. Kapitel des Buches Daniel.[10] Das Buch Daniel entstand in der Zeit der Makkabäeraufstände; aufgrund von historischen Anspielungen können wir sogar ziemlich genau sagen, wann: Es muß gegen 165/164 v.Chr. fertiggestellt worden sein, kurz vor dem Tod des seleukidischen Herrschers Antiochus IV. Dieser beherrschte damals auch Palästina und betrieb eine ungewöhnlich intolerante Religionspolitik. Er verbot die Ausübung des jüdischen Kultus und weihte den Tempel von Jerusalem dem olympischen Zeus. Dagegen richteten sich die Makkabäer-Aufstände. Diese wurden, wenigstens anfangs, von frommen Kreisen unterstützt, die sich „Chasidim“ nannten. Zu ihnen gehörte offensichtlich auch der Verfasser des Daniel-Buches. In gewaltigen Visionen schaut der Seher schon das Ende der feindlichen Mächte und das Gericht, das Gott über sie halten würde (z.B. Dan 7).

Im 11. und 12. Kapitel seines Werkes gibt der Seher einen Überblick über die Geschichte. Darin beschreibt er auch den Tod des Gewaltherrschers. Da diese Schilderung nicht den wirklichen Todesumständen entspricht, müssen wir annehmen, daß Antiochus IV. damals noch lebte. Sein Tod aber sollte nach der Überzeugung des Sehers die Endzeit einleiten. Ihre Schilderung erfolgt darum an dieser Stelle:

In jener Zeit tritt Michael auf, der große Engelfürst, der für die Söhne deines Volkes eintritt. Dann kommt eine Zeit der Not, wie noch keine da war, seit es Völker gibt, bis zu jener Zeit. Doch dein Volk wird in jener Zeit gerettet, jeder, der im Buch verzeichnet ist. Von denen, die im Land des Staubes schlafen, werden viele erwachen, die einen zum ewigen Leben, die anderen zur Schmach, zu ewigem Abscheu. Die Verständigen werden strahlen, wie der Himmel strahlt; und die Männer, die viele zum rechten Tun geführt haben, werden immer und ewig leuchten wie die Sterne. (Dan 12,1–3)

In der endzeitlichen Drangsal wird der Erzengel Michael auftreten, um für Gottes Volk zu kämpfen, oder genauer: für die Treugebliebenen, die von diesem Volk noch übrig sind. Die Namen dieser

---

[9] Arie zu Anfang des 3. Teils (Nr. 43). Zum „Erstling“ vgl. u. 31.

[10] Zum folgenden vgl. *M. Reiser*, Die Gerichtspredigt Jesu. Eine Untersuchung zur eschatologischen Verkündigung Jesu und ihrem frühjüdischen Hintergrund (NTA.NF 23), Münster 1990, 25–27.

Treugebliebenen sind in einem Buch verzeichnet; es ist kein anderes als das „Buch des Lebens". Wer in ihm verzeichnet ist, wird am Ende gerettet.

Aber was ist mit den Getreuen Gottes, den Frommen, die in der endzeitlichen Drangsal ihr Leben lassen mußten oder lange vorher schon gestorben waren? Sollten sie keinen Anteil am Sieg der guten Sache und an der kommenden Freudenzeit haben? Wenn der Mensch, der Staub ist, zum Staub zurückgekehrt ist (Gen 3,19!), gibt es dann keine Hoffnung mehr für ihn? Ist die „Fahrt ins Staublose" (Nelly Sachs) ohne Ziel? Auf diese bange Frage antwortet der Seher mit der berühmten Prophezeiung, daß „viele von denen, die im Staub der Erde schlafen, erwachen werden". Die Auferstehung wird hier also als ein Erwachen aus dem Todesschlaf verstanden, bei dem die Toten aus dem Staub der Erde aufstehen. Freilich rechnet der Seher nicht mit einer allgemeinen Auferstehung der Toten; er spricht ausdrücklich von „vielen", nicht von allen. Mit den „vielen" meint er wohl nur die Juden; Heiden werden seiner Überzeugung nach nicht auferstehen. Aber auch von den auferstandenen Juden soll wiederum nur ein Teil „zum ewigen Leben" auferstehen; für die anderen wird die Auferstehung zu „Schmach" und „ewigem Abscheu" führen. Das Stichwort „Abscheu" kommt außer an dieser Stelle im Alten Testament nur noch im letzten Satz des Jesaja-Buchs vor, wo es vom endgültigen Schicksal der Abgefallenen des Gottesvolkes heißt: „Ihr Wurm wird nicht sterben, und ihr Feuer nicht verlöschen; sie werden ein Abscheu sein für alles Fleisch" (Jes 66,24). Auf diese Stelle will der Seher des Buches Daniel offenbar anspielen.[11]

Man sieht also deutlich vier Dinge: 1. Die Auferstehung ist hier ganz leiblich gedacht. 2. Sie findet zu einem bestimmten Zeitpunkt statt, nämlich am Jüngsten Tag. 3. Sie findet für alle, die auferstehen, gleichzeitig statt. 4. Sie führt nur für einen Teil der Auferstandenen zum ewigen Leben; für die anderen dagegen führt sie zu einem irgendwie abscheulichen Zustand, der nicht näher beschrieben wird, sowenig wie das ewige Leben der anderen. Schon deshalb also muß man „Auferstehung" und „ewiges Leben" sorgfältig unterscheiden.

Das erste biblische Zeugnis für die Auferstehung macht schließlich auch klar, worin letztlich der Zweck der Auferstehung besteht: Sie soll es vor allem den verstorbenen Getreuen Gottes möglich machen, daß sie am Glück der künftigen Heilszeit teilnehmen können, jener Heilszeit, die für alle Gerechten des Gottesvolks mit dem Jüngsten Tag anbricht. Freilich läßt das Buch Daniel in diesem Zusammenhang noch einige Fragen offen: Wie soll man sich das „ewige Leben" konkret vorstellen? Wie soll das „Erwachen aus dem Staub der Erde" eigentlich vor sich gehen? Das alles kümmert den Seher nicht; er hätte auf diese Fragen wohl geantwortet: Gott hat mehr Möglichkeiten, als wir uns ausdenken können; er wird es schon irgendwie machen. Und damit hätte er sicher recht.

Die erste Phase des Makkabäeraufstands ist auch das Thema des 2. Makkabäerbuchs, dessen Quelle ein gewisser Jason von Kyrene in ausgezeichnetem Griechisch geschrieben hat. Was die Theologie angeht, berührt sich dieser Autor auffällig mit dem semitisch schreibenden Verfasser des Buchs Daniel. Das wird besonders deutlich im 7. Kapitel seines Werkes, wo er die grausame Hinrichtung einer Mutter und ihrer sieben Söhne schildert, weil sie nicht bereit sind, gegen das Gesetz des Mose zu

---

11 Diese Anspielung ist in der Einheitsübersetzung nicht erkennbar, da sie das entsprechende Wort in Dan 12,2 mit „Abscheu", in Jes 66,24 dagegen mit „Ekel" wiedergibt.

handeln und Schweinefleisch zu essen.[12] Sie begründen ihre Haltung mit der Hoffnung, daß Gott, der alles aus Nichtseiendem erschaffen und jedem Menschen den Lebensatem verliehen habe, sie zu neuem Leben erwecken wird. Dem Tyrannen dagegen drohen sie Gottes Gericht und seine Vergeltung an. Wie leiblich die Auferstehung gedacht ist, zeigt eine Einzelheit: Einer der Söhne, dem die Zunge abgeschnitten werden soll, streckt sie gleich bereitwillig heraus mit der Bemerkung: Vom Himmel habe er sie erhalten, von ihm erhoffe er sie zurück (2 Makk 7,11).[13] Am Ende des 12. Kapitels dieses Buchs findet sich der älteste und in der Bibel einzige Beleg für eine Neuerung, die ausdrücklich mit der Auferstehungshoffnung in Verbindung gebracht wird: ein Bittgebet und ein Sühnopfer für die Sünden verstorbener Gläubiger (2 Makk 12,42–45). Ausdrücklich heißt es, ohne die Hoffnung auf eine Auferstehung wäre das Gebet für Tote „überflüssig und sinnlos" (2 Makk 12,44).

Die Hoffnung auf eine leibliche Auferstehung am Jüngsten Tag brachte freilich ein Problem mit sich: Wo sind die Toten *bis* zum Tag der Auferstehung? Im Staub, aus dem sie erwachen sollen? Wie können sie bis zu diesem Tag „existieren", besonders wenn die Zeit bis dahin länger dauert? Weder bei Daniel noch im 2. Makkabäerbuch finden wir auf diese Frage eine Antwort; sie hatten dieses Problem offenbar noch gar nicht. Eine Antwort finden wir dagegen in einem biblischen Buch, das die katholische Kirche ebenso wie das 2. Makkabäerbuch immer zum Kanon gezählt hat, wenn auch unter den sogenannten „deuterokanonischen" Schriften: im Buch der Weisheit, auch Weisheit Salomos genannt.[14] Dieses Buch entstand im 1. Jahrhundert in Ägypten, und zwar in griechischer Sprache. Der Verfasser war offensichtlich ein frommer Jude, der aber ähnlich wie Jason von Kyrene eine recht gute griechischsprachige Ausbildung erhalten haben muß. Seine Antwort auf unsere Frage gibt er im 3. Kapitel:

Die Seelen der Gerechten sind in Gottes Hand,
    und keine Qual kann sie berühren.
In den Augen der Toren sind sie gestorben,
    ihr Heimgang gilt als Unglück,
ihr Scheiden von uns als Vernichtung;
    sie aber sind in Frieden.
In den Augen der Menschen wurden sie gestraft;
    doch ihre Hoffnung ist voll Unsterblichkeit.
Ein wenig nur werden sie gezüchtigt;
    doch sie empfangen große Wohltat.
Denn Gott hat sie geprüft
    und fand sie seiner würdig.
Wie Gold im Schmelzofen hat er sie erprobt
    und sie angenommen als ein vollgültiges Opfer.
Beim Endgericht werden sie aufleuchten
    wie Funken, die durch ein Stoppelfeld sprühen.
Sie werden Völker richten
    und über Nationen herrschen,
    und der Herr wird ihr König sein in Ewigkeit.
Alle, die auf ihn vertrauen,
    werden die Wahrheit erkennen,

---

[12] Vgl. dazu die gründliche Untersuchung von *U. Kellermann*, Auferstanden in den Himmel. 2 Makkabäer 7 und die Auferstehung der Märtyrer (SBS 95), Stuttgart 1979.

[13] Vgl. 2 Makk 14,46, wo dasselbe am Beispiel der Eingeweide gesagt wird.

[14] Zum folgenden vgl. *M. Reiser*, Gerichtspredigt (s. Anm. 10) 28–31.

und die Treuen werden bei ihm bleiben in Liebe.
Denn Gnade und Erbarmen wird seinen Erwählten zuteil.
Die Frevler aber werden für ihre Pläne bestraft,
sie, die den Gerechten mißachtet haben
und vom Herrn abgefallen sind.
Unglücklich sind alle,
die Weisheit und Belehrung verachten;
leer ist ihre Hoffnung,
vergeblich sind ihre Mühen und wertlos ihre Taten.
Ihre Frauen sind unverständig
und ihre Kinder böse;
fluchbeladen ist ihr Geschlecht. (Weish 3,1–12)

Die „Seelen" der verstorbenen Gerechten sind demnach „in Gottes Hand" und „in Frieden", keine Qual (wörtlich: keine Folter [βάσανος]) kann sie berühren. An einer anderen Stelle heißt es: Sie gelangen zur „Ruhe" (Weish 4,7). Alle diese Ausdrücke verwenden Juden und Christen bis heute, um die erlöste Existenz der Verstorbenen in der Geborgenheit Gottes zu bezeichnen („Ruhe in Frieden!").

Auch das Schicksal der verstorbenen Sünder wird im Buch der Weisheit angedeutet:

Sie werden zu verachteten Leichen,
zum ewigen Spott bei den Toten.
Sie werden verstummen, wenn er sie kopfüber hinabstürzt
und aus ihren Grundfesten reißt.
Sie werden völlig vernichtet und erleiden Qualen,
die Erinnerung an sie verschwindet. (Weish 4,19)

Der Zustand der ruhigen Geborgenheit der Gerechten wie der Zustand der Qualen der Sünder soll aber nach dem Buch der Weisheit nur bis zu einem bestimmten Zeitpunkt dauern, nämlich bis zum „Endgericht", wörtlich: bis zum „Zeitpunkt der Heimsuchung" (Weish 3,7). Dieser Zeitpunkt ist natürlich kein anderer als der Jüngste Tag, der als „Tag des Gerichtsurteils (ἡμέρα διαγνώσεως)" bezeichnet wird (Weish 3,18). An diesem Tag kommt gleichsam die große Stunde der Gerechten; dann werden sie zusammen mit Gott herrschen (Weish 3,7f). Denn wenn Gott herrscht, dann haben nicht mehr die durchtriebenen Machtmenschen das Sagen, sondern jene, die ein reines Herz haben.

Die Zwischenzeit vom Tod des einzelnen bis zum Jüngsten Tag mit ihrem vorläufigen Zwischenzustand für Gerechte und Sünder war also ursprünglich die Antwort auf ein Problem. Aber im Laufe der Zeit wurde diese Antwort selbst zum Problem: Fällt Gott sein Urteil über die Menschen zweimal, nach dem Tod des einzelnen und am Jüngsten Tag? Und wie ist eine solche Zwischenzeit philosophisch denkbar? Wir kommen auf diese Frage zurück.[15]

Von einer Auferstehung spricht der Verfasser des Buchs der Weisheit nicht direkt, aber sie ist in seiner Darstellung impliziert. Er wird sie sich nicht viel anders vorgestellt haben, als ein anderer frommer Autor, dessen Schilderung der Ereignisse des jüngsten Tages wir uns jetzt zuwenden wollen. Wir kennen seinen Namen nicht; sein Werk wurde unter dem Namen Philos überliefert, obwohl Philo sicher nicht der Autor ist. Darum nennt man ihn einfach Pseudo-Philo.[16] Das Werk ist uns nur

[15] Vgl. u. 104f. 113f. 133. 206.
[16] Zum folgenden vgl. *M. Reiser*, Gerichtspredigt (s. Anm. 10) 94–98.

in der lateinischen Übersetzung erhalten; es ist der *Liber Antiquitatum Biblicarum* „das Buch der biblischen Altertümer“. Entstanden ist es ungefähr zur selben Zeit wie das Markusevangelium, um das Jahr 70 n.Chr. Es ist eine Nacherzählung der biblischen Geschichte von Adam bis zum Tod Sauls. Dabei werden die Geschichten vielfach phantasievoll ausgeschmückt und ergänzt. Der Autor war wohl ein pharisäischer Schriftgelehrter; er vertritt eine Theologie, die man sozusagen als die jüdische Normaltheologie jener Zeit bezeichnen kann. Das gilt insbesondere von seinen Auffassungen über „die letzten Dinge“. Sie sind zusammengefaßt in einem Text, in dem er die endzeitlichen Ereignisse schildert, kurz: den Jüngsten Tag und was darauf folgt. Der Sprecher ist Gott selbst:

Wenn aber die Jahre der Welt erfüllt sein werden,
dann wird das Licht aufhören
und die Finsternis ausgetilgt werden.
Und ich werde die Toten zum Leben erwecken
und die Schlafenden aufstehen lassen aus der Erde.
Und die Scheol wird herausgeben, was sie schuldet,
und der Abbadon sein Depositum zurückerstatten,
damit ich jedem vergelte nach seinen Werken
und nach den Früchten seines Trachtens,
bis ich richte zwischen Seele und Fleisch.
Und die Welt wird aufhören
und der Tod wird ausgetilgt werden
und die Scheol wird ihren Rachen schließen.
Und die Erde wird nicht ohne Ertrag sein
noch unfruchtbar für ihre Bewohner.
Und keiner wird sich beflecken, der durch mich gerechtfertigt ist.
Und es wird eine andere Erde sein und ein anderer Himmel,
eine ewige Wohnung.[17]

Gottes Vorsehung hat der Weltzeit ein Maß gesetzt, und wenn dieses Maß voll ist, dann kommt der Jüngste Tag. Das vollständig Neue und Andere, das dann eintritt, beschreibt unser Autor mit dem merkwürdig paradoxen Bild von dem Licht, das aufhört, ohne daß damit Finsternis eintritt; denn die Finsternis wird gleichzeitig „ausgetilgt“. Dieses Bild für das ganz Andere der Neuen Welt nach dem Jüngsten Tag ist wirklich originell.

Als nächstes Ereignis wird die Auferstehung der Toten genannt. Von ihr redet der Autor mit zwei verschiedenen Bildern. Das erste geht von einem „Todesschlaf“ in der Erde aus; wir haben es schon bei Daniel angetroffen. Die Toten „schlafen“ in der Erde und brauchen also nur „aufgeweckt“ zu werden.[18] Das zweite Bild für denselben Sachverhalt ist von ganz anderer Art: „Und die Scheol (infernus) wird herausgeben, was sie schuldet,/ und der Abbadon (perditio, Abgrund) sein Depositum (paratecem) zurückerstatten.“ Das Totenreich hat demnach die Toten von Gott zur Aufbewahrung erhalten, so wie man in der Antike Wertgegenstände Freunden zur Aufbewahrung übergab, wenn man auf Reisen ging. Diese Wertgegenstände mußten an einem bestimmten Stichtag oder bei der Rückkehr des Besitzers unversehrt zurückerstattet werden. Hier ist also ein Bild aus dem antiken Alltagsrecht auf die Verstorbenen übertragen. Gott hat sie der Scheol zur Aufbewahrung übergeben und

---

[17] LAB 3,10.

[18] Vgl. auch Jes 26,19. Diese Stelle wird von der Septuaginta eindeutig auf die Totenauferstehung bezogen; daran ist im hebräischen Text wohl noch nicht gedacht.

als Stichtag, an dem sie unversehrt wiederzuerstatten sind, den Jüngsten Tag genannt. Über die Modalitäten dieser Aufbewahrung hat sich unser Autor nicht weiter den Kopf zerbrochen, auch wenn er gelegentlich bildhaft von „finsteren Schatzhäusern" (15,5) und „Aufbewahrungskammern" (32,13) spricht. Im übrigen erinnert die Beschreibung unseres Textes stark an die Schilderung in Offb 20,13; dort ist ebenfalls davon die Rede, daß das Totenreich am Jüngsten Tag die Toten herausgibt.

Die Auferstehung führt unmittelbar zum Gericht, bei dem Gott „jedem nach seinen Werken" vergilt. Was mit dem „richten zwischen Seele und Fleisch" gemeint ist, ist nicht klar. Es soll wohl nur die Strenge des Gerichts betont werden.

Nach dem Jüngsten Gericht wird „die Welt" aufhören. Mit „Welt" ist hier dieser Äon gemeint, der Lauf der Welt, wie er bisher war. Denn vom Jüngsten Tag an wird die Scheol „ihren Rachen schließen" und der Tod vernichtet sein. Das Bild vom Rachen des Todes oder der Hölle ist uns aus mittelalterlichen Darstellungen vertraut.

Interessant ist die Schilderung der Heilszeit, die sich anschließt, also die Schilderung dessen, was wir in der christlichen Tradition die ewige Seligkeit nennen. Der Heilsort ist bei Pseudo-Philo eindeutig diese Erde. Freilich wird Gott sie dann zu einer „anderen Erde" machen, das heißt so umschaffen, daß sie von allen Übeln befreit ist und nicht mehr unfruchtbar. Der Verfasser greift hier genau wie der Johannes des Buchs der Offenbarung (21,1) das alte Motiv vom neuen Himmel und der neuen Erde auf, das aus dem Propheten Jesaja stammt (65,17; 66,22). Dieses Bild will sagen: Dann wird die Schöpfung wieder sein wie am Anfang, als es heißen konnte: „Und siehe, es war sehr gut" (Gen 1,31).

Damit wissen wir, was ein frommer Jude des 1. Jahrhunderts sich unter der Auferstehung der Toten vorstellte und was für Geschehnisse er mit ihr verband. Er erwartete dieses Ereignis für den Jüngsten Tag, und er rechnete damit, daß alle Toten (oder zumindest alle Gerechten) gemeinsam zur Auferstehung gelangen würden. An die Auferstehung würde sich unmittelbar das Jüngste Gericht anschließen und dann käme die ersehnte ewige Seligkeit, und zwar hier, auf der verwandelten und wiederhergestellten Erde.

Wir wissen aus dem Neuen Testament, daß dies die Überzeugung der Pharisäer war, die im Volk den größten Einfluß hatten; sie sind also die Erben jener Tradition, die wir im Buch Daniel und im 2. Makkabäerbuch fassen können. Die Sadduzäer dagegen lehnten sie als eine Neuerung ab.[19] Vertreter der Sadduzäer nun waren es, die eine Stellungnahme Jesu zu dieser Frage provozieren wollten und ihn deswegen öffentlich zur Rede stellten. Sie gehen aus von einer konstruierten und ziemlich grotesken Geschichte von sieben Brüdern, die getreu dem Gesetz nacheinander dieselbe Frau heiraten, und fragen dann: „Welchem von ihnen wird die Frau nun gehören bei der Auferstehung der Toten – falls sie auferstehen?" (Mk 12,23) Jesus pariert die Fangfrage, indem er lediglich feststellt, daß es nach der Auferstehung nicht so weitergeht wie jetzt; da heiratet man nicht und wird nicht verheiratet. Er hält sich also mit Aussagen über die Existenzweise der Auferstandenen ebenso zurück, wie die schon zitierten frühjüdischen Texte. Auch seine Bemerkung, die Auferstandenen seien „wie die Engel im Himmel", ist keine positive Beschreibung, da über die himmlische Existenzweise der Engel nicht viel

[19] Vgl. Mk 12,18–27; Apg 23,6–8.

bekannt ist. Nachdem er das vorgeschobene Problem auf diese Weise erledigt hat, kommt er zum eigentlichen: ob es überhaupt eine Auferstehung gibt. Und da stellt er sich ausdrücklich auf die Seite der Pharisäer, indem er erklärt, die Kritiker dieses Glaubenssatzes hätten weder die Heilige Schrift noch die umfassende Macht Gottes begriffen (Mk 12,24). Er leitet diesen Glaubenssatz aus Ex 3,6 (Mose am brennenden Dornbusch) ab, was vor ihm noch niemand eingefallen war: Wenn Gott sich als der Gott Abrahams, Isaaks und Jakobs bezeichnet, und zwar zu einem Zeitpunkt, als diese längst tot waren, nämlich Mose gegenüber, dann müssen sie irgendwie lebendig sein; „denn Gott ist nicht ein Gott der Leichen, sondern der Lebendigen" (Mk 12,27). Damit hat Jesus zweifellos den Nagel auf den Kopf getroffen, und wir dürfen sicher sein: Das sind seine Worte und seine Gedanken.

Aber wie müssen wir dann seine eigene Auferstehung interpretieren? Was muteten die ersten Christen ihren Mitjuden zu, wenn sie erklärten „Jesus ist auferstanden von den Toten"? Kein Jude rechnete mit der Auferstehung eines einzelnen *vor* dem Jüngsten Tag, und jeder konnte einwenden: Wo bleibt das Jüngste Gericht und die neue Schöpfung, wenn das wahr sein soll? Die ersten Christen konnten die Auferstehung Jesu nur glaubhaft verkünden, wenn sie erstens erklären konnten, warum Jesus als einzelner auferstanden sein sollte und nicht zugleich mit allen Toten, und wenn sie zweitens überzeugend darlegen konnten, daß das Jüngste Gericht bereits stattfand und die Welt wirklich neu geworden war, und zwar so, daß es jeder, der wollte, auch merken konnte. Das erklärt, warum die frühen Christen Jesus als „den *Erstling* der Entschlafenen" bezeichnet haben (1 Kor 15,20) oder mit einer paradoxen Formulierung als „den Erstgeborenen der Toten".[20] Ihre Antwort auf die gestellten Fragen lautete: Das große, gemeinsame Auferstehungsgeschehen hat mit Jesus begonnen, es zieht sich nur in die Länge, um mehr Menschen erfassen zu können. Mit Ostern ist tatsächlich der neue Äon angebrochen, aber unerwarteterweise ohne daß der alte aufgehört hat; der Baum des Lebens hat angefangen, seine Früchte zu spenden, obwohl das Flammenschwert noch immer den Eingang zum irdischen Paradies versperrt. Der Ort des neuen Äons aber, wo die Früchte des Lebensbaums geerntet werden, ist die Kirche als die Gemeinschaft derer, die Anteil bekommen haben am Heiligen.[21] Das war nicht leicht zu vermitteln – damals nicht und heute nicht. Aber *das* ist es, was wir an Ostern feiern: den Anfang der neuen Schöpfung mitten in der alten Welt. Das wird nirgends deutlicher als in der Feier der Osternacht und vielleicht nirgends ergreifender besungen als im *Exsultet*, dessen Inhalt nicht besser angegeben werden kann als mit den Worten des Paulus: „Das Alte ist vergangen; siehe, Neues ist geworden" (2 Kor 5,17). Am Schluß aber werden wir erinnert, daß der wahre Morgenstern, der in Ewigkeit nicht untergeht, erst mit der Wiederkunft Christi erscheint. Bis dahin bleibt die Situation paradox.[22] Denn das Alte ist nur vergangen, „wenn einer in Christus ist" (2 Kor 5,17). Je mehr wir in ihm sind, desto mehr leben wir in der Wirklichkeit von Ostern.

[20] Offb 1,5. Vgl. Kol 1,18; Apg 26,23.
[21] Das ist ursprünglich gemeint mit der *communio sanctorum* im Credo.
[22] Näheres zu dieser Paradoxie vgl. u. 140–142.

Die merkwürdigste Geschichte der Welt

In der folgenden Geschichte sind Dichtung und Wahrheit auf ihre Weise verquickt. Sie will auf unterhaltsame Weise einen Eindruck von der bunten Vielfalt der Jesusüberlieferungen in den Evangelien vermitteln; vor allem aber soll sie hinführen zu den Osterüberlieferungen und den Schwierigkeiten und Fragen, die diese bei unbefangener Lektüre aufgeben müssen. Dabei ist die Perspektive zu beachten. Der Rahmen spiegelt die Sicht des Historikers wider; die Äußerungen in den Dialogen haben zumeist den Aussagewert dessen, was die „Falschzeugen" im Prozeß Jesu und des Stephanus äußern (vgl. Mk 14,56–59; Apg 6,11–14): Sie sagen nicht einfachhin Falsches, und doch kommt die Wahrheit in ihrer Darstellung nur unvollständig und verzerrt zur Geltung. Zu historischen Fragen im Zusammenhang mit den Wundern und der Auferstehung Jesu verweise ich auf mein Buch über den „unbequemen Jesus".[1]

Es war am 15. Nisan, im 17. Regierungsjahr des Kaisers Tiberius (nach unserer Zeitrechnung am 7. April des Jahres 30), da ließ der Präfekt von Judäa, Pontius Pilatus, einen Delinquenten hinrichten. Der Delinquent hatte als außergewöhnlicher Prophet gegolten, mächtig in Wort und Tat. Dieser Prophet, in den seine Anhänger größte Hoffnungen gesetzt hatten, beschloß seine irdische Laufbahn mit einem Fiasko, wie es gräßlicher nicht mehr denkbar war. Er wurde ohne nennenswerte Gegenwehr von der Tempelpolizei verhaftet. Die Verhaftung verlief reibungslos dank der Mithilfe eines Kollaborateurs, der dem engsten Vertrautenkreis des Verhafteten angehört hatte. Bei dieser Gelegenheit ergriffen seine übrigen Freunde, ohne die man ihn in der Öffentlichkeit nie zu sehen bekommen hatte, die Flucht und verschwanden so vollständig aus dem Geschehen, als seien sie nie daran beteiligt gewesen. Nur einer von ihnen schlich dem Verhaftungskommando nach, um zu sehen, wie die Sache weiterginge; aber als er erkannt wurde, leugnete er, „diesen Menschen", wie er sich ausdrückte, jemals gekannt zu haben. Wo sich diese famosen Freunde versteckten, wohin sie flohen, ist nicht bekannt.

Der verhaftete Prophet wurde in einem summarischen Gerichtsverfahren – das anstehende Paschafest gebot Eile und man wollte die Sache schnell hinter sich bringen – noch in der Nacht vom Hohen Rat zum Tod verurteilt. Er hatte auf die Frage, ob er der Messias sei, mit Ja geantwortet. Das deutete man als Aufruf zur Revolution oder mindestens Widerstand gegen die Staatsgewalt. Am folgenden Morgen überstellte man ihn dem römischen Statthalter, der das Urteil bestätigen und vollstrecken mußte, da dem Hohen Rat die Kapitalgerichtsbarkeit entzogen war. Der Statthalter ließ sich überzeugen – er hatte seine Gründe – und verurteilte den Angeklagten dem Antrag der Kläger entsprechend zum Tod durch das Kreuz – bekanntlich nicht nur die schmählichste, sondern auch die qualvollste Hinrichtungsart, die die Römer kannten. Sie wurde vor allem bei Sklaven, Banditen und Rebellen angewandt; römische Bürger waren davon ausgenommen. Übrigens machte der Angeklagte keine Anstalten, um sich zu verteidigen oder zu rechtfertigen. Er

[1] *M. Reiser*, Der unbequeme Jesus, Neukirchen-Vluyn ^{3}2013, 158–197. 224–242.

schwieg wie ein Lamm, das zum Schlachten geführt wird, was den Statthalter ziemlich wunderte. Das Urteil wurde noch am selben Morgen vollstreckt, denn mit Sonnenuntergang begann der Sabbat, der nicht durch unbestattete Leichen entweiht werden durfte. So wurde der Prophet zusammen mit zwei Banditen um die dritte Stunde gekreuzigt und starb nur sechs Stunden später – für einen Gekreuzigten überraschend schnell. Bei der Kreuzigung schauten eine ganze Anzahl der Anhängerinnen des Propheten von ferne zu, während die Männer sich offenbar nicht zu zeigen wagten. Ein auffallend lauter Schrei des Delinquenten vor dem Eintritt des Todes, eine seltsame Äußerung des diensthabenden Centurio – er soll etwas von einem Gottessohn gesagt haben – und schließlich noch eine nicht ganz erklärbare zeitweilige Finsternis, wie von einigen Zeugen behauptet wird, – im übrigen aber eine ganz normale Hinrichtung.

In Jerusalem lebte damals ein römischer Ritter namens Clemens. Er stand schon lange im Dienst der Statthalter und galt als Experte in jüdischen Sitten und Gebräuchen, die einem Römer immer ein Buch mit sieben Siegeln blieben. Vor allem bei Prozessen waren seine Kenntnisse gefragt. Er unterhielt im übrigen gute Beziehungen zur jüdischen Aristokratie und lud zum Symposium am Sabbat auch gern Mitglieder des Hohen Rats zu Gast. So war auch am Sabbat nach jenem 15. Nisan wieder eine Tischrunde beisammen. Nach guter alter Väter Sitte, jüdischer wie römischer, waren es natürlich nur Männer. Das Gespräch, das griechisch geführt wurde, kam auf den hingerichteten Propheten. Jeder konnte eine Anekdote oder Geschichte zum Besten geben, auch wenn vieles davon nur Gerücht war. Besonders bei den Wundergeschichten wollte der Stoff nicht ausgehen; eine Geschichte gab die andere. Einer wußte von der Heilung eines Blinden namens Bartimäus von Jericho; der nächste behauptete, eine Frau sei durch die bloße Berührung seines Gewandes von ihren unaufhörlichen Blutungen geheilt worden, und zwar auf der Stelle.

„Ja", schrie einer dazwischen, „und am gleichen Tag holte er eine junge Frau ins Leben zurück, als die Totenklage schon in vollem Gang war!"

„War das die von letzter Woche, die gleich ein ganzes Flacon Narden-Parfüm für ihn verbrauchte, wo's dann den Streit gab wegen Verschwendung?"

„Nein", sagt ein Pharisäer und angehender Schriftgelehrter, „das war doch das Freudenmädchen, die peinliche Szene bei meinem Parteifreund Simon."

„Hat sie nicht Maria von Magdala geheißen?"

„Ich weiß nicht, solche Namen merke ich mir nicht."

„Jedenfalls", bemerkt einer, der eine griechische Schule besucht hat, „mit den Frauen scheint er's ja gekonnt zu haben!"

„Von der eben erwähnten Maria von Magdala soll er sieben Dämonen ausgetrieben haben!"

„So, da hat einer genau gezählt!"

„Ach", ruft ein anderer, „das ist noch gar nichts. Bei Gadara hat ein Exorzismus die Stadt 2000 Schweine gekostet!"

„Was? 2000?"

„Ja, ersoffen im See."

„Genau, und das war gleich nach der Überfahrt, bei der er den Sturm zum Erliegen gebracht haben soll, schneller als die Dioskuren“, bestätigt der Hausherr. „Er stellt unsere Götter in den Schatten, wenn es stimmt, daß er in Kana bei einer Hochzeit sechs Steinkrüge voll Wasser in Wein verwandelt hat, der Krug à zwei bis drei Metreten.“

„600 Liter!“

„So etwa. Da würde Dionysos vor Neid erblassen.“

„Und so einen tüchtigen Magier hat Pilatus hinrichten lassen?“ fragt ein Jude aus der Zyrenaika ungläubig.

Der angehende Schriftgelehrte, dem die Sache mit den Wundern offensichtlich unbehaglich ist, versucht, das Gespräch in eine andere Richtung zu lenken. „Man erzählt viel; aber Nazaret ist nicht Tischbe und Jesus ist nicht Elija oder Elischa. Mir scheint er bemerkenswerter gewesen zu sein als Weisheitslehrer. ‚Neuen Wein in neue Schläuche!‘ ‚Seid klug wie die Schlangen und arglos wie Tauben.‘ ‚Gebt dem Kaiser, was dem Kaiser zusteht!‘ Und ihr kennt ja die, zugegeben, etwas überspitzten Sprüche vom Splitter und dem Balken, vom Kamel und dem Nadelöhr ...“

„... und von der ausgeseihten Mücke und dem verschluckten Kamel, und von den blinden Wegführern und den übertünchten Gräbern, die, glaube ich, in einer schönen Weisheitsrede über Pharisäer und Schriftgelehrte vorkamen“, stichelt der Griechenfreund.

„Ja“, sagt ein Ratsmitglied darauf, „er konnte ziemlich despektierlich sein und seine Weisheit war ganz schön subversiv und gesellschaftsschädigend. Irgendwie hatte er etwas gegen die Reichen, die Armen pries er dagegen glücklich. ‚Niemand kann zwei Herren dienen‘ – das ist leicht gesagt. Seine Frau soll man nicht entlassen dürfen, dabei erlaubt es die Tora doch ausdrücklich. Den Feind soll man lieben, den Feind!, und jedem Geld leihen, der will. Das ist doch lächerlich. In was für einer Welt hat der Mann gelebt? Mit den Reinheitsgesetzen hat er es nicht besonders genau genommen und mit den Sabbat-Geboten auch nicht. Und wenn ich bloß an die unmöglichen Geschichten von dem verlorenen Sohn oder dem Samaritaner denke oder die von dem Gastmahl, wo die Eingeladenen auf einmal nicht kommen wollen – es ist ja klar, wen er meinte! –, die sind doch eigentlich unverschämt.“

„Aber interessant!“, ruft einer dazwischen.

„Jedenfalls“, fährt der angehende Schriftgelehrte fort, „seine Aktion im Tempel hat sogar den neuen Schlauch zum Platzen gebracht. ‚Räuberhöhle‘ nennt er den Tempel und niederreißen will er ihn – da hört doch alles auf!“

„Er war eben anmaßend und hatte ein ziemlich übersteigertes Selbstbewußtsein, dieser Messias der Sanftmütigen. Hat getan, als sei er Gott persönlich, als ob sich alles um ihn drehen müßte!“

„Richtig“, bestätigt der Ratsherr, „aber der Pöbel läuft jedem Demagogen nach, der die Massen gut unterhält und kräftig auf die Regierung schimpft. Und wenn er schöne Geschichten erzählt und ein paar Kunststückchen zeigt, wird er gleich zum Idol.“

„Handeln die Geschichten nicht vom Reich Gottes? Das klingt doch recht fromm“, wirft ein römischer Freund des Hausherrn ein.

„Schon“, antwortet der Ratsherr, „aber sein Reich Gottes ist eine ganz und gar nebulöse Angelegenheit. Er wollte eben doch selber König darin sein. Aber sein Ministerrat aus zwölf Fischern ist nicht gerade überzeugend, so wenig wie seine ‚neue Familie‘ aus dahergelaufenem Volk, das ihn bloß anhimmelt. Außerdem hatte er so einen Tick mit dem Jüngsten Tag.“

Und schon fängt einer zu deklamieren an: „‚Und wie es war in den Tagen Noachs, so wird es sein in den Tagen des Menschensohns: Sie aßen und tranken ...‘“

„Prosit!“ ruft es als Antwort, und alle heben den Becher.

„Wovon lebte der Sprücheklopfer eigentlich?“ will jetzt einer wissen.

„Er war von Haus aus gelernter Zimmermann, scheint den Beruf aber nicht mehr ausgeübt zu haben, seit er auf Wanderschaft ging“, antwortet der Hausherr. „Offenbar hatte er jedoch einige reiche Gönnerinnen, eine davon kennt ihr ja alle, Johanna, die Frau des Chuza.“

„Was, die Frau des Verwalters von Herodes Antipas?“ fragt einer, dem das doch neu ist.

„Sie war schon immer ein bißchen exzentrisch!“, bemerkt ein anderer.

„Ich habs doch gleich gesagt, er war ein Frauenheld!“ ruft der Graeculus triumphierend.

„Ja“, sagt der Hausherr, „man hat sie sogar während der Kreuzigung in der Nähe von Golgotha beobachtet. Auf jeden Fall aber, jetzt ist alles vorbei. Es wird keine neuen Wunder geben und keine neuen Reden ans Volk. Seine Anhänger sind bereits wie vom Erdboden verschluckt, und die Frauen werden ihm doch auch nicht ewig nachtrauern wollen!“

Eine Woche darauf fanden sich die Gäste des Clemens wie gewohnt in seinem schönen Triklinium ein. Das Gespräch kam schnell wieder auf den Propheten.

„Mit deiner Prognose von letzter Woche, verehrter Clemens, hast du dich ganz schön geirrt“, stellt der zugezogene Zyrenäer herausfordernd fest.

Und der Hausherr, auffällig gut informiert, gibt zu: „Ja, es sind schon merkwürdige und teilweise geradezu unerklärliche Dinge im Gang: Die Ereignisse überstürzen sich und niemand weiß so recht, was eigentlich los ist.“ Man fordert ihn auf zu erzählen, und er beginnt:

„Die Männer sind wieder da!“

„Was für Männer?“

„Die feigen Anhänger, die seit der Verhaftung ihres Propheten spurlos von der Bildfläche verschwunden waren. Sie trauen sich auf einmal wieder, treten überall öffentlich auf und behaupten: ‚Der Prophet lebt!‘“

„Was heißt: Er lebt? Er ist doch ordnungsgemäß gekreuzigt und sogar ordentlich bestattet worden!“

„Nun ja, sie behaupten, er sei ‚aufgestanden‘, und immer wenn sie seinen Namen erwähnen, fügen sie hinzu: ‚den Gott von den Toten aufgeweckt hat‘ oder so was ähnliches.“

Darauf antwortet der, der eine griechische Schule besucht hat: „Ein Toter steht nicht wieder auf!“ Und zitiert auch gleich einen Vers des Aischylos: ἀνδρὸς δ’ ἐπειδὰν αἷμ’ ἀνασπάσῃ κόνις /

ἅπαξ θανόντος, οὔτις ἐστ' ἀνάστασις. „Ist ein Mann einmal tot und hat der Staub sein Blut geschlürft, dann gibts kein Aufstehn mehr."[2]

Und der Pharisäer und angehende Schriftgelehrte ergänzt: „,Ein ans Holz Gehenkter ist von Gott verflucht'!"

Ein anderer Tischgenosse fragt ganz naiv, warum der Prophet nicht selber auftrete, wenn er doch wieder lebe. Darauf erklärt der Hausherr: „Offensichtlich ist mit ,wieder leben' und ,aufgestanden sein' nicht eine Rückkehr in dieses irdische Leben gemeint. Sie sprechen auch davon, daß Gott ihn ,erhöht' hat."

Der angehende Schriftgelehrte äußert sich allerdings skeptisch: „So etwas kann es doch erst am Jüngsten Tag geben, wenn die Toten aus dem Staub aufstehen, um gerichtet zu werden und ihren Lohn zu empfangen. Aber dann erwachen alle miteinander zum Leben. Wo steht geschrieben, daß ein einzelner Mensch vor dem Tag des Gerichts wieder zum Leben erwachen werde?"

„Nun gut," mischt sich da ein anderer ein, „lassen wir die theologischen Probleme einmal ganz beiseite. Die entscheidende Frage ist doch: Wie kommen diese Feiglinge dazu, auf einmal öffentlich aufzutreten, sich zu diesem Propheten zu bekennen und zu behaupten: ,Er ist aufgestanden und lebt' – gleich, wie sie das nun meinen."

„Bitte", sagt der Schriftgelehrte, „es heißt ,auf*er*standen', nicht ,auf*ge*standen'."

„Also gut, aber gestern hat dieser Felsenmann noch gesagt: ,Ich kenne diesen Menschen nicht!' und heute sagt er: ,Gott hat ihn von den Toten aufgeweckt!'"

„Auf*er*weckt!"

„Jetzt laß mich doch in Ruh mit deinen Spitzfindigkeiten! Jedenfalls ist hier ein Gesinnungswandel vor sich gegangen, und zwar ein ziemlich radikaler und ziemlich plötzlicher. Das kommt doch nicht von ungefähr!"

„Nein", sagt der Hausherr, „von nichts kommt bekanntlich nichts. Wenn man aber die Leute fragt, wie sie auf einmal zu ihrer Behauptung kommen, dann erhält man merkwürdige Antworten, und jeder erzählt eine andere Geschichte. Meistens sind es Geschichten von Erscheinungen."

„Epiphanie-Geschichten", wirft der griechisch Gebildete ein, um sein Wissen zu zeigen.

„Genau. Da gibt es zum Beispiel die Geschichte von zwei Anhängern dieses Propheten – übrigens Leute, die früher nie besonders aufgefallen sind, sie gehörten auch nicht zu den sogenannten ,Zwölf' –, die wollten also nach Emmaus. Das war am ersten Wochentag. Unterwegs schließt sich ihnen ein Fremder an, mit dem sie sich gut unterhalten. Abends haben sie noch zusammen gegessen, und wie er das Brot bricht, kommt es ihnen auf einmal so vor, als sei der Fremde ihr verstorbener Prophet. Und im selben Augenblick löst sich der Fremde in Luft auf. Obwohl es so spät war, kehren die beiden daraufhin sofort nach Jerusalem zurück, finden am gewohnten Ort die Zwölf versammelt – das heißt, jetzt waren's ja nur noch elf – und weitere Anhänger, und bevor sie ihre Geschichte loswerden können, schallt es ihnen entgegen: ,Der Herr ist auferstanden und dem Simon erschienen!' Übrigens reden sie von dem Propheten jetzt nur noch als von ihrem ,Herrn'."

[2] Aischyl. Eum. 648f.

„Eine sklavische Angewohnheit", bemerkt der Graeculus.

„Und wie geht die Geschichte mit Simon?"

„Das," antwortet der Hausherr, „konnte ich nicht herausfinden. Ausgerechnet über diese Erscheinung konnte mir keiner eine nähere Auskunft geben. Aber die Geschichte geht noch weiter. Denn die zwei von Emmaus sind noch nicht mit Erzählen fertig, da steht auf einmal der Prophet mitten unter ihnen, wie vom Himmel gefallen, und ..."

„Moment: ‚Wie vom Himmel gefallen' – gut. Aber das könnte ja ein Engel oder sowas gewesen sein. Woran erkannten sie ihn denn?"

„Angeblich zeigte er ihnen seine Kreuzigungswunden an Händen und Füßen und aß ein Stück gebratenen Fisch."

„Und dann löste er sich wieder in Luft auf – samt dem verspeisten Fisch?"

„Offensichtlich. Das heißt, manche erzählen, er habe dann noch eine längere Rede gehalten, habe sie anschließend nach Bethanien hinausgeführt und sei dort auf einmal Richtung Himmel verschwunden."

„Das muß ja schon mitten in der Nacht gewesen sein!", bemerkt einer, der es immer genau nimmt.

„Nun ja, ich hab ja gesagt, es sind kuriose Geschichten. Und das ist erst der Anfang."

„Warum? Ist er noch öfter erschienen?"

„Ja," sagt der Hausherr, „er soll auch dem Jakobus erschienen sein, seinem Bruder, der bisher von seinem Prophetentum nichts wissen wollte. Aber darüber ist so wenig Näheres zu erfahren wie im Fall der Erscheinung, die Simon erlebt haben soll. Aber auf einem Berg in Galiläa soll er den Zwölfen, also den Elfen, erschienen sein, und am See Gennesaret ..."

„Moment! Bisher waren wir doch hier in Jerusalem. Erscheint er auch in Galiläa?"

„Offenbar. Ich habe gehört, er soll Simon und einigen anderen am See Gennesaret erschienen sein und ihnen zu einem guten Fischfang verholfen haben."

„Und wie kommen Simon und die anderen nach Galiläa?" fragt der, der es immer genau nimmt. „Ich dachte, sie seien hier in Jerusalem. Als die zwei von Emmaus kamen, waren sie doch alle miteinander in Jerusalem. Und das war, wohlgemerkt, am Abend des ersten Wochentags. Wann soll Simon denn dann nach Galiläa gegangen sein?"

„Das ist mir auch rätselhaft. Aber das ist noch lange nicht alles. Einige Frauen ..."

„Ja richtig, die Frauen, die hatten wir ja ganz vergessen!" Und wie immer, wenn das Gespräch auf Frauen kommt, wird es lebhaft am Tisch.

„Einige Frauen sollen am Morgen des ersten Wochentags zum Grab gegangen sein und es leer gefunden haben."

„Leer?" ruft der Graeculus ungläubig.

„Natürlich muß es leer gewesen sein", meint der angehende Schriftgelehrte, „wie könnte man sonst behaupten, er sei auferstanden?"

„Weibergeschwätz!" bemerkt ein anderer trocken, der sich bisher gar nicht am Gespräch beteiligt hatte.

„Was für Frauen sollen es denn gewesen sein? War auch die Frau des Chuza dabei?“ fragt der nächste.

„Nicht einmal darüber sind sich meine Gewährsleute einig,“ antwortet der Hausherr. „Manche behaupten, es seien drei Frauen gewesen, manche es seien zwei gewesen, und einer behauptet gar, die Maria von Magdala habe das leere Grab ganz allein entdeckt. Daß sie dabei war, darüber sind sich allerdings alle einig. Manche sprechen noch von Salome und einer anderen Maria, einer behauptet tatsächlich, auch Johanna, die Frau des Chuza, sei mit von der Partie gewesen. Und das ist ja nun bestimmt kein gewöhnliches Weib ...“.

„Und das Grab war einfach leer? Die Leiche könnte ja immerhin von den Anhängern beiseite geschafft worden sein.“

„Möglich. Es geht zwar auch die Geschichte um, Pilatus habe das Grab durch Soldaten sichern lassen, aber das ist natürlich eine Legende. Übrigens war das Grab nicht einfach leer.“

„Wieso?“

„Im Grab soll ein Engel gewesen sein.“

„Ach, ein Engel! Und was sagte der Engel?“

„Der Engel sagte das, was sie jetzt überall ausposaunen: ‚Er ist nicht hier, er ist auferstanden!‘ Allerdings gibt es auch eine ganz andere Version der Geschichte. Die habe ich von dem, der behauptet, Maria von Magdala habe das leere Grab ganz allein entdeckt und nicht dem Petrus sei der Herr zuerst erschienen, sondern eben der Magdalenerin. Demnach kam sie zum Grab, sah, daß der Stein weggewälzt war, dachte gleich an Leichenräuber und alarmierte Petrus. Der lief sofort hin. Er fand das Grab leer, aber gut aufgeräumt – was Leichenräuber eigentlich ausschließt. Das Schweißtuch sei sogar sorgfältig zusammengelegt gewesen ...“

„Die Leichentücher waren also noch da?“

„Ja, die waren noch da.“

„Und Petrus? Wie hat er reagiert?“

„Der habe sich gewundert, sagte mein Gewährsmann.“

„So, so, gewundert. Wundert mich gar nicht. Und die Magdalenerin? Wie war das mit der angeblichen Ersterscheinung? Oder ist darüber auch nichts Näheres herauszufinden wie bei Petrus?“

„Doch, das ist eine Geschichte so ähnlich wie die von den beiden Emmauswanderern. Nachdem Petrus wieder weg war, habe die Magdalenerin, so erzählt man, auf einmal einen Mann erblickt, den hielt sie zunächst für den Gärtner. Der sprach sie an und fragte, warum sie weine. Da habe sie ihn angefleht, er möchte ihr doch sagen, wohin er die Leiche gebracht habe; sie wolle sie holen.“

„Am dritten Tag noch?“, wirft der ein, der es immer genau nimmt.

Aber der Erzähler fährt fort: „Darauf redete der Mann sie mit ihrem Namen an und in diesem Augenblick erkannte sie, wen sie vor sich hatte: ihn selbst. Sie faßte nach seinem Gewand ...“

„Moment! Was ist das für eine Erscheinung, die man am Gewand fassen kann?“

„Die Erscheinung kann ja auch essen und sich anschließend in Luft auflösen“, antwortet ein anderer spöttisch.

Dann fährt der Hausherr fort: „Aber der Mann sagte, sie solle ihn nicht festhalten und den andern mitteilen, daß er hinaufgehe zu seinem Vater. Und das habe sie gleich erledigt. Mein Gewährsmann für *diese* Geschichte erzählt übrigens auch von der Erscheinung am Abend des ersten Wochentags, aber ohne das Fischessen; stattdessen behauptet er, die Erscheinung habe die Versammelten angehaucht und ihnen so den heiligen Geist verliehen."

„Du scheinst dich für diese Geschichten ja mächtig zu interessieren," sagt jetzt einer aus der Runde, „was hältst du denn davon?"

„Ich weiß nicht, was ich davon halten soll," antwortet der Hausherr zurückhaltend. „Einiges ist unklar, einiges in diesen Geschichten ist widersprüchlich. Aber eines scheint mir sicher: Es sind merkwürdige Dinge im Gang!"

In der Tat: Es waren merkwürdige Dinge im Gang. Zur gleichen Zeit nämlich saßen in einem anderen Stadtteil Jerusalems einige Anhänger des angeblich Auferstandenen hinter verschlossenen Türen zusammen, unter ihnen auch ein gewisser Thomas, genannt Didymos. Wieder soll der seltsam lebendige Verstorbene trotz verschlossener Türen mitten in der Gesellschaft erschienen sein und jenen Thomas, der einen handfesten Beweis für die Auferstehung verlangt hatte, aufgefordert haben: „Leg deinen Finger in meine Seitenwunde!" Ob er der Aufforderung gefolgt ist oder nicht, ist unklar. Jedenfalls aber soll er daraufhin gestammelt haben: „Mein Herr und mein Gott!"

Erhöhung und Himmelfahrt Jesu

1. Erhöhungsaussagen

Die Auferstehung Jesu ist ein Geschehen, das ganz und gar aus dem Rahmen üblicher Geschehnisse fällt. Es ist ohne jede Analogie in der Geschichte; es ist so singulär wie die Entstehung des Weltalls. Das ist auch passend für ein Geschehen, mit dem ein neuer Himmel und eine neue Erde ins Dasein traten. Freilich, angesichts von Singularitäten versagt die exakt beschreibende Wissenschaft, ja die Sprache selbst. Aber die Sprache muß deshalb nicht einfach verstummen; sie hat ja ein Mittel, um Neues, Ungewohntes und schwer Faßbares zu benennen: die Metapher. Es gibt vieles, über das wir gar nicht anders reden können als mit Metaphern, nämlich über alles Nichtgegenständliche, Unanschaubare wie z.B. die Zeit.[1] Wir reden von „kurzer" und „langer" Zeit, wir lassen sie „ablaufen", „fortschreiten", „verrinnen", „dahinfließen" , „im Flug vergehen" und „fliehen", manchmal sogar „stillstehen". Aber was Zeit, diese alltägliche Wirklichkeit eigentlich ist, kann weder der Philosoph noch der Physiker so genau sagen. Das Wichtigste an diesem Phänomen können wir nur mit Hilfe von Metaphern andeuten. Der Zweck der Metapher ist es ja, durch ein Vergleichsverfahren wenigstens andeutungsweise die gemeinte Sache zu beschreiben. Sie nimmt ein Phänomen oder einen Gegenstand der bekannten Welt, stellt ihn neben den neu zu bezeichnenden Gegenstand oder Sachverhalt und erklärt: Zwischen den beiden gibt es eine gewisse Ähnlichkeit. Mehrere Metaphern zur gleichen Sache können sich gegenseitig erläutern und dienen der Verdeutlichung.

So ist das Wort „Auferstehung" genaugenommen eine Metapher, die besagt: Das, worum es geht, ist so ähnlich wie das Erwachen und Aufstehn vom Schlaf. Wie das Einschlafen dem Sterben gleicht, so gleicht das Auferstehen dem Lebendigwerden. Wie wir gesehen haben, denkt der fromme Jude dabei an das gemeinsame Aufwachen der Verstorbenen am Jüngsten Tag, das nach Auffassung der frühen Christen mit Jesus als erstem begonnen hat.

Neben dieser Metapher aber hatte das Urchristentum noch eine weitere, bei der es um denselben Sachverhalt ging: die Metapher der Erhöhung bzw. der Erhöhung zur Rechten Gottes. Sie ist Ps 110,1 entnommen und ließ sich besonders gut verbinden mit der Vorstellung von der Auferstehung. Den ältesten Beleg dafür finden wir im Römerbrief des Paulus:

---

[1] Näheres dazu in der Einführung, s.o. 8f; *C.S. Lewis*, Ist Theologie Dichtung?, in: *Ders.*, Der innere Ring und andere Essays 41–58, hier 51–53.

Wer wird Anklage erheben gegen die Auserwählten Gottes? Gott, der gerechtspricht? Wer wird verurteilen? Christus Jesus, der gestorben, mehr noch, der auferstanden ist und sich zur Rechten Gottes befindet und für uns eintritt? (Röm 8,33f)

Zum Stichwort Χριστός fügt Paulus eine erläuternde Apposition hinzu, wie er das gern tut. Die Erwähnung von Auferstehung und Erhöhung ist in solchen christologischen Appositionen ein fester Topos. Hier im Römerbrief hat die Apposition, die durch zwei Relativsätze erweitert wird, insgesamt vier Glieder. Erwähnt werden 1. der Tod Christi 2. seine Auferstehung 3. sein Thronen zur Rechten Gottes 4. sein fürbittendes Eintreten für die Christen. Diese Abfolge hat eine gewisse Logik. Die Auferstehung ist die Voraussetzung des Thronens zur Rechten Gottes und dieses wiederum die Voraussetzung des fürbittenden Eintretens. Wenn Gottes Mitherrscher für jemanden eintritt, muß dies Erfolg haben. Paulus erwähnt das Thronen zur Rechten Gottes in dieser Reihe ganz selbstverständlich und in der knappsten Form. Daraus muß man wohl schließen, daß ihm die Vorstellung ganz geläufig ist. Offensichtlich setzt er voraus, daß auch seine Adressaten mit diesem Motiv vertraut sind, ohne daß er Ps 110 eigens nennt. Die Anspielung darauf genügt; das Thronen Christi zur Rechten Gottes gehört also bereits zum gemeinsamen Credo der Christen. Wir dürfen davon ausgehen, daß es zu den ältesten christologischen Vorstellungen überhaupt gehört. Ausdrücklich zitiert wird die Psalmstelle in der Pfingstrede des Petrus:

Diesen Jesus hat Gott auferweckt, dafür sind wir alle Zeugen. Nachdem er durch die rechte Hand Gottes erhöht worden war und vom Vater den verheißenen Heiligen Geist empfangen hatte, hat er ihn ausgegossen, wie ihr seht und hört. David ist nicht zum Himmel aufgestiegen, vielmehr sagt er selbst:

„Es sprach der Herr zu meinem Herrn:
Setze dich mir zur Rechten,
und ich lege dir deine Feinde
als Schemel unter die Füße."

Mit Gewißheit erkenne also das ganze Haus Israel: Gott hat ihn zum Herrn und Messias gemacht, diesen Jesus, den ihr gekreuzigt habt. (Apg 2,32–36)

Auferstehung, Erhöhung zur Rechten Gottes und Ausgießung des Heiligen Geistes bilden hier ein einziges zusammenhängendes Geschehen. Dem hat die Kirche liturgisch entsprochen durch die Einrichtung der fünfzigtägigen Osterzeit, die erst mit Pfingsten zum Abschluß kommt. Zum Aspekt der Erhöhung wird von Petrus ausdrücklich Ps 110,1 zitiert. Das ist im Neuen Testament der am häufigsten zitierte Psalmvers. Er dürfte entscheidende Hebammendienste geleistet haben bei der Geburt unserer Metapher oder genauer: bei dem Gedanken, diese Metapher auf Christus zu übertragen.[2]

Nach Ostern versuchten die Jünger das Geschehene zu verstehen, und wo sollten sie Verständnishilfen finden, wenn nicht in der Heiligen Schrift? Also durchforschten sie diese nach Weissagungen, die das Geschehene erhellen konnten. Dabei standen die Prophetenbücher und die prophetisch verstandenen Psalmen im Vordergrund. In Frage kamen zunächst alle Aussagen, die man in frühjüdischer Zeit auf den Messias oder eine ähnliche Erlösergestalt bezog. Man wurde aber auch auf

[2] Vgl. dazu *M. Hengel*, Psalm 110 und die Erhöhung des Auferstandenen zur Rechten Gottes, in: Anfänge der Christologie. FS F. Hahn, Göttingen 1991, 43–73; *ders.*, „Setze dich zu meiner Rechten!" Die Inthronisation Christi zur Rechten Gottes und Psalm 110,1, in: M. Philonenko (Hg.), Le Trône de Dieu (WUNT 69), Tübingen 1993, 108–194. Jetzt in: *Ders.*, Studien zur Christologie. Kleine Schriften IV (WUNT 201), Tübingen 2006, 281–367.

Texte aufmerksam, die bisher noch niemand mit dem Messias in Verbindung gebracht hatte. Die wichtigsten derartigen Schriftstellen waren das Gottesknechtslied in Jes 53 und unsere Psalmstelle. In Jes 52,13 heißt es nach dem Text der Septuaginta:

Siehe, mein Knecht wird voll Einsicht sein;
er wird erhöht und sehr verherrlicht werden
(ὑψωθήσεται καὶ δοξασθήσεται σφόδρα).[3]

Die Stichworte „Erhöhung" und „Verherrlichung" sind vor allem für den Evangelisten Johannes wichtig geworden. Hier in den Gottesknechtsliedern stehen sie zusammen.

Wichtiger jedoch als die Stelle aus dem Gottesknechtslied war der Beginn von Ps 110.[4] Für diesen Psalm läßt sich im Frühjudentum keine messianische Deutung nachweisen. Die Essener von Qumran lehnten ihn ab; er wird in allen Psalmenhandschriften von Qumran ausgelassen, selbst wenn die Reihe ansonsten vollständig ist. Für Jesus dagegen scheint er eine wichtige Rolle gespielt zu haben. Er führt ihn in der Davidssohn-Diskussion an (Mk 12,35–37), und bei der Gerichtsverhandlung antwortet er dem Hohenpriester auf die Frage „Bist du der Messias?":

Ich bin es, und ihr werdet den Menschensohn sitzen sehen zur Rechten der Macht und kommen mit den Wolken des Himmels! (Mk 14,62)

Hier ist Ps 110,1 mit Dan 7,13 verknüpft. Bereits der vorösterliche Jesus hat demnach in dem „Herrn" Davids, dem der Platz zur Rechten Gottes angeboten wird, sich selbst gesehen. Offen ausgesprochen hat er diese Überzeugung aber erst vor dem Hohen Rat. Damit stand für die frühen Christen jedoch außer Zweifel, daß Ps 110 in klaren und unzweideutigen Worten die Erhöhung ihres Herrn zur Rechten Gottes bezeugte. Und diese mußte erfolgt sein mit seiner Auferstehung.

Die Rede vom Sitzen Gottes auf seinem Thron ist natürlich ihrerseits eine Metapher. Diese will etwas von der ehrfurchtgebietenden Majestät Gottes zum Ausdruck bringen. Als „König über die Könige der Könige"[5] und Herr aller Herren sitzt er auf dem höchsten Thron, nämlich im Himmel, und die Erde ist sein Fußschemel (Jes 66,1). Der göttliche Thron ist ein Symbol dieser Tatsache.

Auf dem Thron neben dem König kann nur ein gleichberechtigter Mitherrscher sitzen. Solche Doppelherrschaften kamen in der Antike gelegentlich vor. Dann stellte man Doppelthrone her wie die *bisellia* für die beiden *Augusti* der spätrömischen Zeit. Aber kann es neben dem *einen* Gott noch einen Mitkönig geben? Die Tatsache, daß Gott nach Ps 110 einen „Herrn" auffordert, neben ihm Platz zu nehmen, ist äußerst merkwürdig. Soll hier eine himmlische Doppelherrschaft angedeutet

---

3 Vgl. *M. Hengel*, Zur Wirkungsgeschichte von Jes 53 in vorchristlicher Zeit, in: B. Janowski / P. Stuhlmacher (Hg.), Der leidende Gottesknecht. Jesaja 53 und seine Wirkungsgeschichte (FAT 14), Tübingen 1996, 49–91, hier 76f.

4 Zur Text- und Auslegungsgeschichte von Ps 110 gibt es zwei materialreiche Untersuchungen: *M. von Nordheim*, Geboren von der Morgenröte? Psalm 110 in Tradition, Redaktion und Rezeption (WMANT 117), Neukirchen-Vluyn 2008; *U. Roth*, Die Grundparadigmen christlicher Schriftauslegung – im Spiegel der Auslegungsgeschichte von Psalm 110 (Dogma und Geschichte 8), Münster 2010.

5 Hebräischer Sir 51,12(14). Zu diesem Titel Gottes vgl. *M. Reiser*, Die Gerichtspredigt Jesu. Eine Untersuchung zur eschatologischen Verkündigung Jesu und ihrem frühjüdischen Hintergrund (NTA. NF 23), Münster 1990, 123.

werden? Martin Hengel schreibt: „Wer zur Rechten Gottes sitzt, partizipiert unmittelbar an dessen Königsherrschaft."[6] Das Thronen zur Rechten Gottes war „die unmittelbarste Form der Gottesgemeinschaft, die für einen Juden aufgrund eines alttestamentlichen Textes vorstellbar war".[7] Doch wie konnte es im Judentum zu einer solchen Vorstellung kommen? Bedeutete dies nicht die Aufweichung des Monotheismus? Wie wird dieser Psalm denn im Judentum gedeutet?

Die im Judentum bis heute gültige Deutung geht auf die frühen Rabbinen zurück. Diese sahen eine Stichwortverbindung mit Gen 14. In Ps 110 ist ja von Melchisedek die Rede; dieser kommt im Alten Testament sonst nur noch in Gen 14 vor. Dort segnet Melchisedek Abraham nach seinem Sieg über die vier Stadtkönige. Da auch in Ps 110 vom „Zerschmettern" von Königen die Rede ist, schlossen die Rabbinen, daß der in diesem Psalm Angesprochene nur Abraham sein könne. Ps 110 stellt demnach Gottes Antwort auf die Bedrohung Abrahams durch die vier Stadtkönige dar; Gott verleiht Abraham den Sieg.[8] Diese Deutung ist möglicherweise in bewußt antichristlicher Absicht erfolgt.[9] Sie hat allerdings einen Nachteil: Sie erklärt das Motiv des Thronens zur Rechten ganz unbefriedigend als allgemeine Metapher für Gottes Gunst und Beistand. Als Lohn für seinen Sieg darf Abraham für einen Augenblick neben Gott Platz nehmen. Der Gedanke einer echten Mitherrschaft ist damit beseitigt. Diesen Sinn des Thronens zur Rechten Gottes kann der Bezug auf Christus ernst nehmen, der Bezug auf Abraham nicht. Das dürfte der Grund sein, warum man diesen Psalmvers im frühen Christentum so gern aufgriff, aber auch der Grund, warum die Essener von Qumran den ganzen Psalm systematisch ignorierten. In der katholischen Kirche hat Ps 110 bis zum heutigen Tag seinen Ehrenplatz in der Sonntagsvesper. Mit Recht, wie ich meine.

Die Auferstehungs- und die Erhöhungsaussage ergänzen einander. Das haben wir schon an der Stelle aus der Pfingstrede des Petrus gesehen. Dort folgt die Erhöhungsaussage unmittelbar auf die Feststellung der Auferweckung Jesu durch Gott. Diese Reihenfolge und dieser Zusammenhang ist bis heute im Credo festgehalten („... am dritten Tage auferstanden von den Toten, aufgefahren in den Himmel; er sitzt zur Rechten Gottes..."). Es gibt noch zwei wichtige Stellen im Neuen Testament, die diesen Zusammenhang verdeutlichen und verständlich machen, wie es zur Himmelfahrtserzählung des Lukas kam. So Eph 1,20, wo es von Christus heißt: den Gott „von den Toten erweckt und zu seiner Rechten gesetzt hat". Bemerkenswert ist auch die Erscheinung des Auferstandenen vor Maria von Magdala im Johannesevangelium. Ihr trägt Jesus auf, „seinen Brüdern" folgendes mitzuteilen: „Ich steige hinauf (ἀναβαίνω) zu meinem Vater..." (Joh 20,17). Hier wird dasselbe Verb verwendet, das im Neuen Testament sonst zum Beispiel das „Hinaufsteigen" nach Jerusalem bezeichnet.

Noch näher an die Formulierung im Credo kommen wir mit einer Stelle im 1. Petrusbrief. Dort ist die Rede von der erlösenden Macht der Taufe. Diese erlösende Macht, sagt der Autor, hat die Taufe

---

[6] *M. Hengel*, „Setze dich ..." (s. Anm. 2) 161.

[7] Ebd. 132. Bei Hengel hervorgehoben.

[8] Vgl. Mekhy zu Ex 15,7f (Lauterbach II 45). Näheres bei *G. Bodendorfer*, Abraham zur Rechten Gottes. Der Ps 110 in der rabbinischen Tradition: EvTheol 59 (1999) 252–266.

[9] Vgl. *Billerbeck* IV/1, 452–465. Allerdings geht Billerbeck zu Unrecht von einer vorchristlichen messianischen Deutung aus. Vgl. *M. McNamara*, Melchizedek: Gen 14,17–20 in the Targums, in Rabbinic and Early Christian Literature: Bib. 81 (2000) 1–31. Er hält es für möglich, daß die Deutung auf Abraham ursprünglich anti-hasmonäisch gedacht war, „although it would also have been used later in an anti-Christian polemic" (29).

aufgrund der Auferstehung Jesu Christi,
der sich zur Rechten Gottes befindet,
nachdem er in den Himmel gegangen ist...[10]

Martin Luther übersetzte: „..., welcher ist zur Rechten Gottes in den Himmel gefahren". Die Allioli-Bibel – im 19. Jahrhundert die verbreitetste katholische Bibelübersetzung – hat an dieser Stelle „... aufgefahren in den Himmel...", also genau die Formulierung, wie sie noch heute im Credo steht (im „großen" wie im „kleinen" Glaubensbekenntnis). Der Urtext der beiden *Symbola* hat freilich ein anderes griechisches bzw. lateinisches Wort für das „aufgefahren" als der griechische und lateinische Text von 1 Petr 3,22. Eine direkte Abhängigkeit der Formulierung im Credo von der Formulierung im 1. Petrusbrief ist also nicht gegeben. Jedenfalls aber war es von dieser Formulierung zur narrativen Ausgestaltung, wie wir sie bei Lukas finden, nur noch ein kleiner Schritt.

In den späteren theologischen und christologischen Auseinandersetzungen, die schließlich zu den Dogmen von Nizäa und Chalkedon führten, griff man gern auf diese Metapher zurück. Es erwies sich jedoch, daß sie auch auf theologische Irrwege führen konnte. Denn die Vorstellung vom Thronen Christi neben seinem Vater begünstigte die Annahme, hier sei von zwei Göttern die Rede. Andererseits konnte man diese Metapher immer gut gebrauchen, wenn es um die Abwehr einer völligen Vermischung von Vater und Sohn ging, wie dies im Monophysitismus der Fall war.[11] Mit Recht hat sie Eingang ins Credo gefunden.

2. Himmelfahrt

An den Tod, von dem man ihm wiederholt erzählt hatte, glaubte [der neunjährige] Serjosha überhaupt nicht. Er vermochte sich durchaus nicht vorzustellen, daß von ihm geliebte Menschen sterben könnten, und noch weniger, daß er selbst einmal sterben würde. Das schien ihm ganz unmöglich und unbegreiflich. Aber man versicherte ihm, daß alle Menschen sterben müßten. Er fragte Leute, denen er wirklich glaubte; und auch die bestätigten es. Selbst die Kinderfrau behauptete es, wenn auch zögernd. Aber Henoch war nicht gestorben, also gab es immerhin solche Menschen, die nicht starben. Warum kann dann nicht jeder so gottgefällig sein, daß er lebendig in den Himmel kommt? dachte Serjosha. Die schlechten Menschen, die er nicht liebte, mochten ruhig sterben, aber die guten konnten doch wie Henoch sein.

Diese Überlegungen eines Neunjährigen liest man in Tolstois „Anna Karenina".[12] Serjoscha erwähnt Henoch als Beispiel für einen Menschen, der nicht gestorben ist. In der Tat heißt es in Gen 5,24 von Henoch: „Henoch wandelte mit Gott; und er war (auf einmal) nicht mehr da, denn Gott hatte ihn hinweggenommen." Diese knappe Notiz hat die Phantasie der Menschen beschäftigt wie wenige andere; in der Antike hat er Generationen von Apokalyptikern zu literarischer Produktion unter Henochs Namen angeregt. Aber noch von einem zweiten Menschen weiß das Alte Testament, daß er „lebendig in den Himmel" kam: Der Prophet Elija fuhr bekanntlich ohne zu sterben

[10] 1 Petr 3,21f.

[11] Vgl. *Ch. Markschies*, „Sessio ad Dexteram". Bemerkungen zu einem altchristlichen Bekenntnismotiv in der christologischen Diskussion der altkirchlichen Theologen, in: M. Philonenko (Hg.), Le Thrône de Dieu (WUNT 69), Tübingen 1993, 252–317.

[12] *Leo N. Tolstoi*, Anna Karenina. Aus dem Russischen von Fred Ottow, München 1955/1987, 630 (V 27).

auf einem feurigen Wagen in den Himmel (2 Kön 2,1–18). Die nachbiblische Frömmigkeitstradition hat den Personenkreis der Entrückten noch erweitert um Mose, Esra und etwa fünf weitere Persönlichkeiten. Die Entrückung ist in dieser Tradition die Belohnung für außerordentliche Treue zum Gott Israels. Und ein zweites: Die Entrückten werden zur Endzeit, vor dem Kommen Gottes zum Jüngsten Gericht, wiedererwartet. Entrückung und Wiederkunft gehören zusammen.[13]

Aber auch die pagane Tradition kennt solche außerordentlichen Menschen, die „lebendig in den Himmel" kommen. Bei Livius kann man folgende Geschichte vom Ende des Romulus lesen:

> Als er (sc. Romulus), um das Heer zu mustern, auf dem Feld beim Ziegensumpf eine Volksversammlung abhielt, entstand plötzlich ein Unwetter mit furchtbarem Getöse und Donnerschlägen. Es bedeckte den König mit einer so dichten Wolke, daß es seine Gestalt den Blicken der Volksversammlung entzog. Danach war Romulus nicht mehr auf Erden. Nachdem die aufgeschreckten Menschen endlich zur Ruhe gekommen waren ..., verharrte das römische Volk dennoch lange in traurigem Schweigen ..., denn leer sah es den Thron des Königs – wenn es auch den Senatoren, die in nächster Nähe gestanden hatten, glaubte, daß Romulus durch einen Sturmwind in den Himmel entrückt worden sei. Darauf machten einige den Anfang, und schließlich huldigten alle Romulus als einem Gott, von Gott gezeugt, als König und als Vater der Stadt Rom.[14]

Livius erklärt anschließend, es sei auch eine andere Version über das Verschwinden des Romulus aufgekommen, nach der ihn die Senatoren selbst beseitigt hätten, indem sie ihn in der Kurie zerrissen und dann heimlich verscharrten. Aber dieses Gerücht habe sich nicht durchsetzen können, weil ein angesehener Mann namens Julius Proculus vor der Volksversammlung bezeugt habe: Romulus sei ihm vom Himmel her kommend begegnet und habe ihn beauftragt, folgendes zu verkünden: Die Götter hätten Rom zum Haupt des Erdkreises bestimmt; man solle darum für gute Armeen sorgen. Schließlich sei Romulus in den Himmel zurückgekehrt. Nach Plutarch wird dieser Himmelfahrt des Romulus noch zu seiner Zeit alljährlich an den Nonen des Juli mit kultischen Riten gedacht.[15]

Beide Versionen dieser Legende sind zur Zeit des Livius keine hundert Jahre alt, und Livius selbst hat offensichtlich nicht daran geglaubt. Die Prokulusgeschichte war im 1. Jahrhundert v. Chr. erfunden worden als Legende der Konservativen, mit der sie der rationalistisch-plebeischen Version entgegentraten. Hier wurde Legende mit Legende bekämpft. Für Augustus, der sich selbst als neuen Romulus verstand, war die konservative Legende aber von großer Wichtigkeit.[16]

Himmelfahrtsgeschichten gab es in der Antike auch von anderen großen Männern wie Herakles, Empedokles, Alexander dem Großen oder Apollonius von Tyana. Eine leibliche Aufnahme in den Himmel konnte freilich auch noch unmittelbar *nach* dem Tod erfolgen. So war die bezeugte Himmelfahrt die Voraussetzung für die *consecratio* eines römischen Kaisers durch den Senat, die

---

[13] So z.B. in LAB 48,1f von Pinchas und in 4 Esr 14,9 von Esra. Näheres bei *A.W. Zwiep*, The Ascension of the Messiah in Lucan Christology (NT.SX 87), Leiden 1997; *ders.*, Assumptus est in caelum. Rapture and Heavenly Exaltation in Early Judaism and Luke-Acts, in: F. Avemarie / H. Lichtenberger (Hg.), Auferstehung – Resurrection (WUNT 135), Tübingen 2001, 323–349.

[14] Livius I 16. Übersetzung von *G. Lohfink*, Die Himmelfahrt Jesu. Untersuchungen zu den Himmelfahrts- und Erhöhungstexten bei Lukas (StANT 26), München 1971, 35. Vgl. Plut. Rom. 27f.

[15] Plut. Rom. 27,3.

[16] Vgl. *C. Koch*. Bemerkungen zum römischen Quirinus-Kult, in: *Ders.*, Religio. Studien zu Kult und Glauben der Römer (hg. von O. Seel), Nürnberg 1960, 17–39, hier 33–39.

Kaiserapotheose.[17] Vorbild war natürlich die Proculus-Legende. Im Fall des Kaisers Augustus sagte etwa ein Praetor unter Eid aus, er habe bei der Verbrennung des Leichnams mit eigenen Augen gesehen, wie die Gestalt des Kaisers „zum Himmel emporstieg".[18] Die Religionswissenschaft spricht in diesem Zusammenhang allerdings nicht von „Himmelfahrt", sondern von *Entrückung*. Damit meint man die leibliche Aufnahme eines großen Menschen in den Himmel bzw. zu Gott oder unter die Götter am Ende seines Wirkens, aber gewöhnlich noch bei Lebzeiten.

Es ist also deutlich, daß Lukas in seiner Darstellung der Himmelfahrt Jesu eine verbreitete Kategorie aufnahm, die bereits eine Erzähltradition ausgebildet hatte, ein Erzählmuster mit bestimmten Elementen und immer wiederkehrenden Motiven wie der Wolke zur Verhüllung oder als Himmelsfahrzeug. Es ist aber auch deutlich, daß Lukas seine Erzählung nicht so sehr gegen den Hintergrund der *paganen* als gegen den der *jüdischen* Entrückungstraditionen formuliert. Das sieht man schon an der Terminologie, die er verwendet. Er spricht nämlich stets von der „Aufnahme" Jesu in den Himmel bzw. von seinem „Hinaufgenommen werden" (ἀνάλημψις, ἀναλαμβάνεσθαι). So bereits in der Ankündigung dieses Ereignisses, die genau in der Mitte des Evangeliums steht: „Als sich die Tage seiner Hinaufnahme (τῆς ἀναλήμψεως αὐτοῦ) erfüllten ..." (Lk 9,51). Diese Terminologie kommt in den paganen Entrückungstexten nie vor. Sie stammt aus der Septuaginta zu 2 Kön 2,10f.[19] Die Rede von der „Himmel*fahrt*" Jesu ist also unbiblisch, wenn man „Fahrt" im Sinne der heutigen Gebrauchsweise des Wortes versteht.

Die Entrückung hat in der paganen Tradition den Zweck der Vergöttlichung der entsprechenden Personen; den kann sie bei Jesu natürlich nicht haben. Lukas bezeichnet die „Hinaufnahme" Jesu aber auch nicht als „Erhöhung"; es ist auffällig, daß Erhöhungsterminologie im Zusammenhang mit Jesu Hinaufnahme vollständig fehlt, ebenso wie ein Hinweis auf Ps 110,1. Demnach scheint es dem Evangelisten bei der Hinaufnahme gar nicht um die Erhöhung zur Rechten Gottes zu gehen, zumindest nicht in erster Linie. Aber worum geht es ihm dann?

Zunächst ist klar, daß Lukas die Kategorie der Entrückung nicht ganz passend auf Jesu anwenden konnte, weil er ihn ja schlecht zu Lebzeiten in den Himmel fahren lassen konnte oder vom Kreuz weg, wie es die traditionelle Entrückung jüdischer wie paganer Prägung eigentlich verlangt hätte. Bei Lukas ist es eine Erscheinung des Auferstandenen, die entrückt wird. Bereits dieses Detail macht deutlich: Lukas benützt das Erzählschema der Entrückung zunächst einfach deshalb, weil es eine eindrucksvolle Szenerie für einen Abschied ermöglicht. Denn genau das hatte er gesucht. Und offensichtlich hat ihm diese Form des Abschieds so gut gefallen, daß er sie gleich zweimal verwendet hat: am Ende seines Evangeliums und am Anfang der Apostelgeschichte. Diese bildet ja nur das zweite Buch seines Werkes, das als Einheit konzipiert ist; der Kanon hat es leider auseinandergerissen. Betrachten wir zunächst die Version am Ende des Evangeliums:

---

17 *G. Lohfink*, Himmelfahrt (s. Anm. 14) 39. Viele Details, auch Darstellungen in der bildenden Kunst, bei *S. Weinstock*, Divus Iulius, Oxford 1971, 356–363.

18 „Nec defuit vir praetorius, qui se effigiem cremati euntem in caelum vidisse iuraret" (Suet. Aug. 100,4).

19 Vgl. LAB 48,2: „elevaberis".

Er führte sie hinaus nach Betanien. Dort erhob er seine Hände und segnete sie. Und es geschah: Während er sie segnete entfernte er sich von ihnen und wurde in den Himmel hinaufgebracht. Da fielen sie anbetend vor ihm nieder und kehrten dann mit großer Freude nach Jerusalem zurück. Sie waren ständig im Tempel und priesen Gott. (Lk 24,50–53)

Wichtig ist hier, daß wir den Erzählzusammenhang beachten. Alles, was Lukas in Kapitel 24 erzählt, geschieht an einem einzigen Tag, dem Ostertag. Am Morgen dieses ereignisreichen Tages entdecken die Frauen, daß das Grab leer ist. Abends kehren die beiden Jünger von Emmaus nach Jerusalem zurück, finden „die Elf“ mit den übrigen beieinander, und sie haben ihre Geschichte noch nicht ganz zu Ende erzählt, da erscheint Jesus in ihrer Mitte. Er läßt sich berühren und ißt ein bißchen gebratenen Fisch, damit niemand meint, er wäre ein Gespenst. Dann hält er ihnen die letzte Predigt, öffnet ihnen die Augen für das christologische Verständnis der Schrift – natürlich des Alten Testaments –, fordert sie auf, unter allen Völkern Umkehr zu predigen und in der Stadt zu bleiben, bis der Heilige Geist sie stärke. Erst danach führt er sie nach Bethanien hinaus. Es muß jetzt tief in der Nacht oder gegen Morgen sein.

Wenn man die eigentliche Abschiedsszene richtig verstehen will, wie sie der Evangelist anschließend erzählt, muß man erkennen, daß er auf etwas anspielt, nämlich den Abschluß eines Tempelgottesdienstes, wie er im 50. Kapitel des Buchs Jesus Sirach geschildert wird. Dies ist der Subtext zu unserem Text. Das ganze Kapitel ist ein Loblied auf den Hohenpriester Simeon II., der von 219–196 v.Chr. amtierte. Den Autor beeindruckten besonders die von ihm gestalteten Tempelgottesdienste; der Schilderung eines solchen ist der größte Teil des Kapitels gewidmet. Betrachten wir nur den letzten Teil der Schilderung:

Jetzt stießen die Söhne Aarons
in die getriebenen Trompeten,
sie bliesen mit gewaltigem Schall
zur Erinnerung vor dem Höchsten.
Alle Versammelten beeilten sich
und warfen sich auf ihr Gesicht zur Erde nieder,
um den Höchsten anzubeten,
den Heiligen Israels.
Dann stimmte man die Gesänge an
und ließ zur Musik süßen Jubel ertönen.
Alles Volk jubelte
im Gebet vor dem Barmherzigen,
bis der Priester den Dienst des Herrn vollendet
und ihm die vorgeschriebenen Opfer dargebracht hatte.
Dann stieg er herab und erhob seine Hände
über die ganze Gemeinde Israels.
Der Segen des Herrn war auf seinen Lippen,
den Namen des Herrn nennen zu dürfen war sein Ruhm.
Sie aber fielen zum zweitenmal nieder,
um den Segen von ihm zu empfangen.[20]

Nach dieser Darstellung schloß die tägliche Tempelliturgie ganz ähnlich wie unsere Sonntagsgottesdienste: Der Hohepriester *erhob seine Hände* und *segnete* das Volk. Darauf *fiel* dieses *anbetend nieder*. Ein feierlicher *Lobpreis* Gottes, zu dem der Autor anschließend auffordert (Sir 50,22), bildete of-

[20] Sir 50,16–21.

fensichtlich den Abschluß des ganzen Gottesdienstes. Alle diese Elemente finden wir in der Himmelfahrtsszene am Ende des Lukasevangeliums wieder, und zwar genau in dieser Reihenfolge: 1. Erheben der Hände 2. Segen 3. Anbetung 4. Lobpreis. Lediglich ein Element fand Lukas in dem Sir 50 zugrundeliegenden Formular nicht vor: das Entschwinden in den Himmel. Auf den Sinn dieses Motivs werden wir gleich noch kommen.

So hat Lukas am Ende seines Evangeliums mit sparsamen und einfachen Mitteln eine eindrucksvolle Abschiedsszene geschaffen, ein klassisches Beispiel narrativer oder besser symbolischer Theologie. Der Auferstandene öffnet den Jüngern die Augen für die Schrift und *segnet* sie zum Abschied – zum ersten und letzten Mal im Evangelium. Nie zuvor hat Jesus seine Jünger gesegnet; jetzt, als Auferstandener, tut er es ein für allemal. Der Segen bringt die bleibende Verbundenheit, in gewisser Weise die bleibende Nähe und den bleibenden Beistand zum Ausdruck. Und bis heute ist der Segen des Priesters am Schluß des Gottesdienstes nichts anderes als eine Bekräftigung und Vermittlung dieses Segens des Auferstandenen.

Ganz konsequent ist auch vom anbetenden *Niederfallen* der Jünger, der Proskynese, an dieser Stelle zum ersten Mal die Rede im Lukasevangelium. Nie zuvor im Evangelium des Lukas fällt ein Mensch vor Jesus anbetend nieder. „So wird deutlich: Erst mit der Himmelfahrt hat die Geschichte Jesu ihre Vollendung gefunden und erst bei der Himmelfahrt begreifen die Jünger endgültig die Tiefe und Weite des Geschehens."[21] Die Himmelfahrtserzählung bringt in symbolischer Weise zum Ausdruck, daß Jesu Auferstehung ein Zu-Gott-gehen Jesu bedeutet, mit dem für die Jünger ein Abschied verbunden war, ein Abschied freilich besonderer Art, denn erst dieser Abschied ermöglicht das endgültige Bei-ihnen-bleiben. Das kommt in dem Abschiedssegen zum Ausdruck. Auch am Schluß des Matthäusevangeliums verabschiedet sich der Auferstandene mit den ungewöhnlichen, ja paradoxen Abschiedsworten: „Und siehe, ich bin bei euch alle Tage bis zur Vollendung der Welt" (Mt 28,20).

Soviel zur Abschiedsszene am Ende des Evangeliums. Aber wie steht es mit der Version am Anfang der Apostelgeschichte? Wenn wir heute von ‚Himmelfahrt' reden, steht uns ja meistens diese Geschichte vor Augen. In ihr ist weder von einem Segen für die Jünger die Rede noch von ihrem anbetenden Niederfallen. Stattdessen erscheinen zwei Engel und sagen:

> Ihr Männer von Galiläa, was steht ihr da und starrt zum Himmel? Dieser Jesus, der von euch weg in den Himmel hinaufgenommen wurde, wird ebenso wiederkommen, wie ihr ihn habt zum Himmel hinaufgehen sehen. (Apg 1,11)

In diesen Worten steckt die besondere theologische Aussage *dieser* Erzählung; nur um dieser Worte willen hat Lukas die ganze Geschichte noch einmal erzählt. Die Himmelfahrt Jesu wird hier in Beziehung gesetzt zu einem weiteren zentralen Glaubenssatz des urchristlichen Credo: dem Glauben an die Parusie, die Wiederkunft Christi. Dadurch kommt in die Himmelfahrtserzählung das Moment des „Au revoire!" „Auf Wiedersehn!" – bei der Parusie. Wie wir schon gesehen haben, ist diese Verbindung von Entrückung und Parusie in der jüdischen Tradition fest vorgegeben. Die

---

[21] *G. Lohfink*, Himmelfahrt – Erfindung oder Erfahrung, Stuttgar 1972, 41.

Entrückung hat hier eben nicht die Funktion der Vergöttlichung, sondern bezeichnet jene Persönlichkeiten, die in der Endzeit wiederkommen. Für die Christen ist dies vor allem Christus.

Die christliche Überzeugung: „Er wird wiederkommen!" hat sich offenbar gleichzeitig entwickelt mit der Überzeugung von der Auferstehung und Erhöhung. Sie ist Paulus und allen anderen Autoren des Neuen Testaments völlig vertraut und geläufig. Heute freilich ist diese Überzeugung sehr verblaßt; sie gehört zu den Glaubenssätzen, die wir zwar mit den Lippen noch bekennen, aber nicht mehr als lebendige Überzeugung in uns tragen. Das sollte sich wieder ändern und wir sollten das sogenannte „Geheimnis des Glaubens" wieder ernster nehmen, wenn wir in jeder Meßfeier bekennen: „Deinen Tod, o Herr, verkünden wir und deine Auferstehung preisen wir, *bis du kommst in Herrlichkeit.*" Hier ist der Zusammenhang von Auferstehung und Wiederkunft Christi festgehalten. Wir finden ihn sogar im Johannesevangelium. Dort verspricht Jesus seinen Jüngern, er werde ihnen nach seinem Weggang einen Platz bereiten, um sie dann bei seiner Wiederkunft zu sich zu holen (Joh 14,2f).[22] Diese Wiederkunft haben die ersten Jünger bald erwartet, in nächster Zukunft. Noch Paulus rechnete mit der Parusie Christi zu seinen Lebzeiten. Aber in diesem Punkt haben sich die Apostel getäuscht. Und einer der ersten Autoren des Neuen Testaments, der dies erkannte und in seinen Konsequenzen überblickte, war Lukas. Er sah: Zwischen Ostern und der Parusie dehnt sich die Zeit und gibt damit Raum für eine heilsgeschichtliche Größe, deren theologische Bedeutung sich erst noch erweisen sollte: die Kirche. Lukas ist der erste, der eine geschichtliche Darstellung dieser neuen Größe gibt, er ist der erste, der Kirchengeschichte schreibt. Und er schreibt diese Kirchengeschichte nicht in erster Linie aus historischem Interesse, sondern aus theologischem Interesse. Er will zeigen: Die Dehnung der Zeit und das Nichteintreffen der erwarteten Wiederkunft Christi ist kein Unglück, sondern ein Glück. Der Heilige Geist – für Lukas die treibende Kraft der Kirchengeschichte – wollte noch das größte seiner sichtbaren Werke schaffen: die Kirche, und durch sie aller Welt die Möglichkeit geben, in den Genuß der in Christus gewirkten Erlösung zu kommen. Daher ist es ganz sachgemäß, daß in der liturgischen Ordnung der Lesetexte in der Osterzeit die alttestamentlichen Lesungen durch Lesungen aus der Apostelgeschichte ersetzt werden.

Auf *einen* Unterschied zwischen den beiden Himmelfahrtserzählungen im lukanischen Doppelwerk sind wir jetzt noch nicht eingegangen: die 40 Tage, die nach der Apostelgeschichte zwischen Ostern und Himmelfahrt liegen und die darum auch der liturgische Kalender der Kirche zwischen diese beiden Feste gelegt hat. Lukas beginnt das zweite Buch seines Werkes mit einem Rückblick auf das erste, das mit der Himmelfahrtserzählung endet, sagt dann etwas von einer vierzigtägigen Erscheinungszeit und erzählt anschließend die Himmelfahrt zum zweiten Mal (Apg 1,1–3). Daß die Zahl 40 eine symbolische Zahl ist, wissen wir von vielen biblischen Parallelen. Aber in jedem Fall stellt sich die Frage: Symbol wofür?

---

[22] Seit *Rudolf Bultmanns* Kommentar wird gern geleugnet, daß die Rede vom Wiederkommen in Joh 14,3 auf die künftige Parusie zu deuten sei (Das Evangelium des Johannes [KEK], Göttingen [10]1941, 465). Aber die stattdessen angebotenen Deutungen sind gewunden und unwahrscheinlich. Vgl. *J. Frey*, Die johanneische Eschatologie. Bd. I: Ihre Probleme im Spiegel der Forschung seit Reimarus (WUNT 96), Tübingen 1997, 117f und Index zur Stelle. Der eindeutige Beleg für eine futurische Parusieerwartung in 1 Joh 2,28 wird meistens übersehen.

Zunächst bezeichnet Lukas damit einfach den Zeitraum der Ostererscheinungen, den er auf diese Weise streng begrenzt. Diese Begrenzung hat zunächst einen theologischen Zweck: Damit soll die Einzigartigkeit der Ostererscheinungen nachdrücklich betont werden.

Aber dazu kommt noch ein zweites. In den Evangelien wird Jesus immer wieder als Lehrer dargestellt. Er lehrt in der Öffentlichkeit, er lehrt aber auch im kleinen Kreis seiner Jünger. Nach der lukanischen Darstellung setzt Jesus nun seine Unterweisung der Jünger auch nach Ostern fort: Man denke nur an die Emmaus-Jünger und an die Belehrungen vor der Himmelfahrtserzählung im Evangelium (Lk 24,44–49). Und so heißt es in Apg 1,3: Vierzig Tage hindurch erschien er ihnen und belehrte sie über das Reich Gottes. Jesus setzt also auch nach seiner Auferstehung seine Tätigkeit aus der vorösterlichen Zeit fort. Das heißt: Erst mit der österlichen Belehrung wird die Schulzeit abgeschlossen, jetzt erfahren die Schüler das, was sie vorher nicht begreifen konnten. Und die Fülle der neuen Einsichten, das Begreifen von all dem, was Ostern impliziert, deutet Lukas durch die symbolische Lernzeit von vierzig Tagen an.

Auch zu diesem Motiv könnte Lukas durch die jüdische Entrückungstradition angeregt worden sein. Wir finden nämlich ein ganz analoges im 4. Esra-Buch. Dort erhält Esra von Gott die Anweisung, vor seiner Entrückung fünf Schreibern sein Wissen zu diktieren. Die Diktiertzeit wird genau festgesetzt: vierzig Tage. In diesen vierzig Tagen diktiert Esra insgesamt 94 Bücher, nämlich die 24 Bücher des jüdischen Kanons der Hl. Schrift und 70 weitere Geheimschriften (gemeint ist wohl: apokalyptische Literatur).[23] Hier ist ein bemerkenswerter Unterschied zur christlichen Tradition festzustellen: Jesus diktiert keine Bücher, sondern bleibt bei der mündlichen Unterweisung. Das Christentum hat von Anfang an mehr auf das lebendige Wort vertraut als auf Bücher.

---

[23] Vgl. *A.W. Zwiep*, Assumptus (s. Anm. 13) 339–344. Dort mit weiteren Parallelen.

Die Letzten Dinge aus neutestamentlicher Sicht: ein Ende mit Schrecken?[1]

1. Endzeitliche Schrecknisse

Wie wird die irdische Geschichte enden? Diese Frage gilt als ganz unwissenschaftlich, und sie ist es wohl auch. Die Zukunft ist ungewiß, wer will da eine Prognose über das Ende der irdischen Geschichte abgeben? Wer kann darüber Bescheid wissen – außer Gott? Nun gibt es freilich ein ganzes Buch im Neuen Testament, das genau über die gestellte Frage Auskunft geben will, und wie zu erwarten beruft sich der Autor für seine Informationen gleich im ersten Satz auf eine Enthüllung, die ihm Gott selbst zukommen ließ. Es ist das letzte Buch des Neuen Testaments und damit der Bibel überhaupt, die Offenbarung des Johannes, auch Apokalypse genannt. Apokalypse heißt dieses Buch nach dem griechischen Wort, mit dem es beginnt. Das Wort bedeutet eben „Enthüllung", „Offenbarung". Die Deutung dieses Buchs im einzelnen ist oft schwierig, da es zum großen Teil Visionen beschreibt und in Bildern spricht, die uns fremd, schwer verständlich oder mehrdeutig sind. Die Grundaussage dieser Prophetie ist aber klar erkennbar: Das Ende der irdischen Geschichte wird ein Ende mit Schrecken sein. Die Schrecken werden in dreimal sieben Visionszyklen ausgemalt, die in immer neuen Anläufen Katastrophen mit weltweiten Auswirkungen schildern: Krieg, Inflation, Flächenbrände, Vergiftung des Wassers, Dürre, Hagel, Blutregen und Tod in vielen Formen. Darunter sind Katastrophen, die sozusagen historischer Alltag sind, wie Krieg, Inflation oder Dürre, aber auch Katastrophen, die für einen antiken Menschen unter normalen Bedingungen undenkbar waren. So zum Beispiel die folgende:

> Und der dritte Engel blies die Fanfare: Da fiel ein großer Stern vom Himmel, brennend wie eine Fackel, und er fiel auf ein Drittel der Flüsse und auf die Wasserquellen. Und der Name des Sterns lautet ‚Wermut', und der dritte Teil des Wassers wurde zu Wermut. Und viele Menschen starben, weil das Wasser bitter geworden war. (Offb 8,10f)

Eine solche Katastrophe mußte nach Ansicht des Sehers Johannes vom Himmel selbst ausgelöst werden, im Bild: Da muß ein Stern namens „Wermut" vom Himmel fallen. Uns heute kommt die Vision, daß ein Drittel des Wassers auf Erden einmal ungenießbar sein wird, durchaus realistisch vor. Es sieht so aus, daß der Mensch das selbst fertig bringen kann. So herrlich weit haben wir es gebracht.

---

[1] Vortrag am 22. Mai 2010, Haus am Dom, Frankfurt a.M.

Dem biblischen Seher ist es wichtig, daß alle diese Katastrophen letztlich von Gott selbst in Gang gesetzt werden. Sie alle beginnen mit Aktionen im Himmel. Das Ziel dieser Aktionen ist aber nicht etwa die Vernichtung um der Vernichtung willen, sondern das Verschwinden der Übel und der Böswilligen von der Erde, damit das Gute und die Gutwilligen sich endlich frei und ungehindert entfalten können. Am Ende einer furchtbaren Leidensperiode steht die heilige Stadt Jerusalem inmitten einer erlösten Schöpfung. Das ist das Ziel des Geschichtsprozesses. Wie die jüdischen Apokalyptiker vor ihm – denken wir nur an Daniel! – ist auch der Seher Johannes überzeugt, daß die Weltgeschichte nicht ewig so weitergeht, wie wir sie kennen, mit Unglück, Unrecht, Ausbeutung, Betrug und Lüge, mit Freud für die wenigen und Leid für die vielen, sondern daß alles ein von Gott bestimmtes Ende nimmt.

Daß es dazu nicht ohne den Widerstand der Betroffenen kommen kann, weiß man auch ohne Prophetengeist. Katastrophen kosmischen Ausmaßes sind unumgänglich, und es müssen Mächte auf den Plan treten, die stärker sind als Gewaltherrschaft, Wirtschaftsinteressen und Kapital, die bisher die Welt regieren. Das sieht der Seher Johannes so gut wie ein erfahrener Politiker. Die „Hure Babylon" im 17. Kapitel seines Buches, die auf sieben Bergen sitzt (Offb 17,7), ist unschwer als die Hauptstadt Rom zu identifizieren, die bekanntlich auf sieben Hügeln erbaut ist. Sie symbolisiert zugleich jede vergleichbare Weltmacht. Doch wie jede irdische Weltmacht, so ist auch sie dem Untergang geweiht. Und dieser Untergang löst Freude und Schrecken aus: Freude im Himmel, und Schrecken bei „den Königen der Erde", den Händlern und Großunternehmern, die für ihre überflüssigen Waren plötzlich keine Abnehmer mehr finden, für Gold und Silber, Perlen und Edelsteine, für Purpur, Seide und teure Hölzer, für Marmor, Erz und Elfenbein, für Zimt und Amomum, Parfüm und Weihrauch, für Wein und Öl, Weißmehl und Weizen, für Rinder und Schafe, Pferde, Wagen und Sklaven. Diese eindrucksvolle Liste von überflüssigen Dingen bietet Offb 18,13, und sie allein ist Beweis genug, daß hier kein weltfremder Mystiker schreibt, sondern ein Mann, der sich in der Welt auskennt, auch in der Welt der Wirtschaft. Die meisten der aufgezählten Güter sind Luxusgüter, unter denen sogar die chinesische Seide ist, aber auch alltägliche Handelsgüter sind erwähnt. Ziel der Kritik ist also nicht eigentlich der Luxus – diesen kritisieren auch römische Autoren –, „sondern die Gewinnsucht, der auf Gewinn abgestellte Handel selbst".[2] Eine solche Kritik ist heute so anstößig wie damals.

Das letzte Buch des Neuen Testaments schildert also, wie es zum Ende des Kapitalismus und zur endgültigen Herrschaft Gottes kommt. Denn die Herrschaft im Himmel wie auf Erden steht allein Gott zu, und nur wo sie ihm auch tatsächlich überlassen wird, kann der Mensch glücklich leben. Das ist die gemeinsame Grundüberzeugung von Juden, Christen und Muslimen. Im Unterschied von Juden und Muslimen jedoch sind Christen außerdem überzeugt, daß die entscheidende Rolle bei der Durchsetzung von Gottes Herrschaft Christus zukommt. Das wird im Buch des Sehers Johannes vor allem an zwei Stellen deutlich: im 4. und 5. sowie im 19. Kapitel, das heißt un-

---

2 *M. Frenschkowski*, Chinesische Seide in der Johannesoffenbarung. Ein Beitrag zum geographischen Horizont der Apokalypse, in: M. Labahn / M. Karrer (Hg.), Die Johannesoffenbarung. Ihr Text und ihre Auslegung, Leipzig 2012, 311–327.

mittelbar vor Beginn der drei Katastrophenzyklen und nach dem Untergang der „Hure Babylon", vor dem abschließenden Jüngsten Gericht.

Im 4. und 5. Kapitel schildert der Seher eine himmlische Schlüsselszene, bei der er wie in einem Traum selbst anwesend ist. Im Mittelpunkt dieser Szene steht das Buch der Geschichte, das selbstverständlich Gott selbst in der Hand hält. Denn das Buch der Geschichte ist ein altes Symbol der Geschichte selbst, die von Gott gleichsam im voraus aufgezeichnet ist. Dabei ist ursprünglich natürlich an eine Buchrolle zu denken. Das irdische Geschehen rollt buchstäblich ab, es wird gleichsam nach und nach vom himmlischen Buch der Geschichte abgerollt. Damit ist zugleich gesagt, daß die irdische Geschichte weder ein Zufallsprodukt ist noch allein von irdischen Mächten bestimmt wird. Hier gilt vielmehr: Der Mensch denkt und Gott lenkt.

Dieses himmlische Buch erweist sich allerdings auch als ein Problem, und zwar das einzige Problem, das es im Himmel der Apokalypse gibt. Es ist nämlich siebenfach versiegelt, und so steht man vor der Frage: „Wer ist würdig, das Buch zu öffnen und seine Siegel zu lösen?" (Offb 5,2) Ein versiegeltes Schriftstück darf ja nur von dem geöffnet werden, für den es bestimmt ist. Wenn sich nun für dieses Schriftstück kein Würdiger findet, kann das vorgesehene Geschehen nicht abrollen, kann die Geschichte nicht weitergehen; sie steht still oder dreht sich im Kreis. Dann gibt es keine endzeitlichen Katastrophen, aber auch kein endzeitliches Jerusalem in einer neuen Schöpfung. Dann wird der Reiche auf ewig den Armen und Schwachen unterdrücken und ausbeuten, die Lüge wird ewig über die Wahrheit, und das Unrecht ewig über das Recht siegen. Dann kommt Gottes Plan mit seiner Schöpfung nie zum Ziel. Und zunächst sieht es so aus, als könne tatsächlich niemand das Buch öffnen, „weder im Himmel noch auf der Erde noch unter der Erde" (Offb 5,3). Da bricht der Seher, der diesen wahrhaft historischen Moment ja live miterlebt, in Tränen aus. Das ist der dramatischste Augenblick im ganzen Buch und in einem gewissen Sinn der dramatischste Augenblick der Weltgeschichte.

Aber der Seher wird getröstet und mit ihm wir alle: Der Würdige findet sich, und zwar in der merkwürdigsten Gestalt der ganzen Apokalypse. Es ist eine Gestalt, die man tatsächlich weder den himmlischen noch den irdischen noch den unterirdischen Wesen zurechnen kann. Denn der Würdige ist ein Lamm, das zugleich ein Löwe ist, nämlich „der Löwe aus dem Stamm Juda". Dieses löwenhafte Lamm hat einen Schächtschnitt am Hals und steht trotzdem auf seinen Füßen; es lebt mit einer tödlichen Wunde. Dieses Bündel von Paradoxen ist natürlich ein Bild für Christus. Es empfängt das Buch der Geschichte aus der Hand Gottes und führt sie mit all ihrem Grauen zum Ziel, indem es Siegel um Siegel öffnet. Christus ist es dann auch, der ganz am Ende die letzten Feinde Gottes besiegt, jetzt freilich in einer anderen Gestalt: nicht als Lamm, sondern als Reiter auf einem weißen Pferd, auf dem Haupt viele Diademe, mit einem Mantel, der in Blut getaucht ist, und einem Titel, der zu all dem gar nicht passen will: „Das Wort Gottes" (Offb 19,11–16). Der blutige Mantel soll wohl nur die Kampfbereitschaft symbolisieren. Der Kampf selbst wird, wie der Titel sagt, mit geistigen Waffen ausgetragen.

Ich will jetzt nicht auf Einzelheiten eingehen, sondern nur resümierend festhalten: Es geht im letzten Buch der Bibel um die christliche Sicht der Geschichte, um den Sinn und das Ziel des ganzen Geschichtsprozesses. Dieser Prozeß führt nach Gottes Plan zu einem Ende mit Schrecken, aber der Schrecken trifft nur die Feinde Gottes. Hier gilt der sonst eher leichtfertig gebrauchte Spruch: Besser ein Ende mit Schrecken als ein Schrecken ohne Ende. Das Ziel des Prozesses ist die heilige Stadt Jerusalem inmitten einer erlösten Schöpfung. Die Hauptrolle in diesem Prozeß hat kein anderer als Christus. Und die Menschheit kann nichts Vernünftigeres tun, als sich – möglichst vor dem Ende – an ihn zu halten.

2. Der Jüngste Tag

Wir haben im letzten Buch der Bibel ein geschichtsphilosophisches Grundmuster gefunden, das vereinfacht besagt: Der Geschichtsprozeß führt die Menschheit in eine Krise, die damit endet, daß alles Üble in den irdischen Dingen, das Menschen verursacht haben – möglicherweise als Werkzeuge in der Hand höherer Mächte –, endgültig vernichtet wird, damit das Gute, wie Gott es schon immer gewollt hat, zur freien Entfaltung gelangen kann. Daß es tatsächlich soweit kommt, dafür hat Gott gesorgt, indem er Christus zur Hauptperson in diesem Geschichtsprozeß gemacht hat. Dieses geschichtsphilosophische Grundmuster liegt nun nicht nur der Offenbarung des Johannes, sondern dem gesamten Neuen Testament zugrunde. So unterschiedlich seine Autoren von der Krise des Geschichtsprozesses und vor allem vom Höhepunkt dieser Krise reden: das Grundmuster ist immer dasselbe, so wie der Ausgang immer derselbe ist. Das sei an einigen Beispielen vorgeführt.

Im 13. Kapitel des Markusevangeliums wird Jesus von seinen Jüngern gefragt, wann „das alles" zum Ende oder zur Vollendung kommen werde (Mk 13,4). Darauf antwortet Jesus zunächst durch eine Aufzählung von „Wehen" der Endzeit, nämlich Schrecknissen wie Kriege, Hungersnöte und Erdbeben. Aber, so heißt es weiter, das sei nur „der Anfang der Wehen". Auf diese anfänglichen „Wehen" folgen dann kosmische Katastrophen: Die Sonne verfinstert sich, der Mond verliert sein Licht, die Sterne fallen vom Himmel. Das Ziel dieser „Wehen" ist das Kommen des Menschensohns mit den Wolken des Himmels in großer Macht und Herrlichkeit. Hier ist der Geschichtsprozeß metaphorisch als eine Art Geburtsvorgang aufgefaßt, der unter Wehen den Menschensohn hervorbringt.

Auch der Evangelist Matthäus hat dieses Bild aufgegriffen und ihm noch ein geheimnisvolles Element hinzugefügt: Dem Kommen des Menschensohns vom Himmel her geht noch sein „Zeichen" voraus. Dieses nicht näher beschriebene Zeichen bringt „alle Völker der Erde" dazu, daß sie sich reumütig an die Brust klopfen (Mt 24,30). Die christliche Tradition hat in diesem „Zeichen des Menschensohns" von frühester Zeit an das Zeichen des Kreuzes gesehen. Deshalb gehört zum Fest Kreuzerhöhung am 14. September der Versikel:

Hoc signum crucis erit in caelo,
cum Dominus ad iudicandum venerit.

Dieses Zeichen des Kreuzes wird am Himmel sein,
wenn der Herr kommt, um zu richten.

Auf Darstellungen der Parusie und des Weltgerichts ist das Kreuz deshalb ein festes Element, oft begleitet von den übrigen Leidenswerkzeugen.[3]

Die Deutung des Zeichens auf das Kreuz wird von modernen Exegeten meistens abgelehnt. Sie sehen im Menschensohn selbst das Zeichen. Das leuchtet mir nicht ein. Denn die Deutung auf den Menschensohn selbst erklärt nicht ohne weiteres, warum sich die Völker reumütig an die Brust schlagen. Der Anblick des Kreuzes erklärt das viel besser. Aber wir wollen uns jetzt nicht in Einzelheiten verlieren.

Deutlich ist jedenfalls, daß die sogenannte „synoptische Apokalypse" demselben Grundmuster folgt wie die Apokalypse des Johannes und daß auch hier die Hauptperson Christus ist. Das Gericht, zu dem er kommt, ist in der bekannten Szene vom Weltgericht in Mt 25,31–46 dargestellt als eine Trennung von „Schafen" und „Böcken", genauer „Ziegen". Den einen gilt ein „Kommt!", den andern ein „Geht!" Das Gericht ist hier zwar universal gedacht, aber der Blick richtet sich zunächst nur auf die Christen. Von ihnen wird tätige Nächstenliebe erwartet. Sie ist ihnen möglich, eben weil in jedem Mitchristen Christus selbst gegenwärtig ist. Dieses Verhalten soll den Völkern der Welt als Vorbild dienen.

Auch Paulus wagt einen prophetischen Blick in die Zukunft. Er skizziert sogar eine regelrechte Aktfolge der Endereignisse. Wir werden sehen, daß er dabei zwar eigene Akzente setzt, aber doch dem schon herausgearbeiteten Grundmuster folgt. In dem berühmten 15. Kapitel des 1. Korintherbriefs setzt sich Paulus mit christlichen Gegnern auseinander, die erklären: „Es gibt keine Auferstehung der Toten!" Sie können sich offenbar ein Weiterexistieren der Seele nach dem Tod vorstellen, aber nicht eine leibliche Auferstehung. Dagegen argumentiert Paulus, daß eine rein geistige Weiterexistenz gar keine Auferstehung ist. Dann ist aber auch Christus nicht auferstanden. In der Auferstehung Christi jedoch, und zwar der leiblichen Auferstehung, gründet die ganze christliche Hoffnung. Denn die reale Auferstehung Christi ermöglicht auch die reale Auferstehung der mit ihm verbundenen Christgläubigen. Und genau in diesem Zusammenhang spricht Paulus von einer „Staffelung" oder „Reihenfolge" in der Ordnung der Letzten Dinge (1 Kor 15,20–28). Die Endereignisse beginnen mit der Auferstehung Christi als des „Erstlings" der Entschlafenen. Als nächstes folgt die Parusie Christi. Die Parusie oder Wiederkunft Christi ist jenes Ereignis, das die Synoptiker als das Kommen des Menschensohns mit den Wolken des Himmels schildern. Mit diesem zweiten Kommen Christi ist die Auferstehung der Christgläubigen verbunden.

Der dritte Akt ist merkwürdig, zumindest auf den ersten Blick. Paulus schreibt: „Dann kommt das Ende." Das griechische Wort τέλος meint „Ende" und „Ziel". Dieses endgültige Ziel des Prozesses, der mit der Auferstehung Christi eingeleitet ist, wird von Paulus noch näher erläutert. Bevor es erreicht wird, muß nämlich noch etwas anderes geschehen: Erst muß sich Christus alle „Herrschaft, Macht und Gewalt" unterwerfen, das heißt: seine sämtlichen Feinde einschließlich

[3] Vgl. Y. *Christe*, Das Jüngste Gericht, Darmstadt 2001, 94. Ein Beispiel in der Bamberger Apokalypse (ebd. Abb. 78).

der bösen Geister. Dieser Vorgang entspricht sachlich der großen Schlacht des Logos in der Apokalypse, auf die wir schon gestoßen sind (Ofb 19,11–16). Als mächtigsten und furchtbarsten Feind nennt Paulus den Tod. Der Tod wird von ihm personifiziert gedacht als eine Art Geistwesen. Auch zu dieser Einzelheit bietet die Apokalypse des Johannes eine Parallele: Dort reitet der Tod auf einem fahlgrünen Pferd und wird am Ende zusammen mit dem Hades in den Feuersee geworfen (Offb 6,8; 20,14). Erst nach seiner Vernichtung kann es nach Paulus zum Ziel des Geschichtsprozesses kommen und das Ende eintreten. Dann gibt Christus die Reichsherrschaft an seinen Vater zurück, damit Gott „alles in allem" sei oder „alles in allen" – beide Übersetzungen sind möglich und sinnvoll. Das also ist das Ziel aller Dinge: dieses Alles-in-allem (oder allen)-sein Gottes.

Nachdem Paulus sich noch viel Mühe gemacht hat, um seinen Lesern die Leiblichkeit der Auferstehung – von Anfang an ein harter Brocken selbst für Christen – vorstellbar und denkbar zu machen, kommt er noch einmal zurück auf den zweiten Akt der Endereignisse, zu dem die Auferstehung der Christgläubigen ja gehört. Es ist der Akt, der uns am meisten betrifft und als nächster bevorsteht. Aber wie soll man sich das Unvorstellbare vorstellen, das da mit uns und der Welt geschehen soll? Paulus nennt es ausdrücklich ein „Mysterium" und sagt dann, worin dieses Mysterium besteht: in einer großen Wandlung, einer Verewigung des Geschaffenen.

Denn dieses Verwesliche muß die Unverweslichkeit anziehen
und dieses Sterbliche die Unsterblichkeit. (1 Kor 15,53)

Der menschliche Leib wird bei der Auferstehung nicht abgelegt, sondern verwandelt in einen verklärten Leib, wie man das in der christlichen Tradition genannt hat. Nähere Erläuterungen gibt Paulus nicht.

Aber er sagt etwas über den Zeitpunkt und den Zeitraum, in dem das geschehen soll, und das ist sehr interessant. Die Auferstehung und der Wandlungsprozeß der irdischen Leiber erfolgen nämlich „in einem Nu, einem Augenblick, bei der letzten Fanfare" (1 Kor 15,52). „Die letzte Fanfare" – man übersetzt im Deutschen meistens mit „Trompete" oder „Posaune", aber „Fanfare" wäre viel passender[4] – ist ein Motiv, das auch in Mt 24,31 und mehrfach in der Offenbarung des Johannes begegnet. Sie gibt das Zeichen für den letzten großen Geschichtsakt. Dieser vollzieht sich aber nicht mehr in einem irdischen Zeitraum. Die Wiederkunft Christi, die Auferstehung, das Weltgericht und die Wiederherstellung der ursprünglich guten Schöpfung samt heiliger Stadt, das alles geht „in einem Nu, einem Augenblick" vor sich. „In einem Nu" ist die Übersetzung des griechischen ἐν ἀτόμῳ. Das ἄτομον – von diesem griechischen Wort kommt unser Wort Atom – ist das nicht mehr weiter Teilbare, das heißt in unserem Fall: ein Zeitraum, der so oft halbiert ist, daß er durch keine Messung mehr erfaßt werden kann. Daß man über das Geschehen in einem solchen

[4] Das Instrument, das herkömmlich mit „Trompete" oder „Posaune" wiedergegeben wird, hat *F. Stier* in seiner Übersetzung des Neuen Testaments (München 1989) durchweg mit „Fanfare" übersetzt – m.E. zu Recht. Klang und Funktion der Fanfare entsprechen nach meinem Dafürhalten dem Befund der σάλπιγξ-Stellen im Neuen Testament besser als „Trompete" und „Posaune". Vgl. *J.H. Jones*, Art. Musical Instruments, in: The Anchor Bible Dictionary IV 934–939, hier 938f.

„Zeitraum" nur aufgrund göttlicher Offenbarung und nur in andeutenden Bildern reden kann, ist wohl einsichtig. Wenn also Paulus selbst und mit ihm die christliche Tradition vom „Jüngsten Tag", vom „Tag des Gerichts" oder vom „Tag des Herrn" redet, dann ist klar, daß auch dies nur eine Redeweise ist, ein Kürzel, um das erwartete Geschehen überhaupt sprachlich benennen zu können.

Paulus spricht an vielen Stellen seiner Briefe von dem Gericht, das an diesem „Jüngsten Tag" stattfinden soll. Dieses Gericht faßt er in unterschiedliche Bilder. Es erscheint je nachdem als eine Art Examen, eine Rechenschaftsablegung, ein Ans-Licht-Kommen des Verborgenen und Verheimlichten, als ein Ernten des Gesäten, eine Art Qualitätsprüfung mit Hilfe von Feuer oder als ein Erscheinen vor dem Richterstuhl Christi. Statt vom Richterstuhl Christi kann auch vom Richterstuhl Gottes die Rede sein, das wechselt. Gott und Christus sind im Letzten ja doch eins. Im Kern bringen alle diese Bilder den Gedanken der Verantwortung zum Ausdruck. Überhaupt ist der Hinweis auf die Verantwortung der Hauptsinn aller biblischen Gerichtsaussagen. Wir werden uns hinsichtlich unseres Tun und Lassens einmal verantworten müssen, und das nicht vor irgendjemandem, sondern vor Christus, der Hauptperson der Geschichte. In der Begegnung mit Christus am Jüngsten Tag wird uns blitzartig klar, was wir aus eigener Schuld versäumt und unterlassen haben. Und dann werden wir uns das Fegfeuer, in dem wir diese Schuld mit der Wurzel beseitigen können, selbst wünschen und uns den Läuterungsübungen mit der größten Freude unterziehen. Diese Läuterung deutet Paulus ebenfalls im 1. Korintherbrief an, nämlich dort, wo er von einer Erlösung „wie durch Feuer hindurch" spricht (1 Kor 3,15).

Damit ist wohl deutlich geworden, daß die unterschiedlichen Aussagen des Neuen Testaments zu den Letzten Dingen nur unterschiedliche Aspekte aufzeigen, aber eine große Einigkeit im Grundmuster aufweisen. Warum das so ist und wie es dazu gekommen ist, das ist eine interessante Frage, die wir jetzt aber nicht weiter verfolgen können.

3. Tod und Jenseits

Aus dem Katechismus wissen wir, wenn wir noch solche Bücher benutzen, daß die Letzten Dinge vier sind: Tod, Gericht, Himmel und Hölle. Man vermißt in dieser Aufzählung vielleicht das Fegfeuer, aber das gehört einerseits zum Gericht und andererseits zum Himmel. Wenn man Aussagen zu diesen vier Dingen im Neuen Testament sucht, macht man eine merkwürdige Beobachtung: Da ist viel vom Gericht die Rede, wenig vom Himmel und wenig von der Hölle; und vom Tod, vom Tod des einzelnen Menschen, und dem, was danach kommt, ebenso wenig. Das, was heutige Christen an den Letzten Dingen am meisten interessiert: Was ist, wenn ich sterbe, und was kommt danach?, das ist für die frühen Christen ungefähr das unwichtigste davon. Und das wiederum, was den frühen Christen vor allem am Herzen lag: die Wiederkunft Christi am Jüngsten Tag, die Auferstehung der Toten, das große Gericht am Ziel des Geschichtsprozesses, das kümmert heutige Christen, zumindest hier in Westeuropa, kaum noch. Der Jüngste Tag, auf den die Geschichte nach christlicher Überzeugung zuläuft und der jederzeit eintreten kann, spielt im Bewußtsein der Gläubigen faktisch keine Rolle mehr. Die Liturgie der Meßfeier gedenkt der Wiederkunft Christi an mindestens drei Stellen: im Credo, im Anamnesegebet nach der Wandlung („Deinen Tod, o Herr, verkünden wir, deine Auferstehung preisen wir, bis du kommst in Herrlichkeit") und im sogenannten Embolismus im Anschluß an das Vaterunser. Dort heißt es:

Komm uns zu Hilfe mit deinem Erbarmen und bewahre uns vor Verwirrung und Sünde,
damit wir voll Zuversicht das Kommen unseres Erlösers Jesus Christus erwarten.

Aber Priester wie Gläubige scheinen sich dabei nicht mehr viel zu denken. Wenn man über die vierzehn Glaubensartikel heute in Westeuropa abstimmen ließe, würde man das „Er wird kommen zu richten die Lebenden und die Toten" zweifellos streichen und der Klerus wäre als erster dafür. Das beweist schon die schlichte Tatsache, daß so gut wie nie darüber gepredigt wird. Mit diesen Bemerkungen will ich nicht die Kleriker und die Gläubigen kritisieren, sondern nur auf einen Befund hinweisen, der zumindest nachdenklich stimmen sollte.

Wir denken heute bei den Letzten Dingen in erster Linie, wenn nicht ausschließlich, an unseren persönlichen Tod und das Jenseits oder an den Tod und das jenseitige Schicksal von uns nahestehenden Menschen. Wie gesagt, darüber steht im Neuen Testament nicht viel. Es sind kaum mehr als vier Texte, die explizit darüber sprechen. Gehen wir sie kurz durch. Für Paulus heißt aus dem irdischen Leben scheiden so viel wie bei Christus sein, und das würde er, wie er im Philipperbrief ausdrücklich schreibt, wenn es nach ihm ginge, vorziehen, denn Christus sei sein Leben und Sterben sein Gewinn (Phil 1,21–23). Die Hoffnung auf die Heimat beim Herrn, wenn er stirbt, bringt er auch im 1. Korintherbrief zum Ausdruck (1Kor 5,1–10). Das Problem vieler späterer Dogmatiker, was mit den Verstorbenen bis zum Jüngsten Tag ist, hat Paulus offenbar nie Kopfzerbrechen gemacht. Mit einer „Zwischenzeit" rechnet er nicht, das zeigt der Abschnitt im 1. Korintherbrief eindeutig.

Dann bleiben nur noch zwei Texte im Lukasevangelium, die über das persönliche Schicksal nach dem Tod reden. Sie waren in der christlichen Tradition für die Frage von Tod und Jenseits von großem Einfluß. Da ist zunächst der reuige Schächer oder Bandit am Kreuz neben Christus. Er wendet sich an Christus mit der Bitte: „Denk an mich, wenn du in dein Reich kommst!", und erhält zur Antwort: „Amen, ich sage dir: Heute noch wirst du mit mir im Paradies sein!" (Lk 23,42f) Wir haben hier die schöne Bezeichnung „Paradies" für den jenseitigen Ort der Seligen. Der Himmel ist so herrlich wie ein grüner Garten mit Wasserläufen, voller Vögel und Obstbäume. Und dieser Ort wird einem Schwerverbrecher versprochen, nur weil er sich in letzter Minute reumütig an seinen Leidensgenossen neben ihm gewandt hat, in dem er Christus erkannte. Diese Szene war eine der wichtigsten Quellen christlicher Ermutigung. „Der du Maria (gemeint ist Maria Magdalena) losgesprochen und den Verbrecher erhört hast, hast auch mir Hoffnung gegeben", heißt es im *Dies irae*.

Fast noch einflußreicher war das Gleichnis vom reichen Prasser und armen Lazarus in Lk 16,19–31. Dort hat das Jenseits seine klassischen zwei Abteilungen: Himmel und Hölle. Der Ort, an dem sich der hartherzige Reiche nach seinem Tod wiederfindet, wird als „Ort der Folter" bezeichnet, und die Folter besteht in Feuerflammen, während Lazarus offenbar Zugang zu Wasser hat. Das sind traditionelle Bilder für die Höllenqualen. Ungewöhnlich ist aber die Charakterisierung des Himmels als „Schoß Abrahams". Wahrscheinlich ist dabei an ein Liegen im Schoß Abrahams gedacht, nämlich dem Zu-Tisch-liegen mit den Erzvätern im Reich Gottes, von dem Jesus in Mt 8,11f redet. Auf die Deutung dieses Gleichnisses und seiner Jenseitsbilder kann ich wieder nicht näher eingehen. Es genügt, wenn wir festhalten: Auch in diesem Fall gibt es einen positiven und einen negativen Ausgang der Dinge, und die Erzählung will deutlich machen, daß es nicht gleichgültig ist, wie man lebt. Was wir tun, hat Konsequenzen, für andere und für uns selber, und das über den Tod hinaus. Man kann das ganze Gleichnis als Kommentar zur ersten Seligpreisung verstehen, die bei Lukas lautet: „Selig ihr Armen, denn euch gehört das Reich Gottes!" Und dieser ersten Seligpreisung entspricht genau der erste Weheruf: „Wehe euch Reichen, denn ihr habt euren Trost schon empfangen!" (Lk 6,20.24) Genau das ist es, was Abraham dem Reichen erklärt: „Mein Kind, denk daran, daß du dein Gutes zu deinen Lebzeiten empfangen hast und Lazarus in gleicher Weise das Schlechte. Dafür wird er jetzt getröstet, du aber leidest Pein" (Lk 16,25). Das ist *uns* gesagt, damit wir uns rechtzeitig darauf einstellen können.

4. Notwendige Besinnung

Zum Schluß möchte ich noch einmal auf die Beobachtung zurückkommen, daß wir heute, sofern wir überhaupt noch mit Letzten Dingen rechnen, dabei ganz fixiert sind auf unseren persönlichen Tod und das Jenseits danach, wobei wir in merkwürdiger Genügsamkeit meistens zufrieden sind, wenn es nach dem Tod überhaupt noch irgendwie weitergeht und wir einige Angehörige und Freunde wiedersehen. Diese Fixierung auf das individuelle Heil hat einen stark beschränkten sozialen Horizont im eschatologischen Bewußtsein mit sich gebracht. In diesem Bewußtsein fällt die kirchliche Dimension ganz weg. Wir bekennen uns im Credo zwar zur „Gemeinschaft der Heiligen", aber wer weiß noch, was das eigentlich ist und wer dazugehört? Wer kümmert sich darum, schon jetzt ein gutes Mitglied dieser Gemeinschaft zu sein, und wer freut sich darauf, ihr einmal endgültig angehören zu dürfen?[5]

Auch die nichtmenschliche Umwelt ist im heutigen Bewußtsein von den Letzten Dingen höchst dürftig vorhanden, wenn überhaupt. Vom Himmel wagt kaum noch jemand zu reden und das Wort Paradies, das auch Tiere und Pflanzen umfaßt, nehmen nach meiner Erfahrung Pfarrer nicht von sich aus in den Mund. Ich fürchte, die meisten von ihnen könnten, wenn sie gefragt würden, kaum erklären, worauf sich ein Christ zu guter Letzt eigentlich noch freuen kann. In einem Beitrag über das Lied „‚Wachet auf!' ruft uns die Stimme" schreibt Hermann Kurzke:

---

[5] Das waren die Anliegen des ersten großen Buchs von *Henri de Lubac:* „Catholicisme. Les aspects sociaux du dogme". Es erschien ursprünglich 1938. Deutsch von *Hans Urs von Balthasar* : „Glauben aus der Liebe", Einsiedeln [3]1992.

Die Theologie neigte lange dazu, die letzten Dinge ... ins Begriffliche zu transponieren. Sie destillierte die Bilder der Eschatologie so lange, bis nur noch klares Wasser in den Kolben rann. Übrig blieb ein aufgeklärtes Nichts. Vermeintlich aus dem Schlaf der Vernunft erwacht, reibt sich die Menschheit verdutzt die Augen, denn sie findet sich als törichte Jungfrau wieder, die zum Mahl nicht zugelassen ist.[6]

Neben der kirchlichen und der Umweltdimension ist es aber noch eine dritte Dimension, die im heutigen eschatologischen Bewußtsein fast völlig ausgefallen ist: die geschichtliche Dimension. Damit fehlt jenes Element, das im Bewußtsein der frühen Christen im Vordergrund stand. Wer rechnet noch ernsthaft damit, daß die Geschichte auf den Jüngsten Tag zuläuft, der die Wiederkunft Christi mit sich bringt? Auf jenen Tag des Weltgerichts, in dem nur noch zwei Dinge zählen: die ungeschminkte Wahrheit und das Erbarmen Christi? Ich fürchte, auch unter den Kirchgängern denkt kaum noch jemand daran, sonst müßte ihr geistliches Leben anders aussehen.

Die Folge des Schwundes dieser drei großen Dimensionen aus dem eschatologischen Bewußtsein der Gläubigen ist, daß auch die Christen ihre Mühe lieber darauf richten, den Trost wie der reiche Prasser schon in diesem Leben zu empfangen, als ihre Hoffnung auf ein vage versprochenes, nebulöses Jenseits zu setzen. Das Ende von diesem Lied ist, daß ihr Glaube überhaupt verblaßt und daß sie weder Gott, noch Christus, noch das Evangelium mehr ernst nehmen, selbst wenn sie, weil ihnen nichts Besseres einfällt und ihnen doch etwas fehlen würde, am Sonntag noch brav zur Kirche gehen. Wen wundert es da noch, daß der christliche Glaube in Westeuropa blutleer und leblos erscheint und seine formende Kraft fast völlig verloren hat, sowohl im Leben des Einzelnen als auch im Leben der Gesellschaft im Ganzen?

Wie können wir es verhindern, daß wir am Ende als törichte Jungfrauen dastehen, die zum Mahl nicht zugelassen werden (vgl. Mt 25,1–13)? In dem stark konstruierten Gleichnis – fünf kluge und fünf törichte Jungfrauen – stehen die Jungfrauen zweifellos für die Christen insgesamt, der Bräutigam für Christus. Sein Kommen verzögert sich, aber irgendwann wird es so weit sein. Deshalb gilt es wachsam zu sein und die Lampen (gemeint sind nach dem griechischen Text wohl Hochzeitsfackeln) mit Öl bereit zu halten. Die brennende Lampe oder Fackel symbolisiert den Glauben, der in der Liebe wirksam wird (vgl. Gal 5,6). Unsere Aufgabe können wir demgemäß mit Romanos dem Meloden, dem größten Hymnendichter der frühbyzantinischen Zeit, umschreiben:

Laßt uns, Brüder, den Bräutigam lieben
und bereit halten unsere Lampen!
Entzünden wollen wir sie mit Tugenden
und rechtem Glauben,
damit wir beim Kommen des Herrn
bereit sind wie die klugen Jungfrauen,
einzuziehen mit ihm in den Hochzeitssaal.[7]

[6] *H. Kurzke*, Kirchenlied und Psychoanalyse, in: *Ders.*, Die kürzeste Geschichte der deutschen Literatur und andere Essays, München 2010, 223–234, hier 233.

[7] Übersetzt nach: *Romanos il Melodo*, Cantici. A cura di Riccardo Maisano, Turin 2002, II 320 (Nr. 47). Vgl. die deutsche Übersetzung bei: *Romanos Melodos*, Die Hymnen. Übersetzt und erläutert von Johannes Koder (BGL 62. 64), Stuttgart 2005. 2006, II 479 (Nr. 36). Die zitierten Verse sind der Beginn des Hymnus.

Himmelsvorstellungen im Neuen Testament und im Mittelalter[1]

Unter den Wolken ist die Erde und über den Wolken der Himmel. So sieht es der Mensch, für den die Sonne im Osten auf- und im Westen untergeht, was immer die Physiker sagen mögen. Und irgendwo da droben hat der gläubige Christ in seiner Vorstellung auch jenen Himmel angesiedelt, in den er nach dem Tod oder nach dem Jüngsten Tag zu kommen hofft. Natürlich wußte dieser Christ schon immer, daß jener Himmel, in dem Gott selbst wohnt, auch irgendwie in seiner Seele ist, doch für gewöhnlich denkt er auch beim Himmel des Glaubens an einen Ort in der Höhe. Und dann ist es klar, daß sich die Hölle irgendwo da drunten im Unterirdischen befinden muß, obwohl auch der Teufel in Gestalt des inneren Schweinehunds zumindest gelegentlich in unseren Herzen sitzen kann.[2] Beide Orte malte man sich aus, die Hölle möglichst abschreckend und abscheulich, den Himmel möglichst anziehend und herrlich. Es gibt auch einen ganz einfachen Grund, warum man die Hölle so abschreckend und den Himmel so attraktiv machen mußte: Der Mensch hat, so wie er nun einmal gebaut ist, oft eine fatale Neigung zur Hölle. Wilhelm Busch hat diesen Sachverhalt humorvoll und schlicht formuliert:

So ist's in alter Zeit gewesen,
So ist es, fürcht' ich, auch noch heut:
Wer nicht besonders auserlesen,
dem macht die Tugend Schwierigkeit.

Aufsteigend mußt du dich bemühen,
Doch ohne Mühe sinkest Du.
Der liebe Gott muß immer ziehen,
Dem Teufel fällt's von selber zu.[3]

Das Gedicht hat die Überschrift: „Leider!" Die Hölle und den Teufel können wir hier einmal links liegen lassen und uns ganz dem Himmel zuwenden. Wie wird der Himmel in der christlichen Tradition ausgemalt? Woher nimmt die Phantasie die Farben dafür und die Bilder? Eins ist klar: Die Bilder für das Unsichtbare und das Überirdische müssen aus dem Irdischen und Sichtbaren genommen werden; andere haben wir nicht. Aber die Bilder stehen für eine Wirklichkeit, und es ist doch interessant, welche Bilder gewählt werden, um den Himmel irgendwie anschaulich zu ma-

---

[1] Vortrag am 15. Juli 2010 in der Saalkirche, Ingelheim, im Rahmen des interdisziplinären Kunstprojekts im Stauferjahr 2010 „Vidi et audivi".

[2] Der „innere Schweinehund" ist etwas typisch Deutsches, wie man nachlesen kann bei *Asfa-Wossen Asserate*, Draußen nur Kännchen. Meine deutschen Fundstücke, Frankfurt a.M. 2010, 65–70.

[3] Wilhelm Busch, aus der Gedichtsammlung „Schein und Sein". Den Hinweis verdanke ich Heinz Allgeier.

chen oder wenigstens als einen Ort zu beschreiben, an den man gerne kommen möchte. Beginnen wir mit zwei protestantischen Kirchenliedern, die bis heute gesungen werden. Das erste ist ein berühmtes Morgenlied von Paul Gerhardt: „Die güldne Sonne“. Ich zitiere nur die zweite und die zwölfte Strophe:[4]

Mein Auge schauet,
was Gott gebauet
zu seinen Ehren
und uns zu lehren,
wie sein Vermögen sei mächtig und groß.
Und wo die Frommen
Dann sollen hinkommen,
wann sie mit Frieden
von hinnen geschieden
aus dieser Erden vergänglichem Schoß.

Kreuz und Elende,
das nimmt ein Ende;
nach Meeresbrausen
und Windessausen
leuchtet der Sonnen gewünschtes Gesicht.
Freude die Fülle
Und selige Stille
Wird mich erwarten
im himmlischen Garten:
Dahin sind meine Gedanken gericht'.

Der Ort der Sehnsucht heißt hier „der himmlische Garten“. Es ist klar, daß dieser himmlische Garten irgendwie auf den Garten des Paradieses anspielt, in dem Adam und Eva nach Auskunft der Bibel vor dem Sündenfall gelebt haben. Der himmlische Garten soll so ähnlich, ja vielleicht sogar irgendwie identisch sein mit jenem „Garten Eden“, wie er in der Bibel heißt. Dort herrscht also „Freude die Fülle“ und vor allem eins: „selige Stille“. Das vermißt der Dichter des Liedes auf Erden offenbar sehr, obwohl es zu seiner Zeit weder Autos noch Flugzeuge noch Rasenmäher gab. Die selige Stille im himmlischen Garten ist heute noch viel begehrenswerter geworden, als Paul Gerhardt das ahnen konnte.

Aber die Freuden des Himmels sind nicht nur solche der Natur, sondern auch solche der Stadt. Darauf führt uns ein zweites Kirchenlied, diesmal von Johann Matthäus Meyfart, dessen erste Strophe lautet:[5]

Jerusalem, du hochgebaute Stadt,
wollt Gott, ich wär in dir!
Mein sehnend Herz so groß Verlangen hat
Und ist nicht mehr bei mir.
Weit über Berg und Tale,

---

[4] Text nach: Evangelisches Gesangbuch. Ausgabe für die Evangelische Landeskirche in Württemberg, Stuttgart 1996, Nr. 449. Das Lied ist 1666 entstanden.
[5] Text nach: Evangelisches Gesangbuch (s. Anm. 4), Nr. 150. Das Lied ist 1626 entstanden. Näheres zu diesem Lied bei *A. Franz*, „Weißt du, wo der Himmel ist?“ Himmelsvorstellungen im Kirchenlied: Jahrbuch für Biblische Theologie 10 (2005) 381–411, hier 390–396.

weit über Flur und Feld
schwingt es sich über alle
und eilt aus dieser Welt.

Hier ist das Ziel der Sehnsucht nicht der himmlische Garten, sondern die himmlische Stadt, die irgendwie der irdischen Stadt Jerusalem gleicht. Demnach hat der Himmel der Christen einmal den Charakter eines schönen Gartens und einmal den einer schönen Stadt. Das sind die vorherrschenden Bilder in der christlichen Tradition. Beide stammen aus der Bibel. Bevor wir uns also dem Mittelalter zuwenden, wollen wir einen Blick in die Bibel werfen und schauen, was wir dort über diese Himmelsorte erfahren.

1. Paradies und himmlisches Jerusalem im Neuen Testament

Nach dem Lukasevangelium bittet einer der mitgekreuzigten Verbrecher, der seine Strafe als verdient empfindet, Jesus: „Denk an mich, wenn du in dein Reich kommst!“ (Lk 23,42). Und Jesus antwortet darauf: „Amen, ich sage dir: Heute noch wirst du mit mir im Paradies sein!“ (Lk 23,43). Die jenseitige Welt, die der Schächer, wie man ihn herkömmlich nennt, als Jesu Reich bezeichnet, nennt Jesus in seiner Antwort „das Paradies“. Irgendwie muß also die jenseitige Welt, die dem reuigen Sünder nach dem Tod versprochen wird, identisch sein mit jenem Garten in Eden, den Gott nach dem Buch Genesis für das erste Menschenpaar angelegt hat. In diesem Garten gibt es Bäume aller Art, auch Obstbäume mit den herrlichsten Früchten, dazu den Baum des Lebens und den Baum der Erkenntnis von Gut und Böse. Zur Bewässerung entspringt dort ein Strom mit vier Flußarmen; einer davon ist der Eufrat. Und damit der Mensch nicht so allein ist, gibt ihm Gott noch „Tiere des Feldes“ und „Vögel des Himmels“ bei und schließlich, da Adam immer noch nicht zufrieden ist, auch noch eine Eva (Gen 2,8–25). In der griechischen Übersetzung wird dieser Garten als „Paradies“ bezeichnet. Dieses Wort kommt ursprünglich aus dem Altiranischen und bezeichnete dort einen umfriedeten Park, wie ihn sich nur Könige und Fürsten leisten konnten. In der jüdisch-christlichen Tradition diente dieses Wort zur Bezeichnung von Obstgärten und Obstfeldern, vor allem aber zur Bezeichnung des urzeitlichen Lustgartens und des himmlischen Orts der Seligkeit. Die Umfriedung blieb aber in jedem Fall wesentlich, denn ein Garten muß gegen unwillkommene Eindringlinge geschützt sein. Wenn man diesen Garten näher schildern wollte, benutzte man die Schilderung aus dem biblischen Buch Genesis, aber auch Motive aus der heidnischen Tradition des *locus amoenus*, des lieblichen, idyllischen Orts. Welche Elemente braucht es, um einen Platz idyllisch zu machen? Das Ausstattungsminimum ist in der Antike eine Wiese, ein Baum und dazu ein Quell oder Bach. Dieses Minimum kann dann erweitert werden durch zusätzliche Bäume, Blumen und Vogelgezwitscher. Wer das Idyll perfekt machen will, läßt noch ein laues Lüftchen wehen.[6]

---

[6] Vgl. *E.R. Curtius*, Europäische Literatur und lateinisches Mittelalter, Tübingen [11]1993,191–209.

Das Wort „Paradies" zur Bezeichnung des himmlischen Orts der Seligkeit begegnet im Neuen Testament an drei Stellen. Die erste ist die schon zitierte Verheißung, die Jesus dem reuigen Schächer am Kreuz gibt. Die zweite stammt von Paulus. Er spricht an einer Stelle von einer Vision, die ihn „in das Paradies" entrückte. Dort hörte er „unsagbare Worte" (2 Kor 12,4). Aus dem Kontext geht hervor, daß dieses Paradies im „dritten Himmel" liegt. Man unterschied in der jüdisch-christlichen Tradition mehrere Himmel oder himmlische Bereiche und siedelte dabei Gott im obersten an. Die dritte Stelle, die von diesem Bereich als „Paradies" spricht, ist in der Apokalypse des Johannes zu finden. Dort verspricht der Engel der Gemeinde von Ephesus den treuen Gläubigen: „Wer überwindet, dem will ich zu essen geben von dem Baum des Lebens, der im Paradies Gottes ist" (Offb 2,7). Hier ist auch ganz deutlich, daß dieses himmlische Paradies identisch ist mit dem der Urzeit, denn wo sonst sollte der Baum des Lebens stehen?

Im Mittelalter versah man die Kirchen gerne mit umfriedeten Vorhöfen, in denen ein Brunnen gegraben und Bäume gepflanzt wurden. Diese Vorhöfe nannte man „Paradies". Damit sollten die Gläubigen an den Ort ihrer Hoffnung erinnert werden. Auch innerhalb von großen Kirchen trennte man oft eine Vorhalle ab, die mit Pflanzen- und Tiermotiven ausgeschmückt und als „Paradies" bezeichnet wurde. So ist es noch heute im Dom von Münster oder in der Abteikirche von Maria Laach. Auch die Kirchhöfe und später die Friedhöfe haben bis heute oft einen parkartigen Charakter, der ebenfalls mit dieser Tradition zusammenhängt. Daher auch die Einfriedung oder Ummauerung. Diese Zusammenhänge sind heutigen Christen kaum noch bekannt. Die älteste lateinische Begräbnisliturgie sieht als Gesang zur Begleitung des Leichnams zum Grab folgende Antiphon vor:

> Ins Paradies mögen Engel dich geleiten, bei deiner Ankunft Märtyrer dich empfangen und dich führen in die heilige Stadt Jerusalem.

Diese Antiphon ist im katholischen Gesangbuch noch heute für den Weg zum Grab vorgesehen.[7] Hier ist das Paradies sozusagen mit einer Hauptstadt versehen, die selbstverständlich nur die heilige Stadt Jerusalem sein kann.

Über diese Himmelsstadt erfahren wir mehr in der Apokalypse des Johannes. Gleich zu Beginn des 21. Kapitels heißt es da:

> Ich sah die heilige Stadt, das neue Jerusalem, von Gott her aus dem Himmel herabkommen; sie war bereit wie eine Braut, die sich für ihren Mann geschmückt hat. Da hörte ich eine laute Stimme vom Thron her rufen: „Seht, die Wohnung Gottes unter den Menschen! Er wird in ihrer Mitte wohnen, und sie werden sein Volk sein; und er, Gott, wird bei ihnen sein. Er wird alle Tränen von ihren Augen abwischen, und der Tod wird nicht mehr sein, keine Trauer, keine Klage, keine Mühsal. Denn was früher war, ist vergangen." Und der auf dem Thron saß, sprach: „Seht, ich mache alles neu!" (Offb 21,2–5).

Dieser Abschnitt ist seit ältester Zeit der Lesungstext bei der Einweihung einer neuen Kirche und an jedem Kirchweihfest. Der Grund dafür ist ganz einfach: Jedes Kirchengebäude symbolisiert das

---

[7] Gotteslob 1975 Nr. 84 mit leicht verändertem Text.

himmlische Jerusalem.[8] Der Vorhof oder Kirchhof symbolisiert das dazugehörige Paradies. Aber das ist noch nicht alles. Die himmlische Stadt wird in der Apokalypse des Johannes noch näher beschrieben: Sie ist von kristallklarem Licht erfüllt, quadratisch angelegt mit einem Marktplatz aus reinem Gold, ihre hohen Mauern haben zwölf Tore, auf jeder Seite drei. Das Mauerwerk ist aus Jaspis und die zwölf Grundsteine der Stadt, die nach den zwölf Aposteln benannt sind, sind zwölf verschiedene Edelsteine. Die Tore sind zwölf Perlen. Auch diese Elemente des himmlischen Jerusalem finden sich in dieser oder jener Form in der Kircheneinrichtung wieder. Jeder Gold- und Edelsteinschmuck in einer Kirche oder an kirchlichen Geräten verweist auf die beschriebene Ausstattung des himmlischen Jerusalem. Das Gewölbe einer Kirche symbolisiert das Himmelsgewölbe. Von diesem Gewölbe herab hängen in mittelalterlichen Kirchen oft große Radleuchter oder besser: Lichtkronen, die als Stadtmauer mit zwölf Toren gestaltet sind. Sie symbolisieren die vom Himmel herabkommende heilige Stadt.[9] Dabei wird zugunsten der Rundform auf das symbolische Element des Quadrats verzichtet.

Die himmlische Stadt hat nach Auskunft der Apokalypse auch keinen Tempel mehr; dieser wird durch die reale Anwesenheit Gottes und Christi in Gestalt des Lammes überflüssig. Und überflüssig sind auch Sonne und Mond; alles Licht kommt vom Lamm. In diese Stadt wird nichts Unreines eingelassen, kein Übeltäter und kein Lügner. Deshalb findet man an der Außenfassade mittelalterlicher Kirchen oft so greuliche Gestalten: Sie dienen zur Abschreckung der Unreinen. Unter dem Thron Gottes und des Lammes entspringt im himmlischen Jerusalem ein Strom, der beidseits mit „Bäumen des Lebens" gesäumt ist, die zwölfmal im Jahr Frucht tragen und deren Blätter „zur Heilung der Völker" dienen (Offb 21, 9–22,5). Da haben wir also das paradiesische Element, ohne das die himmlische Stadt nicht sein kann.

Nun muß man sich allerdings fragen: Warum sind christliche Kirchen nach dem Vorbild des himmlischen Jerusalem gestaltet? Nur zu dem Zweck, die Gedanken vom irdischen Elend weg auf die künftige Seligkeit zu lenken? Dann wäre das alles reine Vertröstung: Irgendwann, nach dem Tod oder nach dem Jüngsten Tag, wird alles herrlich werden, wenigstens für diejenigen, die vorher entsprechend gelebt haben. Aber so ist es nicht, jedenfalls nicht nach dem Neuen Testament und der Auffassung jener, die Kirchen so entworfen und gestaltet haben. In einem gewissen Sinn ist das himmlische Jerusalem in der Kirche schon gegenwärtig; es liefert uns ein Bild und Gleichnis der vollendeten Kirche.[10] Dabei ist „Kirche" im doppelten Sinn zu verstehen: als die Gemeinschaft der entschiedenen Christen – der „Gemeinschaft der Heiligen", wie es im Credo heißt – und als das Gebäude, in dem diese Gemeinschaft ihre Gottesdienste feiert. Dieser Gedanke ist unzweideu-

---

[8] Vgl. *F. Fichtl*, Der Teufel sitzt im Chorgestühl. Ein Begleitbuch zum Entdecken und Verstehen alter Kirchen und ihrer Bildwelt, Eschbach 1985; *O. Böcher*, Johannesoffenbarung und Kirchenbau. Das Gotteshaus als Himmelsstadt, Neukirchen-Vluyn 2010.

[9] Vgl. *B. Gallistl*, Bedeutung und Gebrauch der großen Lichterkrone im Hildesheimer Dom: Concilium medii aevi 12 (2009) 43–88; *E. Peterson*, Ekklesia. Studien zum altchristlichen Kirchenbegriff, hg. von B. Nichtweiß und H.-U. Weidemann, Würzburg 2010, 109 (Foto); *F. Fichtl*, Teufel (s. Anm.8) 46f; *O. Böcher*, Johannesoffenbarung (s. Anm. 8) 101f.

[10] Vgl. *H. de Lubac*, Glauben aus der Liebe [frz. Catholicisme], übertragen und eingeleitet von H.U. von Balthasar, Einsiedeln ³1992, 100–103.

tig ausgesprochen in einem eindrucksvollen Text des Hebräerbriefs. Der Autor versichert seinen Mitchristen, daß sie in der Gemeinschaft der Kirche bereits jetzt Erfahrungen mit Gott und den himmlischen Mächten machen, die nicht weniger wunderbar und real sind als die des alttestamentlichen Gottesvolks am Berg Sinai und auf dem Zion:

> Ihr seid hinzugetreten zum Berg Zion, zur Stadt des lebendigen Gottes, dem himmlischen Jerusalem, zu Myriaden von Engeln, zur Festversammlung und zur Gemeinde der Erstgeborenen, die im Himmel verzeichnet sind; zu Gott, dem Richter aller, zu den Geistern der schon vollendeten Gerechten, zum Mittler eines neuen Bundes, zu Jesus, und zum Blut der Besprengung, das mächtiger ruft als das Blut Abels. (Hebr 12,22–24)

Bis heute ist das „Heilig, Heilig, Heilig" ein Höhepunkt jeder Heiligen Messe, denn an dieser Stelle stimmt die Gemeinde ein in den Lobgesang der Engel (vgl. Jes 6,3; Offb 4,8).[11] Unter den angezündeten Radleuchtern oder Lichterkronen fanden im Mittelalter nicht nur liturgische Handlungen, sondern auch Rechtsakte statt.[12] Auch im Leben und Zusammenleben einer christlichen Gemeinde muß etwas spürbar werden von der Verantwortung vor dem Richter, der nicht erst am Ende sein Urteil spricht und vollzieht, sondern schon jetzt. Die Letzten Dinge wirken täglich in dieses Leben hinein, und in einer richtig gefeierten Liturgie kann man die himmlische Freude schon jetzt erfahren, wenigstens im Abglanz. Aus diesem Aspekt der Gegenwärtigkeit der Letzten Dinge heraus hat die kritische Betrachtung der real existierenden Kirche durch große Dichter und Heilige ihre Wucht und Schärfe bezogen. Nehmen wir zunächst ein weniger bekanntes Beispiel aus dem Mittelalter.

2. Eine Mahnrede über den Tod

Aus der zweiten Hälfte des 12. Jahrhunderts ist uns eine „Mahnrede über den Tod" („von des todes gehugde") in mittelhochdeutschen Reimen überliefert.[13] Der Autor nennt seinen Namen: Heinrich, und dieser Heinrich lobt einen Abt namens Erkenfried. Da sich der Autor ausdrücklich als Laien bezeichnet und eine Vorliebe für das Eremitentum an den Tag legt, war er wahrscheinlich selbst ein gebildeter Eremit, der mit einem Klosterabt namens Erkenfried befreundet war. Das Kloster ist nicht ganz eindeutig zu bestimmen, wird aber gewöhnlich als Melk identifiziert. Die Heimat des Autors jedenfalls ist nach Ausweis seiner Sprache der altbairische Donauraum.

Heinrich will die Gedanken seiner Zeitgenossen, die dem Weltlichen verhaftet sind, auf das Jenseits richten, denn, so warnt er gleich zu Anfang seines Gedichts, der Tod trifft alle und kann jederzeit eintreten. Da ist es besser, man bereitet sich vor, sonst könnte man sich unversehens da

---

11 Vgl. *E. Peterson*, Von den Engeln, in: *Ders.*, Theologische Traktate (Ausgewählte Schriften Bd. 1), Würzburg 1994, 195–243; *K. Nikolakopoulos*, Die Apokalypse des Johannes und die orthodoxe Liturgie, in: J. Frey u.a. (Hg.), Die Johannesapokalypse (WUNT 287), Tübingen 2012, 775–791, hier 785.

12 Vgl. *B. Gallistl*, Bedeutung (s. Anm. 9).

13 Ich benütze die gut kommentierte Ausgabe mit Übersetzung: *Heinrich von Melk*, Von des todes gehugde. Mahnrede über den Tod, hg. von Thomas Bein u.a., Stuttgart (Reclam-UB 8907) 1994. Der Übersetzung folge ich nur teilweise.

wiederfinden, wo man eigentlich gar nicht hinwollte, nämlich in der Hölle, und dann ist es zu spät. Bevor er aber mit einer Schilderung der Hölle beginnt, sagt Heinrich mit schonungsloser Kritik, was ihm am Leben seiner Mitmenschen nicht gefällt. Er nimmt zuerst den geistlichen Stand, beginnend mit den Bischöfen, durch und geht dann zu den weltlichen Ständen über, angefangen von den großen Herren über die Ritter und Damen bis hinab zur armen Taglöhnerin. Den Priestern wirft er das unkeusche Zusammenleben mit Frauen vor, Macht- und Habgier, besonders den Ämterkauf und den Handel mit geistlichen Gnaden, der unter dem Namen „Simonie" im Kirchenrecht eigentlich streng verpönt ist. Macht- und Habgier findet Heinrich aber genauso unter den weltlichen Herren, die sich seiner Ansicht nach mehr um die Armen kümmern sollen und weniger um ihre Frisur und den gut gebürsteten Bart. An einer Stelle heißt es kurz und bündig:

> Die Kleriker sind habgierig,
> die Bauern sind mißgünstig,
> die Kaufleute sind unehrlich,
> weibliche Keuschheit hat sich verflüchtigt. (423–426)

Diese allgemein übliche Lebensweise, so jedenfalls stellt es Heinrich dar, wird geradewegs zur Hölle führen, die anschaulich geschildert wird. Dort herrschen Finsternis und Feuer, und trotz der Bäche von brodelndem Pech und der Teufel mit Feuerklauen ist es ein „Eiskeller" (940–950). Das Schrecklichste daran ist freilich das ewige Getrenntsein von Gott und Christus (886–920).

Stärker jedoch als die Furcht vor der Hölle sollte in uns die Liebe zum Himmel sein. „Täglich sollten wir seufzen aus diesem elenden Jammertal nach dem himmlischen Festsaal" (980–984).

> Dort in der himmlischen Gemeinschaft kennt man kein Klagen. Dort sind die Gedanken alle frei, dort weiß niemand von Angst, dort können sie von mehr Freude sagen, als einer je gehört oder gesehen hat oder sich vorstellen kann. Ihre größte Wonne ist das Antlitz Gottes: dieses schenkt Seligkeit frei von Überdruß, Frieden frei von Bedrohung, Gnade frei von Ungnade. Ihre Freude nimmt kein Ende. So viel Wonne ist dort, daß sie niemand mit Worten beschreiben kann. Tausend Jahre sind dort wie ein Tag. Selig und weise ist, wer seinen Sinn stets auf das ewige Paradies, unser Erbe, richtet! Ach, wie gering achtet er, was auf dieser Erde ist! Es kümmert ihn nicht mehr als ein Haufen Mist. Er denkt immer daran, daß Gottes Güte mit großer Weisheit und Vorbedacht die Wohnungen seiner Heiligen geschaffen hat. Und es steht klar geschrieben, daß das Paradies auf dieser Erde liegt und daß es von hohen Bergen umschlossen ist, über die kein Auge hinwegreichen kann. Dort finden Gottes Vertraute die geheimnisvollen Zeichen, die er für sie verborgen hat. Dieses Reich ist ewig frei von Sorgen, aber noch viel mehr zu preisen ist die himmlische Ehre, denn wollten auch alle Menschen, die je gelebt haben, jeder für sich etwas von der Gnade sagen, die im Himmel ist, nicht der geringste Teil davon würde bekannt werden. Selig, wer sich darum abmüht! (985–1028)

Diese Schilderung der himmlischen Freuden bleibt erstaunlich blaß und abstrakt. Es heißt, daß diese Freuden ungetrübt und ewig sind und eigentlich nur eine Quelle haben: die Anschauuung Gottes. Im übrigen sind sie mit Worten nicht zu beschreiben. Es ist gemäß Joh 14,2 von Wohnungen und nach einigen Gleichnissen Jesu von einem Festsaal die Rede; außerdem davon, daß das Paradies auf dieser Erde liegt, aber unzugänglich hinter hohen Bergen. Das himmlische Jerusalem wird gar nicht erwähnt. Für Heinrich zählen im Grunde nur die geistigen Freuden. Zu diesen gehört, daß die Gedanken alle frei sind, denn im Himmel können sie sich nicht mehr auf Falsches und Übles richten. Diese Einzelheit in Heinrichs Paradies ist so originell und bemerkenswert wie die Stille im Paradies Paul Gerhardts.

3. Der Himmel des Mystikers Heinrich Seuse

„In deutschen Landen lebte ein Predigerbruder. Der war von Geburt ein Schwabe. Möge sein Name im Buch des Lebens stehen!"[14] So beginnt die Lebensbeschreibung Heinrich Seuses, die wir einer Frau verdanken. Es ist zugleich die erste Biographie in der deutschsprachigen Literatur. Mit Heinrich Seuse befinden wir uns im Hochmittelalter und auf staufischem Gebiet. Seine Geburt fällt in die Zeit kurz vor 1300. Er wuchs in Konstanz am Bodensee auf und trat schon mit 13 Jahren in das dortige Dominikanerkloster ein. Der Orden schickte ihn zum Studium an die Hochschule nach Köln, wo Seuse den berühmten Meister Eckhart hörte. Nach seiner Rückkehr wirkte er vor allem als Prediger und Seelsorger. Am erfolgreichsten war er als geistlicher Führer von religiös anspruchsvollen und hochstrebenden Nonnen. Eine davon, Elsbeth Stagel, wurde seine spätere Biographin. Sie schrieb im wesentlichen nur das auf, was er ihr selbst erzählt hatte.

Mit Seuses Namen ist das Weihnachtslied „In dulci jubilo" verbunden. Es geht auf eine Vision zurück. Am Fest des Erzengels Michael nämlich erschien ihm einmal vor Tagesanbruch, nachdem er Stunden mit der Betrachtung der himmlischen Freuden verbracht hatte, ein himmlischer „Spielmann" zusammen mit einer Schar von Tänzern, die einen „himmlischen Reigen" anfingen. Der Spielmann sang „In dulci jubilo" und forderte den Mönch auf, mit zu tanzen. (I 5) Seuses Lied wurde schnell berühmt, im übrigen aber erfuhr er viel Zurücksetzung und Verleumdung. Er war in jeder Form des Leidens geübt, und kein mittelalterlicher Autor hat das Leiden so ergreifend als Weg zum Himmel empfohlen wie er. Wer das 13. Kapitel des 2. Buchs aus dem „Büchlein der ewigen Weisheit" einmal aufmerksam liest, begreift, wie unsinnig es ist, jedes Leiden nur meiden zu wollen.[15]

Im Jahr 1347 wurde Seuse aufgrund einer Verleumdung an den Dominikanerkonvent in Ulm versetzt. Dort redigierte er seine wenigen, aber gehaltvollen Schriften, auch die Lebensbeschreibung Elsbeth Stagels, die damals schon verstorben war. Er selbst starb am 25. Januar 1366. Sein „Büchlein der Weisheit" avancierte im 14. und 15. Jahrhundert zum verbreitetsten Andachtsbuch in Europa, zumal er selbst eine lateinische Version schrieb. Heute zählt man ihn zusammen mit Meister Eckhart und Johannes Tauler zum männlichen Dreigestirn der deutschen Mystik.

In der Lebensbeschreibung heißt es: „In derselben Zeit [in der ihm auch der himmlische Spielmann mit dem „In dulci jubilo" erschien] wurden ihm in Gesichten viel zukünftige und verborgene Dinge kund, und Gott ließ ihn mitfühlend erfahren, soweit nur nöglich, wie es im Himmel, in der Hölle und im Fegfeuer stehe." (I 6) Eigenartig und bemerkenswert ist dabei, daß die Schilderung der Hölle, die er im „Büchlein der ewigen Weisheit" unmittelbar vor dem Kapitel über den Himmel gibt, blaß und abstrakt bleibt. Die Hölle besteht lediglich in der ewigen Geschiedenheit

---

[14] Die Lebensbeschreibung zitiere ich nach: *Heinrich Seuse*, Deutsche mystische Schriften. Aus dem Mittelhochdeutschen übertragen und herausgegeben von Georg Hofmann, Düsseldorf 1966. Diese Übersetzung findet man auch mit einer guten Einleitung in: Das Leben des seligen Heinrich Seuse. Übersetzt von Georg Hofmann und eingeleitet von Walter Nigg, Düsseldorf 1966.

[15] In der Ausgabe von Georg Hofmann (s. Anm. 14) 254–260.

von aller Liebe, der göttlichen wie der menschlichen. Seuses ganze Liebe und ganze Bemühung gilt deswegen dem Himmel. Bereits die erste Vision, die er mit 18 Jahren erlebt, war eine Schau der himmlischen Freuden. Der Bericht darüber steht im zweiten Kapitel seiner Lebensbeschreibung:

Als er noch ein anfangender Mensch war, trug es sich einmal zu, daß er am St.-Agnes-Tag – es war nach dem Mittagessen des Konventes – in den Chor ging. Dort war er allein; er stand an dem niederen Gestühl der rechten Seite. Um diese Zeit fühlte er sich durch schweres Leiden, das ihn überkommen, besonders beengt. Und wie er da so stand, des Trostes bar, und niemand in seiner Nähe war, da ward seine Seele entrückt, ob im Leib, ob außer ihm, das wußte er nicht. Was er da sah und hörte, läßt sich nicht in Worte fassen. Es hatte weder Form noch bestimmte Art und hatte doch aller Formen und Arten freudenreiche Lust in sich. Des Dieners Herz verlangte danach und fühlte sich doch gestillt, sein Sinn war freudvoll und bewegt; Wünschen war ihm entfallen, Begehren entschwunden; er starrte nur in den hellen Abglanz, in dem er sich selbst und alles um sich vergaß. War es Tag oder Nacht? Er wußte es nicht. Ein Ausbruch war es von des ewigen Lebens Lieblichkeit, seinem Wahrnehmen gegenwärtig, bewegungslos, ruhig. Als er wieder zu sich kam, sagte er: „Wenn *das* nicht das Himmelreich ist, so weiß ich nicht, was Himmelreich ist. Denn all das Leiden, das man durch Worte ausdrücken kann, vermag die Freude dem, der sie ewig besitzen soll, nicht nach Recht und Billigkeit zu verdienen."

Von dieser Vision blieb ihm, wie er selbst sagt, „ein himmlischer Duft" in der Seele, „so, wie wenn man wohlriechende Salbe aus einer Büchse schüttet und sie dennoch den guten Geruch behält. Dieser Duft wohnte ihm lange Zeit bei und schuf ihm himmlisches Verlangen nach Gott."

Auch Heinrich Seuse betont also, daß eine direkte Beschreibung der himmlischen Freuden unmöglich ist, da menschliche Worte dafür nicht hinreichen. Bemerkenswert ist auch die Einsicht, daß man die ewige Seligkeit selbst mit dem größten irdischen Leiden nicht eigentlich verdienen oder angemessen bezahlen kann. Trotz dieser Unbeschreiblichkeit enthält sein „Büchlein der ewigen Weisheit" ein Kapitel „Von der maßlosen Freude des Himmelreichs".[16] „Die ewige Weisheit" ist jene Gestalt, unter der Seuse Christus am liebsten sieht und verehrt. Als ihren „Diener" versteht er sich, ihr dient sein Predigen und Schreiben. In seinem Büchlein läßt er diese ewige Weisheit selbst seine Einsichten verkünden. Zu Beginn des genannten Kapitels wendet sie sich mit folgenden Worten an ihren Diener:

Nun hebe deine Augen auf und schau, wohin du gehörst. Du gehörst in das Vaterland des himmlischen Paradieses; du bist hier ein fremder Gast, ein heimatloser Pilger. Und wie ein Pilger wieder hin in seine Heimat eilt, wo die geliebten guten Freunde auf ihn warten und mit großer Sehnsucht harren, so soll auch dein Eilen ins Vaterland sein, eya, wo man dich so gern sähe, wo man so innig nach deiner fröhlichen Gegenwart verlangt, wo sie dich liebreich grüßen, zärtlich empfangen und mit ihrer fröhlichen Gesellschaft ewig vereinen.

...

Sieh, über dem neunten Himmel, mehr denn hunderttausendmal weiter als alles Erdreich, ist noch ein anderer Himmel, der da heißt *coelum empyreum*, der feurige Himmel, so geheißen nicht vom Feuer, sondern von der unermeßlich durchglänzenden Klarheit, die er von seiner Natur hat, unbeweglich und unzerstörbar. Und das ist der herrliche Hof, in dem das himmlische Heer wohnt, in dem mich miteinander loben das Morgengestirn und die jubilierenden Gotteskinder alle. Da stehen die ewigen Throne in unfaßbarem Glanz, von denen die bösen Geister verstoßen wurden und die für die Auserwählten bestimmt sind. Siehe, die herrliche Stadt glänzt weithin von geschlagenem Gold, sie leuchtet weithin von edlen Perlen, sie ist durchsetzt mit edlem Gestein, klar wie ein Kristall, widerscheinend von roten Rosen, weißen Lilien und allerlei lebenden Blumen. Nun blick selber auf die schöne himmlische Heide:

---

[16] Es ist das 12. Kapitel im „Büchlein der ewigen Weisheit". In diesem Fall orientiere ich mich stärker an der Übersetzung in: Deutsche Mystik. Aus den Schriften von Heinrich Seuse und Johannes Tauler. Ausgewählt und mit einem Nachwort versehen von Winfried Zeller, Düsseldorf-Köln 1967, 106f. Es handelt sich um die von W. Zeller bearbeitete Übersetzung von Walter Lehmann.

Hei, hier volle Sommerwonne,
hier des lichten Maien Aue,
hier das rechte Freudental!
Hier die fröhlichen Blicke
vom Lieb zum Liebsten,
hier Harfen und Geigen,
hier Singen und Springen,
Tanzen und Reigen
und vollkommene Freude,
hier Wunsches Erfüllung,
hier Lust ohne Leid
in immerwährender Sicherheit!

Nun schau um dich: Da ist die unzählige Menge, wie sie aus dem lebendig rauschenden Brunnen trinken nach Herzenslust. Sieh, wie sie unverwandt in den lauteren klaren Spiegel der bloßen Gottheit schauen, in dem alle Dinge kund und offenbar sind.

Das Paradies wird hier über dem neunten Himmel angesiedelt, im Empyreum. Das entspricht dem wissenschaftlichen Weltbild des Mittelalters. Dieses rechnet die sieben Planetensphären als sieben Himmel und siedelt darüber den eigentlich himmlischen Bereich an, der seinerseits drei Teilbereiche umfaßt. Gemeint sind die drei Himmel, von denen der Apostel Paulus in 2 Kor 12,2 spricht. Der zehnte Himmel wird als Empyreum „Feuerhimmel" bezeichnet, nicht weil er feurig wäre, sondern, wie Seuse ganz richtig erklärt, wegen seiner vollkommenen Klarheit. Hier also ist der Ort des Paradieses, der erfüllten Wünsche und der Lust ohne Leid. Seuse beschreibt zunächst den Hof des himmlischen Heeres mit den ewigen Thronstühlen, von denen zu Beginn der Schöpfung die hochmütigen Engel in den Abgrund gestürzt wurden; sie sollen von den Auserwählten neu besetzt werden. Dann schildert er das himmlische Jerusalem ganz nach den biblischen Angaben mit seinem Gold und seinen Edelsteinen, klar wie Kristall, fügt aber etwas hinzu, was er in der biblischen Beschreibung offenbar vermißt: rote Rosen, weiße Lilien und allerlei lebende Blumen, nicht etwa Schnittblumen. Erst diese Blumen verleihen dem Paradies den Charakter einer Maienaue, die als Tanzgrund geeignet ist. Das Singen und Springen darauf will Seuse so wenig missen wie Musik, und er will es nicht auf einem Tanzboden in einer Gastwirtschaft oder in der Disko haben, sondern auf einer Wiese mit Blumen. Und wenn man vom Singen und Springen durstig ist, dann trinkt man aus dem „lebendig rauschenden Brunnen" und sieht sich satt am „lauteren klaren Spiegel der bloßen Gottheit, in dem alle Dinge kund und offenbar sind". Das ist also so etwas wie das perfekte himmlische Kino, in dem nur Realitäten gezeigt werden.

Leser von J.R.R. Tolkiens „Herr der Ringe" erinnert dieser Brunnen in der paradiesischen Maienaue an den „silbernen Bach" im paradiesischen Elfenland Lothlórien. Das Wasser dieses Bachs wird in eine Schale gegossen, und so entsteht Galadriels Spiegel, in dem zwar nicht alle Dinge „kund und offenbar" sind, aber doch viele aus der Vergangenheit, Gegenwart und Zukunft.[17] Tolkien wird sein Bild kaum als Anleihe aus Heinrich Seuses Schilderung genommen haben. Manche Bilder drängen sich der dichterischen Phantasie einfach auf.

[17] *J.R.R. Tolkien*, Der Herr der Ringe Bd. I, Buch 2, Kapitel 7.

4. Die Notwendigkeit der Bilder

Wie die letzte Beobachtung zeigt, ist die Tradition der Paradiesschilderungen mit den traditionellen Motiven bis heute nicht abgerissen, hat sich allerdings aus der gelehrten Theologie in die schöne Literatur geflüchtet. Anschauliche Schilderungen des Himmels wird man in der theologischen Literatur und in der kirchlichen Verkündigung kaum noch antreffen. Selbst das Wort „Paradies" scheint bei Pfarrern heute unbeliebt geworden zu sein. Die verstorbenen Frommen sind bei Gott, mehr zu sagen traut man sich kaum noch. Nun ist es sicher richtig, daß die Verstorbenen bei Gott sind und daß in diesem Bei-Gott-sein alles denkbare Glück enthalten ist. Und man kann eine gewisse Zurückhaltung bei der konkreten Ausmalung des Himmels gut verstehen, denn anschauliche Schilderungen geraten leicht ins Lächerliche und Abgeschmackte. Auch die beiden zitierten Beispiele aus dem Mittelalter sind ja, wenn man genau hinsieht, sehr zurückhaltend in ihren Beschreibungen. Die gebildeten Autoren des Mittelalters wissen ganz genau, daß man mit Bildern genauso daneben liegen kann wie mit Begriffen; sie kennen die Gefahr unpassender, schiefer oder falscher Bilder. Deshalb betonen sie immer wieder, wie unbeschreiblich alles Jenseitige eigentlich ist. Aber andererseits wissen sie auch, daß der Mensch mit seiner Einbildungskraft nach Anschaulichkeit verlangt. Das menschliche Herz wird durch die Sinne erreicht, vor allem durch den Gesichtssinn. Und wie sollte „der himmlische Duft", der einem Heinrich Seuse das Verlangen nach Gott erregt, in die menschliche Seele gelangen, wenn nicht über den Weg der Sinne? Wer das Herz bewegen will, muß ihm Bilder zeigen. Das gilt auch dann, wenn das Bildmaterial nur aus Worten besteht. Dann braucht es eben sprachliche Bilder, Analogien, Metaphern, Symbole und Gleichnisse, um das Gesagte anschaulich zu machen. Deshalb redete Jesus so viel in Bildern und Gleichnissen. Deshalb wirkt die Apokalypse des Johannes noch nach zweitausend Jahren mächtig auf die Herzen der Menschen. Und deshalb dürfen wir nicht aufhören, das Unsagbare in Worte und das Unbeschreibliche in Bilder zu fassen. Sonst will am Ende niemand mehr in den Himmel. Soweit wollen wir es nicht kommen lassen.

Eschatologie in der Verkündigung Jesu

In der Vorrede zur 6. Auflage seiner „Geschichte der Leben-Jesu-Forschung", die 1950 erschien, bekräftigt Albert Schweitzer noch einmal seine Hauptthese:

> Von der Eschatologie aus wird also die älteste Überlieferung von der Verkündigung und dem Verhalten Jesu im Großen wie im Kleinen erst wirklich begreiflich und damit ihre Glaubwürdigkeit gegen alle erdenklichen Zweifel erst wirklich erwiesen.[1]

Diese Auffassung setzte sich als Konsens der Exegese durch. Für Ben F. Meyer ist es 1979 ein „endgültig geklärtes Faktum, daß die Verkündigung und Sendung Jesu ganz und gar eschatologisch waren".[2] Er sah in der Eschatologie auch den Schlüssel für die weisheitlichen Überlieferungen: „Es gibt kein Anzeichen in der Evangelientradition, daß Jesus zeitlos anwendbare weisheitliche Grundsätze bieten wollte".[3] In dem 1992 erschienenen „Dictionary of Jesus and the Gospels" schreibt D.C. Allison: „Der Hauptbeitrag der modernen neutestamentlichen Wissenschaft war vielleicht der Beweis, daß die Eschatologie am Herzen der Botschaft Jesu, ja des gesamten Neuen Testaments liegt."[4]

Seit den 80er Jahren scheint der Konsens in dieser Hinsicht jedoch etwas abzubröckeln. Der Weisheitslehrer Jesus wird vom „Apokalyptiker" Jesus sorgfältig gelöst, und manche Forscher sprechen ihm eine irgendwie geartete eschatologische Verkündigung rundweg ab. Diese Entwicklung begann in Amerika;[5] sie hat aber auch auf Deutschland übergegriffen. Hier stellt Martin Ebner Jesus neuerdings als Lehrer einer volkstümlichen Weisheit dar, die „weder der Tora-Weisheit noch der apokalyptischen Weisheit zugerechnet werden" kann.[6] Seine Sprüche dienten nach Ebner vor allem der Verteidigung anfechtbarer Verhaltensweisen wie der Tischgemeinschaft mit Zöllnern, waren also situativ bedingt und so in der Tat nicht als „zeitlos anwendbare weisheitliche

---

[1] *A. Schweitzer*, Geschichte der Leben-Jesu-Forschung, Tübingen ⁹1984 (mit einer Einführung von J.M. Robinson), 36.

[2] *B.F. Meyer*, The Aims of Jesus, London 1979, 58. Vgl. ebd. 211: „Die Sendung Jesu war eschatologisch durch und durch."

[3] Ebd. 165.

[4] *D.C. Allison, Jr.*: Art. Eschatology: Dictionary of Jesus and the Gospels (J.B. Green / S. McKnight Hg.), Leicester 1992, 206–209, hier 206.

[5] Vgl. *M.J. Borg*, Jesus in Contemporary Scholarship, Valley Forge, Pa. 1994, 3–96. Hilfreich ist der kritische Forschungsüberblick von *Ben Witherington III*, The Jesus Quest. The Third Search for the Jew of Nazareth, Downers Grove, Ill. 1995. Schärfer im Ton, aber geistreich ist der Überblick von *N.T. Wright*, Jesus and the Victory of God, London 1996, 28–124.

[6] *M. Ebner*, Jesus – ein Weisheitslehrer? Synoptische Weisheitslogien im Traditionsprozess (HBS 15), Freiburg i.B. 1998, 393. Überzeugender ist das Urteil von *Ben Witherington III*: „Jesus should be viewed in the main as a prophetic sage offering primarily counter-order Wisdom" (Jesus the Sage, Minneapolis, MN 1994, 385). Er zeigt auf, daß „sapiential, prophetical, and eschatological material cross-fertilized long before Jesus' day" (ebd.)

Grundsätze" gedacht. Die apokalyptischen Überzeugungen, die Jesus beim Täufer kennengelernt hatte, legt er nach seiner Vision vom Satanssturz (Lk 10,18) ab und begreift die Gottesherrschaft fortan rein präsentisch; sie „soll nach Jesus in seinen Straßenfesten mit Zöllnern und in gelungenen Exorzismen erkennbar und wirksam sein",[7] „mitten in der alten Welt" als „Gottesherrschaft im Fragment".[8]

Ein solcher Jesus und seine so gedeutete Verkündigung ist meines Erachtens ein phantastisches Konstrukt, das keinerlei historische Wahrscheinlichkeit beanspruchen kann. Und dies gilt grundsätzlich von jedem Bild eines uneschatologischen Jesus. Diese Auffassung möchte ich im folgenden begründen. Dabei verstehe ich unter *Eschatologie* die Vorstellung oder Lehre von den ἔσχατα, den Letzten Dingen, die im Frühjudentum in zweifacher Ausprägung bezeugt ist: einmal als das Vorher und Nachher des Jüngsten Tages (geschichtliche Eschatologie) und einmal als das Vorher und Nachher des Todestages (Jenseitseschatologie). Dreh- und Angelpunkt ist im Fall der ersten Konzeption das große Gericht am Jüngsten Tag; erst im Laufe des 2. bis 5. Jahrhunderts n.Chr. kam es zur Vorstellung eines persönlichen Gerichts unmittelbar nach dem Tod (und damit zu der Schwierigkeit, wie die beiden Gerichte vermittelt werden können). Unter *Apokalyptik* verstehe ich eine besondere Form oder Darstellungsweise der Eschatologie, nämlich jene mit den Darstellungsmitteln, wie sie für Apokalypsen typisch sind: Visionsberichte, verschlüsselte Redeweise, Geschichtsüberblicke usw.[9] Die Rede vom „Apokalyptiker" Jesus hat meines Erachtens wenig Sinn, da wir Apokalyptiker nur als Literaten kennen. Soweit in Jesu Eschatologie jedoch Elemente apokalyptischer Literatur begegnen, kann man sie als apokalyptisch gefärbt bezeichnen.

1. Die Geschichte wird zum Rätsel

Die Annahme eines uneschatologischen Jesus bringt historische und traditionsgeschichtliche Schwierigkeiten mit sich, die sowohl das historische Phänomen Jesus als auch das historische Phänomen des frühen Christentums zu einem einzigen unbegreiflichen Rätsel machen. Diesen Sachverhalt kann man von zwei Seiten her aufzeigen:

a) Seit dem Exil, das auf die Eroberung Jerusalems im Jahr 587 v.Chr. folgte, ist eine zunehmend eschatologische und apokalyptische Prägung der jüdischen Glaubensüberzeugungen festzustellen. Im Mittelpunkt dieser Überzeugungen steht die Erwartung eines großen Gerichtstages, der eine definitive Wende in der Geschichte Israels und der Welt mit sich bringen würde; denn mit diesem

---

[7] Ebd. 414. Woher bringt Ebner die „Straßenfeste"?

[8] Ebd. 417. Hier ist von den „Festgelagen" Jesu die Rede. Wo sind die Belege dafür? Mk 2,13–17parr und Mt 11,19par können nicht als solche gelten. Nur bei der Brotvermehrung (Mk 6,35–44; 8,1–8parr) und beim letzten Abendmahl (Mk 14,22–24parr) tritt Jesus als Veranstalter und Gastgeber auf. Im übrigen hat bereits *H. Schürmann* die „Mahlveranstaltungen Jesu mit Sündern" als „wissenschaftliche Legende" bezeichnet (Gottes Reich – Jesu Geschick, Freiburg i.B. 1983, 37 Anm. 58 und 206 Anm. 85).

[9] Eine nähere Begründung dieser Unterscheidungen gebe ich in: *M. Reiser*, Jesus and Judgement. The Eschatological Proclamation in Its Jewish Context (translated by L.M. Maloney), Minneapolis, MN 1997, 1–25. 144–163.

Tag würde Gott seine Herrschaft weltweit durchsetzen. Diese Überzeugung knüpft an prophetische Traditionen wie die vom Tag des Herrn an und beherrscht die apokalyptische Literatur angefangen von den ältesten Henoch-Schriften und dem Buch Daniel bis hin zum 4. Buch Esra, das ein Kompendium der verschiedensten Ausprägungen solcher Glaubensüberzeugungen darstellt.[10] Hier fügt sich auch ein guter Teil der essenischen Literatur ein.[11] Daß es sich dabei nicht etwa nur um die Überzeugungen kleiner Kreise handelt, beweist schon die jüdische Gebetstradition mit ihren eschatologischen Bitten, vor allem im *Kaddish* und im Achtzehngebet. Das beweist weiter die allgegenwärtige Neigung zu einer eschatologischen Deutung alttestamentlicher Schriftstellen, die wir in der Septuaginta, in den Schriftkommentaren von Qumran und in den rabbinischen Schriften beobachten können.[12]

Außerdem sollte man nicht vergessen, daß sowohl die großen jüdischen Aufstände in Palästina 66–70 und 132–135 n.Chr. als auch der Aufstand in Ägypten 115–117 n.Chr. von eschatologischen Erwartungen getragen waren. Diese tiefgreifende eschatologische Ausrichtung des Frühjudentums setzt sich im Frühchristentum fort. „Im Zeitalter von Hillel und Jesus beeinflußten apokalyptische Überzeugungen somit politische Schlüsselereignisse, ja beschleunigten sie; sie brachten eine Fülle volkstümlicher Literatur hervor, spiegelten die Liebe des Volkes wider, prägten volkstümliche Frömmigkeit und begründeten mehrere bedeutende Bewegungen, darunter auch das werdende Christentum."[13]

Auf diesem Hintergrund ist ein uneschatologischer Jesus äußerst unwahrscheinlich. Es legt auch nichts die Annahme nahe, das Wort vom Satanssturz (Lk 10,18) sei mit einer biographischen Wende und einer Abkehr Jesu von der Eschatologie des Täufers verbunden gewesen.[14] Und schließlich: Warum hätte der Hohe Rat den Tod eines harmlosen Wanderpredigers betreiben und aus welchem Grund hätte ein römischer Statthalter ihn kreuzigen lassen sollen?

b) Einmal angenommen, Jesus wäre doch ohne eschatologische Verkündigung gewesen, wie soll es dann zu den entsprechenden Logien und Gleichnissen in der synoptischen Tradition gekommen sein?[15] Die These der nicht eschatologischen Verkündigung Jesu impliziert, daß mindestens ein Drittel der Logien und Gleichnisse in den synoptischen Evangelien nachösterliche Bildungen sind. Wer soll für diese genialen Bildungen verantwortlich sein? Warum mußte die Persönlichkeit, auf die man sich berief, erst umgemodelt, ja fast neu erfunden werden? Wer steuerte diesen gezielten Transformationsprozeß? Die nachösterliche „Gemeinde"? Wer ist das? Woher kam sie, wenn sie

---

10 Vgl. *M. Reiser*, Jesus (s. Anm. 9) 19–163.

11 Eine schöne Zusammenfassung bei *J.J. Collins*, Apocalypticism in the Dead Sea Scrolls, London / New York 1997. Vgl. *Ders.*, Jewish Wisdom in the Hellenistic Age, Louisville (Kent.) 1997, 226–229 („Wisdom and Apocalypticism").

12 Vgl. *M. Reiser*, Jesus (s. Anm. 9) 24f. 32–38. 142f.

13 *E. Robinson*, Apocalypticism in the Time of Hillel and Jesus, in: J.H. Charlesworth / L.L. Johns (Hg.), Hillel and Jesus, Minneapolis 1997, 121–136, hier 126.

14 Eine solche Verbindung hat *U.B. Müller* zu begründen versucht: Vision und Botschaft. Erwägungen zur prophetischen Struktur der Verkündigung Jesu: ZThK 74 (1977) 416–448.

15 Vgl. *E. Rau*, Wie entstehen unechte Jesusworte?, in: Gemeinschaft am Evangelium. FS Wiard Popkes, Leipzig 1996, 159–186. Seiner Ansicht nach „basieren Neubildungen ganzer Worte ebenso wie Zusätze durchweg auf überkommenen Logien" (ebd. 177).

historisch nicht auf Jesus zurückgeführt werden kann? Wieder hat Albert Schweitzer richtig gesehen, wenn er schrieb: „Die Forschung, die von der Eschatologie absehen will, muß große Partien der Berichte der zwei ältesten Evangelien als spätere Zutat ausscheiden und behält zuletzt nur noch einen ganz zerfetzten Text übrig, mit dem nichts Rechtes mehr anzufangen ist.“[16]

2. Die eschatologische Verkündigung Jesu

For we which now behold these present days,
Have eyes to wonder, but lack tongues to praise.[17]

Nach den Synoptikern faßt Jesus den Hauptgedanken seiner Verkündigung in die Wortverbindung βασιλεία τοῦ θεοῦ.[18] Mit dieser Wendung bezeichnet er das, worauf sein ganzes Reden und Tun ausgerichtet ist. Semantisch gesehen liegt hier ein Begriff oder eine Chiffre vor, deren konkreter Sinn aus dem herkömmlichen Gebrauch und der Verwendung durch Jesus selbst erschlossen werden muß. Das griechische Wort βασιλεία bedeutet sowohl „Königreich“ als auch „Königsmacht“ oder „Königsherrschaft“. Entsprechende, von der Wurzel מֶלֶךְ abgeleitete Abstraktbegriffe wie מַלְכוּת kennen auch das Hebräische und Aramäische in mehreren Varianten. Zwar redet die Literatur des Alten Testaments, des Frühjudentums und der Rabbinen vom Herrschen Gottes nur selten mit diesen Abstraktbegriffen; dafür begegnen sie an wichtiger Stelle in der Gebetsliteratur und in den Targumen.[19]

So ist in Ps 145 in drei aufeinanderfolgenden Versen von der „Herrlichkeit“ und „Ewigkeit“ der Regierung (מַלְכוּת) Gottes die Rede (Ps 145,11–13),[20] und in Ps 103,19 heißt es:

Der Herr hat seinen Thron im Himmel errichtet,
seine Königsmacht (מַלְכוּתוֹ) regiert das All!

Der Psalm schließt mit der Aufforderung zum Lob des Herrn „an allen Orten seiner Herrschaft (מֶמְשַׁלְתּוֹ).“[21]

Die Frommen wußten also, daß Gottes Königsmacht das All regiert. Umso schmerzlicher war für sie die Erfahrung, daß es Menschen und Mächte gab, die sich dieser Herrschaft widersetzten – auch in Israel. Und Gott ließ diese Menschen und Mächte offensichtlich gewähren. Die Folge war,

---

[16] *A. Schweitzer*, Geschichte (s. Anm. 1) 33 (Vorwort von 1950).
[17] *W. Shakespeare*, 106. Sonett.
[18] Einen guten Überblick über die Verwendung bei Jesus und in der jüdischen Tradition gibt *D.C. Duling*, Art. Kingdom of God, Kingdom of Heaven: ABD 4 (1992) 49–69. Vgl. auch *J.P. Meier*, A Marginal Jew II, New York 1994, 237–506. Wichtige Beiträge in: *M. Hengel / A.M. Schwemer* (Hg.), Königsherrschaft Gottes und himmlischer Kult im Judentum, Urchristentum und in der hellenistischen Welt (WUNT 55), Tübingen 1991.
[19] Auf die Targume hat *B.D. Chilton* immer wieder hingewiesen: Regnum Dei Deus Est: SJT 31 (1978) 261–270; *ders.*, The Glory of Israel. The Theology and Provenience of the Isaiah Targum (JSOT.SS 23), Sheffield 1983, 77–81; London 1984, 58–63. Vgl. auch seine Übersetzung des Jesaja-Targums in: The Aramaic Bible (M. NcNamara Hg.) Bd. 11, Edinburgh 1987.
[20] Von Gottes ewiger Königsherrschaft redet auch Dan 3,33; 4,31; 6,27.
[21] Vgl. auch Ps 22,29.

daß Gottes Herrschaft vielfach nur nominellen Charakter hatte. Daher setzten die Frommen ihre Hoffnung mehr und mehr auf die Zukunft, wenn Gottes Geduld mit seinen Widersachern ein Ende haben und „seine Königsherrschaft über die ganze Schöpfung" tatsächlich „in Erscheinung treten" würde.[22] Damit verband sich die Erwartung, daß Gott diese unzerstörbare Herrschaft *für sein Volk* „errichten" (קום) und damit jede Fremdherrschaft beenden werde (Dan 2,44).[23] Sie hat ihren wohl berühmtesten Ausdruck in Dan 7 gefunden.

Die Spannung, ja Paradoxie, die hier zum Ausdruck kommt, bleibt auch in rabbinischer Zeit kennzeichnend für die Konzeption der Herrschaft Gottes. Das beweist eindrucksvoll die Mekhilta de R. Yishma'el.[24] Danach machte Gott seine Königsherrschaft sichtbar durch den Sieg über die Ägypter beim Exodus. Aber Israel versäumte es, diese Königsherrschaft auch zu proklamieren und verschob damit ihre eigentliche Verwirklichung auf die eschatologische Zukunft, wenn die Feinde Israels endgültig besiegt sein würden (mit Bezug auf Sach 14,9: „Und der Herr wird König sein über die ganze Erde; an jenem Tag wird der Herr einzig sein und sein Name einzig.") Diese Deutung hängt mit der Auffassung des Imperfekts יִמְלֹךְ in Ex 15,18 zusammen: Dieses Imperfekt wird als Futur verstanden.[25] Trotzdem ist Gottes Königsherrschaft damit nicht völlig aus der Gegenwart verbannt; Israel bleibt Gottes geliebtes Volk und hat am Sinai seine Königsherrschaft auch akzeptiert. (Das wird abgeleitet aus Ex 20,2: „Ich bin der Herr, dein Gott.") Gottes Herrschaft realisiert sich überall dort, wo sein damals offenbarter Wille gelebt wird; ihre uneingeschränkte Macht aber wird sie erst nach dem Jüngsten Tag erweisen.

Eine ähnliche Spannung oder Paradoxie, wie sie in dieser rabbinischen Konzeption zum Ausdruck kommt, finden wir auch in Jesu Konzeption der Königsherrschaft Gottes. In seiner Konzeption spielt die Vergangenheit jedoch bezeichnenderweise keine Rolle; die Spannung entsteht vielmehr durch eine Neufassung des Gegenwartsaspektes dieser Herrschaft. Jesus war von der gegenwärtigen Realisation und Realisierbarkeit der Königsherrschaft Gottes in einer Weise überzeugt, wie sie die Tradition vor ihm nicht gekannt hatte. Dabei knüpfte er nicht an Schriftstellen wie Ex 15,18, die Sinai-Tradition und Sach 14,9 an; er ließ sich vielmehr von Jes 52,7 inspirieren:

> Wie willkommen sind auf den Bergen die Schritte des Freudenboten,
> der Frieden verkündet, eine gute Botschaft bringt
> und Erlösung verkündet,
> der zu Zion spricht:
> „Dein Gott herrscht als König!"[26]

---

[22] AssMos 10,1: „Et tunc parebit regnum illius in omni creatura illius." Vom „Erscheinen" (φαίνεσθαι) der βασιλεία Gottes ist auch in Sib 3,46f die Rede. Auch die acht Belege im Propheten-Targum reden durchweg vom „Erscheinen" (גלא) der Königsherrschaft Gottes: Targum zu Jes 24,23; 31,4; 40,9; 52,7; Ez 7,7.10; Obd 21; Mi 4,7.8; Sach 14,9.

[23] Vgl. Sib 3,767f: ἐξεγερεῖ βασιλήιον εἰς αἰῶνας / πάντας ἐπ' ἀνθρώπους „Er (Gott) wird ein Königreich auf ewig errichten über alle Menschen".

[24] Im Folgenden stütze ich mich auf die sorgfältige Untersuchung von *B. Ego*, Gottes Weltherrschaft und die Einzigkeit seines Namens. Eine Untersuchung zur Rezeption der Königsmetapher in der Mekhilta de R. Yishma'el, in: M. Hengel / A.M. Schwemer (Hg.), Königsherrschaft Gottes (s. Anm. 18) 257–283.

[25] Vgl. *B. Ego*, Gottes Weltherrschaft (s. Anm. 24) 267f; *M. Reiser*, Jesus (s. Anm. 9) 143. Dort ist leider ein Versehen passiert: In Z. 24 muß es natürlich מָלַךְ heißen.

[26] Vgl. Jes 24,23; Ez 20,33; Mi 4,7; TestDan 4,13.

Das Targum paraphrasiert die Botschaft des „Freudenboten" (מְבַשֵּׂר) mit Hilfe des Abstraktums: „Die Königsherrschaft deines Gottes ist in Erscheinung getreten" (אתגליהת מלכותא דאלהיך).[27] Es ist nicht ausgeschlossen, daß diese Wiedergabe schon vor 70 n.Chr. gebräuchlich war. In eindeutig eschatologischem Zusammenhang wird Jes 52,7 in 11Q Melch zitiert;[28] der „Freudenbote" wird dort auf den Messias gedeutet.[29] Im übrigen ist das ganze Fragment von Anspielungen auf Jes 61,1f geprägt. Die Verbindung dieser beiden Prophetenstellen kommt nicht von ungefähr; denn beide enthalten das Stichwort בשׂר (pi), das die Septuaginta mit εὐαγγελίζεσθαι wiedergibt.

Die beiden in 11Q Melch verknüpften Prophetenstellen dürften auch für die Verkündigung und das Selbstverständnis Jesu von besonderer Bedeutung gewesen sein. Nur in Jes 52,7 (und in dem Pendant Jes 40,9–11) begegnet im Alten Testament die Botschaft von Gottes Herrschaftsübernahme in seinem Volk unter ausdrücklicher Erwähnung des Freudenboten, der sie überbringt. Wie nahe es lag, diesen Boten als eschatologischen Boten zu verstehen und mit dem Messias zu identifizieren, beweisen 11Q Melch und WaR 9,9. Da Jesus die Botschaft von Gottes Herrschaftsübernahme in seinem Volk in den Mittelpunkt seiner Verkündigungstätigkeit gestellt hat, muß er sich als den von Jesaja angekündigten eschatologischen Boten verstanden haben. So stellen es die Synoptiker auch dar.[30]

Jes 61,1f hat Lukas in der Nazaret-Perikope zum programmatischen Manifest Jesu stilisiert (Lk 4,16–21). Aber es ist historisch kaum bezweifelbar, daß er mit dieser Stilisierung das Selbstverständnis Jesu getroffen hat. Das beweist insbesondere die in Q überlieferte Anekdote von der Täuferanfrage (Mt 11,2–6 / Lk 7,18–23). Dort weist Jesus als Antwort auf die Frage, ob er der für die Endzeit Erwartete sei, auf die Erfolge seiner Tätigkeit, vor allem seine Wunder, hin, und er tut dies, indem er Weissagungen des Propheten Jesaja anklingen läßt, die er damit als erfüllt hinstellt; darunter ist auch die frohe Botschaft für die Armen aus Jes 61,1.[31] Sie ist auch der Inhalt der ersten Seligpreisung (Mt 5,3 / Lk 6,20). Aus alledem folgt, daß wir Jes 52,7 in Verbindung mit Jes 61,1f „nicht nur als eine plausible, sondern als eine wahrscheinliche Quelle" der Verkündigung Jesu betrachten können.[32]

Mit diesen beiden Prophetenstellen ist auch prägnant das Neue und Unterscheidende Jesu gegenüber dem Täufer bezeichnet. Dieser hatte sein Selbstverständnis ebenfalls an zwei Prophetenstellen festgemacht, die er aber nicht Jesaja, sondern Maleachi entnahm: Mal 3,1 und Mal 3,23f.[33] Die erste Stelle redet von dem Boten (מַלְאָךְ), der das endzeitliche Kommen Gottes zum Gericht

---

[27] *B.D. Chilton* (s. Anm. 19) übersetzt: „The Kingdom of your God is revealed."

[28] Vgl. *M. Reiser*, Jesus (s. Anm. 9) 82f; *B. Chilton / C.A. Evans*, Jesus and Israel's Scriptures, in: *Dies.* (Hg.), Studying the Historical Jesus, Leiden 1994, 281–335, hier 322–326.

[29] Diese Deutung findet sich auch im Midrasch Rabba zu Lev (WaR) 9,9.

[30] Vgl. Mt 4,23; 9,35; Mk 1,14f; Lk 4,43; 16,16.

[31] Zur Deutung vgl. *H. Kvalbein*, Die Wunder der Endzeit. Beobachtungen zu 4Q521 und Matth 11,5p: ZNW 88 (1997) 111–125. Vgl. *C.M. Tuckett* (Hg.), The Scriptures in the Gospels (BEThL 131), Leuven 1997. Mehrere Beiträge in diesem Band befassen sich mit dem Einfluß von Jes 61,1f auf die Jesusüberlieferung (C.M. Tuckett, F. Neyrynck, K.-W. Niebuhr, P.J. Tomson). Die Rückfrage nach Jesus spielt in diesen Beiträgen leider eine ganz marginale Rolle.

[32] *B.F. Meyer*, Art. Jesus Christ: ABD 3 (1992) 780. Vgl. *Ders.*, Aims (s. Anm. 2) 133f.

[33] Vgl. Lk 1,16f.76. Dazu *M. Reiser*, Jesus (s. Anm. 9) 183. An beiden Stellen wird der Täufer gegen die übliche christliche Sicht als Vorläufer Gottes, nicht Jesu, gezeichnet.

vorbereiten soll, die zweite identifiziert diesen Boten als den Propheten Elija. Beide, der Täufer wie Jesus, sehen sich also aufgrund von prophetischen Schriftworten als eschatologische Boten, der eine als Maleachis Gerichtsboten, der andere als Jesajas Freudenboten.

Wie hat nun Jesus den Sinn der Botschaft, die er als dieser Freudenbote bringt, konkret gefaßt? Was verbindet sich für ihn mit der Chiffre, die griechisch βασιλεία τοῦ θεοῦ lautet? Diese Chiffre ist in manchen Texten als ein *Raum* oder *Bereich* gefaßt, in den man hineingelangen kann, in dem gegessen und getrunken wird (Mt 8,11fpar; Mk 14,25), der für die Reichen jedoch unzugänglich ist (Mk 10,25parr). In diesen Fällen ist die Übersetzung *Reich Gottes* angebracht. Diese räumliche Vorstellung herrscht auch in den Gleichnissen vom Festmahl (Lk 14,16–24) und vom Senfkorn vor (Mk 4,30–32parr). In anderen Logien und Gleichnissen liegt eher die Vorstellung der herrscherlichen *Macht* und *Autoritätsausübung* zugrunde; so wenn vom „Ausrufen" der βασιλεία die Rede ist (Lk 9,2) oder ihrem „Kommen" wie in der zweiten Vaterunser-Bitte (Mt 6,10 / Lk 11,2). In diesen Fällen ist die Übersetzung mit *Herrschaft* zutreffender. Die besondere Art der Herrschaftsausübung Gottes veranschaulichen Gleichnisse wie das vom unbarmherzigen Knecht (Mt 18,23–34) oder den Arbeitern im Weinberg (Mt 20,1–15). Beide Aspekte sind verbunden in dem Logion: „Amen ich sage euch: Wer die βασλεία Gottes nicht annimmt wie ein Kind, wird nicht hineinkommen" (Mk 10,15). Der erste Teil des Logions faßt die βασλεία als Herrschaft, die man annimmt, der zweite als Reich, in das man gelangt. Die deutsche wie die englische Sprache ist hier bei der Übersetzung in Verlegenheit.

Der Sinn der Bitte: „Deine βασλεία komme!" ist: Komm und herrsche als König![34] Sie weist in die geschichtliche *Zukunft*, ebenso das Wort von den Tischgenossen der Patriarchen im Reich Gottes (Mt 8,11f / Lk 13,28f). Die Ankündigung Jesu beim letzten Abendmahl, er werde den Wein neu trinken im Reich Gottes (Mk 14,25), weist dagegen in das *Jenseits nach dem Tod.* Diese zunächst überraschende Konzeption, die das Heil der endgültig verwirklichten Herrschaft Gottes einerseits in die geschichtliche Zukunft verlegt und andererseits in das Jenseits nach dem Tod, mag zunächst widersprüchlich scheinen. Doch die Kombination von geschichtlicher Eschatologie und Jenseitseschatologie hat im Frühjudentum eine lange Tradition.[35] In diese Tradition stellt sich auch Jesus.

Aber Jesus übernimmt nicht einfach eine Variante frühjüdischer Eschatologie; er bringt ein neues Element in sie ein, das ihre Konzeption gründlich ändert. Dieses unerhört neue Element ist *der Anspruch, daß sich die βασλεία Gottes in seinem eigenen Wirken endgültig manifestiere, ja realisiere.* Das Reich Gottes wird nach Jesu Überzeugung überall zur Gegenwart, wo er auftritt und als Jesajas Freudenbote aufgenommen wird. Zur Rechtfertigung dieses Anspruchs verweist Jesus auf seine Wunder: „Wenn ich mit dem Finger Gottes die Dämonen austreibe, dann ist die Herrschaft Gottes bei euch angekommen" (Lk 11,20. Vgl. Mt 12,28).[36] Damit ist der Sturz Satans, von dem das

34 Vgl. *J.P. Meier*, A Marginal Jew II (s. Anm. 18) 299.

35 Vgl. *M. Reiser*, Jesus (s. Anm. 9) 150–152. Wir finden diese Kombination z.B. in 1 Enoch 22, im Buch der Weisheit, im *Liber Antiquitatum Biblicarum* (Ps.-Philo), in 4 Esra 7 und in den *Paralipomena Jeremiae*.

36 Das Wort φθάνω hat hier wie im ganzen Neuen Testament seine übliche Koine-Bedeutung „kommen". Zur Deutung des Logions vgl. jetzt *M. Hengel*, Der Finger und die Herrschaft Gottes in Lk 11,20, in: R. Kieffer / J. Bergmann (Hg.), La main de Dieu. Die Hand Gottes (WUNT 94), Tübingen 1997, 87–106.

Wort in Lk 10,18 spricht, besiegelt; er, der „Stärkere“, hat den „Starken“ (= Satan) überwunden (Mk 3,27). Auf seine Heilungswunder, die Totenerweckungen und die frohe Botschaft für die Armen verweist Jesus in der Antwort auf die Täuferanfrage (Mt 11,2–6 / Lk 7,18–23). Vor allem in den Wundern erweist sich für ihn also die Gegenwart der Herrschaft Gottes; er versteht sie als Realsymbole der βασιλεία τοῦ θεοῦ.[37]

In diesen Zusammenhang gehört auch die Seligpreisung der Augen- und Ohrenzeugen in Lk 10,23fpar:

Selig die Augen, die sehen, was ihr seht!
Denn ich sage euch: Viele Propheten und Könige
wollten sehen, was ihr seht, und haben es nicht gesehen,
und hören, was ihr hört, und haben es nicht gehört.

Was zu sehen und zu hören ist, sind Jesu Worte und Taten. Der Kontrast zur herkömmlichen Konzeption wird deutlich, wenn man mit dieser Seligpreisung Jesu die beiden analogen Seligpreisungen in den Psalmen Salomos (17,44; 18,6) vergleicht:

Selig, die in jenen Tagen leben werden
und das Gute Israels sehen,
das Gott in der Vereinigung der Stämme tun wird!

Selig, die in jenen Tagen leben werden
und das Gute des Herrn sehen,
das er für das kommende Geschlecht tun wird ...!

In beiden Fällen, bei Jesus wie in den Psalmen Salomos, sind die sichtbaren Güter der Endzeit Anlaß für eine Seligpreisung. Für den Psalmisten sind diese Güter einem „kommenden Geschlecht“ vorbehalten; das Glück, das sie vermitteln, ist Zukunftsmusik. Für Jesus dagegen sind die ersehnten Güter da – für alle Augen, die sehen, und alle Ohren, die hören können; die Zukunftsmusik erklingt jetzt; das „kommende Geschlecht“ der Endzeit ist das Geschlecht seiner Zeitgenossen.

Die Gegenwart der eschatologischen Güter setzt auch das Doppelgleichnis vom Schatz und der Perle voraus (Mt 13,44–46). Bis zum Fund ist diese Gegenwart allerdings verborgen. So kann dieses Gleichnis die paradoxe Wirklichkeit der eschatologischen Güter verständlich machen: Sie sind unsichtbar da, bis ein Finder kommt, der Augen hat zu sehen.

Das Verhältnis von Gegenwart und Zukunft des Reiches Gottes wird in der theologischen Wissenschaft meistens so bestimmt, daß die Gegenwart als anfanghaft und unvollkommen charakterisiert wird, die Zukunft dagegen als Vollendung des Begonnenen und Bruchstückhaften.[38] Gerhard Lohfink hat solche Verhältnisbestimmungen zu Recht als sachlich unangemessene Einschränkungen der wirklichen Gegenwart kritisiert, durch die „das Reich Gottes faktisch doch wieder in die

[37] Vgl. *M. Reiser*, Die Wunder Jesu – eine Peinlichkeit?: EuA 73 (1997) 425–437, hier 434–437.

[38] So auch *J.P. Meier*, A Marginal Jew II (s. Anm. 18) 453. *M. Hengel* sieht eine Kontinuität zwischen „punktueller Ankunft“ der Gottesherrschaft „jetzt“ und ihrer zukünftigen Vollendung „dann“: Sie besteht „im Wirken Jesu“, das auf die Vollendung hinführt (Finger [s. Anm. 36] 105).

Zukunft abgedrängt" wird.[39] Einer Verharmlosung des Gegenwartsaspektes des Reiches Gottes (und jeder christlichen Eschatologie!) wird man in der Tat nur dadurch entgehen können, daß man das Verhältnis der beiden Aspekte als paradoxe Einheit bestimmt.[40] Es ist eine der grundlegenden Paradoxien, die das menschliche Leben und alle Wirklichkeit durchziehen. Wenn wir die vollkommene Gegenwart der eschatologischen Güter vermissen, so liegt dies allein an uns. Wir müssen immer wieder mit Augustinus Gott gegenüber gestehen: „Mecum eras, et tecum non eram."[41]

Die Zusammenfassung der Botschaft Jesu, die Markus in Mk 1,15 formuliert hat, spricht von der Nähe der Herrschaft Gottes und begründet mit ihr die Aufforderung zur Umkehr und zum Glauben an das Evangelium. In den Logien und Gleichnissen von der βασιλεία Gottes jedoch, die Anspruch auf Authentizität erheben können, begegnet das Motiv der Nähe nie.[42] Den Gedanken der Dringlichkeit und Nähe verbindet Jesus offenbar eher mit der Ankündigung des Gerichts. Dasselbe gilt von der Aufforderung zur Umkehr.[43] Diese begegnet in drei Logien, die als authentisch gelten können: in dem Doppelwort von den niedergemetzelten Galiläern und den vom Turm Erschlagenen (Lk 13,1–5), in dem Weheruf über Chorazin und Betsaida (Mt 11,21 / Lk 10,13) und in dem Niniviten-Wort (Mt 12,41 / Lk 11,32). Dabei versteht Jesus unter „Umkehr" nicht mehr die Hinkehr zur Tora, wie die Tradition vor ihm bis hin zum Täufer, sondern die Hinkehr zu ihm und seiner Botschaft. Ihre inhaltliche Konkretisierung erhält die Umkehrforderung Jesu also nicht mehr durch die Tora, sondern durch seine eigene Paränese. Diese ist somit grundsätzlich eschatologisch begründet.[44] Dabei kommt auch das Motiv der Dringlichkeit, die sich aus der Nähe des Gerichts ergibt, öfter zum Ausdruck;[45] so in dem gleichnishaften Mahnspruch von der Versöhnung des Widersachers (Mt 5,25 / Lk 12,57–59), in dem Doppelwort von den niedergemetzelten Galiläern und den vom Turm Erschlagenen (Lk 13,1–5) und in dem Wort von der Sintflut (Mt 24,37 / Lk 17,26f).[46]

Es ergibt sich somit, daß das Summarium in Mk 1,15 vollständig vom Evangelisten formuliert wurde. Es gibt eine völlig zutreffende Charakteristik der Verkündigung Jesu, deren Prägnanz

---

39 *G. Lohfink*, Die Not der Exegese mit der Reich-Gottes-Verkündigung Jesu: ThQ 168 (1988) 1–15. Jetzt in: *Ders.*, Studien zum Neuen Testament (SBA 5), Stuttgart 1989, 383–402, hier 386. Näher ausgeführt sind seine Gedanken in: *G. Lohfink*, Braucht Gott die Kirche? Zur Theologie des Volkes Gottes, Freiburg i.B. 1998, 168–175.

40 *G. Lohfink* hat in diesem Zusammenhang selbst auf das christologische Dogma verwiesen: Man könne ja auch nicht sagen: „Jesus ist zwar wahrer Gott, aber erst anfanghaft. Gott ist in ihm zwar Mensch geworden, aber nur stückweise" (Die Not der Exegese [s. Anm. 39] 395). Faktisch sagen es heute allerdings viele ...

41 *Augustinus*, Confessiones 10,27 (38). Diese Analogie gilt umso mehr, als man mit *B.D. Chilton* sagen kann: „regnum dei deus est" (s. den Aufsatz mit diesem Titel Anm. 19, 268). Vgl. auch *B.F. Meyer*, Aims (s. Anm. 2) 137: „'The reign of God' signifies 'God' and signifies God precisely as Jesus knows him."

42 Eine Ausnahme könnte Mt 10,7 / Lk 10,9 bilden, vielleicht auch Mk 9,1. Aber mit der *communis opinio* betrachte ich diese Logien doch eher als Formulierungen des Evangelisten.

43 Zum Motiv der Umkehr im Frühjudentum, beim Täufer und bei Jesus vgl. den Exkurs in: *M. Reiser*, Jesus (s. Anm. 9) 249–255.

44 Vgl. *H. Merklein*, Jesu Botschaft von der Gottesherrschaft. Eine Skizze (SBS 111), Stuttgart ³1989. *M. Ebners* Kritik an Merklein (Jesus [s. Anm. 6] 5–8) beruht auf der hermeneutischen Prämisse, was nicht zur ältesten Schicht gehöre, sei „dogmatischer Überbau" (ebd. 8).

45 Vgl. den Überblick bei *R. Schnackenburg*, Gottes Herrschaft und Reich, Freiburg i.B. ⁴1965, 137f. Eine breit angelegte Untersuchung bietet *K. Erlemann*, Naherwartung und Parusieverzögerung im Neuen Testament. Ein Beitrag zur Frage religiöser Zeiterfahrung (TANZ 17), Tübingen 1995.

46 Zu diesen Logien vgl. *M. Reiser*, Jesus (s. Anm. 9) 245–249. 281–290. 318.

höchste Bewunderung verdient. Sie stellt das endgültige Kommen der Herrschaft Gottes und damit die Erfüllung aller eschatologischen Erwartungen in den Mittelpunkt, läßt mit dem Stichwort εὐαγγέλιον die wohl wichtigste Quelle der Verkündigung Jesu (Jes 52,7 und 61,1f) anklingen und versteht die geforderte Neuausrichtung des Lebens als logische Konsequenz aus der eschatologischen Situation.[47]

Natürlich war es dem Evangelisten wie Jesus klar, daß mit dem Kommen und der Durchsetzung der Königsherrschaft Gottes das Gericht untrennbar verbunden ist. Die Ablehnung dieser Herrschaft kommt dem selbstgewählten Ausschluß vom Heil gleich. Doch Jesus ging es im Unterschied zum Täufer weniger darum, wie man dem Unheil entrinnen, als darum, wie man das Heil gewinnen kann. Deshalb stellte er nicht die dunkle Seite der Angelegenheit in den Vordergrund, sondern die helle. Sein ganzes Wirken war darauf ausgerichtet, Gottes βασιλεία Faszination und Begeisterungskraft zu verleihen. Daß er dabei den Gerichtsaspekt dennoch nicht verschwieg, beweist eine ganze Reihe von unbezweifelbar authentischen Gerichtsworten und -gleichnissen.[48] Einige wurden schon genannt. Hier sei nur noch auf zwei Worte aus der Q-Überlieferung und ein Gleichnis aus dem Sondergut des Matthäus hingewiesen.

In dem streng symmetrisch gebauten Doppelwort von der Südkönigin und den Niniviten (Mt 12,41f / Lk 11,31f) kündigt Jesus „diesem Geschlecht", das heißt dem gesamten Volk seiner Zeitgenossen den Schuldspruch im Jüngsten Gericht an, falls sie nicht noch umkehren und auf seine Botschaft hören. Dieses Logion setzt offensichtlich eine ablehnende Reaktion auf seine Predigt voraus und formuliert als Antwort die Kehrseite zur Seligpreisung der Augen- und Ohrenzeugen (Mt 13,16f / Lk 10,23f). In der angedeuteten Gerichtsszene greift Jesus traditionelle Elemente frühjüdischer Gerichtsvorstellungen auf: Das Gericht ist als forensische Gerichtsverhandlung gedacht; dabei ist die allgemeine Totenauferstehung vorausgesetzt; Zeugen stehen auf und machen ihre Aussage. Entsprechende szenische Schilderungen des Jüngsten Gerichts finden wir etwa in Dan 7,9f, in der Tiervision 1 Hen 90,20–26, in den Bilderreden 1 Hen 47,3f und in Weish 4,20–5,14.[49] Das Logion hat schon durch die provozierende Kontrastierung „dieses Geschlechts" mit „guten" Heiden deutlich die Funktion der Warnung, der auch die Form des strophischen Parallelismus „eine Wirkung von einzigartiger Intensität und dramatischer Kraft" verleiht.[50] Kaum ein zweites Logion der Jesusüberlieferung dürfte durch so viele Indizien positiv als authentisch zu erweisen sein. Zu nennen sind die semitische Diktion und die „rabbinische" Argumentation (qal-wa-chomer Schluß); die von der Septuaginta unabhängige Verwendung einer Schriftstelle;[51] die Form des strophischen Parallelismus, die als „unterscheidendes Merkmal" der Poesie Jesu und

---

[47] Letzteres drückt sich auch in der Syntax aus: Auf eine Feststellung folgt ein asyndetisch angeschlossener Imperativ; bei dieser Struktur handelt es sich im Griechischen regelmäßig um konsekutive Parataxe. Vgl. *M. Reiser*, Syntax und Stil des Markusevangeliums (WUNT 2. R. 11), Tübingen 1984, 144f.

[48] Vgl. *Ch. Riniker*, Die Gerichtsverkündigung Jesu, Bern u.a. 1999.

[49] Zum fragmentarischen und unstimmigen Charakter dieses Gerichtsbildes vgl. *M. Reiser*, Jesus (s. Anm. 9) 154–156.

[50] *T.W. Manson*, The Teaching of Jesus, Cambridge 1963 (^{2}1935), 55.

[51] Das ἦλθεν ... ἀκοῦσαι τὴν σοφίαν Σολομῶνος ist 1 Kön 5,14 entnommen. LXX: παρεγίνοντο ... ἀκοῦσαι τῆς σοφίας Σαλωμων.

„sein besonderer Beitrag zu den poetischen Formen im allgemeinen“ zu gelten hat;[52] die provozierende Apostrophierung des gesamten Volkes als „dieses Geschlecht“ und schließlich der offen formulierte und nicht mehr zu steigernde Anspruch in dem „Hier ist mehr als Salomo! ... Hier ist mehr als Jona!“[53] Nur aufgrund eines Vorurteils kann man Jesus dieses Wort absprechen.

Scheint nun das eben besprochene Gerichtswort in die letzte Phase des öffentlichen Wirkens Jesu zu gehören, als sich die Zurückweisung seiner Botschaft abzeichnet, so ist das Gleichnis vom unbarmherzigen Knecht (Mt 18,23–34) offensichtlich ohne spezifischen Sitz im Leben. Es veranschaulicht Grundsätzliches über den Zusammenhang von Heil und Unheil: Die Gnade, die Gott wie ein großzügiger König überreich schenkt, soll weiterwirken; sonst ist sie vergeblich empfangen (vgl. 2 Kor 6,1). Dies wird am Beispiel der Vergebung verdeutlicht. (Die Metaphorik der Geldschulden ist von der Doppelbedeutung des semitischen חוֹב / חוֹבָה „Geldschuld“, „Sündenschuld“ her durchsichtig.) Das gibt der Sache noch eine eigene Bewandtnis. Denn so wird noch einmal bestätigt, was wir jetzt schon mehrfach gesehen haben: Ethik und Eschatologie sind eng verknüpft. Zwar ist auch dieser Zusammenhang durchaus nicht neu;[54] aber indem Jesus die königliche Gnade Gottes in ihrer letztgültigen, unüberbietbaren Gestalt zu bringen beansprucht, erhält die entsprechende Ethik ihre letzte Dringlichkeit. Die Stringenz der Gleichnishandlung ist makellos: zunächst der Nachlaß der ungeheuren Schuldsumme; dann die empörende Unfähigkeit des Entschuldeten zum Erbarmen mit einem kleinen Schuldner; darauf die zornige Reaktion des Königs, der seinen Gnadenerweis zurücknimmt und den Uneinsichtigen den Folterknechten übergibt. Nur aufgrund einer *Petitio principii* kann man den Schluß der Geschichte für unlogisch halten und den Vollzug des Gerichtsurteils literarkritisch wegoperieren wollen. Daß Jesus mit seinem Gleichnis auf das eschatologische Gericht anspielen wollte, beweisen das Motiv des königlichen Zorns, das an den eschatologischen Zorn Gottes und sein Zorngericht denken läßt, und das Motiv der Folter, das zur Bezeichnung der Höllenqualen geläufig war.[55] Der Hauptgedanke ist in diesem Gleichnis aber nicht das drohende *Gericht* Gottes im Fall eines Fehlverhaltens, sondern die zuvorkommende *Gnade* Gottes, die zur Quelle eigener Barmherzigkeit werden soll.

Wie eng Reich-Gottes-Botschaft und Gerichtsankündigung für Jesus verknüpft waren, zeigt das wohl strengste der überlieferten Gerichtsworte Jesu, das wiederum die Logienquelle bewahrt hat: der Weheruf über Chorazin und Betsaida mit dem anschließenden Urteilsspruch über Kafarnaum (Mt 11,21–24 / Lk 10,13–15).[56] Diese Gerichtsworte sind nur noch schwer als Warnungen zu verstehen; sie klingen eher wie endgültige Urteile, die das Urteil im Jüngsten Gericht (ἐν τῇ κρίσει) wie in Mt 12,41f / Lk 11,31f) vorwegnehmen. Die Urteilsbegründung lautet: „Wären in Tyros und Sidon die Wundertaten geschehen, die bei euch geschehen sind, sie hätten längst Buße getan in Sack und Asche.“ Hier werden die Wunder als eschatologische Erweiszeichen und Realsymbole

---

52 *T.W. Manson*, Teaching (s. Anm. 50) 56.
53 Für Einzelheiten vgl. *M. Reiser*, Jesus (s. Anm. 9) 206–221; *Ch. Riniker*, Gerichtsverkündigung (s. Anm. 48) 296–300.
54 Vgl. *Ch. Münchow*, Ethik und Eschatologie. Ein Beitrag zum Verständnis der frühjüdischen Apokalyptik, Göttingen 1981.
55 Nachweise und Einzelheiten bei *M. Reiser*, Jesus (s. Anm. 9) 273–281; *Ch. Riniker*, Gerichtsverkündigung (s. Anm. 48) 301–333.
56 Vgl. *M. Reiser*, Jesus (s. Anm. 9) 221–230.

der gegenwärtigen βασιλεία begriffen, wie wir es auch in anderen Logien gefunden haben. Jesus will seine Wunder nicht als Sensationen gewertet wissen, die man sieht, um dann weiter zu leben wie vorher; sie sollen vielmehr als Signale wirken, die zur Umkehr rufen. Damit ist auch deutlich, daß für Jesus das Motiv der Umkehr von der Sache her nicht eigentlich mit dem Gerichtsgedanken verbunden ist, auch wenn dieses Motiv im Rahmen eines Gerichtsworts auftritt; sachlich gehört es vielmehr auf die Seite der βασιλεία. Damit ist die entsprechende Verknüpfung in dem Summarium von Mk 1,15 als sachlich zutreffend erwiesen. Das Beispiel von Mk 1,15 zeigt, daß ein tiefgreifendes Mißtrauen in die christliche Überlieferung und ihre Darstellung Jesu unbegründet ist. Der Schlüssel, den die Synoptiker zum Verständnis Jesu, seiner Botschaft und seiner Geschichte, anbieten, kann durch keinen anderen ersetzt werden. Und dieser Schlüssel ist die Eschatologie.

3. „Was Josephus nicht sah"

Unter diesem Titel weist Arnaldo Momigliano auf „die doppelte Blindheit des Josephus" hin: „gegenüber der Synagoge und gegenüber den apokalyptischen Strömungen, die im Judentum und Christentum seiner Zeit weit verbreitet waren".[57] Daß Josephus die Bedeutung dieser beiden Faktoren verkannte, so daß sie in seinem Werk fast völlig ausgeblendet werden, ist jedoch nicht eigentlich auf eine Blindheit zurückzuführen, sondern, wie Momigliano selbst zeigt, auf ein bewußtes Verschließen der Augen. Das beweist insbesondere die Tatsache, daß Josephus bei seiner Paraphrase des Buches Daniel das 7. Kapitel stillschweigend übergeht.[58] „In der Beschreibung des Judentums, wie die Apologie sie gibt, kommt der Hoffnung nur dadurch Bedeutung zu, daß sie dem einzelnen Frommen ‚das bessere Leben' verspricht."[59] Die Eschatologie tritt damit nur noch als individuelle Erlösung der Seele nach dem Tod in den Blick. Über den Hauptgrund für diese einseitige Darstellung und das Verschließen der Augen vor wichtigen historischen Sachverhalten bei Josephus sind sich die Kenner einig: Dieser Grund war – abgesehen von einer gewissen Entfremdung von der jüdischen Glaubensgemeinschaft – die Rücksichtnahme auf das Publikum, für das er schrieb: „seine griechisch-römischen Leser der Oberschicht" und „seine jüdischen Leser, die Griechisch verstanden".[60] „Dies führte dazu, daß das Judentum des Josephus farblos war, nicht falsch und nicht trivial, aber rhetorisch, allgemein und ziemlich unrealistisch".[61]

Die Analogie zu einem gewissen Trend in der heutigen Jesusforschung ist offenkundig. Wieder ist es die Eschatologie, insbesondere die geschichtliche, apokalyptisch gefärbte Eschatologie, die

---

[57] *A. Momogliano*, What Josephus Did Not See, in: *Ders.*, On Pagans, Jews, and Christians, Middletown (Conn.) 1987, 108–119, hier 115. Deutsche Übersetzung: Was Flavius Josephus nicht sah, in: *Ders.*, Die Juden in der Alten Welt, Berlin ²1988, 67–78. Ich gebe meine eigene Übersetzung.

[58] Jos. Ant. 10,186–281. Vgl. *A. Momigliano*, Josephus (s. Anm. 57) 116–119; *J.J. Collins*, Apocalypticism (s. Anm. 11) 155; *L.H. Feldman*, Studies in Josephus' Rewritten Bible, Leiden / Boston / Köln 1998, 554–568.

[59] *A. Schlatter*, Die Theologie des Judentums nach dem Bericht des Josephus, Gütersloh 1932 (Repr. Hildesheim 1979) 259. Die Stelle, auf die Schlatter anspielt: Jos., c. Ap. 2,218. Vgl. Schlatters ganzen Abschnitt über „das Kommende" (252–263).

[60] *A. Momigliano*, Josephus (s. Anm. 57) 116.

[61] Ebd. 119.

ein Dorn im Auge ist und aus Rücksicht auf ein bestimmtes Publikum der Oberschicht ausgeblendet wird. Und der Jesus, der dabei in unterschiedlichsten Versionen herauskommt, ist farblos, vielleicht nicht ganz falsch oder trivial, aber rhetorisch, allgemein und ziemlich unrealistisch.

Die konkrete Gestalt und Funktion, die Albert Schweitzer der Eschatologie in der Verkündigung Jesu gab, konnte in vieler Hinsicht der Kritik nicht standhalten. Aber in der Hauptsache hatte Schweitzer recht: „Von der Eschatologie aus wird also die älteste Überlieferung von der Verkündigung und dem Verhalten Jesu im Großen wie im Kleinen erst wirklich begreiflich und damit ihre Glaubwürdigkeit gegen alle erdenklichen Zweifel erst wirklich erwiesen."

Spaßkultur und Todeskultur

Das Gleichnis vom reichen Narren (Lk 12,13–34)[1]

„Gebt acht und hütet euch vor jeder Form des Immer-mehr-haben-wollens! Denn das Leben eines Menschen besteht nicht darin, Überfluß zu haben aufgrund seines Besitzes“ (Lk 12,15).[2] Dieses Wort Jesu aus dem Lukasevangelium ist ebenso aktuell wie unmodern. Denn wir leben in einer *Überflußgesellschaft*, die das „Immer mehr“ zum ersten Gebot des Wirtschafts- und Geschäftslebens erhoben hat und in der ein Großteil der Menschen tatsächlich den Lebensinhalt darin zu sehen scheint, alle materiellen Güter im Überfluß zu haben.

Neben das Schlagwort von der Überflußgesellschaft trat vor einigen Jahren das von der *Erlebnisgesellschaft*.[3] Der Soziologe, der es aufgebracht hat, betrachtet die „Erlebnisorientierung“ als ein Hauptcharakteristikum unserer Gesellschaft. Diese sucht ihr Glück in einem Maß in Erlebnissen und Sensationen der Sinne, wie dies bisher noch nie der Fall war. Dabei wird die „Erlebnisnachfrage“ befriedigt und reguliert durch einen „Erlebnismarkt“, der mit „erlebnisbezogener Werbung“ die „Erlebniskonsumenten“ lockt und animiert. „Das Leben schlechthin ist zum Erlebnisprojekt geworden.“[4] Was man einst „Zerstreuung“ genannt und als typische Beschäftigung der Adligen betrachtet hat, ist dank der Wirtschaftslage zu einem Massenphänomen geworden.[5] Heute spricht man meistens von „Eventkultur“.

Wer aber dieses scheinbar grenzenlose Vergnügen sucht, macht bald eine paradoxe Erfahrung: Die Inflation banaler Erlebnisse und „events“ vermindert die Erlebnisintensität bis hin zur puren Erlebnissuggestion und steigert zugleich den Erlebnisbedarf ins Immense. Zurück bleibt ein Erlebnishunger, der mit jedem verschlungenen „Erlebnis“ nur noch größer wird. Das Innere des Menschen, das nach christlicher Auffassung die Seele einnehmen müßte, wird zum unersättlichen schwarzen Loch. Die Folgen sind bekannt.

Nun gab es eine ganz ähnliche Mentalität schon in der Antike. In der dünnen Oberschicht der antiken Gesellschaft – sie machte etwa 1 % der Bevölkerung aus – gab es Menschen, die ihr Glück

---

[1] Vortrag in Beuron am 22. 9. 2002. Eine erste Fassung bildete: *M. Reiser*, „Iß, trink und sei fröhlich!“ Eine antike Lebensphilosophie und ihre christliche Antithese: Forschungsmagazin der Johannes Gutenberg-Universität Mainz 10 (1994) 4–10 (mit Abb.).

[2] Man kann auch übersetzen: „... Denn auch wenn einer Überfluß hat, so besteht sein Leben nicht in seinem Besitz.“ Zum paganen Hintergrund des „Immer-mehr-haben-wollens“ vgl. *A.J. Malherbe*, The Christianization of a *Topos* (Luke 12:13–34): NT 38 (1996) 123–135.

[3] *Gerhard Schulze*, Die Erlebnisgesellschaft. Kultursoziologie der Gegenwart, Frankfurt a.M. 1992.

[4] Ebd. 13.

[5] Vgl. *K. Maase*, Grenzenloses Vergnügen. Der Aufstieg der Massenkultur 1850–1970, Frankfurt a.M. 1997.

hauptsächlich im sinnlichen Genuß suchten. Nach dem griechischen Wort für „Genuß, Freude, Lust" (ἡδονή) nennt man sie „Hedonisten" und ihr Glücksprogramm „Hedonismus". Gleich im Anschluß an die eingangs zitierte Warnung führt uns Lukas einen Vertreter dieses Glücksprogramms vor. Schauen wir ihn und sein Programm etwas näher an.

1. Das „Evangelium der fünf Sinne"[6]

> Er bedurfte fortwährend der Zerstreuung
> und langweilte sich ununterbrochen.[7]

Das Gleichnis vom reichen Narren (oder Großgrundbesitzer) ist eine Beispielerzählung, die Lukas kunstvoll gestaltet und durch eine sorgfältige Rahmung kommentiert hat. Die Rahmung umfaßt den ‚Vorbau' des Gleichnisses in Lk 12,13–15 und die angeschlossene Jüngerunterweisung in Lk 12,22–34.

Der ‚Vorbau' beginnt mit einer Anekdote. Ein Unbekannter bittet Jesus, im Erbstreit mit seinem Bruder zu vermitteln. Das gehörte zu den Aufgaben eines Schriftgelehrten; dieser gab Rechtsauskunft und konnte als Schiedsrichter angerufen werden. Im letzteren Fall mußten sich allerdings beide Parteien vorher darauf einigen, daß sie sich einem schiedsgerichtlichen Urteil unterwerfen würden. Darum scheint es sich in unserem Fall nicht zu handeln, da nur *eine* Partei Jesus um sein Eingreifen bittet. Aber Jesus versteht sich nicht als Schriftgelehrten und weist das Ansinnen zurück. Wie könnte er auch einer solchen Bitte entsprechen, wo er doch in der „Feldrede" geraten hatte: „Gib jedem, der dich bittet, und wenn dir jemand das Deine wegnimmt, verlang es nicht zurück!" (Lk 6,30) Den Erbstreit nimmt Jesus vielmehr als Anlaß für jene Warnung vor dem Immer-mehr-haben-wollen, die ich eingangs zitiert habe. Diese Sentenz dient aber zugleich als Überleitung und Überschrift für das folgende Gleichnis:

> Das Land eines reichen Mannes hatte gut getragen. Da überlegte er bei sich: „Was soll ich tun? Ich habe keinen Platz für meine Ernte." Und er sagte sich: „Das will ich tun. Ich will meine Speicher abreißen und größere bauen. Darin werde ich mein ganzes Korn und meine Güter unterbringen. Dann kann ich zu meiner Seele sagen: ‚Seele, du hast viele Güter gelagert für viele Jahre. Ruh dich aus, iß, trink und sei vergnügt!'" Aber Gott sprach zu ihm: „Du Narr! Noch in dieser Nacht wird man dir dein Leben abfordern. Wem gehören dann deine Vorräte?" So ist es mit dem, der für sich selber Schätze hortet und nicht reich ist bei Gott. (Lk 12,16–21)

Dieses Gleichnis besteht zum größten Teil in einem Monolog, der in einen Monolog im Monolog übergeht.[8] So wird die Ichbezogenheit des Reichen auch formal unterstrichen. Er will seinen Reichtum ganz dazu benutzen, sich ein schönes Leben zu machen. Aber Gott erhebt Einspruch; er nennt ihn – offensichtlich im Traum – einen Narren und kündigt ihm den Tod noch in

---

[6] So nennt *Joseph von Eichendorff* das Programm des Hedonismus: Der deutsche Roman des 18. Jahrhunderts in seinem Verhältnis zum Christentum, in: *Ders.*, Werke und Schriften in vier Bänden (hgg. von G. Baumann / S. Grosse), Bd. 4, Stuttgart 1958, 799.

[7] *A. Puschkin*, Dubrowski, in: *Ders.*, Ausgewählte Werke I–III, Bd. 2, Berlin 1999, 222.

[8] Zum Monolog vgl. *M. Reiser*, Sprache und literarische Formen des Neuen Testaments. Eine Einführung, Paderborn 2001, 147.

derselben Nacht an. Die Formulierung: „Man wird dir dein Leben (ψυχήν) abfordern" deutet an, daß mit dem Tod eine Rechenschaft über das geführte Leben gefordert wird. Mit einem klassischen *Epimythion*, der Nutzanwendung, schließt das Gleichnis.

Sein Glücksprojekt faßt der Reiche in eine Reihe von Imperativen, die jedem antiken Menschen vertraut waren: „Ruh dich aus, iß, trink und sei vergnügt!" Diese Aufforderungen bilden die Elemente einer hedonistischen, auf Sinnengenuß ausgerichteten Lebensphilosophie, die uns in unzähligen Varianten in der Literatur des Orients wie des Okzidents begegnet. Kohelet hat nichts Besseres gefunden unter der Sonne als essen, trinken und vergnügt sein (Koh 9,7–10).[9] Aber schon lange vor ihm zitiert Jesaja die Parole: „Laßt uns essen und trinken, denn morgen sind wir tot" (Jes 22,13). Die hier gegebene Begründung für das hedonistische Programm kehrt ständig wieder: Es ist der täglich drohende Tod. Gerade weil es morgen schon zu spät sein könnte, müssen wir das Leben heute genießen.

Unser ältestes Zeugnis für diese Lebensphilosophie stammt aus einer Zeit gut tausend Jahre vor Jesaja. Es ist das Fragment einer altbabylonischen Tontafel, die um 1800 v.Chr. beschriftet und gebrannt wurde, ungefähr 600 Jahre, bevor sich ein Stämmeverband namens Israel formierte. Die Tontafel erzählt von Gilgamesch, der auf der Suche nach dem ewigen Leben zur Schenkin Siduri kommt. Diese belehrt ihn:

Gilgamesch, wo läufst du hin?
Das Leben, das du suchst, wirst du nicht finden!
Als die Götter die Menschheit erschufen,
da wiesen sie der Menschheit den Tod zu;
das Leben nahmen sie in ihre eigene Hand.
Du, Gilgamesch – dein Bauch sei voll,
vergnüge dich bei Tag und Nacht!
Täglich feiere ein Freudenfest,
tanz und spiel bei Tag und Nacht!
Deine Kleider seien rein,
dein Haupt sei gewaschen,
gebadet seist du mit Wasser!
Sieh auf das Kind, das deine Hand hält,
die Gattin freue sich auf deinem Schoß!
So ist das Tun der Menschen.[10]

Dasselbe Evangelium verkündet auch Herakles in einem Stück des Euripides, das 438 v.Chr. uraufgeführt wurde:

Auf alle Menschen wartet gleicher Tod,
und keinen gibt es, der an diesem Tag
schon weiß, ob er den nächsten noch erlebt.

---

[9] Dieser Abschnitt bietet die ‚klassischen' Topoi. Aber vgl. auch Koh 2,24–26; 3,12.13.22; 5,17–19; 8,15; 11,7–12,8. Dazu *Stefan Fischer*, Die Aufforderung zur Lebensfreude im Buch Kohelet und seine Rezeption der ägyptischen Harfnerlieder, Frankfurt a.M. u.a. 1999. Merkwürdigerweise geht der Autor weder auf Jes 22,13 noch auf Lk 12,16–21 ein. Gründlich ist der ägyptologische Teil, dürftig der hellenistisch-römische. Daher ist seine These einer Benützung der ägyptischen Tradition durch Kohelet nicht überzeugend. Für den Hinweis auf dieses Werk und ägyptologische Literatur danke ich Dr. Andrea Klug.

[10] Sogenannte „Meissner-Tafel", mit kleinen stilistischen Änderungen zitiert nach *K. Hecker*, TUAT Bd. 3, 665f. Für Hinweise danke ich meinem Kollegen Rudolf Mosis.

Der Weg des Schicksals liegt in Finsternis,
kein Kunstgriff, keine Rechnung hellt sie auf.
Hast du nun dies gehört von mir und recht gelernt,
sei fröhlich, trinke, rechne mit dem Tag,
stell alles andre dem Geschick anheim.
Und ehre auch die Göttin Kypris, die uns
die allerliebste ist. *Die* Gottheit will uns wohl.[11]

Daß Herakles diese Weisheit – freilich ohne es zu wissen – in einem Trauerhaus zum Besten gibt, empfand das antike Publikum offenbar sowenig als geschmacklos wie die bei Petron erzählte Geschichte von der „Witwe von Ephesus".[12] In dieser Geschichte beweint eine Frau ihren verstorbenen Mann, indem sie fastend Tag und Nacht in der Grabhöhle bei ihm verbringt. Schließlich aber wird sie durch einen Soldaten, der in der Nähe ein Kreuz zu bewachen hat, zu all dem überredet, was Herakles empfiehlt: Essen, trinken und die Göttin Kypris ehren. Auch die Gründe für ihren Sinneswandel sind genau die, die Herakles nennt: „Der Leib des hier liegenden Toten selbst muß dich mahnen, zu leben" (111,12). „Leben" (vivere) meint hier wie immer in diesem Zusammenhang „das Leben genießen".

Der Begründungszusammenhang von täglich drohendem Tod und dem Streben nach Lebensgenuß macht es verständlich, warum so viele Beispiele dieser Haltung ausgerechnet auf Grabmalen begegnen. In einer Inschrift aus dem Grab des ägyptischen Priesters Petosiris (Ende des 4. Jh. v.Chr.) heißt es nach einem Hinweis auf den Tod: „Trinkt und betrinkt euch beim Feiern des Festes, folgt eurem Herzen, solange ihr auf Erden seid."[13] Denselben Tenor hat eine Gruppe der sogenannten „Harfnerlieder" aus dem 14.–12. Jh. v.Chr., die sämtlich in Gräbern gefunden wurden.[14] Eine Grabbeigabe ist auch der Papyrus Harris 500, der das Harfnerlied mitten in einem Zyklus von Liebesliedern bietet. Wir finden darin die üblichen Aufforderungen: „Erfreue dein Herz!" „Tu Myrrhen auf dein Haupt!" „Folge deinem Herzen in Gemeinschaft der Geliebten!" Es schließt mit einem durch rote Schrift hervorgehobenen Fazit: „Feiere den schönen Tag, werde dessen nicht müde! Bedenke: Niemandem ist es gegeben, seine Habe mit sich zu nehmen. Bedenke: Niemand, der ging, kam je zurück."[15] Solche Feststellungen sind um so merkwürdiger, als sie im Widerspruch zur üblichen ägyptischen Jenseitshoffnung stehen. Diese Lieder wollen „das Diesseits erhöhen und das Jenseits herabsetzen", wie ein ‚altgläubiger' Autor grollend bemerkt.[16]

---

11 Eur. Alk. 782–791. Übersetzung nach *E. Buschor* und *D. Ebener.* Kypris „die Zyprierin" heißt Aphrodite, die Liebesgöttin, weil sie auf Zypern besonders verehrt wird.

12 *Petron*, sat. 111f.

13 Übersetzung: Die Weisheitsbücher der Ägypter. Lehren für das Leben. Eingeleitet, übersetzt und erläutert von *Hellmut Brunner*, Düsseldorf/ Zürich 1998 (1988), 410. Vgl. *S. Fischer*, Lebensfreude (s. Anm. 9) 184f; *Sh. Burkes*, Death in Qoheleth and Egyptian Biographies of the Late Period, Atlanta 1997, 197–208.

14 Vgl. *J. Assmann*, Fest des Augenblicks – Verheißung der Dauer. Die Kontroverse der ägyptischen Harfnerlieder, in: *Ders.* (u.a.) (Hg.), Fragen an die altägyptische Literatur. FS Eberhard Otto, Wiesbaden 1977, 55–84. Assmann versucht, den Hedonismus dieser Lieder etwas edler erscheinen zu lassen, indem er ihn als „Aufruf zur vita activa" (79) und eine „Philosophie des Festes"" (83) versteht. Das ägyptische Material ist sorgfältig interpretiert dargeboten bei *S. Fischer*, Lebensfreude (s. Anm. 9) 123–188.

15 Übersetzung: *J. Assmann*, Fest (s. Anm. 14) 56. Der ganze Zyklus bei: *W.K. Simpson* (Hg.), The Literature of Ancient Egypt, New Haven and London 1973, 296–325.

16 Neferhotep II. Vgl. *S. Fischer*, Lebensfreude (s. Anm. 9) 139.161.164.

Auch auf griechischen und römischen Grabsteinen sind derartige Mementos häufig.[17] Auf einer Grabschrift (2./3. Jh.), die in Aphrodisias in Kleinasien gefunden wurde, beschwört ein Viehknecht namens Theseus die Passanten, nicht vorüberzugehen, ohne folgende Lektion gelernt zu haben: „Solange du lebst, laß es dir gutgehen, iß, trink, prasse, umarme! Denn das war das Ende ...“.[18] In Phrygien erklärt ein gewisser Psophas: „Das sage ich meinen Freunden: Scherze, prasse, lebe (ζῆσον)! (Denn) du mußt sterben.“[19] Auch das nächste Beispiel stammt aus Phrygien: „Anthos grüßt die Passanten! Bade, trink, iß, sei gierig! Denn das hast du hier unten nicht mehr.“[20] Der mit 83 Jahren verstorbene Chrysogonos aus Kos faßt sich ganz kurz: „Trinke! Du siehst das Ende.“[21] Ein hellenisierter lykischer Fürst, dessen monumentales Felsengrab erst vor wenigen Jahren entdeckt wurde, ließ auf griechisch folgende Inschrift anbringen:

Hier liege ich tot, Apollonios, der Sohn des Hellaphilos.
Ich habe gerecht gehandelt und ein herrliches Leben geführt, solange ich lebte,
mit Essen und Trinken und Scherzen. So geh in Freuden![22]

Ein darüber angebrachtes Relief stellt den Toten bei den gepriesenen Tätigkeiten dar: Er liegt auf einem Speisesofa und hebt das Trinkhorn. Das Monument dürfte aus dem 4. Jahrhundert v.Chr. stammen.

Ein ganz ähnliches Monument, aber gut 500 Jahre später, um 160 n.Chr., entstanden, wurde bereits 1626 bei Ausgrabungen unter der Peterskirche in Rom gefunden.[23] Es ist das Denkmal eines Senators, der bei derselben Tätigkeit dargestellt ist wie der lykische Fürst. Auf der Basis verkündete er auch dasselbe Evangelium, allerdings in etwas derberen Worten als jener:

Freunde, die ihr es lest, ich mahne euch, mischt den Wein und trinkt weitab mit blumenbekränzten Schläfen und versagt den schönen Mädchen nicht den Geschlechtsverkehr (venereos coitus). Alles andere verzehrt nach dem Tod die Erde und das Feuer.[24]

Die Inschrift erschien im 17. Jahrhundert so anstößig, daß sie schnell verdeckt und später vernichtet wurde.[25]

---

[17] Vgl. *G.W. van Bleek*, Quae de hominum post mortem condicione doceant carmina sepulcralia latina, Rotterdam 1907, 24–27; *W. Ameling*, Φάγωμεν καὶ πίωμεν. Griechische Parallelen zu zwei Stellen aus dem Neuen Testament: ZPE 60 (1985) 35–43.

[18] Ausführlich kommentiert von *L. Robert*, Hellenica Bd. XIII, Paris 1965, 184–192.

[19] *W. Peek*, Griechische Vers-Inschriften Bd. 1: Grab-Epigramme, Berlin 1955, Nr. 1016 (1./2. Jh.). Vom „Leben“ im Sinn von „das Leben genießen“ ist in diesem Zusammenhang oft die Rede.

[20] Le Bas / Waddington 977.

[21] Text mit Abb. bei *A. Deissmann*, Licht vom Osten, Tübingen [4]1923, 250f. Kaiserzeit.

[22] *M. Wörrle*, Leben und Sterben wie ein Fürst. Überlegungen zu den Inschriften eines neuen Dynastengrabes in Lykien: Chiron 28 (1998), 77–83; *ders.*, Die Inschriften am Grab des Apollonios am Asartaş von Yazir in Ostlykien: Lykia 3 (1996/97), Antalya 2000, 24–38. Ich danke Frau H. Botermann für den Hinweis und Herrn M. Wörrle für Texte und Informationen.

[23] Vgl. *H. Wrede*, Klinenprobleme (Archäologischer Anzeiger 1981), Berlin 1981, 101–109. Die Plastik befindet sich heute im Museum von Indianapolis. Für den Hinweis auf diese Untersuchung danke ich Kollegen Volker Michael Strocka vom Archäologischen Institut Freiburg.

[24] CIL VI 17985a. 34112.

[25] Vgl. *H. Wrede*, Klinenprobleme (s. Anm. 23) 104. Damit sind ältere Angaben berichtigt, z.B. bei *H. Lietzmann*, Petrus und Paulus in Rom, Berlin / Leipzig [2]1927, 199–202; L. Friedländer, Darstellungen aus der Sittengeschichte Roms, Bd.

Die zuletzt zitierte Inschrift mit ihrer Drastik steht in einer langen Tradition, die mit dem Namen eines legendären assyrischen Königs namens Sardanapal verbunden wird und seiner ebenso legendären Grabschrift. Dieser Sardanapal galt als reicher Lüstling und Transvestit. Das Original seiner Grabschrift wollen Soldaten Alexanders in Kleinasien gesehen haben. Wahrscheinlich hat man das erstbeste assyrische Grabmahl zum Grab Sardanapals gemacht. Die angeblich aus dem Assyrischen übersetzte Inschrift ist in zahlreichen Varianten in einer Vers- und einer Prosaversion überliefert.[26] Die älteste Prosafassung, die auf Kallisthenes, den Hofhistoriographen Alexanders des Großen, zurückgeht, lautet: „Iß, trink, bespringe! Denn nichts anderes kommt dem gleich." Das „bespringe!" (ὄχευε) war den Griechen aber doch zu ordinär; so wird es meistens durch mildere Ausdrücke ersetzt wie „Scherze!" (παῖζε) oder „Liebe!" (ἀφροδισίαζε). Aristoteles spottet, diese Grabschrift passe besser für ein Rind als für einen König,[27] stellt aber nüchtern fest, daß sich die Mehrzahl der Menschen für diese „Lebensform des Weideviehs" (βοσκημάτων βίος) entscheide.[28] Das sagt schon Platon und meint, sie kämen auf diese Weise nie in den Genuß einer „verläßlichen und reinen Lust".[29] Der geistreiche Kyniker Krates setzt in einer Parodie auf Sardanapals Grabspruch der Trias von Essen, Trinken und Sex drei andere Werte entgegen: Wissen, Nachdenken und musische Gaben.[30]

Daß diese hedonistische Lebenshaltung auch im Palästina der Zeit Jesu angepriesen wurde, beweist das sogenannte Jason-Grab in Jerusalem. Dieser Grabbau einer vornehmen sadduzäischen Priesterfamilie wurde 1956 entdeckt.[31] Er enthielt Münzen aus hasmonäischer und römischer Zeit, die letzte geschlagen von Pilatus im Jahr 31 n.Chr. Auf der Außenwand der Grabkammer sind mit Kohle geschriebene Graffiti zu sehen: ein Epitaph mit dem Namen des Verstorbenen in aramäischer Sprache, darunter eine zweite Inschrift in griechischer Sprache. Von den zwei Zeilen dieser griechischen Inschrift ist nur noch die erste sicher zu lesen: εὐφραίνεστε οἱ ζῶντες „Seid vergnügt, ihr Lebenden!"[32] Das genügt, um zu wissen, welche Tradition wir hier vor uns haben.

Es überrascht nicht, daß wir Inschriften dieses Tenors häufig auf Trinkgefäßen finden.[33] Aber es mutet uns doch skurril und befremdlich an, daß solche Trinkgefäße vielfach mit Skeletten

3, Leipzig 1923 (ND 1979), 303f. Hierher gehört auch das Vincentius-Grab: *E. Maass*, Orpheus, München 1895 (ND 1974), 207–224; *M.P. Nilsson*, A propos du tombeau de Vincentius, in: *Ders.*, Opuscula selecta III, Lund 1960, 176–181.

26 Vgl. *F. Weissbach*, Art. Sardanapal: RE I A (1920) 2436–2475, hier 2441–2448; *H. Heusch*, Der Grabspruch des Sardanapal und die Entgegnung des Krates von Theben: RhM 94 (1951) 250–256; *H. Lloyd-Jones / P. Parsons*, Supplementum Hellenisticum, Berlin 1983, 155–158.

27 Nach Cic. Tusc. V 35,101.

28 Aristot. EN 1095 b. Aristoteles benützt hier offenkundig Plat. rep. 586 a/b.

29 Plat. rep. 586 a.

30 Vgl. *H. Heusch*, Grabspruch (s. Anm. 26).

31 Ausgrabungsbericht: *L.Y. Rahmani*, Jason's Tomb: Israel Exploration Journal 17 (1967) 61–100.

32 Vgl. *B. Lifshitz*, Notes d'épigraphie Palestinienne: RB 73 (1966) 244–255. Er rekonstruiert als zweite Zeile: „Im übrigen … zusammen trinken und essen". Dagegen *E. Puech*, Inscriptions funéraires Palestiniennes. Tombeau de Jason et Ossuaires: RB 90 (1983) 481–553, hier 491–494. Er rekonstruiert: „Brüder und trinkt dabei! Niemand ist unsterblich." Vgl. jetzt *J.S. Park*, Conceptions of Afterlife in Jewish Inscriptions (WUNT 2. R. 121), Tübingen 2000, 67–72. Nur die Erwähnung des Trinkens ist in der zweiten Zeile mit einiger Wahrscheinlichkeit zu identifizieren.

33 Vgl. *H. Leclercq*, Art. Pie zeses: DACL 14,1 (1939) 1024–1031; *M. Bös*, Aufschriften auf rheinischen Trinkgefäßen der Römerzeit: Kölner Jahrbuch für Vor- und Frühgeschichte 3 (1958) 20–25.

verziert sind.[34] Das berühmteste Beispiel dafür sind zwei silberne Becher aus einer *Villa rustica* bei Boscoreale, die wie das nahegelegene Pompeij bei dem Vesuvausbruch des Jahres 79 n.Chr. verschüttet wurde.[35] Diese Becher sind verziert mit Reliefszenen, in denen Skelette agieren. Die Szenen sind durch kurze Sprüche kommentiert, darunter folgende: „Genieße das Leben! Denn wer weiß, was morgen ist." „Freu dich des Lebens!" „Sei vergnügt in der Zeit deines Lebens!" „Das Leben ist ein Theater." Eines der Skelette stellt Epikur im Disput mit Zenon dar; dazu der Wahlspruch: „Das Ziel (oder: das höchste Gut) ist die Lust" (τὸ τέλος ἡδονή). Das ist der vulgär mißverstandene Epikur, der dieser trivialen Lebensauffassung das philosophische Mäntelchen liefern muß.[36] Jedenfalls hatte das *memento mori* für die antiken Genießer einen klaren Zweck: Es sollte zum Essen, vor allem aber zum Trinken animieren.

Zu diesem Zweck läßt der reiche Emporkömmling Trimalchio in Petrons „Satyrica" nach den Vorspeisen eine silberne Skelett-Puppe mit beweglichen Gliedern hereinbringen, spielt mit ihr auf dem Tisch und singt dazu:

> Ach, wir Armen! Wie doch das ganze Menschlein ein Nichts ist!
> So werden wir alle sein, wenn uns der Orkus holt.
> Also laßt uns das Leben genießen, so lange es geht!
> (ergo vivamus, dum licet esse bene)[37]

Solche Skelett-Puppen haben die Archäologen auch gefunden.[38] Das beweist, daß wir es hier nicht mit einer Erfindung des Romanautors zu tun haben, sondern mit einer tatsächlich geübten Praxis. Eine entsprechende Sitte bezeugt Herodot für das alte Ägypten:

> Bei den Zusammenkünften ihrer Wohlhabenden trägt ein Mann, wenn sie mit dem Essen fertig sind, in einem Sarg einen Toten herum, aus Holz geschnitzt, möglichst naturnah in Bemalung und Form, etwa eine Elle lang oder auch zwei, und zeigt ihn jedem Trinkgenossen vor und spricht dazu: „Schau den an und trink und freue dich. Denn bist du tot, bist du wie der." So tun sie bei ihrem geselligen Trinken.[39]

Auch diese Angaben werden durch archäologische Funde bestätigt. So überrascht es nicht, daß das Fußbodenmosaik eines Speisezimmers in Pompeji ein grinsendes Skelett darstellt, das in jeder Hand ein Trinkhorn hält.[40] Die zahlreichen Funde beweisen, daß dieses Motiv im Kontext des Symposiums vor allem im 1. Jahrhundert vor und nach Christus außerordentlich beliebt und

---

[34] Das Material mit 59 Abbildungen wird vorbildlich präsentiert von *K.M.D. Dunbabin*, Sic erimus cuncti ... The Skeleton in Graeco-Roman Art: JdI 101 (1986) 185–255.

[35] Näheres dazu bei *M. Reiser*, Erkenne dich selbst! Selbsterkenntnis in Antike und Christentum: TThZ 101 (1992) 81–100, hier 93–96 (Abb.); *F. Baratte*, Musée du Louvre: Le trésor d'orfèvrerie romaine de Boscoreale, Paris 1986 (mit Abb. und einer Umzeichnung aller Szenen); *K. Dunbabin*, Sic (s. Anm. 34) 224–229.

[36] Wer den wahren Epikur kennenlernen will, der greife z.B. nach dem schönen Büchlein von *M. Hossenfelder*, Antike Glückslehren. Quellen in deutscher Übersetzung, Stuttgart 1996, 163–286; *H.-J. Krämer*, Epikur und die hedonistische Tradition: Gymn. 87 (1980) 294–326. Einschlägig: *M. Erler* in: Grundriss der Geschichte der Philosophie Bd. 4, Basel 1994, 29–202.

[37] *Petron* 34. Vgl. ebd. 43,8; 72,2.

[38] Vgl. *K. Dunbabin*, Sic (s. Anm. 34) 194–212.

[39] Hdt. II 78. Übersetzung: *W. Marg*. Dazu *A.B. Lloyd*, Herodot us Book II, Commentary 1–98, Leiden 1976, 335–337; *K. Dunbabin*, Sic (s. Anm. 34) 208–211.

[40] Vgl. *K. Dunbabin*, Sic (s. Anm. 34) 215f. Daß dieses Mosaik aus einem *Triclinium* stammt, ist eine – allerdings naheliegende – Vermutung.

verbreitet war, besonders in Kleinasien und Italien; im Laufe des 1. Jahrhunderts n. Chr. kamen entsprechende Darstellungen und Luxusgegenstände allerdings aus der Mode.[41]

Die literarisch originellste Fassung des „Evangeliums der fünf Sinne" gibt aber kein paganes, sondern ein biblisches Werk aus dem 1. Jahrhundert v.Chr.: das zweite Kapitel des Buchs der Weisheit. Dieses bietet nicht nur eine poetisch eindrucksvolle Formulierung des Programms und seines philosophischen Hintergrunds, sie zeigt auch Konsequenzen dieses Programms auf, die nur ganz selten erwähnt werden.

Der biblische Autor läßt die Vertreter des Hedonismus ihr Evangelium selbst verkünden. Sie beginnen mit der Feststellung, daß das Leben „kurz und traurig" ist und kein Kraut gegen den Tod gewachsen. Der Mensch ist ein Zufallsprodukt, das Denken nur ein physiologischer Vorgang, „ein Funke, der bei einer Regung des Herzens" – heute würde man sagen: des Hirns entsteht. „Erlischt er, wird der Leib zu Asche, und der Geist verflüchtigt sich wie dünne Luft." Eine zeitlang lebt man noch in der Erinnerung der Mitmenschen weiter, dann ist alles vorbei und „keiner kehrt zurück" (2,1–5). Die praktische Konsequenz aus dieser Sicht der Dinge: Also laßt uns die Güter der Welt genießen, denn dafür sind wir jung. Das ist die übliche Schlußfolgerung. Aber dazu kommt unvermittelt eine weitere, die in diesem Kontext überrascht:

> Den mittellosen Gerechten wollen wir unterdrücken,
> die Witwe ohne Nachsicht behandeln,
> das graue Haar des betagten Greises nicht achten.
> Unsere Stärke erklären wir zum Gesetz der Gerechtigkeit,
> denn das Schwache erweist sich als nutzlos. (2,10f)

Das erinnert doch sehr an Friedrich Nietzsche, der im „Antichrist" schreibt: „Die Schwachen und Mißratenen sollen zugrunde gehen: erster Satz *unserer* Menschenliebe. Und man soll ihnen noch dazu helfen."[42] Es ist kaum nötig, auf die Aktualität dieses Grundsatzes hinzuweisen.

Der Rest der Rede im Buch der Weisheit befaßt sich mit dem Gerechten, der den Vertretern dieser Weisheit ein lebendiger Vorwurf und damit ein Dorn im Auge ist. Er soll zu einem ehrlosen Tod verurteilt werden, dann wird man ja sehen, ob ihn Gott retten kann (2,12–20). Dieser „Gerechte" ist natürlich ein Typus. Das ihm zugedachte Geschick entspricht dem, was Platon für den wahren Gerechten erwartet und Jesus tatsächlich erlitten hat.[43]

Wir erleben heute die massenhafte Ausbreitung einer Spaßkultur mit ganz ähnlichen Parolen und Thesen, wie sie von den Hedonisten im Buch der Weisheit formuliert werden. Und wir erleben zugleich eine beunruhigende Zunahme von Rücksichtslosigkeit und Gewaltbereitschaft. Daß zwischen diesen beiden Phänomenen ein kausaler Zusammenhang besteht, hat vor dem biblischen Autor meines Wissens nur Platon gesehen. Er hat in seinem „Staat" die Anwendung von Gewalt bis hin zum Mord als Folge einer hedonistischen Haltung beschrieben, in der Eros,

---

41 *K. Dunbabin*, Sic (s. Anm. 34) 230–237.

42 *F. Nietzsche*, Der Antichrist 2 (ed. Schlechta II 1166).

43 *Platons* Gerechter: rep. 360 e–362 a. Vgl. *M. Reiser*, Drei Präfigurationen Jesu: Jesajas Gottesknecht, Platons Gerechter und der Gottessohn im Buch der Weisheit, in: *Ders.*, Bibelkritik und Auslegung der Heiligen Schrift. Beiträge zur Geschichte der biblischen Exgese und Hermeneutik (WUNT 217), Tübingen 2007, 331–353, hier 347–350.

der Gott der sinnlichen Liebe, alles bestimmt.[44] Diesen Zusammenhang sieht unser biblischer Autor ebenso.[45] Und er sagt genau wie Platon deutlich, wen es hauptsächlich trifft: die schwächsten und wehrlosesten Glieder der Gesellschaft, Arme, Witwen, Alte und, wie wir heute hinzufügen müssen, Kinder und Ungeborene.

Seine Deutung des Zusammenhangs gibt unser Autor in den Rahmenversen vor und nach der referierten Rede. Danach sind es Gottlose und „Narren“ (1,3; 3,2), die eben deswegen so reden und argumentieren, weil sie die Partei des Todes ergriffen und „einen Pakt“ mit ihm „geschlossen“ haben (1,16). Die Spaßkultur ist für den biblischen Autor also eine Todeskultur, die den Tod als Geschäftspartner hat. Ihre Vertreter sind blind für „die Geheimnisse Gottes“ und die Tatsache, daß Gott „den Menschen zur Unvergänglichkeit geschaffen hat und zum Bild seines eigenen Wesens“ (2,22f).

Diese Analyse des Sachverhalts verdient zumindest eine ernsthafte Prüfung. Immerhin war Paulus in *einem* Punkt derselben Meinung wie der Autor des Weisheitsbuchs: „Wenn die Toten nicht auferstehen, dann gilt: ‚Laßt uns essen und trinken, denn morgen sind wir tot‘“ (1 Kor 15, 32). Wahrscheinlich teilte er aber auch die Auffassung hinsichtlich des Zusammenhangs von Spaßkultur und Todeskultur. Denn kein biblischer Autor hat den Zusammenhang von Sünde und Tod so scharfsichtig herausgestellt wie er.[46]

2. Die bessere Hoffnung

„Wir wollen euch nicht in Unkenntnis lassen, Brüder, was die Entschlafenen betrifft, damit ihr nicht bedrückt seid wie die übrigen, die keine Hoffnung haben“ (1 Thess 4,13). Bei den „übrigen, die keine Hoffnung haben“, denkt Paulus wohl in erster Linie an die Heiden. Sie hatten nicht nur wenig Hoffnung, was die Verstorbenen betrifft, sie sahen in der Hoffnung selbst wenig Positives. Hoffnung war für die Griechen keine Tugend, sondern eine Untugend, denn sie mache blind und nähre das irrationale Wunschdenken; sie verführe die Menschen dazu, über das sinnvolle Maß hinaus zu gehen, sie treibe sie zu aussichtslosen Unternehmungen und bringe sie dazu das, was sie zugrunde richtet, auch noch liebevoll an sich zu drücken.[47] Wie oft stellt sich die Hoffnung als bloße Illusion heraus! Alles Bangen und Hoffen in die Zukunft ist nach Epikur ohne Sinn, es beunruhigt uns nur und macht uns unglücklich. Deshalb ist die strikte Abkehr vom Blick in die

---

[44] Hierher gehört das ganze, der Lebensweise des Tyrannen gewidmete 9. Buch von Platons Politeia, vgl. besonders 573 e–576 b; 586 a/b.

[45] *H. Engel* schreibt: „Nirgendwo in den Texten, in denen es [d.h. das Carpe-diem Motiv] sonst begegnet, beschreibt es die Vorstufe eines Aufrufs zur Gewalttätigkeit gegen andere oder bildet es den Einstieg in eine schrankenlose Unmoral“. (Das Buch der Weisheit [NSK.AT 16], Stuttgart 1998, 67). Das ist richtig; wo der Hedonismus das Evangelium ist, wird die Schattenseite nicht erwähnt.

[46] Vgl. Röm 5,12–7,25; *M. Reiser*, Sünde und Sündenbewußtsein in der Antike, bei Paulus und bei uns: EuA 77 (2001) 455–469, hier 460–466. In diesen Zusammenhang gehört *Romano Guardinis* Kapitel „Der Tod“ (Die Existenz des Christen, Paderborn 1976, 143–153). Er beobachtet Anfang der 60er Jahre eine allgemeine „Kapitulation vor dem Tod“ (ebd. 151). Heute wissen wir, was er meinte.

[47] So nach dem Mythos von Pandora; und Zeus lacht hämisch dazu (Hes. erg. 56–58).

Zukunft und die entschlossene Hinwendung zur Gegenwart für diesen Philosophen der einzige Schlüssel zum Glück. Aber auch für einen Stoiker wie Seneca steht das Wort Hoffnung für „ein unsicheres Gut (spes enim incerti boni nomen est)".[48] Erst im Judentum und Christentum erhielt die Hoffnung einen neuen Grund und wurde zur Tugend.[49]

Und welche Hoffnung haben die Verstorbenen? Gibt es für sie ein Weiterleben? Kaum ein anderes als das in der Erinnerung der Lebenden. Bezeichnend und repräsentativ für die heidnische Antike ist die berühmte Begegnung, die Odysseus in der Unterwelt mit dem Schatten des Achilleus hat. Odysseus will ihn trösten damit, daß er auch unter den Toten Herrscher ist. Aber Achilleus antwortet ihm, er wolle lieber als Taglöhner bei einem armen Mann auf dem Feld arbeiten als Herrscher sein über sämtliche Tote.[50] Diese Sicht gleicht ganz der althebräischen und sadduzäischen auf jüdischer Seite. Auf heidnischer Seite versprachen nur die Mysterienkulte etwas Besseres. Eleusis, sagt Cicero einmal, habe die *principia vitae* gelehrt und einen Weg gewiesen, wie man nicht nur in Freude leben könne, sondern auch mit besserer Hoffnung sterben.[51] Vor allem die Kultvereine des Dionysos versprachen den Eingeweihten im Jenseits bunte Wiesen, Weintrauben, Efeublätter, Erotik und fortgesetzte Mysterienfeiern mit Hymnen und Tänzen. Wie ernst solche Phantasien genommen wurden, ist schwer zu sagen.[52] Im Roman des Xenophon von Ephesus aus dem 1./2. Jahrhundert hofft die Heldin durch den freiwilligen Tod (der dann glücklicherweise nicht eintritt) mit ihrem Geliebten wiedervereinigt zu werden und ein glückliches Dasein genießen zu können.[53] Solche Hoffnungen waren aber offenkundig nicht sehr verbreitet und nicht sehr stark. Das beweisen die Grabinschriften. In den erhaltenen etwa 2300 *carmina epigraphica* bringen nur 7,5 Prozent der heidnischen Gedichte eine irgendwie geartete Jenseitshoffnung zum Ausdruck; bei den christlichen Gedichten sind es 69,5 Prozent.[54]

Dazu paßt ein bekannter Papyrusfund: das Kondolenzbriefchen der Ägypterin Irene aus dem 2. Jahrhundert n.Chr.[55] Irene beginnt mit der Bekundung ihrer eigenen Trauer und ihres Mitgefühls mit der Freundin, die einen Sohn verloren hat. Sie versichert, daß sie und die Ihrigen alles tun, was sich in solchen Fällen gehört. Dann weiß sie offenbar nicht weiter und füllt zwei Zeilen mit den Namen der Ihrigen. Zum Schluß schreibt sie den einzigen Trost hin, der ihr einfällt: „Aber freilich, gegen so etwas kann man nichts machen. So tröstet euch denn gegenseitig!" Solche Sätze hören

---

48 Seneca, ep. 10,2.

49 Vgl. dazu den materialreichen Aufsatz von *A. Spira*, Angst und Hoffnung in der Antike, in: *Ders.*, Kleine Schriften zu Antike und Christentum, hg. von H.R. Drobner (Patrologie XVII), Frankfurt a.M. 2007, 67–116. Gute Überlegungen zur christlichen Hoffnung bei *M. Seckler*, Gott der Hoffnung, in: *Ders.*, Hoffnungsversuche, Freiburg i.B. 1972, 94–103.

50 Hom. Od. 11,484–491. Vgl. *U. Victor*, Die Religionen und religiösen Vorstellungen im Römischen Reich im 1. und 2. Jahrhundert n.Chr., in: *Ders.* u.a. (Hg.), Antike Kultur und Neues Testament, Basel 2003, 87–170, hier 100–105.

51 Cic. leg. 2,36. Zu der Wendung „gute Hoffnung" (ἀγαθὴ ἐλπίς) vgl. *F. Cumont*, Lux Perpetua, Paris 1949, 401–405.

52 Vgl. *W. Burkert*, Antike Mysterien. Funktionen und Gehalt, München 1991,19–34. Er meint: „Es gab offenbar keinen festen, dogmatisch abgesicherten Mysterienglauben, der den Tod zu überwinden unternahm" (ebd. 34).

53 Xen. Eph. III 6,5.

54 Vgl. *D. Pikhaus*, La vie, la mort et l'au-delà dans les inscriptions latines paléochrétiennes: Studia Patristica (TU 128) XV Teil 1 (1984) 233–237, hier 237. *U. Victor* meint, aufgrund seiner bloßen Schätzung sei es „weit weniger als ein Zehntel" unter den Grabgedichten (Die Religionen [s. Anm. 50]). Das ist gut geschätzt, wie die genaue Angabe bei Pikhaus beweist.

55 POxy 115. Text, Abbildung und guter Kommentar bei *A. Deissmann*, Licht vom Osten, Tübingen [4]1923, 143–145.

wir bis heute bei entsprechenden Gelegenheiten. Irenes Hilflosigkeit ist bei aller echten Trauer und echtem Mitgefühl nicht zu übersehen.

Das Fehlen einer Hoffnung auf eine Weiterexistenz nach dem Tod, die den Namen Leben verdient, ist sicher nicht der einzige Grund für das verkrampfte und manchmal geradezu besessene Streben nach sinnlichem Lebensgenuß, aber zweifellos ein wichtiges Motiv dafür. Erst das Christentum hat hier eine grundlegend neue Perspektive gebracht, die in der Tatsache der Auferstehung Christi gründet. Daß Christen, sobald ihnen der Glaube an diese Auferstehung schwindet, in die vorchristlichen Haltungen und Hilflosigkeiten zurückfallen, ist nicht verwunderlich.

„Nur Mut, keiner ist unsterblich" (θάρσει, οὐδεὶς ἀθάνατος) kann man sowohl auf heidnischen wie auf jüdischen und christlichen Grabsteinen lesen. Aber der Ton und der Sinn ist jeweils sehr verschieden. Heidnisch verstanden bedeutet diese Aufforderung: ‚Nimm es hin, es trifft jeden!' Jüdisch-christlich verstanden heißt sie: ‚Kopf hoch, das ist der Preis, um zum eigentlichen Leben zu gelangen!'[56]

3. Warum scheitert das hedonistische Glücksprojekt?

> But as for what they are doing – do not call it living.
>
> *G.K. Chesterton*[57]
>
> Aber um Gottes willen: was ist leben?
>
> *Robert Musil*[58]

Wir haben den reichen Mann unseres Gleichnisses jetzt kennengelernt als Vertreter einer Lebenshaltung, die in der antiken Oberschicht seit Urzeiten verbreitet war. Arme konnten sich diese Haltung nie leisten. Wir haben auch Kritiker dieser „Lebensform des Weideviehs" kennengelernt: Platon, Aristoteles, Krates und den Autor des Buchs der Weisheit. Was spricht denn nun nach unserem Gleichnis dagegen? Warum ist der genußsuchende Reiche ein „Narr"? Weil er noch in derselben Nacht sterben muß? Das kann es nicht sein, denn der täglich drohende Tod ist, wie wir gesehen haben, geradezu die Standardbegründung seines hedonistischen Programms.

Den ersten Hinweis gibt die Wendung: „Man wird dir dein Leben abfordern!" Das heißt: Der Reiche muß sich verantworten, es kommt zu einer Bilanz, die ein anderer zieht. Den zweiten Hinweis gibt der Schlußsatz: „So geht es mit dem, der für sich selber Schätze hortet und nicht reich ist bei Gott." Der Lebensinhalt kann nicht darin bestehen, Geld und Vergnügungen zu horten, sondern reich zu werden bei Gott.[59] Deshalb ist es wichtig, daß es nicht ein Mitmensch ist, der

---

[56] Vgl. *M. Simon*, Θάρσει οὐδεὶς ἀθάνατος. Étude de vocabulaire religieux: RHR 113 (1936) 188–206. Jetzt in: WUNT 23, Tübingen 1981, 63–81; *P.W. van der Horst*, Ancient Jewish Epitaphs, Kampen 1991, 120–122.

[57] *G.K. Chesterton*, The Shop of Ghosts: A Good Dream, in: Tremendous Trifles, New York 1909 (ND 1968), 177.

[58] *R. Musil*, Nachlass zu Lebzeiten, Hamburg 1962 (1957), 54.

[59] Daß es angesichts des Todes sinnlos ist, Reichtum zu horten, weiß auch der ägyptische Weise, z.B. auf dem Papyrus Insinger aus dem 1. Jh. v.Chr: „Wer daran hängt, Reichtum zu horten, dem ist er, wenn er zum Sterben kommt, gestohlen" (V. 373. Übersetzung: *H. Brunner* [s. Anm. 12] 323. Vgl. VV. 69f, ebd. 305). Dazu *S. Fischer*, Lebensfreude (s. Anm. 9) 136f. Das ist jedoch nicht der entscheidende Punkt für Lukas!

den Reichen einen Narren heißt, sondern Gott. Er hat das erste Recht dazu, denn er, der das Leben geschaffen hat, gibt ihm auch Inhalt und Ziel. Und indem er dem *Leben* seinen Sinn gibt, gibt er ihn auch dem *Tod*. Der Tod ist nicht der Schlußstrich unter ein mehr oder weniger genossenes Leben, er ist vielmehr die Bilanz, die aus einem Leben gezogen wird. Und der die Zahlen schreibt und die Bilanz zieht, ist Gott allein. Der Reiche ist also nicht deshalb ein Narr, weil er nicht mit seinem Tod rechnet, sondern deshalb, weil er nicht mit Gott rechnet, der dem Leben wie dem Tod erst seinen Sinn gibt. Allein das, was in Gottes Augen Reichtum ist, macht das Leben aus. Und so ist es nicht in erster Linie das Leben *nach* dem Tod, das dem reichen Narren entgeht, sondern das Leben *vor* dem Tod. Mit diesem versäumt er allerdings auch jenes.

Diese Sicht stimmt ganz mit der im Buch der Weisheit überein, nach der die hedonistischen „Narren" übersehen, daß Gott „den Menschen zur Unvergänglichkeit geschaffen hat und zum Bild seines eigenen Wesens" (Weish 2,22f). Die Sicht des Menschen, die Anthropologie, bestimmt das menschliche Handeln. Nach biblischer Überzeugung kann der Mensch aber nur glücklich werden, wenn er sich als Abbild Gottes begreift und ein Wesen, das zur Unvergänglichkeit geschaffen ist. Wer sich so versteht, wird die Prioritäten richtig setzen.

Über die Prioritäten spricht Jesus deshalb auch im Anschluß an das Gleichnis. Auf das Gleichnis folgt nämlich eine Rede Jesu, die ausdrücklich an das Vorhergehende anknüpft, speziell an die Schlußsentenz vom Schätzehorten und Reichsein bei Gott: „*Deswegen* sage ich euch, sorgt euch nicht um euer Leben, was ihr essen sollt, noch um den Leib, was ihr anziehen sollt. Denn das Leben (ἡ ψυχή) ist mehr als die Nahrung und der Leib mehr als die Kleidung" (Lk 12,22f). Diese Rede richtet sich an die Jünger, die Jesu unsicheres Wanderleben teilen und im Gegensatz zu dem Reichen des Gleichnisses nicht fragen, was sie am nächsten Tag essen und trinken werden. Sie erreicht ihren Höhepunkt mit einer Maxime, die als Antithese zur Maxime des reichen Narren gelesen werden kann: „Sucht sein [nämlich Gottes] Reich, dann erhaltet ihr *das* noch als Zugabe" (Lk 12,31). Hier ist klar angegeben, was im Leben des Menschen die Priorität haben sollte. Dieses Wort macht aber zugleich deutlich, daß auch gegen das „Iß, trink und sei vergnügt!" nichts zu sagen ist, solange es als Zugabe genommen wird.

Jesu Rede schließt mit recht konkreten Angaben, was man mit seinem Besitz vernünftigerweise anfangen sollte, um bei Gott reich zu werden:

> Verkauft euern Besitz und unterstützt damit Arme! Schafft euch Beutel, die nicht fadenscheinig werden, einen unerschöpflichen Schatz im Himmel, wo kein Dieb herankommt und keine Motte zerfrißt. Denn wo euer Schatz ist, da ist auch euer Herz. (Lk 12,33f)

Mit dem Stichwort „Schatz" (θησαυρός) ist abschließend noch einmal auf das Schlußwort des Gleichnisses angespielt, wo es um das „Schätze horten" (θησαυρίζειν) geht. Man muß die richtigen Schätze horten. Zu diesen soll man ruhig jene zählen, die Krates gegen Sardanapal ins Feld geführt hat: Wissen, Nachdenken und musische Gaben. Aber zuerst Beten und Arbeiten, Helfen und Schenken. Alles andere ist zweitrangig.

4. Tod und Teufel

Die zunehmende Diabolisierung des Menschen
ist der hervorstechende Zug unserer Zeit.
Erwin Chargaff[60]

Das zweite Kapitel des Buchs der Weisheit mit der referierten „Narrenrede" schließt mit einer bemerkenswerten Sentenz des Autors: „Durch den Neid des Teufels kam der Tod in die Welt, und es werden ihn erfahren, die von dessen [d.h. des Teufels] Partei sind" (Weish 2,24).[61] Der Teufel hat eine Partei, und diese ist keine andere als die Partei des Todes, die das hedonistische Programm verkündet (Weish 1,16). Diesen Zusammenhang des „Evangeliums der fünf Sinne" mit einer nihilistischen Kultur des Todes hat G.K. Chesterton in einem seiner besten Gedichte thematisiert. Es entstand 1912 und trägt den Titel „The Aristocrat". In den „Collected Poems" von 1927 bildete es das Schlußgedicht.[62]

The Aristocrat

The Devil is a gentleman, and asks you down to stay
At his little place at What'sitsname (it isn't far away).
They say the sport is splendid, there is always something new,
And fairy scenes, and fearful feats that none but he can do;
He can shoot the feathered cherubs if they fly on the estate,
Or fish for Father Neptune with the mermaid for a bait;
He scaled amid the staggering stars that precipice, the sky,
And blew his trumpet above heaven, and got by mastery
The starry crown of God Himself, and shoved it on the shelf;
But the Devil is a gentleman, and doesn't brag himself.

O blind your eyes and break your heart and hack your hand away,
And lose your love and shave your head; but do not go to stay
At the little place in What'sitsname where folks are rich and clever;
The golden and the goodly house, where things grow worse for ever;
There are things you need not know of, though you live and die in vain,
There are souls more sick of pleasure than you are sick of pain;
There is a game of April Fool that's played behind its door,
Where the fool remains for ever and the April comes no more,

Where the splendour of the daylight grows drearier than the dark,
And life droops like a vulture that once was such a lark:
And that is the Blue Devil that once was the Blue Bird;
For the Devil is a gentleman, and doesn't keep his word.

---

60 *E. Chargaff*, Ernste Fragen. Essays, Stuttgart 2000, 82.

61 Mit dieser Übersetzung schließe ich mich der gut begründeten Deutung von *C. Larcher* an (Le Livre de la Sagesse de Salomon I [EB], Paris 1983, 271f). Für unwahrscheinlich halte ich die Übersetzung: „… und es werden sie [d.h. die Welt] auf die Probe stellen, die von dessen [des Todes? des Teufels?] Partei sind."

62 Jetzt abgedruckt in: The Collected Works of G.K. Chesterton X: Collected Poetry Part I (hg. von A. Mackey), San Francisco 1994, 425f. Die Thematik hat einen biographischen Hintergrund, den Chesterton in einem 1907 publizierten Artikel mit dem Titel „The Diabolist" erzählt. Dieser Artikel wurde in „Tremendous Trifles" aufgenommen. Deutsch: Der Teufelsbündler, in: *G.K. Chesterton*, Vom Wind und den Bäumen oder Gewichtige Kleinigkeiten, Coesfeld 2008, 158–162. Er ist auch zu finden in: *G.K. Chesterton*, The Man Who Was Thursday and Related Pieces (hg. von S. Medcalf) (The World's Classics), Oxford 1996, 182–185.

Adel verpflichtet

Der Teufel ist ein Ehrenmann und bittet anstandslos
In sein Chalet (nicht weit von dir) im Ort Wieheißterbloß.
Man sagt: Ein Teufelskerl, hält Überraschungen bereit
Und Zauberei und, ihm nur eigen, schauerlichen Schneid;
Schießt gefiederte Cheruben, fliegen diese übers Gut,
Oder ködert mal mit Nixen Vater Neptun aus der Flut;
Stauchte schon das Weltall und die Sterne torkelten gleich,
Rührte seine Trommel hoch im Himmel, nahm im Streich
Gott vom Haupt die Sternenkrone, tat sie weg alsdann.
Doch der Teufel ist ein Ehrenmann, er gibt bestimmt nicht an.

O reiß dir Augen aus und Herz, hack ab die Hand zudem,
Verlier die Liebste, scher dich kahl, niemals jedoch bequem'
Dich nach Wieheißterbloß, wo man begütert und gewiegt,
Ins güldene Chalet, wo alles sich zum Bösen fügt,
Das du nicht kennen mußt, wär auch dein Leben leer und schal,
Denn dort erleidet man die Lust weit mehr als du die Qual,
Ist hinterrücks mit Spiel und Spott in den April geschickt,
Der ewig ausbleibt, während Spott in einem fort zerpflückt.

Da schimmert Tageshelle trüber noch als Nacht; voll Graus
Sinkt Dasein dumpf dahin, und wollt' so hoch hinaus:
Ja, Blütenträume werden flugs zum Alptraum dort;
Denn der Teufel ist ein Ehrenmann, er hält nicht *ein* Mal Wort.[63]

Die Sensationen, die dieser Ehrenmann in seinem Erlebnispark bereithält, gehen ins Schauerliche: Da gibt es abgeschossene Cheruben, Nixen als Köder für Vater Neptun, die im Handstreich gewonnene Sternenkrone Gottes selbst, die aber nicht getragen wird; denn als echter Aristokrat gibt der Teufel nicht an. Der Rat, den der Dichter gegenüber solchen Vergnügungen gibt, lehnt sich an ein Wort Jesu an:

Wenn dir deine Hand oder dein Fuß zum Verhängnis wird, dann hack sie ab und wirf sie weg! Besser du gehst verkrüppelt oder lahm ins Leben ein als daß du mit beiden Händen und beiden Füßen ins ewige Feuer geworfen wirst. Und wenn dir dein Auge zum Verhängnis wird, dann reiß es aus und wirf es von dir! Besser du gehst einäugig ins Leben ein als daß du mit beiden Augen in die Feuerhölle geworfen wirst. (Mt 18,8f)

Dabei geht es Chesterton sowenig wie Jesus zunächst um das Leben im Jenseits. Das zeigt die Begründung: Es gibt Dinge, die muß man nicht kennenlernen oder ausprobieren, nicht einmal um den Preis, daß das Leben „leer und schal" wird bzw. daß man „vergeblich lebt und stirbt" („There are things you need not know of, though you live and die in vain"); und manche Seele hat das Vergnügen weit mehr satt als andere das Leiden („There are souls more sick of pleasure than you are sick of pain"), so daß man selbst die Lust „erleidet". Wer sich von den Angeboten in „Wieheißterbloß" verlocken läßt, wird genarrt und in den April geschickt, aber nicht im Sinn einer gutmütigen Neckerei, zu der es gehört, daß der Betroffene aufgeklärt wird, sondern so, daß der April nicht kommt und der Narr auf ewig Narr bleibt. Die Blütenträume verwandeln sich hier

[63] Die Übersetzung des Gedichts stammt von Thomas Kaut.

unversehens in Alpträume,[64] denn der Ehrenmann, der sie hervorgerufen hat, hält nicht Wort und kann nicht Wort halten, da nur einer die Träume vom Wunderbaren Wirklichkeit werden läßt: eben jener, der die Cheruben schickt, die Wasser mit Neptun und Nixen bevölkert und dem der Teufel die Sternenkrone geraubt hat.

Chesterton steht nicht im Verdacht, ein Gegner der Freuden des Lebens und des harmlosen Vergnügens zu sein. Er war berühmt für seine Liebe zu gutem Essen und Trinken, seine Späße und sein schallendes Lachen. „Er ist so lustig, daß man glauben könnte, er habe Gott gefunden", soll Franz Kafka über ihn gesagt haben.[65] Er spottete über den Puritanismus seines Freundes George Bernard Shaw[66] und schrieb ein ganzes Heft voll Trinklieder, darunter sein in England beliebtestes Gedicht überhaupt: „The Rolling English Road".[67] Aber es war Chestertons feste Überzeugung, daß in den Genuß der Freuden des Lebens nur der wirklich kommt, der das Evangelium, dessen Teil diese Freuden sind, ganz, und das heißt ‚katholisch' annimmt. Wer sie unabhängig von ihrem Spender genießen will, dem entgeht das eigentlich Wunderbare, ja er tilgt das Wunderbare selbst aus und findet dafür am Ende nur den öden, tödlichen Nervenkitzel. Den „Sonnengesang" des hl. Franziscus wird er nie verstehen, geschweige denn mitsingen können. Es bleibt bei dem Wort: „Sucht *sein* Reich, dann erhaltet ihr *das* als Zugabe" (Lk 12,31).

---

[64] Der Übersetzer hat Chestertons Wortspiel vom „Blue Devil"– eine alte Bezeichnung für einen Schadensdämon – und dem „Blue Bird", einem Frühlingsvögelchen (Stelzenart; motacilla sialis L.), glücklich transponiert. Die „Blütenträume" stammen aus Goethes „Prometheus".

[65] *G. Janouch*, Gespräche mit Kafka. Aufzeichnungen und Erinnerungen. Erweiterte Ausgabe, Frankfurt a.M. 1968, 133.

[66] Vgl. *G.K. Chesterton*, George Bernard Shaw, New York 1910, 34–52.

[67] Vgl. *G.K. Chesterton*, Collected Poems, London 1927, 177–198.

Das Jenseits im Neuen Testament[1]

Die Zeit groß acht, Künftigs betracht,
Daß dich in Kürz der Tod nicht stürz,
Der dir zu Teil gibt ewigs Heil
Oder spricht: Gehe ins ewig Wehe.

Die liebe Zeit, so teu'r und wert,
Ohn Unterlaß mit Eil hinfährt.
Wer ihr' recht brauchet, wie er soll,
Dem gehts nach diesem Leben wohl.[2]

Der erste dieser beiden Uhrensprüche aus einem in Heidelberg 1576 publizierten Buch über Sonnenuhren formuliert eine harte Alternative: ewiges Heil oder ewiges Wehe. Die Möglichkeit eines Purgatoriums ist nicht in Sicht. Das weist sie wohl als protestantischen Urspungs aus. Das „Künftige" jedenfalls, zu dessen Betrachtung wir hier aufgefordert werden, ist unser Schicksal „nach diesem Leben". Daran denken wir auch heute gewöhnlich, wenn wir vom Jenseits reden. Daß in der jüdisch-christlichen Eschatologie aber nicht nur das Leben des einzelnen seine letzten Dinge hat, sondern auch der Lauf der Welt insgesamt, das kommt uns bei der Rede vom Jenseits kaum noch in den Sinn.[3] Das eschatologische Bewußtsein der heutigen Gläubigen ist stark auf das persönliche Schicksal fixiert und bezieht in sozialer Hinsicht bestenfalls die nächsten Angehörigen und Freunde mit ein. Der Jüngste Tag mit seinem Weltgericht, auf den die Geschichte der christlichen Dogmatik zufolge doch zuläuft, spielt in der christlichen Verkündigung und im christlichen Bewußtsein kaum noch eine Rolle. Das ist umso merkwürdiger, als globales Denken doch in anderer Hinsicht immer mehr verlangt wird. Wenn es aber um die Letzten Dinge geht, denken wir ganz individualistisch. Bei einer österreichischen Umfrage aus den Jahren 1970 und 1980, in der es um die Letzten Dinge ging, wurden Fragen nach einer universalen Eschatologie gar nicht erst gestellt.[4] Die Liturgie der Meßfeier gedenkt zwar an mindestens drei Stellen der Wiederkunft Christi am Jüngsten Tag: im Credo, im Anamnesegebet nach der Wandlung und im Embolismus nach dem Vaterunser, aber die damit verbundene geschichtliche Sicht ist kein Stück unseres lebendigen Glaubens mehr. Dagegen bewegt die Frage, was den einzelnen jenseits des Todes erwartet, auch

---

1 Überarbeiteter Vortrag, gehalten bei dem interdisziplinären Symposium „Triumph des Todes – Triumph des Lebens. Kirchliche Totenliturgie und Trauermusik" (Leitung: F.W. Riedel) am 13.11.1994 im Kapitelsaal des Bischöflichen Dom- und Diözesanmuseums Mainz. Dieser Kontext veranlaßte die Bezugnahmen auf Hymnen und liturgische Texte.

2 Aus den „Sententiae Solariis", in: *H. Witekind*, Conformatio Horologiorum Sciotericorum ..., Heidelberg 1576. Im Original in umgekehrter Reihenfolge. Ich habe nur die Rechtschreibung und die Zeichensetzung modernisiert.

3 Zu den Denkmodellen der jüdisch-christlichen Eschatologie vgl. *M. Reiser*, Die Gerichtspredigt Jesu. Eine Untersuchung zur eschatologischen Verkündigung Jesu und ihrem frühjüdischen Hintergrund (NTA.NF 23), Münster 1990, 2–6. 133–144. Vgl. u. 117f.

4 Vgl. *W. Zauner*, Individuelle und universale Eschatologie im Bewußtsein des Volkes, in: F. Dexinger (Hg.), Tod – Hoffnung – Jenseits. Dimensionen und Konsequenzen biblisch verankerter Eschatologie. Ein Symposium, Wien 1983, 139–160, hier 139. 149f.

heutige Gläubige durchaus noch, hat aber an Brisanz spürbar verloren. Die ganze Angelegenheit scheint kaum noch jemand nahezugehen.[5]

Blicken wir in das Neue Testament, sind die Verhältnisse genau umgekehrt. Dort ist viel vom Jüngsten Tag die Rede und den mit diesem „Tag" verbundenen Ereignissen – Katastrophen der Endzeit, Wiederkunft Christi, Jüngstes Gericht –, aber nur wenig von dem, was die Verstorbenen unmittelbar nach dem Tod erwartet: das besondere (partikulare) Gericht, das Fegfeuer oder eine Art „Zwischenlagerung" bis zum Jüngsten Tag? Von diesen Dingen weiß das Neue Testament nichts oder nicht viel. Bejahende Erwähnungen eines individuellen Gerichts unmittelbar nach dem Tod begegnen in der christlichen Tradition nicht vor dem 4. Jahrhundert.[6] Der Gedanke eines Purgatoriums als Teil des Jüngsten Gerichts kommt im Neuen Testament nur andeutungsweise vor.[7] Ein Zwischenzustand ist nur in der Offenbarung des Johannes und im Judasbrief angedeutet.[8] Was also in der Eschatologie des Neuen Testaments die Hauptrolle spielt, ist heute nebensächlich geworden, und was im Neuen Testament nur eine marginale Rolle spielt, ist heute, soweit die Letzten Dinge überhaupt noch interessieren, zur Hauptsache geworden.

Dieser Wandel zeigt sich besonders deutlich im Hinblick auf das Gericht: Sofern heutige Christen überhaupt noch mit einem Gericht rechnen, ist es das Besondere Gericht nach dem Tod, von dem das Neue Testament noch gar nichts weiß. Das allgemeine Jüngste Gericht dagegen, das im Neuen Testament zu den zentralen theologischen Themen und Motiven gehört, ist aus dem modernen Bewußtsein weithin geschwunden. Dieser Wandel scheint sich erst im Laufe des 15. Jahrhunderts vollzogen zu haben.[9] Was ist der Grund dafür? Der neuzeitliche Individualismus? Sicher nicht allein. Denn das „repräsentativste, kulturell folgenreichste und darum berühmteste Gedicht des lateinischen Mittelalters",[10] das *Dies irae*, beweist, daß sich eine durchaus individuell und persönlich gedachte Verantwortung vor dem Richter sehr wohl einfügen kann in eine strikt endzeitliche Konzeption des Weltgerichts.[11] Auf eine Zwischenzeit zwischen Tod und Jüngstem Tag wird im *Dies irae* so wenig reflektiert wie im Neuen Testament. Noch im 17. und 18. Jahrhundert wird in der anglikanischen Theologie und Dichtung das geschichtliche Konzept mit dem Jüngsten

---

[5] Vgl. o. Einführung 1f.

[6] Vgl. *M. Reiser*, Gerichtspredigt (s. Anm. 3) 138 Anm. 22.

[7] Vgl. u. 134–138. 143–152.

[8] Offb 6,9–11; 20,5.13; Jud 6. Zum Problem des Zwischenzustands im Neuen Testament und bei den Kirchenvätern im Hinblick auf chiliastische Konzeptionen vgl. *Ch.E. Hill*, Regnum caelorum. Patterns of Future Hope in Early Christianity, Oxford 1992.

[9] Gründliche Forschungen dazu sind mir nicht bekannt. Nach *A.M. Haas* dominiert noch in der frühmittelhochdeutschen Literatur (1050–1150) die Vorstellung des allgemeinen Jüngsten Gerichts. Vgl. *A.M. Haas*, Tod und Jenseits in der deutschen Literatur des Mittelalters, in: P. Jezler (Hg.), Himmel – Hölle – Fegefeuer. Das Jenseits im Mittelalter (Ausstellungskatalog), Zürich 1994, 69–78. Annegret Pago verbindet die Gewichtsverlagerung mit der Ausbildung einer *ars moriendi* gegen Ende des 14. Jahrhunderts. Vgl. *A. Pago*, „Behold, He Comes with Clouds". Untersuchungen zur eschatologischen Dichtung in der englischen Literaturgeschichte des 17. und 18. Jahrhunderts (Münsteraner Monographien zur englischen Literatur 9), Frankfurt/M. 1992. Zu den Thesen von Ph. Ariès vgl. *A. Gurjewitsch*, Das Individuum im europäischen Mittelalter, München 1994, 129–140. Aber Gurjewitsch scheint sogar die Akzentverlagerung leugnen zu wollen.

[10] *F. Rädle*, „Dies irae", in: H. Becker u.a. (Hg.), Im Angesicht des Todes I (PiLi 3), St. Ottilien 1987, 331–340, hier 334.

[11] Das gilt übrigens auch von den meisten frührabbinischen Belegen für das eschatologische Gericht: *M. Reiser*, Gerichtspredigt (s. Anm. 3) 118f. 123f.

Gericht bevorzugt; das Jenseitsmodell mit dem Besonderen Gericht gilt aus anglikanischer Sicht als ausgesprochen römisch-katholisch.[12] So kommt es wohl nicht von ungefähr, daß John Henry Newmans Gedicht „The Dream of Gerontius“ aus seiner katholischen Zeit stammt.[13] Wir wollen uns im Folgenden vor dem skizzierten Hintergrund dem Neuen Testament zuwenden und fragen: Was kommt unmittelbar nach dem Tod?

1. Jesustradition bei Lukas

In dem Bestseller über die Geschichte der Himmelsvorstellungen von Bernhard Lang und Colleen McDannell kann man lesen:

> Das Reich Gottes oder des Himmels, wie Jesus es verkündet und angesagt hat, ist eine gewöhnlich nach dem Tod erfahrene Wirklichkeit. Nach dem Tod wird jeder einzelne gerichtet, und den Würdigen wird ewiges Leben in Gottes himmlischem Reich gewährt.[14]

Davon kann jedoch keine Rede sein. Das Reich Gottes ist in der Verkündigung Jesu nicht in erster Linie „eine gewöhnlich nach dem Tod erfahrene Wirklichkeit“.[15] Nur das Lukasevangelium bietet zwei Perikopen, die für unsere Fragestellung ergiebig sind und die gesamte christliche Eschatologie nachhaltig beeinflußt haben: Jesu Verheißung an den reuigen Banditen (oder Schächer) (Lk 23,42f) und das Gleichnis vom reichen Prasser und dem armen Lazarus (Lk 16,19–31).

a) Der reuige Bandit (Lk 23,42f)

Einer der mitgekreuzigten Banditen bittet Jesus: „Denk an mich, wenn du in dein Reich kommst“ (Lk 23,42).[16] Die Situation und die Formulierung erinnert an die Josefsgeschichte; Josef bittet im Gefängnis den Mundschenk des Pharao: „Denk an mich, wenn es dir gut geht!“ (Gen 40,14) Er bittet allerdings vergebens. Die Bitte um das Gedenken mit dieser schlichten Formulierung findet sich auch in einer jüdisch-hellenistischen Grabinschrift wieder: „Herr, denk an deine Magd; Herr, denk an deinen Knecht!“ Hier bezieht sich das Gedenken auf die eschatologische Erlösung, genau wie an unserer Stelle im Lukasevangelium.[17] Lukas steht hier also in einer jüdischen Tradition.

---

[12] Vgl. *A. Pago*, „Behold...“ (s. Anm. 9).

[13] Vgl. u. 200–218.

[14] *B. Lang / C. McDannell*, Der Himmel. Eine Kulturgeschichte des ewigen Lebens, Frankfurt a.M. 1990, 52. Das ist eine neuzeitliche Vorstellung, aber nicht die Jesu.

[15] Ausnahmen sind Lk 23,42 und Mk 14,25parr. Zur Reich Gottes-Verkündigung Jesu vgl. u. 75–83.

[16] Die Lesart ἐν τῇ βασιλείᾳ σου dürfte sekundär sein. Aber selbst wenn sie ursprünglich sein sollte, ändert sie am Sinn nichts: ἐν bezeichnet im Griechischen nicht selten das Ziel einer Bewegung (*W. Bauer*, Wörterbuch zum NT s.v. 6; *E. Mayser*, Grammatik der griechischen Papyri aus der Ptolemäerzeit II/2, Berlin und Leipzig 1970 [1934], 372). Die Stelle bezieht sich also nicht auf die Parusie (so z.B. *Th. Zahn*, Das Evangelium des Lucas, Wuppertal 1988 [Leipzig ⁴1920] 701) und spiegelt auch keinen Semitismus wider (so z.B. *J. Jeremias*, ThWNT V 768 Anm. 47; *I.H. Marshall*, The Gospel of Luke [NIGTC], Exeter 1978, 872).

[17] Vgl. *P.W. van der Horst*, Ancient Jewish Epitaphs. An introductory survey of a millennium of Jewish funerary epigraphy (300 BCE–700 CE), Kampen 1991, 118f.

Mit dem „Reich" oder „Königreich" (βασιλεία) ist an dieser Stelle ganz klar die Welt jenseits des Todes gemeint, die hier als Herrschaftsbereich Jesu gilt; es ist *sein* Reich. Diese Bedeutung des Wortes ist in den Evangelien singulär.[18] Auch im übrigen Neuen Testament findet sich das Wort βασιλεία nur noch einmal in dieser Bedeutung: in 2 Tim 4,18. Nach dieser Stelle hofft der Paulus der Pastoralbriefe, den Tod vor Augen, daß der Herr ihn „in sein himmlisches Reich" hinein retten werde.

Die Antwort Jesu auf die Bitte lautet: „Amen, ich sage dir: Heute noch wirst du mit mir im Paradies sein!" (Lk 23,43) Hier wird die jenseitige Welt, die im Satz zuvor „sein Reich" heißt, „das Paradies" genannt. Dieser Stelle vor allem verdankt die christliche Tradition die Bezeichnung des Orts der Seligen im Jenseits als „Paradies" und damit eine ihrer fruchtbarsten und bis heute ansprechendsten Jenseitsmetaphern.[19] Sie stammt aus der jüdischen Tradition.[20] Seit dem babylonischen Exil trifft man auf die prophetische Verheißung, einst, nach dem Tag des Herrn, werde das Land wieder werden „wie" der Garten Eden.[21] Für die Schilderung der eschatologischen Heilswelt verwendet man in der Folgezeit gern paradiesische Motivik (Lebensbaum, Wasser, Fruchtbarkeit des Landes usw.)[22] und nennt diese Welt schließlich kurzum „Garten Eden", „Paradies". In dem im Anhang der Vulgata überlieferten 4. Esrabuch heißt der „Ruheort" der auferstandenen Gerechten *iucunditatis paradisus*. Er liegt gegenüber dem „Ofen der Gehenna" und wird auch als „Grube der Folter" bezeichnet.[23] Dieses Paradies wird offensichtlich identifiziert mit dem Paradies der Urzeit.[24] Es muß also irgendwo real existieren, am Rand der Welt oder im Himmel. „Im grünenden Garten des Paradieses" werden die Gerechten einst „ewig gemeinsam wohnen" und „das köstliche Brot vom gestirnten Himmel" essen, heißt es in einem sibyllinischen Fragment.[25] Mit dem „Brot vom Himmel" ist natürlich das Manna gemeint.

In den bisher zitierten Belegen ist mit dem eschatologischen Paradies stets die Welt der Gerechten jenseits des Gerichtstages gemeint. Die Identifikation mit dem Paradies der Urzeit und Motive wie Lebensbaum, Quellwasser, Früchte und Weinstöcke beweisen, daß man sich diese Welt durchaus nach Analogie der irdischen, und ihre Freuden irgendwie sinnlich dachte. In den Genuß solcher Freuden können die vor dem Jüngsten Tag Verstorbenen natürlich nur durch eine leibliche Auferstehung gelangen. Die Vorstellung, daß man in dieses „Paradies" auch unmittelbar

---

18 Man könnte höchstens noch in Joh 3,3.5 an diese Bedeutung denken; kaum dagegen in Joh 18,36, obwohl auch hier von „*seinem* Reich" die Rede ist. In Mk 14,25 ist bei „jenem Tag" an den Jüngsten Tag gedacht, wobei Jesus freilich die Zwischenzeit ganz unberücksichtigt läßt. Entsprechendes gilt von 2 Petr 1,11.

19 Das Neue Testament kennt nur noch zwei weitere Belege: 2 Kor 12,4; Offb 2,7.

20 Vgl. *Billerbeck* IV 1118–1165; *J. Jeremias*, ThWNT V 763–771; *P. Hoffmann*, LThK² VIII 71f; *Ch. Dohmen*, Art. Paradies: LThK³ (1998) 1360–1362; *D.S. Russell*, The Method and Message of Jewish Apocalyptic 200 BC–AD 100, London 1964. ³1980, 283; *M. Reiser*, Gerichtspredigt (s. Anm. 3) Register s.v. Ausführlich: *S. Rosenkranz*, Vom Paradies zum Tempel, in: S. Lauer / H. Ernst (Hg.), Tempelkult und Tempelzerstörung (70 n.Chr.). FS C. Thoma, Bern 1995, 27–131.

21 Ez 36,35. Vgl. Jes 51,3.

22 Joel 4,18; Hen 10f. 25; 4 QPs^f.

23 4 Esr 7,36. Dazu *M.E. Stone*, Fourth Ezra. A Commentary on the Book of Fourth Ezra, Minneapolis 1990, 68f. 220f.

24 Explizit in TestLev 18,10–14.

25 Sib Fragm. 3,47–49 (= Theophil, Autol 2,36).

durch das Tor des Todes gelangen könnte, scheint im Judentum nicht vor dem Ende des 1. Jahrhunderts n.Chr. aufgekommen zu sein. Die Stelle im Lukasevangelium ist, soweit ich sehe, unser frühestes Zeugnis dafür.[26] Bei den späteren Rabbinen und im Talmud ist „Garten Eden" (Gan Eden) dann die geläufige Bezeichnung sowohl für den Heilsort jenseits des Jüngsten Tages als auch für den Heilsort jenseits des Todes.

Die christliche Tradition, nicht zuletzt die christliche Kunst mit ihren Paradiesgärtlein – man denke nur an das entzückende Beispiel im Frankfurter Städel –, hat dieses Motiv reich entfaltet.[27] Der Dichter Sedulius, der im 5. Jahrhundert schreibt, sieht in dem reuigen Banditen ein verirrtes Schaf, das der Gute Hirte vom Kreuz weg auf die saftigen Weiden und in die bewässerten Haine des Paradieses führt.[28] Die apokryphe Petrus-Apokalypse aus dem 2. Jahrhundert erwähnt bereits den Duft der Blumen und Kräuter dieses Gartens,[29] Heinrich Seuse die Gedankenfreiheit, Paul Gerhardt die „selige Stille", die dort herrscht.[30] Im Gotteslob ist für den Gang zum Grab immer noch das alte Lied vorgesehen: „Zum Paradies mögen Engel dich geleiten ...".[31]

Die Zusage, die Jesus dem Bittsteller gibt, warf freilich ein philosophisches Problem auf, das schon Origenes bespricht: Wie konnte Jesus diesem Mann versprechen, noch am selben Tag mit ihm ins Paradies zu kommen, wenn er selber erst drei Tage später auferstand? Dieser scheinbare Widerspruch, sagt Origenes, brachte manche dazu, den entsprechenden Vers des Evangeliums für einen sekundären Zusatz zu halten.[32] Andere lösten das Problem durch die Zeichensetzung: Sie interpunktierten nicht vor, sondern nach dem „heute": „Ich sage dir heute: Du wirst mit mir im Paradies sein!"[33] Aber ein philosophisch-dogmatisches Problem muß man auch mit philosophisch-dogmatischen Mitteln lösen. Hier liegt nur der spezielle Fall einer Problematik vor, die sich aus jeder Verbindung einer weltgeschichtlich ausgerichteten Konzeption der Eschatologie – und zu

---

26 Wie für das Besondere Gericht sind ansonsten die frühesten Belege TestAbr A 11,10; B 10,2; bBer 28b.

27 *J. Poeschke*, Art. Paradies, in: LCI 3 (1968) 375–382; *E.M. Vetter*, Das Frankfurter Paradiesgärtlein: Heidelberger Jahrbücher 9 (1965) 102–146. Bereits die frühchristliche Kunst bietet Darstellungen des himmlischen Paradiesgartens: *C.B. Welles* (Hg.), The Excavations at Dura-Europos. Final Report 8/2, New York 1967, 57. 210.

28 Sedul., carm. pasch. V 220–226 (CSEL X 130f). Bemerkenswerte Schilderungen dieses Gartens in Traumvisionen vor dem Martyrium findet man auch in der *Passio Perpetuae et Felicitatis* 4,8f; 11,1–10 und in der *Passio Mariani et Iacobi* 6,12–14. Weitere Beispiele in der ausgezeichneten kommentierten Quellensammlung von *M.P. Ciccarese*, Visioni dell' aldilà in occidente. Fonti, modelli, testi (Biblioteca Patristica), Florenz 1987, dort besonders S. 62f (Prudentius); 75f (PassPerp mit Kommentar 82); 132 (Gregor d.G.); 172 (vitae patr. Emeret.); 282f (Valerius ad Donadeum); 350 (Bonifatius). In diese Reihe gehört auch die *Visio Monachi de Eynsham* (bei Oxford) aus dem Jahr 1196 Kap. 49 (AnBoll 22, 1903, 308). Zu der *locus-amoenus*-Topik dieser Schilderungen vgl. das Kapitel über „Die Ideallandschaft" bei *E.R. Curtius*, Europäische Literatur und lateinisches Mittelalter, Tübingen ¹¹1993 (urspr. 1948), 191–209, besonders 206 mit Anm. 3. Vgl. im übrigen *I. Kajanto*, The Hereafter in Ancient Christian Epigraphy and Poetry: Arctos 12 (1978) 27–53, hier 28–42 passim; *J. Amat*, Songes et Visions. L'au-delà dans la littérature latine tardive, Paris 1985, 390–401; *R.R. Grimm*, Paradisus coelestis, paradisus terrestris. Zur Auslegungsgeschichte des Paradieses im Abendland bis 1200 (Medium Aevum 33), München 1977.

29 ApkPetr (gr.) 16. Vgl. *W. Schneemelcher* (Hg.), Neutestamentliche Apokryphen in deutscher Übersetzung II, Tübingen 1989, 577. Hier sind zweifellos auch altgriechische Vorstellungen über das Elysium und den Garten der Hesperiden mit eingeflossen. Vgl. *A. Dieterich*, Nekyia, Leipzig und Berlin ²1913, 19–45.

30 Näheres vgl. o. 62. 69f.

31 Gotteslob. Katholisches Gebet- und Gesangbuch, Mainz ¹¹1990, Nr. 84. Es ist die im *Rituale Romanum* für die Prozession zum Grab vorgesehene Antiphon: „In paradisum deducant te Angeli: in tuo adventu suscipiant te Martyres, et perducant te in civitatem sanctam Ierusalem" (Rituale Romanum. Ordo Exsequiarum, Rom 1969, 23).

32 *Origenes*, in Jo 32,32 (395) (SC 385,356).

33 Dazu *Th. Zahn*, Lk (s. Anm. 16) 702f.

dieser gehört die Auferstehungsvorstellung – mit einer individualgeschichtlich am Tod des einzelnen orientierten Konzeption der Eschatologie ergibt. Die Schwierigkeit entsteht durch die Vorstellung einer Zeit, die zwischen dem Tod des einzelnen und einem geschichtlichen Datum auf Erden, eben der Auferstehung und dem Jüngsten Tag, vergeht. Da es diese Art der linearen Zeit jedoch nur unter den irdischen Bedingungen der Raumzeit gibt, kann man sie für das Jenseits des Todes nicht ansetzen. Für den, der stirbt, hört das Heute nicht mehr auf.[34] Das heißt nicht, daß es für den Verstorbenen gar keine Zeit gäbe; die Vorstellung des jenseitigen „Lebens" impliziert meines Erachtens so etwas wie Zeit. Freilich wird man diese Zeit nicht mehr mit irdischen Uhren messen.[35] Der erwähnte Widerspruch besteht also nur aus irdischer Sicht; der Verstorbene kann sozusagen direkt zum Jüngsten Tag gelangen, der für die Lebenden noch in der Zukunft liegt.

Die kurze Szene zwischen Jesus und dem reuigen Banditen verdanken wir vielleicht ganz dem Evangelisten, der hier einen Grundzug des Wesens Jesu, seine gewinnende Liebe zu Unliebsamen, eindrucksvoll gestaltet hat. Diese Szene wurde darum auch für die christliche Gerichtsparänese von großer Bedeutung; sie gilt als Quelle des Trostes. Dafür nur zwei Beispiele. Im Osterhymnus des Ambrosius „Hic est dies verus Dei" heißt es:

Quem non gravi solvat metu
latronis absolutio,
qui praemio mutans crucem
Iesum brevi adquisit fide,
iustosque praevio gradu
praevenit in regnum Dei?

Wen löste nicht von schwerer Furcht
die Lossprechung des Banditen,
der das Kreuz mit dem Siegespreis vertauschend
Jesus mit kurzem Glauben gewann
und mit vorauseilendem Schritt noch vor den Gerechten
in Gottes Reich gelangte?[36]

Im *Dies irae* tritt der Bandit neben Maria Magdalena:

Qui Mariam absolvisti
Et latronem exaudisti,
Mihi quoque spem dedisti.[37]

---

[34] Es spricht für Origenes, daß er die Lösung des Problems in der Bedeutung des „Heute" gesucht hat. Dieses bezieht er nach einigen Schriftworten auf den gesamten gegenwärtigen Äon. Er bietet freilich auch eine „schlichtere" Erklärung an: Jesus liefert den Bittsteller im Paradies ab, bevor er zu den Vätern hinabsteigt. Vgl. Orig. in Jo 32,32 (396–398) (SC 385,356. 358).

[35] Vgl. dazu die u. 206 referierte Meinung Newmans. Übrigens rückt auch das Problem der irdischen Zeit in ein neues Licht, sobald man die Auferstehung Jesu als ein endzeitliches Ereignis im strengen Sinn begreift. Dann ändert der Zeitpfeil sozusagen seine Richtung; die Zeit läuft dann nämlich nicht mehr auf das Ende zu, sondern gleichsam an ihm entlang, wie *J.H. Newman* es einmal formuliert hat (Waiting for Christ, Parochial and Plain Sermons VI 17. Dt.: Predigten Bd. 6, Stuttgart 1954, 253–274, hier 260).

[36] Text nach *J. Fontaine* (Hg.), Ambroise de Milan. Hymnes. Texte établi, traduit et annoté, Paris 1992, 407–441. „Noch vor den Gerechten": Gemeint sind die Erlösten, die Christus von der „Höllenfahrt" mitbringt. Vgl. Nikodemusevangelium 9 (25)f bei W. Schneemelcher (Hg.), Neutestamentliche Apokryphen Bd. I, Tübingen 1987, 417f.

[37] Text nach *F. Rädle*, „Dies irae" 331 (s. Anm. 10), dort Strophe 13.

Du hast Maria losgesprochen
und den Banditen erhört,
und so auch mir Hoffnung gegeben.

Das *Dies irae* wurde bei der Liturgiereform 1969 aus der Totenmesse entfernt. Dabei wurde offenbar verkannt, daß es „Zeugnis einer tiefen, weil im Angesicht des Gerichts auf Christi Barmherzigkeit gegründeten Hoffnung ist".[38] Der „Philosoph von Münster", Peter Wust, ließ die zitierten Zeilen daraus auf seinen Grabstein setzen.

b) Der reiche Prasser und der arme Lazarus (Lk 16,19–31)

Es war einmal ein reicher Mann, der kleidete sich in Purpur und Byssus und lebte fürstlich und in Freuden Tag für Tag. Ein Armer aber mit Namen Lazarus lag vor seinem Portal, mit Geschwüren bedeckt und darauf aus, sich mit den Abfällen vom Tisch des Reichen zu sättigen. Selbst die Hunde kamen und leckten seine Geschwüre. Es geschah aber, daß der Bettler starb und von den Engeln fortgetragen wurde in den Schoß Abrahams. Und auch der Reiche starb und wurde begraben. Im Totenreich nun hob er seine Augen auf – denn er litt Folterqualen – und sieht Abraham von fern und Lazarus in seinem Schoß. Da rief er ihn an und sprach: „Vater Abraham, erbarme dich meiner und schick doch Lazarus, er soll seine Fingerspitze mit Wasser netzen und mir die Zunge kühlen, denn ich leide Qual in dieser Glut." Doch Abraham sprach: „Mein Kind, erinnere dich, du hast dein Gutes zu deinen Lebzeiten erhalten wie Lazarus das Üble. Nun wird er hier getröstet, du aber leidest Qual. Und außerdem, zwischen uns und euch ist eine große Kluft geschaffen, damit weder die, die von hier zu euch wollen, hinüberkommen können, noch die von drüben zu uns herüber gelangen." Doch er sprach: „Dann bitte ich dich aber, Vater, schick ihn doch in das Haus meines Vaters, denn ich habe fünf Brüder, er soll sie beschwören, damit nicht auch sie an diesen Ort der Folter kommen." Aber Abraham sagte: „Sie haben Mose und die Propheten, auf die sollen sie hören." Doch er sprach: „Nein, Vater Abraham, aber wenn einer von den Toten zu ihnen geht, dann kehren sie um." Doch er sprach zu ihm: „Wenn sie auf Mose und die Propheten nicht hören, dann lassen sie sich auch nicht überzeugen, wenn einer von den Toten aufersteht." (Lk 16,19–31)

In diesem märchenhaft anmutenden Meisterstück biblischer Erzählkunst ist wenigstens andeutungsweise ein Bild von Himmel und Hölle gegeben. Es basiert auf frühjüdischen Jenseitstraditionen und greift einen Stoff auf, den wir auch aus der ägyptischen und hellenistischen Tradition kennen: die Umkehrung des Schicksals von Armen und Reichen im Jenseits, sofern beim Jenseitsgericht im Fall des Armen die guten Taten überwiegen, im Fall des Reichen jedoch die schlechten.[39] In einem ägyptischen Märchen aus der zweiten Hälfte des 1. Jahrtausends v.Chr. wird beim Jenseitsgericht sogar das Lebensschicksal als mildernder oder verschärfender Umstand berücksichtigt. Armut gilt ausdrücklich als Milderungsgrund, und Reichtum ist nach der ägyptischen Tradi-

---

[38] *S. Grosse*, Der Richter als Erbarmer. Ein echatologisches Motiv bei Bernhard von Clairvaux, im *Dies irae* und bei Bonaventura: ThQ 185 (2005) 52–73, hier 73.

[39] Das ägyptische Märchen von Si-Osire bei *E. Brunner-Traut*, Altägyptische Märchen, Düsseldorf 1979, 192–214. Eine gründliche Interpretation dieses Märchens auf dem Hintergrund der ägyptischen Vorstellung eines gerechten Jenseitsgerichts bietet *H. Brunner*, Die religiöse Wertung der Armut im Alten Ägypten, in: *Ders.*, Das hörende Herz. Kleine Schriften zur Religions- und Geistesgeschichte Ägyptens (OBO 80), Göttingen 1988, 189–214, hier 204–212. R. Hock und R. Bauckham haben daneben auf zwei Schriften Lukians hingewiesen, den *Gallus* und den *Cataplus* (dt. bei Ch. M. Wieland, Lucian von Samosata. Sämtliche Werke, ND Darmstadt 1971, I 1,105–148; I 2,301–330). Man sollte aber auch die *Necyomantia* nicht vergessen (ebd. I 2,331–356). Vgl. *R.F. Hock*, Lazarus and Micyllus: Greco-Roman Backgrounds to Luke 16:19–31: JBL 106 (1987) 448–455; *R. Bauckham*, The Rich Man and Lazarus: The Parable and the Parallels: NTS 37 (1991) 225–246; jetzt in: *Ders.*, The Fate of the Dead. Studies on the Jewish and Christian Apocalypses (NT.S 93), Leiden 1998, 97–118. Ausführlich dazu jetzt die gründliche Untersuchung von *O. Lehtipuu*, The Afterlife Imagery in Luke's Story of the Rich Man and Lazarus (NT.S 123), Leiden 2007, 11–97.

tion, ähnlich wie im Judentum, mit einer Sozialpflicht verbunden.[40] Das ist offenbar auch in dem Gleichnis Jesu vorausgesetzt, wo der Stoff freilich eine eigene Prägung erhalten hat. Die Hauptabsicht der Geschichte besteht darin, den Reichen als abschreckendes Beispiel hinzustellen. Er kennt den Armen mit Namen, sieht ihn vor seinem Portal liegen – und tut nichts für ihn. Die Kirchenväter haben diese Geschichte mit Recht gern benützt, um die Reichen an die Sozialpflichtigkeit des Eigentums zu erinnern.[41] Denn der Reiche, der von dieser Sozialpflichtigkeit nichts wissen will und nichts weiter tut als zu leben wie ein typischer Reicher, hat „sein Gutes", „seinen Trost schon empfangen" (Lk 6,24) und im Jenseits nur noch Unangenehmes zu erwarten. Unser Gleichnis gibt eine anschauliche Illustration zur ersten Seligpreisung und dem entsprechenden Weheruf (Lk 6,20. 24).

Das Jenseits hat in unserem Gleichnis seine „klassischen" zwei Abteilungen, kurz: Es besteht aus Himmel und Hölle. Sie liegen, durch einen unüberwindlichen Abgrund getrennt, einander gegenüber, wie wir es auch in der frühjüdischen Literatur finden.[42] Daß eine Unterhaltung über den Abgrund hinweg möglich ist, entspringt der erzählerischen Notwendigkeit. Dieser Zug hat keine Bedeutung für das gezeichnete Bild; wer hier ein Problem sieht, hat noch nie versucht, eine solche Geschichte anschaulich und lebendig zu erzählen. Die Hölle ist der „Hades", die Unterwelt; sie wird ausdrücklich „Ort der Folter" genannt.[43] Der Reiche muß, um Lazarus zu sehen, „seine Augen erheben". Zur Folter trägt auch der Durst bei, den der Reiche in den Feuerflammen leidet, während Lazarus Zugang zu Wasser hat. Wasser gehört zu den festen Elementen einer Beschreibung des Elysiums oder des Paradieses. In der jüdischen Tradition sind das alles seit dem 3. vorchristlichen Jahrhundert vertraute Motive.[44] Dabei muß betont werden, daß die Höllenqualen in dieser Tradition selten wirklich ausgemalt wurden. In der griechisch-römischen Tradition dagegen ist die anschauliche Schilderung der jenseitigen Folterqualen für die Übeltäter ganz üblich. Tantalos, Sisyphos, die Danaïden sind uns immer noch vertraut. Aus der griechisch-römischen Tradition sind solche drastischen Beschreibungen wohl auch in die jüdisch-christliche Tradition übernommen worden.[45] Martin P. Nilsson hat die Hölle darum als eine „griechische Erfindung"

---

[40] Vgl. *H. Brunner*, Religiöse Wertung der Armut (s. Anm. 39) 194–200) (zur Sozialpflicht des Reichtums) 211–213 (zur Armut als Milderungsgrund).

[41] Vgl. den guten Überblick bei *Ursula Wolf*, Die Parabel vom reichen Prasser und armen Lazarus in der mittelalterlichen Buchmalerei (Beiträge zur Kunstwissenschaft 26), München 1989, 13–23.

[42] Zu diesem Gegenüber, das sich traditionsgeschichtlich von Jes 66,23f herleitet, vgl. äthHen 26/27; 4 Esr 7,36.

[43] Lk 16,23.28. Zum Motiv der höllischen Folter s. *M. Reiser*, Gerichtspredigt (s. Anm. 3) 267f. Die Frage, ob man sich hier auch den Ort der Seligkeit in der Unterwelt zu denken hat, ist müßig.

[44] Vgl. *M. Reiser*, Art. Hölle, in: Neues Bibel-Lexikon 2 (1992) 173f. Der Durst in 4 Esr 8,59. Vgl. auch PassPerp 7,4–8. Schon in (äth)Hen. 22 hat die Abteilung der Gerechten eine Wasserquelle. Im pseudoplatonischen „Axiochos" hat das „Land der Frommen" in den Blumenwiesen auch reine Wasserquellen (371 c). Vgl. *M. Reiser*, Gerichtspredigt (s. Anm. 3) 40. Weitere hellenistische Parallelen bei *I. Peres*, Griechische Grabinschriften und neutestamentliche Eschatologie (WUNT 157), Tübingen2003, 123–132. Er neigt allerdings zur Überbewertung des hellenistischen Einflusses.

[45] Vgl. *M. Himmelfarb*, Tours of Hell: An Apocalyptic Form in Jewish and Christian Literature, Philadelphia 1983; *R. Bauckham*, Early Jewish Visions of Hell: JThS.NS 41 (1990) 355–385; jetzt in: *Ders.*, The Fate of the Dead (s. Anm. 39) 49–80. Martha Himmelfarb sieht in der – allerdings erst spät bezeugten – Ausmalung der Höllenstrafen eine innerjüdische Entwicklung. Bauckham rechnet auch dort mit griechischem, vielleicht sogar ägyptischem, Einfluß (a.a.O. 376f).

bezeichnet.[46] Aber auch auf Wandbildern aus dem alten Ägypten werden die Verdammten in Kesseln gekocht, in Feuergruben oder Feuerseen verbrannt, müssen auf dem Kopf gehen usw.[47]

Während Jesus (oder der Evangelist) für die Höllendarstellung also durchaus traditionelle Motive verwendet hat, war das Bild, unter dem er die Seligkeit des Himmels schildert, nämlich Lazarus „im Schoß Abrahams", zu seiner Zeit ein Novum. Zwar redet auch das zeitgenössische 4. Makkabäerbuch davon, daß die Märtyrer nach ihrem Tod von „Abraham, Isaak und Jakob aufgenommen" werden (4 Makk 13,17), aber hier fehlt das charakteristische Schoßmotiv. Dieses begegnet außer an unserer Stelle erstmals im Testament Abrahams, wo es möglicherweise nicht einmal ursprünglich ist.[48] Auch wenn Jesus vielleicht nicht der Schöpfer dieser Metapher war, muß sie damals ganz neu aufgekommen sein.

Leider geht aus dem Text nicht klar hervor, wie das Bild von Lazarus „im Schoß" Abrahams konkret vorzustellen ist. Meistens assoziiert man Jesu Wort vom Zu-Tische-Liegen im Reich Gottes mit Abraham, Isaak und Jakob (Mt 8,11fpar) und denkt demgemäß an das eschatologische Gastmahl. Dann *liegt* Lazarus „im Schoß Abrahams", das heißt neben ihm *zu Tisch* wie der Lieblingsjünger beim letzten Abendmahl „im Schoß Jesu" zu Tisch liegt (Joh 13,23). Aber auch der Gedanke an ein *Sitzen* im Schoß Abrahams als Bild der Geborgenheit kann nicht ganz ausgeschlossen werden. Jedenfalls aber ist die Verbindung mit dem Wort Jesu in Mt 8,11f auch der Grund, warum die Formel vom Schoß Abrahams in der christlichen Tradition bald auf die drei Erzväter erweitert wurde. In dieser Fassung begegnet sie auf altchristlichen Grabinschriften.[49] Auch auf russischen Gerichtsikonen kann man die Darstellung der drei Erzväter mit den Seligen im Schoß sehen.[50] Das *Rituale Romanum* gibt für die Prozession zum Grab als Alternative zu der Antiphon „In paradisum deducant te Angeli" die Antiphon an: „Chorus Angelorum te suscipiat, et cum Lazaro quondam paupere aeternam habeas requiem."[51] „Der Chor der Engel möge dich aufnehmen, und mit Lazarus, dem vormals Armen, sei dir die ewige Ruhe beschieden."

Die Frage, ob das jenseitige Schicksal hier als endgültig gedacht ist oder als „Zwischenzustand" bis zum Jüngsten Tag, wird von den Auslegern immer wieder gestellt. Sie ist jedoch nur sinnvoll auf dem Hintergrund einer dogmatischen Konzeption, die mit einer Zwischenzeit rechnet.[52] Auf die Problematik einer solchen Konzeption habe ich bereits hingewiesen. Den Erzähler interessiert

---

46 *M. P. Nilsson*, Geschichte der griechischen Religion Bd. 2 (HAW V.2.2), München ²1961, 558. Reiches Material mit ausführlichen Zitaten bietet *H. Vorgrimler*, Geschichte der Hölle, München 1993, 11–31 (NT). 32–55 (Alter Orient u. griechisch-römische Tradition). 56–76 (AT u. Frühjudentum). Zu diesem Buch vgl. o. 16f.

47 Vgl. *H. Brunner*, Grundzüge der altägyptischen Religion, Darmstadt 1983, 133; *E. Hornung*, Altägyptische Höllenvorstellungen, Berlin 1968.

48 TestAbr A 20,14. Zu dieser Schrift vgl. *M. Reiser*, Gerichtspredigt (s. Anm. 3) 111–117. Zu den rabbinischen Belegen vgl. R. *Meyer*, ThWNT III 825f; *P.W. van der Horst*, Ancient Jewish Epitaphs (s. Anm. 17) 117 Anm. 11. Er zitiert auch ein Beispiel aus dem Targum zu Rut 2,12, nach dem die gerechten Frauen auf die Gemeinschaft mit Sara, Rebekka, Rachel und Lea hoffen.

49 Beispiele in: New Documents Illustrating Early Christianity Bd. 3 (*G.H.R. Horsley* Hg.), Macquarie University (North Ryde) 1983, 105–107.

50 Zur Kunstgeschichte vgl. *E. Lucchesi Palli*, Art. Abraham, in: LCI 1 (1968) 20–35, hier 30f.

51 Rituale Romanum, Rom 1969, 23.

52 Vgl. die Diskussion bei *E. Reinmuth*, Ps.-Philo, Liber Antiquitatum Biblicarum 33,1–5 und die Auslegung der Parabel Lk 16:19–31: NT 31 (1989) 16–38, hier 32–36. In der *Visio Baronti* sitzt Abraham zwischen Paradies und Hölle (*M.P. Ciccarese*, Visioni dell' aldilà [s. Anm. 28] 262 mit Anm. 18 S. 273).

weder die Frage noch die Problematik, die er, wie noch Paulus, kaum empfunden haben dürfte.[53] Wir können sie in diesem Fall getrost auf sich beruhen lassen.

Bereits die Tatsache, daß es sich hier um ein Gleichnis handelt, deutet darauf hin, daß die Darstellung des Jenseits in diesem Text metaphorischen Charakter hat. Das gilt überhaupt für jede anschauliche Schilderung von Himmel und Hölle. Metaphorische Rede bedeutet jedoch nicht Rede ohne Referenz oder gar Rede über unwirkliche Dinge.[54] Allerdings kann metaphorische Rede nicht immer und nicht ohne weiteres in nichtmetaphorische Rede übersetzt werden. Um den besprochenen Gegenstand näher zu erläutern, bleibt oft nur *ein* Mittel: weitere Metaphern. Für den „Ort" der Seligen im Jenseits haben wir bereits zwei Metaphern kennengelernt: das Reich Gottes (bzw. Jesu) und das Paradies. Beide bezeichnen ursprünglich das Jenseits des Jüngsten Tages. Aber im Laufe der jüdischen Traditionsgeschichte wurden viele Bezeichnungen und Metaphern für dieses Jenseits auch zur Charakterisierung des Jenseits nach dem Tod benutzt. Dieser Befund zeigt, daß man beide irgendwie zusammendachte, wobei man das Problem der linearen Zeit einfach außer acht ließ.[55]

Ein Gericht nach dem Tod, das in der Tradition als „besonderes" oder „partikulares" Gericht bezeichnet wird, ist in unserem Gleichnis nicht erwähnt. Das entspricht ganz der frühjüdischen Tradition. Diese kennt bis zum 1. Jahrhundert n.Chr. kein individuelles Gericht nach dem Tod. Im allgemeinen wird einfach vorausgesetzt, daß am Ende des Lebens eines Menschen feststeht, zu welcher der beiden fraglichen Gruppen er gehört und welches Los ihm somit im Jenseits gebührt. Aus „Mose und den Propheten" weiß jeder Mensch, zumindest jeder Jude, was er zu tun hat, und bis zum Tod steht ihm die Möglichkeit zu Umkehr und Buße offen. Danach gibt es nur noch Seligkeit oder Verdammnis. Das Leben ist so gesehen eine einzige lange Bewährungsfrist, die mit dem Tod abgelaufen, eine Art Gerichtsprozeß, der am Ende entschieden ist, ohne daß noch eigens ein Urteil ergehen müßte; auf den Tod kann unmittelbar die Gerichtsvollstreckung folgen.

Die frühjüdischen Autoren reden in solchen Zusammenhängen meistens von „Sündern" und „Gerechten" und ihrem jeweiligen Los im Jenseits. Jesus spricht in diesem Gleichnis nicht abstrakt und im allgemeinen, er spricht vielmehr von einem besonderen Gerechten, der sogar einen Namen erhält, und einem besonderen Sünder, der namenlos bleibt. Das ist der Grund, warum die Kirchenväter diese Geschichte oft nicht als Gleichnis, sondern als historische Anekdote verstanden haben.[56] Doch dürfte der Name „Lazarus" (= Eleazar), der so viel wie „Gotthilf" bedeutet, symbolisch gemeint sein. Der Arme repräsentiert einen Typus nicht anders als der Reiche. Daß der Arme jedoch einen Namen hat, der Reiche dagegen keinen, ist für die Antike ganz ungewöhnlich, ja revolutionär. Darin wird die christliche Umwertung der Werte sichtbar.[57]

---

[53] Vgl. u. 131–133.
[54] Vgl. o. 7–11. 15–19.
[55] Dasselbe ist vielfach noch im Mittelalter der Fall: *A.M. Haas*, Todesbilder im Mittelalter. Fakten und Hinweise in der deutschen Literatur, Darmstadt 1989, 90–95; *A. Gurjewitsch*, Individuum (s. Anm. 9) 137–140.
[56] So etwa *Hieronymus* in seiner Homilie „de Lazaro et divite" (CCL 78,507).
[57] Vgl. *M. Reiser*, Der unbequeme Jesus, Neukirchen-Vluyn ³2012, 115–136.

Plenari[um]. Straßburg 1481, 87. Vorlage: Martinus-Bibliothek, Mainz

Die Sünde des Reichen besteht darin, daß er, der Lazarus im Jenseits sofort wiedererkennt, bei jedem Gang aus seinem Haus den mit Geschwüren bedeckten Bettler in seinem Elend liegen sieht und achtlos vorbeigeht, außer daß er ihm vielleicht ab und zu ein paar kleine Münzen hinwirft. Zusammen mit den um das Portal lungernden Straßenkötern wartet Lazarus auf weggeworfene Speisereste; ja, die Hunde lecken sogar seine eiternden Wunden und zeigen so mehr Mitgefühl mit ihm als der Reiche.[58] Nach dem Tod der beiden kehren sich die Verhältnisse um; denn der Reiche hat „sein Gutes", also das Gute, das er sich erwählt hat und ihm zukam, zu Lebzeiten erhalten, und jetzt bleibt ihm nur noch Qual. Lazarus dagegen hatte in seinem Leben nur Elend und Leiden erfahren, und so verbleibt ihm im Jenseits nur noch Freude und Seligkeit.[59] Auch im Jenseits redet der Reiche Abraham mit „Vater" oder „Vater Abraham an", und Abraham sagt „Kind" zu ihm. In

58 Die Hunde, die die Geschwüre lecken, werden meistens als Quälgeister gedeutet. Aber die Hunde tun an Lazarus, was sie auch an eigenen Geschwüren tun. Schon *Hieronymus* bezeichnet sie deshalb als „barmherzig" im Gegensatz zu den herzlosen Menschen (h. de Lazaro et divite: CCL 78,508). Ebenso *Avitus von Vienne* (De spiritalis historiae gestis 3,239–246) (SC 444,290). So deutet mit Recht auch *Th. Zahn*, Das Evangelium des Lucas, Wuppertal 1988 (urspr. 1920), 585.

59 Diese Konzeption erinnert an einen bemerkenswerten Gedanken, mit dem Rabbi Akiba etwa 100 Jahre nach Jesus die Frage nach dem Leiden des Gerechten und dem Glück der Sünder auf Erden zu lösen versuchte: Seine wenigen Sünden büßt der Fromme durch die Leiden auf dieser Welt ab und hat darum in der kommenden nur noch Lohn zu erwarten. Umgekehrt empfängt der Sünder den Lohn für seine wenigen guten Taten in dieser Welt und hat darum in der kommenden nur noch Strafe zu erhalten. Vgl. *M. Reiser*, Gerichtspredigt (s. Anm. 3) 127. 147.

dieser Anrede mit „Kind" liegt mehr als eine Floskel. Im Griechischen wird die Anrede mit „Kind" nicht nur Kindern gegenüber gebraucht, sondern allgemein als vertraulich-familiäre und liebevolle Anrede einer älteren Autoritätsperson gegenüber einem Jüngeren. Jesus redet seine Jünger so an (Mk 10,24). Aber Menschen, die auf „Mose und die Propheten" nicht hören wollen, können nicht einmal durch ein Wunder zum Umdenken gebracht werden. Daran kann auch die Liebe nichts ändern.

2. Paulus

In unseren bisherigen Betrachtungen über die Eschatologie des Neuen Testaments haben wir ein zentrales Moment ausgespart, obwohl es in der Verheißung an den reumütigen Banditen schon vorkam: ihre christologische Ausrichtung. „Noch heute wirst du *mit mir* im Paradies sein", verspricht Jesus (Lk 23,43). Diesen Aspekt betont Ambrosius in seinem Kommentar: „Vita est enim esse cum Christo, quia ubi Christus ibi regnum." „Das Leben besteht im Sein mit Christus, denn wo Christus ist, da ist das Reich."[60] Auf dieses Mit-Christus-sein kommt Paulus alles an, im gegenwärtigen wie im künftigen Leben. Dabei spielt es für ihn letztlich keine Rolle, ob dieses Leben auf den Tod oder auf den Jüngsten Tag folgt, wenn es nur eine Lebensgemeinschaft mit Christus ist. Das soll nun an den beiden einzigen Texten gezeigt werden, in denen Paulus auf das Sterben und das Jenseits danach eingeht: Phil 1,23 und 2 Kor 4,7–5,10.

a) „Scheiden und bei Christus sein" (Phil 1,23)

„Christus, der ist mein Leben, Sterben ist mein Gewinn ...".[61] Das bekannte Begräbnislied beginnt mit einem Zitat aus dem Philipperbrief (Phil 1,21) und ist von ihm inspiriert. In diesem Brief, den Paulus aus dem Gefängnis schreibt, erklärt er seinen Adressaten, er habe gute Lust „zu scheiden und bei Christus zu sein", denn das sei weit besser als weiterzuleben „im Fleisch"; letzteres sei freilich „nötiger" um ihretwillen (Phil 1,23f). Die kurze, beiläufige Bemerkung vom „Scheiden und bei Christus sein" ist höchst auffällig und überraschend. Daß heutige Leser dies nicht mehr empfinden, liegt nur an dem eingangs aufgezeigten Wandel im eschatologischen Bewußtsein. Paulus denkt gewöhnlich in den Kategorien einer geschichtlichen Eschatologie, die auf eine definitive Wende im Weltlauf ausblickt. Er erwartet sie in naher Zukunft; als ihr entscheidendes Ereignis betrachtet er die mit der Auferstehung der Verstorbenen verbundene Parusie Christi zum Gericht.

Diese Ereignisse schildert er wenigstens ansatzweise in 1 Thess 4,15–17. Er verwendet dabei traditionelle Motive: Beim Ruf des Erzengels – gemeint ist wohl Michael – und unter Fanfa-

---

[60] *Ambrosius*, in Luc X 121 (CSEL 32,500). Vgl. *C. a Lapide*, Commentaria in Scripturam Sacram zur Stelle: „ubi enim est Christus, ibi est paradisus; ubi est visio Dei et beatitudo, ibi est coelum." „Wo nämlich Christus ist, dort ist das Paradies; wo die Schau Gotttes und die Seligkeit ist, dort ist der Himmel."

[61] Gotteslob. Katholisches Gebet- und Gesangbuch, Mainz [11]1990, Nr. 662.

renklang steigt Christus vom Himmel herab;[62] die verstorbenen Gläubigen stehen auf und werden ihm zusammen mit den noch lebenden Gläubigen auf Wolken entgegengeführt, offensichtlich mit dem Ziel, ihn abzuholen und feierlich zur Erde zu geleiten.[63] Aber Paulus bricht seine Schilderung plötzlich ab; ihm kommt es nicht auf die Art und Weise des Geschehens an und wie dieses sprachlich gestaltet werden kann, sondern nur auf das Resultat, das er in die schlichten Worte faßt: „Und so werden wir für immer beim Herrn sein" (1 Thess 4,17).

Was die Gläubigen nach dieser Darstellung mit den Ereignissen bei der Parusie erreichen werden, das hofft Paulus nach der Philipperstelle unmittelbar mit seinem Tod zu erreichen: das endgültige, ewige Zusammensein mit Christus.[64] Im Denken des Paulus fallen also das Jenseits des Jüngsten Tages und das Jenseits des Todes irgendwie zusammen, ohne Rücksicht auf das Problem einer Zwischenzeit.[65]

Wenn wir sagen, daß Paulus das Jenseits vor allem unter dem Gesichtspunkt des Zusammenseins mit Christus sieht, dürfen wir freilich nicht vergessen, daß dasselbe auch für das Diesseits gilt. Schlechthin alles ist in seinen Augen „Verlust" im Vergleich zum Kennen Christi; er hält alles „für Dreck", wenn er dafür nur Christus „gewinnen" und „in ihm sein" kann.[66] „In ihm sein" ist seit Damaskus sein ganzer Lebensinhalt. Er hat daraus eine Formel gemacht: „in Christus". Diese Formel begegnet in seinen Briefen über 160 mal. Christen sind und tun alles „in Christus" bzw. „im Herrn". Sie sind „lebendig" und „geheiligt in Christus" (Röm 6,11; 1 Kor 1,2), gelegentlich aber auch „Unmündige in Christus" (1 Kor 3,1); sie grüßen und heiraten „im Herrn" (Röm 16,13; 1 Kor 7,39). Die verstorbenen Gläubigen nennt Paulus „Entschlafene" oder „Tote in Christus" (1 Kor 15,18; 1 Thess 4,16). Dementsprechend ist das, worauf sie hoffen, „ewiges Leben in Christus Jesus, unserem Herrn" (Röm 6,23).

Solange dieses Leben währt,
sei er stets unser Heil,
und wenn wir scheiden von der Erd,
verbleib er unser Teil.[67]

---

62 Zur „Fanfare" anstelle der herkömmlichen „Trompete" oder „Posaune" vgl. o. 56 mit Anm. 4.

63 Zu dieser Schilderung, ihrer Motivik und Hintergrundmetaphorik (der als „Parusie" bezeichnete amtliche Besuch eines Herrschers) vgl. *M. Reiser*, Art. Parusie: HWP 7 (1989) 160f.

64 Die Hoffnung des Paulus wird nach *U.B. Müller* nur im Zusammenhang mit der Märtyrerthematik verständlich: Märtyrer haben ein Sondergeschick und werden direkt mit dem Tod zu Gott versetzt (Der Brief des Paulus an die Philipper [ThHK 11/I], Leipzig 1993, 64–69). Dagegen spricht die genaue Parallele in 2 Kor 5,8. Diese Stelle bezieht Müller allerdings auf die Parusie (ebd. 62f).

65 Paulus steht damit nicht allein; dasselbe gilt für die Verfasser des Buchs der Weisheit und des Henochbriefs (äthHen. 91–104). Vgl. *M. Reiser*, Gerichtspredigt (s. Anm. 3) 28–31. 47–52. Daher ist die immer wieder geäußerte These einer Entwicklung im Denken des Paulus – weg von der geschichtlichen und hin zur individuellen Jenseitseschatologie – völlig unwahrscheinlich. Er hätte damit eine Entwicklung vorweggenommen, für die das übrige christliche Denken gute 1 500 Jahre benötigte! Vgl. *J. Gnilka*, Der Philipperbrief (HThK X/3), Freiburg i.B. ⁴1989 (1968) 81–93; *Ch. Wolff*, Der zweite Brief des Paulus an die Korinther (ThHK 8), Berlin 1989, 101–106; *B.F. Meyer*, Did Pauls View of the Resurrection of the Dead Undergo Development?, in: *Ders.*, Critical Realism and the New Testament, Allison Park (Penn.) 1989, 99–128.

66 Phil 3,8f. Dazu *M. Reiser*, Erkenne dich selbst! Selbsterkenntnis in Antike und Christentum: TThZ 101 (1992) 81–100, hier 92–98.

67 *Paul Gerhard*, Nun danket all. Gotteslob Nr. 267, 5. Strophe.

Aber ist dann überhaupt noch ein Unterschied zwischen dem gegenwärtigen Sein in Christus und dem jenseitigen Leben mit ihm?[68] Und welcher?

b) „Irdene Gefäße" und die Heimat beim Herrn (2 Kor 4,7–5,10)

In diesem Abschnitt seines Briefes geht es Paulus zwar in erster Linie um den Dienst der Apostel, aber so, daß darin für jeden Christen Typisches zur Sprache kommt. „Wir haben diesen Schatz in irdenen Gefäßen", stellt er zu Beginn fest. Mit „diesem Schatz" meint er das Evangelium, das ihm „die Erkenntnis der Herrlichkeit Gottes im Angesicht", das heißt in der Person Christi vermittelt hat (2 Kor 4,6). Schätze, normalerweise Münzhorte, wurden im Altertum gern in Tongefäßen verwahrt oder vergraben. Auch der Schatz des Evangeliums ist zerbrechlichen Tongefäßen, nämlich dem sterblichen Leib der Verkündiger anvertraut.[69] Ihr Dienst stößt auf Widerstand und führt zu Leiden, so daß sie ständig dem Tod ausgeliefert sind um Jesu willen, aber nur, damit sich auch Jesu Leben in ihnen wirksam erweise. Das gegenwärtige Sein in Christus bringt also zunächst eine Verbundenheit in der Passion mit sich (vgl. Phil 3,10!); diese Passion aber erwirbt dem Apostel die Güter der unsichtbaren Welt, in der die bleibenden Herrlichkeiten zu finden sind (2 Kor 4,8–18).

Ab Kapitel 5 faßt Paulus dann den konkreten Augenblick des Todes ins Auge.[70] Das „Wir" schließt jetzt alle Christen ein. Dabei redet Paulus vom Tod in verschiedenen Metaphern wie dem Abbruch eines Hauses und dem Entkleidetwerden; er betont, daß Gott uns danach ein anderes Haus und ein anderes Kleid bereithält. Sie sind uns garantiert durch den „Vorschuß", den wir im Heiligen Geist besitzen (2 Kor 5,1–5). Dann wechselt er noch einmal die Metaphorik und erklärt:

> Wir sind also allzeit guten Muts und wissen, daß wir, in der Heimat im Leib, fern sind der Heimat beim Herrn; wandeln wir doch aufgrund des Glaubens und nicht des Augenfälligen. (2 Kor 5,6f)

So stark empfindet Paulus den Abstand des künftigen Seins mit Christus vom gegenwärtigen, daß er diese Existenz zunächst übertreibend als ein Leben fern der eigentlichen Heimat bezeichnet.[71] Denn sie entbehrt noch des Augenfälligen, jedenfalls im Bezug auf die Herrlichkeit.[72] Die gegen-

---

[68] Vgl. 1 Thess 5,10; Röm 6,8; 2 Kor 13,4. *J. Gnilka*, Phil (s. Anm. 65) 76–81; *P. Hoffmann*, Die Toten in Christus. Eine religionsgeschichtliche und exegetische Untersuchung zur paulinischen Eschatologie (NTA. NF 2), Münster 1966, 301–315.

[69] Vgl. *Seneca*, dial. VI 11,2f: „Was ist der Mensch? Ein Gefäß, das bei der geringsten Erschütterung, dem geringsten Stoß in Scherben gehen kann".

[70] Allerdings nicht um ihn zum Gegenstand der Betrachtung zu machen, wie *P. Hoffmann* zu Recht betont. „Paulus gebraucht diesen Gedanken an den Tod als Hintergrund für seine Heilsaussage" (Die Toten in Christus [s. Anm. 68] 270). Vgl. *N. Walter*, Hellenistische Eschatologie bei Paulus? Zu 2 Kor 5,1–10: ThQ 176 (1996) 53–64.

[71] Nach *J. Murphy-O'Connor* greift Paulus mit dem Satz: „In der Heimat im Leib sind wir fern der Heimat beim Herrn" einen Slogan der korinthischen Pneumatiker auf („Being at home in the Body we are in Exile from the Lord" [2 Cor 5: 6b]: RB 93 [1986] 214–221). Naheliegender ist *P. Hoffmanns* Hinweis auf die allgemein urchristliche Vorstellung von der Fremdheit des Christen in der Welt (Die Toten in Christus [s. Anm. 68] 282f).

[72] *V.P. Furnish* versteht εἶδος in V. 7 im Sinn von „äußerer Schein" und sieht in der Parenthese eine ähnliche Spitze wie in 2 Kor 4,18: „Denn wir richten unser Leben nach dem Glauben aus und nicht nach dem äußeren Schein!" (II Corinthians [AncB], New York 1984, 302). Mir scheint jedoch die herkömmliche Auffassung besser in den Gedankengang zu passen, auch wenn τὸ εἶδος natürlich das Gesehene oder Erblickte meint und nicht den Akt des Sehens oder Schauens.

wärtige Gemeinschaft mit Christus ist eine stets gefährdete und von unserer Seite her unvollkommene Gemeinschaft mit ihm; sie besteht vor allem im Leiden. Darum bekennt Paulus ähnlich wie an der Philipperbriefstelle, von der wir ausgegangen sind, er würde lieber „ausziehen aus der Heimat im Leib", um „hineinzukommen in die Heimat beim Herrn". Dann relativiert er den Unterschied aber doch mit der Bemerkung: „Darum suchen wir auch unsere Ehre darin – sei es in der Heimat oder fern der Heimat –, seinen Beifall zu finden" (2 Kor 5,8f).

Diese Aussage wiederum begründet Paulus mit einem Hinweis auf das Gericht Christi, der den ganzen Abschnitt beschließt:

> Denn wir alle müssen vor dem Richterstuhl Christi erscheinen, damit jeder davonträgt gemäß dem, was er im Leibe getan hat, sei es Gutes oder Schlechtes. (2 Kor 5,10)

Dieser Schluß ist merkwürdig. Denn unmittelbar vorher ging es ja um den Tod des einzelnen Gläubigen, der als Eingehen in die endgültige Heimat beim Herrn begriffen wurde; mit dem Motiv vom Richterstuhl Christi auf dem öffentlichen βῆμα, dem Podium, ist aber das allgemeine Jüngste Gericht ins Auge gefaßt. Ein anderes kennt die christliche Tradition vor dem 4. Jahrhundert auch gar nicht. Paulus hat also unversehens die eschatologische Konzeption gewechselt, wahrscheinlich ohne das dabei entstehende Problem der Zwischenzeit auch nur zu bemerken.[73]

Wir können das Problem nicht dadurch lösen, daß wir eine der beiden Konzeptionen aufgeben und wegdiskutieren. Beide haben ihre Berechtigung, die eine, die vom individuellen Tod ausgeht, und die andere, die geschichtlich ausgerichtet ist und die soziale Verflechtung und Verantwortung des einzelnen unterstreicht. Die bei Paulus fehlende gedankliche Verbindung zwischen beiden können wir, anknüpfend an unsere bisherigen Überlegungen, vielleicht so formulieren: Mit dem Tod tritt der einzelne Mensch ins Eschaton ein und gelangt dabei unmittelbar an jenen Punkt des Weltgeschehens, den die Gesamtgeschichte erst nach Verlauf einer gewissen Zeit erreicht. Dort wird er wieder vor den treten, der ihm schon immer Maß und Inbegriff des Lebens war oder wenigstens sein sollte: Christus. Die Begegnung mit ihm wird Gericht und Erfüllung des Lebens sein.

3. Schluß

Was erfahren wir nun aus dem Neuen Testament über das Jenseits? Über das Jenseits des Todes ist es nicht viel. Wir finden kaum mehr als vier Texte, die überhaupt explizit darüber sprechen. Und diese liefern unserer Einbildungskraft nur eine spärliche Anzahl Metaphern: Das Jenseits erscheint bei Lukas als Paradies, das auch als (himmlisches) Reich Christi bezeichnet wird; seine Seligkeit wird versinnbildlicht durch das Glück im Schoß Abrahams. Für die Unseligkeit derer, die

---

73 Vgl. u. 131–133. Obwohl ich also in 2 Kor 5,1–9 eine größere Nähe zu Phil 1,23 sehe als *P. Hoffmann*, stimme ich ihm doch ganz darin zu, daß es Paulus nicht um einen „Zwischenzustand" geht (Die Toten in Christus [s. Anm. 68] 253–285). Auch Hebr 9,27: „Und wie es den Menschen bestimmt ist, ein einziges Mal zu sterben, worauf dann das Gericht folgt" hat nicht das Besondere Gericht im Auge, sondern das Jüngste Gericht, wie der folgende Vers zeigt. Wieder wird die Zwischenzeit einfach „übersprungen" bzw. außer acht gelassen.

dieses Glück verfehlen, steht vor allem die Metapher der Qual im höllischen Feuer. Paulus verzichtet ganz auf anschauliche Bilder; für ihn konzentriert sich das Glück im Jenseits auf die unbeeinträchtigte Gemeinschaft mit Christus, die zwar auch im Diesseits schon besteht, hier aber weithin als Leidensgemeinschaft.

Dieser Befund mag für viele überraschend sein, die aus mittelalterlichen Texten und Darstellungen mit dem christlichen Interesse an einer anschaulichen Ausmalung des Jenseits, der höllischen Qualen und der himmlischen Freuden, vertraut sind. Dieses Interesse und die entsprechenden Inhalte hat das Christentum am Neuen Testament vorbei aus der frühjüdischen Apokalyptik geerbt.[74] Die Bitte des Reichen im Gleichnis, Lazarus zu den Lebenden zu schicken, um ihnen das Geschick der Verstorbenen zu offenbaren, wird mit gutem Grund abgelehnt: „Sie haben Mose und die Propheten!“ (Lk 16,27–31) Die hier zum Ausdruck gebrachte Zurückhaltung hat sich im Christentum leider nicht immer und überall durchsetzen können, sowenig wie die rücksichtsvolle Didaktik des 1. Petrusbriefs.[75] Über die Gründe dafür müßte eigens nachgedacht werden. Eine eindrucksvolle Höllenpredigt eines Jesuiten, in der die körperlichen und die geistigen Höllenqualen anschaulich, aber ohne Bewußtsein für ihre Metaphorik, geschildert werden, bietet James Joyce im 3. Kapitel seines Romans „A Portrait of the Artist as a Young Man“.[76] Er stützt sich dafür weithin auf ein Büchlein von Giovanni Pietro Pinamonti SJ (1632–1703), das unter dem Titel „Eröffnete Höll. Zu jedermanns Warnung“ auch in München 1730 erschien. Wie weit diese Art von Höllenpredigt freilich als repräsentativ gelten kann, muß die Frömmigkeitsgeschichte entscheiden.

Das Jenseits, an das wir heute bei diesem Wort zunächst denken, hat die Autoren des Neuen Testaments also wenig beschäftigt. Ihnen ist das andere Jenseits, das Jenseits des Jüngsten Tages, viel wichtiger. Denn dieses ist letztlich die Zukunft unserer Welt. Diese Zukunft wird eingeleitet durch ein großes Gericht, das trotz seiner Allgemeinheit als ganz persönliches Gericht verstanden werden kann, wie gerade paulinische Aussagen darüber beweisen.[77] Der Befund bei Paulus hat uns aber auch deutlich gemacht, wie wenig sich die beiden Konzeptionen des Jenseits trennen lassen. Man muß sie wohl als zwei Aspekte derselben Wirklichkeit begreifen.

Heute erweist sich das landläufige eschatologische Denken, soweit es überhaupt vorhanden ist, als einseitig fixiert auf das individuelle Schicksal jenseits des Todes. Diese Fixierung hat einen stark verengten sozialen Horizont im eschatologischen Bewußtsein mit sich gebracht. Selbst gläubige Christen denken bei der Hoffnung auf ein Weiterleben nach dem Tod, das sie meistens noch fälschlich mit der „Auferstehung von den Toten“ gleichsetzen, außer an sich selbst nur noch an die nächsten Angehörigen und Freunde, die sie im Jenseits gerne wiedersehen möchten. Die geschichtliche Dimension fällt dabei ebenso aus wie die ekklesiologische (die Gemeinschaft der Heiligen!). Vielleicht hilft uns der neutestamentliche Befund dabei, solche Defizite zu überwinden.[78]

---

[74] Das hat R. *Bauckham* in seinen Studien eindrucksvoll gezeigt: The Fate of the Dead (s. Anm. 39).

[75] Vgl. u. 125.

[76] Vgl. *J. Joyce*, A Portrait of the Artist as a Young Man. Introduction and Notes by Dr Jaqueline Belanger, Ware 2001.

[77] So z.B. Röm 2,16; 14,7–12; 1 Kor 3,10–15; 4,5; 2 Kor 5,10; Gal 6,7f. Vgl. u. 138f.

[78] Vgl. o. 59f.

Die Eschatologie des 1. Petrusbriefs[1]

Zum rechten „Kern und Mark“ unter den neutestamentlichen Schriften und jenen, die „am ersten und allermeisten“ zu lesen seien, zählte Martin Luther neben dem Johannesevangelium und den Paulusbriefen, vor allem dem an die Römer, auch den 1. Petrusbrief.[2] Greift Luther mit den ersteren in vieler Hinsicht originelle und eigenwillige Schöpfungen heraus, so stellt er ihnen mit dem 1. Petrusbrief ein Dokument ganz anderen Zuschnitts an die Seite. Zwar hat auch dieser Brief seine theologischen Besonderheiten; bezeichnend für ihn aber ist gerade „der traditionelle Charakter der in ihm weiterlebenden Theologie“.[3] Der Verfasser hat aus verschiedenen Traditionsströmen geschöpft; sein Brief nimmt Elemente und Motive aus der paulinischen wie der deuteropaulinischen Theologie auf und läßt formale und inhaltliche Berührungen mit dem Hebräerbrief wie dem Jakobusbrief erkennen, ohne daß sich direkte Abhängigkeiten erweisen ließen.

Auch in stilistischer Hinsicht hebt sich der 1. Petrusbrief von Paulus und den johanneischen Schriften markant ab und gehört zur Gruppe jener Schriften, in die er auch traditionsgeschichtlich einzuordnen ist. Albert Wifstrand hat die Schriften des Neuen Testaments nach Sprache und Stil in fünf Gruppen eingeteilt und rechnet zur fünften neben dem 1. und 2. Petrusbrief die Pastoralbriefe, den Hebräer-, Jakobus- und Judasbrief.[4] Der charakteristische Stil dieser Schriftengruppe setzt sich bei den apostolischen Vätern fort und wird von den Kirchenvätern aufgegriffen. Sein Ursprung ist in der erbaulichen Sprache der griechischsprechenden Synagoge zu suchen.[5]

Was von Sprache und Stil des 1. Petrusbriefs gilt, gilt auch für seine Eschatologie: Sie wurzelt in jüdischen Traditionen und wird in ihren Grundzügen in den Schriften der apostolischen Väter und Kirchenväter aufgenommen und weitergeführt.[6] So mag es berechtigt sein, sie als Beispiel christ-

---

1 Vorgetragen und diskutiert im Rahmen einer Seminargruppe bei der Tagung der deutschsprachigen katholischen Neutestamentler in Salzburg vom 29. März bis 2. April 1993. Den Teilnehmern sei für hilfreiche Kritik herzlich gedankt!

2 *H. Bornkamm* (Hg.), Luthers Vorreden zur Bibel, Göttingen 1989, 173f.

3 *N. Brox*, Der erste Petrusbrief (EKK XXI), Zürich ³1989, 18. Vgl. *Ders.*, Der erste Petrusbrief in der literarischen Tradition des Urchristentums, in: Kairos 20 (1978) 182–192. *C. Spicq* charakterisiert den Brief als „'Epître de la Tradition', conforme à l'enseignement courant de l'Église contemporaine“ (Les Épîtres de Saint Pierre [SBi], Paris 1966, 15). Auch *L. Goppelt* spricht von der „Synthese von Traditionen, die im Brief vorliegt“ (Der erste Petrusbrief [KEK XII/1], Göttingen 1978, 69).

4 *A. Wifstrand*, Stylistic Problems in the Epistles of James and Peter: StTh 1 (1948) 170–182, hier 170. Jetzt in: *Ders.*, Epochs and Styles (WUNT 179), Tübingen 2005, 46–58, hier 46.

5 *A. Wifstrand*, ebd. 180 / 56; *M. Reiser*, Die Quellen des neutestamentlichen Griechisch und die Frage des Judengriechischen in der Forschungsgeschichte von 1689–1989: BZ.NF 49 (2005) 46–59.

6 Vgl. den ausgezeichneten Überblick bei *J.N.D. Kelly*, Early Christian Doctrines, London 1968, 459–489.

licher ‚Normaleschatologie‘ im letzten Viertel des 1. Jahrhunderts zu betrachten.[7] Das Hauptziel der folgenden Darlegungen ist es, die Grundzüge dieser Eschatologie herauszustellen und sie den frühjüdischen Modellen und Konzeptionen zuzuordnen, um so ihre Eigenart zu erfassen.

1. Eschatologische Denkmodelle. Zur Terminologie

Es gibt kein voraussetzungsloses Denken. Unser Denken bewegt sich immer in Traditionen, Mustern und Modellen und geht stets von bestimmten Axiomen und Voraussetzungen aus. Alles, was wir denken, knüpft an schon Gedachtes, alles, was wir sagen, an schon Gesagtes an. Das gilt auch von der frühchristlichen Eschatologie. An welche Denkmodelle konnte sie anknüpfen?

Man unterscheidet im Frühjudentum gewöhnlich zwei eschatologische Denkmodelle, für deren Bezeichnung sich aber leider noch keine feste Terminologie eingebürgert hat. Nikolaus Walter stellt „apokalyptische“ und „hellenistische“ Eschatologie gegenüber.[8] Die „apokalyptische Eschatologie“ charakterisiert er als „Jetzt / Dann-Eschatologie“, die „hellenistische“ als „Oben / Unten-Eschatologie“. Diese Charakteristik ist zutreffend. Der Schrägstrich in dieser Formel könnte im Fall der Jetzt / Dann-Eschatologie den Tag des Gerichts andeuten, der den jetzigen vom künftigen Äon scheidet, im Fall der Oben / Unten-Eschatologie die Todeslinie; denn erst der Tod versetzt in dieser Konzeption den Gerechten in das „oben“ gedachte eschatologische Heil des Jenseits. Die Bezeichnungen „apokalyptisch“ und „hellenistisch“ allerdings scheinen mir in diesem Zusammenhang unglücklich. Die beiden Begriffe gehören nicht derselben Kategorie an; letzterer ist ein kulturgeschichtlicher, ersterer ein eher literaturwissenschaftlicher und immer noch ungeklärter Begriff. Die Charakterisierung des zweiten Modells als „hellenistisch“ ist zudem irreführend; sie deutet zwar eine wichtige traditionsgeschichtliche Wurzel dieser Konzeption an, läßt aber leicht vergessen, daß diese im Judentum schon seit dem 3. Jh. v.Chr. heimisch ist. Sie ist also ebenso frühjüdisch wie die andere.

Ich beschränke mich darum auf eine rein formale Bezeichnung der Denkmodelle und unterscheide die *geschichtliche Eschatologie,* in der die Hoffnungen auf die Zukunft nach dem Tag des Gerichts, und die *Jenseitseschatologie,* in der die Hoffnungen auf ein meist irgendwie „oben“ gedachtes Jenseits gerichtet sind.[9] Dabei ist zu beachten, daß eine vertikal ausgerichtete Oben / Unten-Vorstellung nicht notwendig auf das Modell der Jenseitseschatologie weist. In einer Konzeption, nach der das „oben“ vorgestellte eschatologische Heil nicht unmittelbar durch das

---

[7] Man wird bei dieser Betrachtungsweise keine eingehende Behandlung von 1 Petr 3,19f; 4,6 und dem Problem der Hadesfahrt Christi erwarten.

[8] *N. Walter,* „Hellenistische Eschatologie“ im Neuen Testament, in: E. Grässer / O. Merk (Hg.), Glaube und Eschatologie (FS W.G. Kümmel), Tübingen 1985, 335–356, hier 335–341; *Ders.,* „Hellenistische Eschatologie“ im Frühjudentum – ein Beitrag zur „Biblischen Theologie“?: ThLZ 110 (1985) 331–348.

[9] Zu dieser Unterscheidung, zur Terminologie und graphischen Darstellungen der unterschiedenen Modelle vgl. *M. Reiser,* Die Gerichtspredigt Jesu. Eine Untersuchung zur eschatologischen Verkündigung Jesu und ihrem frühjüdischen Hintergrund (NTA NF 23), Münster 1990, 3–6. 133–144. Hilfreich und erhellend sind die Differenzierungen bei *G.B. Caird,* The Language and Imagery of the Bible, London 1980, 243–271 („The Language of Eschatology“). Dieses Buch hat noch nicht die Aufmerksamkeit gefunden, die es verdient.

Tor des Todes, sondern erst jenseits des Jüngsten Gerichts – für die Verstorbenen durch eine Auferstehung – erreicht wird, liegt geschichtliche, nicht Jenseitseschatologie vor.[10] So redet auch 1 Petr 1,4 von dem „im Himmel" aufbewahrten „Erbe" der Gläubigen, also mit einer Oben / Unten-Konzeption, selbstverständlich im Rahmen einer geschichtlich konzipierten Eschatologie (vgl. Kol 1,5). Dagegen liegt in 2 Tim 4,18 nicht nur Oben / Unten-Eschatologie vor, sondern auch Jenseitseschatologie, denn der Autor hofft, durch den Tod hindurch „in das himmlische Reich" hineingerettet zu werden.

Freilich begegnet in vielen Schriften des Frühjudentums zwar das genuin jüdische Denkmodell der geschichtlichen Eschatologie ohne das der Jenseitseschatologie, niemals aber, soweit ich sehe, die Konzeption einer Jenseitseschatologie ohne die einer geschichtlichen Eschatologie.[11] Die logische und systematische Verknüpfung beider Konzeptionen ist allerdings schwierig. Ihre Verbindung wirft nicht nur das Problem der sogenannten ‚Zwischenzeit' oder des ‚Zwischenzustands' der Seelen oder Geister zwischen Tod und Jüngstem Tag auf, sondern auch das eines doppelten Gerichts (‚Besonderes Gericht' nach dem Tod des einzelnen – allgemeines ‚Jüngstes Gericht'). Und schließlich ist auch noch die Frage zu stellen: Was wird aus dem ‚Jenseits' nach dem Tag der Auferstehung und des Gerichts, falls die erneuerte und wiederhergestellte Schöpfung als eschatologischer Heilsort gilt, wie es die frühjüdischen Schriften gewöhnlich voraussetzen? Oder andersherum: Was wird aus der Erde, falls ein nicht näher umschriebenes unirdisches ‚Jenseits' als eschatologischer Heilsort gilt? Auf solche Fragen geben weder die frühjüdischen noch die frühchristlichen Schriften eine Antwort, ja sie werden dort kaum gestellt. Doch schärft ein systematisches Problembewußtsein den Blick für den Befund in den Texten, bewahrt vor falschen Alternativen und hilft, die entsprechenden Aussagen richtig einzuordnen.

Aufgabe einer theologischen Deutung wäre es schließlich, beide Denkmodelle als Leitmetaphern zu begreifen, die jeweils ganze Bildfelder, manchmal mit einer bestimmten Hintergrundmetaphorik, eröffnen. Das Ziel könnte eine Metaphorologie eschatologischer Aussagen und Konzeptionen sein. Diese Aufgabe kann hier nur angedeutet werden.

2. Frühjüdische Elemente in der Eschatologie des 1. Petrusbriefs

Das im 1. Petrusbrief vorausgesetzte Denkmodell ist offensichtlich das der geschichtlichen Eschatologie. Es bildet das tragende Gerüst aller seiner eschatologischen Aussagen. Das Grund-

---

[10] Das hat *E. Grässer* nicht beachtet und darum die Eschatologie des Hebräerbriefs, freilich mit Einschränkungen, fälschlich der „hellenistischen" Eschatologie zugeordnet (Das wandernde Gottesvolk. Zum Basismotiv des Hebräerbriefs, in: *Ders.*, Aufbruch und Verheißung, BZNW 65, Berlin 1992, 231–250, hier: 237f). Eine überwiegend vertikal ausgerichtete Eschatologie bietet der Kolosserbrief (Kol 1,5; 3,1–4). Inwiefern dieser Typ der Eschatologie mit Recht als „hellenistisch" bezeichnet wird, sei hier dahingestellt. Er „dominiert mindestens tendenziell in den Schriften der Apostolischen Väter", meint *H. Lohmann* (Drohung und Verheißung. Exegetische Untersuchungen zur Eschatologie bei den Apostolischen Vätern [BZNW 55], Berlin 1989, 250).

[11] Ein schönes Beispiel für die Verbindung von Jenseitseschatologie und geschichtlicher Eschatologie bieten die *Paralipomena Jeremiae*. Dazu *Ch. Wolff*, Irdisches und himmlisches Jerusalem – Die Heilshoffnung in den Paralipomena Jeremiae: ZNW 82 (1991) 147–158.

muster dieser Eschatologie besteht in der Erwartung des eschatologischen Gerichtstages, der für die einen das endgültige Heil, für die andern dagegen das endgültige Unheil bringt. Dieser Gerichtstag spielt auch für den Autor des 1. Petrusbriefs eine wichtige Rolle, und er spricht von ihm und dem damit verbundenen Geschehen in geläufigen frühjüdischen Ausdrücken und Wendungen. In 2,12 nennt er ihn „Tag der Heimsuchung" (ἡμέρα ἐπισκοπῆς).[12] Das Gericht dieses Tages ist forensisch konzipiert; in 4,17 heißt es κρίμα, ein Wort, das ‚Urteil, Entscheidung' im weitesten Sinn bedeutet, prägnant aber das richterliche Entscheiden oder das rechtskräftige Urteil bezeichnet, in 1 Kor 6,7 auch den Gerichtsprozeß.[13] Dieses Gericht berücksichtigt allein die Werke, ohne Ansehen der Person (1,17),[14] und wird als eine Rechenschaftsablegung verstanden[15] „vor dem, der schon bereitsteht, zu richten die Lebenden und Toten" (4,5). Bei diesem Richter ist ohne Zweifel wie in 1,17 an Gott, nicht an Christus, gedacht; Gott ist „der gerecht Richtende" schlechthin (2,23).[16] Da dieses Gericht ein Gericht über Lebende und Tote sein soll, rechnet der Autor offensichtlich mit einer allgemeinen Totenauferstehung. Er setzt also die traditionell gewordene Vorstellung vom Jüngsten Gericht voraus.

Bemerkenswert ist die Überzeugung des Autors, daß dieses Gericht auch von den Christen zu fürchten ist (1,17; 4,18). Nach frühjüdischer Anschauung hatten allein die Sünder Israels und die Heiden das Gericht zu fürchten, denn allein über sie würde es ergehen. Erst gegen Ende des 1. Jahrhunderts n.Chr., also um die Zeit der Abfassung unseres Briefs, tauchen in frühjüdischen Schriften Hinweise auf ein Gericht über Sünder *und* Gerechte auf. Dies hängt wohl damit zusammen, daß die forensische Konzeption des Endgerichts sich immer mehr durchsetzte.[17] So kam es zum Motiv des Gerichts, dem auch der Gerechte „mit Furcht und Zittern" entgegensehen muß. Nach einem rabbinischen Midrasch, der schon in Pseudo-Philos *Liber Antiquitatum Biblicarum* 64,7 bezeugt ist, fürchtete selbst Samuel den Tag des Gerichts, den er angebrochen glaubte, als Saul ihn durch Totenbeschwörung „heraufkommen" ließ (1 Sam 28). Wenn aber schon Samuel sich fürchten mußte, um wieviel mehr dann wir![18] In der christlichen Tradition ist dieses Motiv über 1 Petr 4,18 in das *Dies irae* gelangt und hat so großen Einfluß ausgeübt.[19]

---

12 LXX Jes 10,3. Vgl. den καιρὸς ἐπισκοπῆς in LXX Jer 6,15; 10,15; Weish 3,7. Von der eschatologischen „Heimsuchung" reden auch PsSal 15,12; 4 Esr 5,56; 6,18; 1 QS 4,11. Aber nur in Weish 3,7 ist diese Heimsuchung wie in 1 Petr 2,12 als forensisches Gericht gedacht!

13 *W. Bauer*, Wörterbuch zum NT^6 915f.

14 Vgl. PsSal 2,34; 17,8; LibAnt 3,10; 4 Esr 7,34f.

15 Die Vorstellung der Rechenschaftsablegung im Zusammenhang mit dem Endgericht begegnet außerhalb des NT nur in rabbinischen und targumischen Traditionen, allerdings schon den ältesten (mAv 3,1; mAv 4,22; CN zu Gen 3,19). Vgl. *M. Reiser*, Gerichtspredigt (s. Anm. 9) 118–120. 291.

16 *L. Goppelt*, 1 Petr (s. Anm. 3) 275; *O. Knoch*, Der Erste und Zweite Petrusbrief. Der Judasbrief (RNT), Regensburg 1990, 110.

17 Dazu *M. Reiser*, Gerichtspredigt (s. Anm. 9) 145.

18 Vgl. yHag 2,77a, 29–35; *Billerbeck* I 816; III 220. *M. Reiser*, Gerichtspredigt (s. Anm. 9) 121. Zum Motiv der Furcht vor Gottes Gericht vgl. die schönen Ausführungen von *J. Eckert*, „Mit Furcht und Zittern wirkt einer Heil!" (Phil 2,12). Zur Furcht vor Gott als christlicher Grundhaltung, in: J.J. Degenhardt (Hg.), Die Freude an Gott – unsere Kraft. FS O.B. Knoch, Stuttgart 1991, 262–270.

19 *Dies irae*, Strophe 7: „Quid sum miser tunc dicturus, / Quem patronum rogaturus, / Dum *vix iustus* sit securus?" „Was werde ich Armer dann sagen und wen als Anwalt in meiner Sache angehen, da doch kaum der Gerechte sicher sein kann?" (Übersetzung: F. Rädle, „Dies irae", in: H. Becker u.a. [Hg.], Im Angesicht des Todes I, St. Ottilien 1987, 331–340, hier: 332) Vgl. die Vulgata von 1 Petr 4,18: „*et si iustus vix* salvatur, impius et peccator ubi parebit?"

Die Endereignisse erwartet der Autor des Briefs in nächster Zukunft: „Das Ende von allem ist nahegerückt" (4,7); die Leidenszeit kann nur noch kurz sein (1,6; 5,10); der Richter steht schon bereit (4,5). Auch diese Naherwartung gehört zu den traditionellen Elementen der frühjüdischen Eschatologie. Hier sei nur an eine ihrer Quellen erinnert, die formelhafte Ansage des nahen Tages des Herrn bei den Propheten.[20] Dabei müssen wir die Nähe nicht nur zeitlich verstehen, sondern auch existentiell.

Zur Bezeichnung des eschatologischen Heils begegnen im 1. Petrusbrief geläufige Begriffe und Chiffren der frühjüdischen Tradition: „Erbe" (1,4),[21] „Leben" (3,7.10),[22] (künftige, ewige) „Herrlichkeit" (5,1.10), „Kranz der Herrlichkeit" (5,4).[23] Am liebsten aber redet er ganz abstrakt von „Erlösung, Heil" (σωτηρία) (1,5.10; 2,2) und „erlöst werden" (σώζεσθαι) (3,21; 4,18).[24]

Auffällig ist die Rede vom „Heil der Seelen" (σωτηρία ψυχῶν) in 1,9. Vom Schicksal der „Seelen" oder „Geister" der Verstorbenen ist im Frühjudentum seit 1 Hen 22 im Rahmen einer Jenseitseschatologie die Rede.[25] Dabei sollen die Ausdrücke „Seelen" oder „Geister", zumindest in den älteren Schriften, die irgendwie mit Sinnen und Bewußtsein ausgestattet gedachte Daseinsweise der Verstorbenen bezeichnen.[26] Demnach würde man vermuten, daß wir in 1 Petr 1,9 einen Hinweis auf Jenseitseschatologie haben. Doch spricht der Kontext, vor allem der folgende Satz, dagegen. Er besagt, daß schon die Propheten nach diesem Heil und der dafür bestimmten Zeit fragten, aber erfahren mußten, daß es nicht die ihre sei. Es zeigt sich somit, daß der Autor auch in Vers 9 im Rahmen des geschichtlichen, nicht des jenseitseschatologischen Modells denkt; bei den „Seelen" ist an Lebende, nicht an Verstorbene gedacht. Die σωτηρία ψυχῶν ist also „das persönliche Heil" im kommenden Äon, dessen Anbruch bald erwartet wird.[27]

In 1 Petr 4,2 ist davon die Rede, daß die Christen „den Rest der Zeit im Fleisch" nach dem Willen Gottes leben sollen und können. Demnach zieht der Verfasser das Sterben zumindest einiger Christen vor dem Anbruch des neuen Äons durchaus in Betracht. Dann muß er aber auch mit irgendeiner Form von Jenseitseschatologie rechnen, die es den Verstorbenen ermöglicht, sofort nach dem Tod bzw. nach der – aus irdischer Sicht notwendigen – ‚Zwischenzeit' am eschatologischen Heil teilzunehmen. Ob und inwieweit man in diesem Zusammenhang die in 3,19; 4,6 angedeutete Verkündigung Christi an Verstorbene heranziehen kann, hängt von der umstrittenen Deutung dieser Aussagen ab.

---

20 Jes 13,6; Ez 7,7; 30,3; Joel 1,15; 4,14 (vgl. 2,1); Obd 15; Zef 1,7.14. *P. Volz*, Die Eschatologie der jüdischen Gemeinde im neutestamentlichen Zeitalter, Tübingen 1934, 135–138; *D.S. Russel*, The Method and Message of Jewish Apocalyptic 200BC–AD 100, London 1964, 263f.

21 Vgl. Jes 57,13; 60,21; 65,9; 1 Hen 5,6.7.8; 40,9; PsSal 14,9f. *W. Foerster*, ThWNT III 779f.

22 Vgl. *M. Reiser*, Gerichtspredigt (s. Anm. 9) 33 und Register s.v.

23 Weish 5,16; TestBenj 4,1; 1 QS 4,7; 1 QH 9,25. *W. Grundmann*, ThWNT VII 626f. Zur „Herrlichkeit" und zum „Herrlichkeitskleid" s. *P. Volz*, Eschatologie 397f; *R. Kittel*, ThWNT II 250.

24 Vgl. die griechisch erhaltenen Teile des Henochbuchs: 1 Hen 1,1; 5,6; 98,10.14; 99,1.10; 102,1.7; 103,10. Dazu 1 QH 15,15f; CD 20,20. *W. Foerster*, ThWNT VII 984–986.

25 Vgl. Weish 3,1; 1 Hen 22; 1 Hen 102,4.5.11; 103,3.7.8; TestAss 6,5; Par Jer 5,32. Zum Seelengericht in TestAbr s. *M. Reiser*, Gerichtspredigt (s. Anm. 9) 112–116. Zu 4 Esr 7,32 ebd. 102.

26 *D.S. Russel*, Jewish Apocalyptic (s. Anm. 20) 147f. 149f. 357–366.

27 Vgl. Hebr. 10,39. *G. Dautzenberg*, Σωτηρία ψυχῶν (1 Petr 1,9): BZ NF 8 (1964) 262–276.

Das Auffälligste an diesem Befund ist aber nicht das Fehlen einer expliziten Jenseitseschatologie, sondern das Fehlen irgendeiner direkten Bezeichnung für das eschatologische Unheil, das die Sünder zu gewärtigen haben, und dies trotz der hohen Bedeutung, die dem forensisch gedachten Jüngsten Gericht zugemessen wird. Das gewöhnliche Pendant zum eschatologischen „Leben" (ζωή) oder „Heil" (σωτηρία), wie man es in den frühjüdischen und frühchristlichen Schriften findet, das eschatologische „Verderben" (ἀπώλεια),[28] fehlt ebenso wie jede andere Bezeichnung dafür. Darin ist auch ein markanter Gegensatz zum 2. Petrusbrief zu sehen, dessen 2. und 3. Kapitel von entsprechenden Hinweisen nur allzu deutlicher Art ganz durchzogen sind. Der Autor des 1. Petrusbriefs dagegen weist auf die Kehrseite der Medaille nur indirekt hin, etwa mit dem eschatologisch verstandenen Zitat aus dem Buch der Sprüche in 4,18: „Wenn der Gerechte kaum gerettet wird, wo wird dann der Gottlose und Sünder zu finden sein?"[29] Diese rücksichtsvolle und gleichwohl unmißverständliche Art der Paränese, bei der die hoffnungsvolle Heilsseite der Eschatologie hervorgekehrt, ihre düstere Unheilsseite dagegen nur indirekt angedeutet wird, ist zweifellos Absicht und gibt dem Umgang des Autors mit eschatologischen Aussagen eine charakteristische Prägung. In dieser Hinsicht besteht zwischen dem 1. und 2. Petrusbrief ein ähnliches Verhältnis wie zwischen Jesus und dem Täufer.[30]

3. Christliche Elemente in der Eschatologie des 1. Petrusbriefs

Nachdem wir das frühjüdische Gerüst der Eschatologie des 1. Petrusbriefs betrachtet haben, soll es nun um ihre spezifisch christlichen Elemente gehen und die durch sie bedingten Änderungen im eschatologischen Denkmodell.

Die einfache Grundstruktur des geschichtseschatologischen Modells des Frühjudentums wird im 1. Petrusbrief und im Christentum überhaupt durch zwei Elemente ergänzt: die Auferstehung und die Parusie Christi. Von diesen beiden hat allerdings nur eines, die Auferstehung Christi, eine einschneidende Änderung des Modells zur Folge, da nur sie ein wirklich neues Element, ein sozusagen unvorhergesehenes Ereignis, in der bisherigen Konzeption bedeutet. Demgegenüber fällt die Parusie Christi, die im 1. Petrusbrief als „Offenbarung Jesu Christi" (ἀποκάλυψις Ἰησοῦ Χριστοῦ) bezeichnet wird,[31] mit dem traditionellen Tag des Gerichts zusammen. Auch die, im 1. Petrusbrief allerdings nicht belegte Vorstellung, daß dabei Christus anstelle von Gott Gericht hält, ist nichts Ungewöhnliches. Die stellvertretende Durchführung des eschatologischen Gerichts durch den Erzengel Michael, den Messias, den Menschensohn oder andere Gestalten ist dem

[28] Vgl. z.B. PsSal 14,9; 15,10.12.13; Hen 5,5; 98,9f; 99,4. *A. Oepke*, ThWNT I 395f.

[29] Spr 11,31. Ähnliche Warnungen, wieder mit Schriftzitaten, stehen in 2,7f und 3,12.

[30] Vgl. *M. Reiser*, Gerichtspredigt (s. Anm. 9) 305–307.

[31] Vgl. 1 Petr 1,7.13. Um dasselbe Ereignis geht es in 4,13 und in 5,4, wo von der Erscheinung des „Erzhirten" die Rede ist.

Frühjudentum ein vertrauter Gedanke.[32] Schon in Sach 3,1–7 vertritt „der Engel des HERRN" Gott als Richter des himmlischen Gerichtshofs.

Während sich die Parusie Christi also leicht in das geläufige Denkmodell einfügen ließ, erfuhr dieses mit dem Glauben an die Auferstehung und Erhöhung Christi zur Rechten Gottes (1 Petr 3,21f) eine wesentliche und folgenreiche Korrektur. Für frühjüdisches Denken fiel der Tag des Gerichts mit dem Tag der Auferstehung zusammen. Die Auferstehung – nicht zu verwechseln mit dem Weiterleben der Seelen oder Geister nach dem Tod! – wurde dabei stets leiblich und kollektiv gedacht. Sie sollte entweder nur die verstorbenen Gerechten betreffen, damit diese am eschatologischen Heil teilnehmen konnten – ein weiterer Gerichtsakt war dann überflüssig –, oder alle. Nach dieser letzteren, allerdings selteneren Vorstellung, wurden Gerechte und Sünder durch das Gericht getrennt und ihrer endgültigen Bestimmung zugeführt.[33]

Die Auferstehung eines einzelnen vor dem Tag des Gerichts war in dieser Konzeption undenkbar. Ihre Behauptung im Fall Christi mußte zu der Annahme führen, daß mit seinem Auftreten, spätestens aber mit seiner Auferstehung die Endzeit bereits begonnen hatte und der neue Äon irgendwie mitten im alten Äon angebrochen war, ohne ihn abzulösen, wie es das Frühjudentum erwartete. Man mußte also davon ausgehen, daß seit der Auferstehung Christi beide Äonen in- und miteinander existierten. Diese paradoxe Einheit der beiden Äonen würde dann mit dem Tag des Gerichts und der Parusie Christi in eine einfache Einheit aufgehoben werden, in der allein der neue Äon, und das heißt: Gott, die Wirklichkeit bestimmt. Dies ist in der Tat die christliche Konzeption der Eschatologie, wie wir sie auch im 1. Petrusbrief finden. Daß dieser, irgendwie ja bereits gegenwärtige, neue Äon auch durch das Tor des Todes hindurch als alles bestimmende Wirklichkeit erreicht werden konnte, und dies, wenn man die lineare Zeit außer acht ließ, auch unmittelbar, ohne „Zwischenzeit", war ein naheliegender Gedanke, der uns bereits bei Paulus begegnet.[34] Naheliegend war dieser Gedanke schon deshalb, weil Tod und Auferstehung des Christen in Analogie zu Tod und Auferstehung Christi verstanden wurden.[35] Das paradoxe Miteinander der beiden Äonen erklärt die realen Gegebenheiten: die anhaltende Macht der Sünde, Unheil und physischer Tod auf der einen Seite, der erfolgreiche Kampf gegen die Sünde, das neue Leben in Christus und das zuversichtliche Leiden und Sterben auf der anderen.

Von der eschatologischen und soteriologischen Bedeutung des Schicksals Christi redet 1 Petr 1,17–21. Die theologisch überladene und unübersichtliche Periode läßt doch einen Grundge-

---

32 Michael: Dan 12,1; 1 QM 17,6f; AssMos 10; TestDan 6,1–7. Messias: PsSal 17; 4 Esr 11/12; Sib 5. Menschensohn: Hen 37–71; 4 Esr 13. *M. Reiser*, Gerichtspredigt (s. Anm. 9) 146.

33 *E. Schürer* (u.a.), The History of the Jewish People in the Age of Jesus Christ (175 B.C.–A.D.135), Bd. 2, Edinburgh 1979, 539–544; *V. Fàbrega*, Eschatologische Vernichtung bei Paulus. Ein Beitrag zur Erhellung des apokalyptisch-rabbinischen Hintergrunds: JAC 15 (1972) 37–65, hier: 45–51. Vgl. auch *J. Kremer*, Auferstehung der Toten, in: G. Greshake / J. Kremer, Resurrectio Mortuorum. Zum theologischen Verständnis der leiblichen Auferstehung, Darmstadt 1986, 7–161.

34 Das „Scheiden und bei Christus sein" von Phil 1,23 entspricht genau dem „Mit-Christus-sein" durch die Ereignisse der Parusie hindurch in 1 Thess 4,15–17. Sowenig wie das gesamte Frühjudentum sieht Paulus eine Schwierigkeit im Nebeneinander von geschichtlichem und jenseitseschatologischem Modell. In 2 Kor 5,6–10 folgen beide unvermittelt hintereinander. Vgl. *G.B. Caird*, Language (s. Anm. 9) 247f.

35 Vgl. Röm 8,11; 1 Kor 6,14; 2 Kor 4,14; Apg 17,31.

danken erkennen: Durch das Auftreten Christi, seinen Tod und seine Auferstehung ist „das Ende der Zeiten“, das heißt: der neue Äon, angebrochen; diese Erkenntnis muß das ganze Leben der Gläubigen prägen. Die daraus erwachsende Existenzform erhält einen Namen: Leben in der Fremde (παροικία); als ihr Charakteristikum gilt die Hoffnung. Das ist der zentrale Gedanke des Briefs.

Die Annahme des im alten angebrochenen neuen Äons bedeutet präsentische Eschatologie, die auf eschatologischen Erfahrungen beruht. Von solchen Erfahrungen ist in dem Brief immer wieder die Rede. Mit bezeichnenden Aoristen heißt es, daß die Gläubigen die Güte des Herrn „gekostet“ haben (2,3),[36] daß sie durch Christi „Strieme“ „geheilt“ und durch sein Blut „losgekauft“ sind von der Sinnlosigkeit des herkömmlichen Lebensstils (2,24; 1,18f).[37] Hierher gehört auch das Gefühl „aus der Finsternis“ in Gottes „wunderbares Licht“ gerufen zu sein und als Gottes heiliges Volk sein Erbarmen erfahren zu haben (2,9f). Auch hier sind wieder die Aoriste zu beachten.

Grundlegend für diese eschatologischen Erfahrungen aber ist die Erfahrung, daß Christus uns ein neues Leben ermöglicht, und zwar in der „Wiedergeburt“ durch die Taufe, von der in 1,3. 23 (vgl. 2,2) die Rede ist.[38] Sie vermittelt eine „lebendige Hoffnung“ (1,3). Dabei ist nicht nur an die Hoffnung gedacht, die die Christen beseelt, die *spes qua speratur*; „Hoffnung“ ist hier vielmehr auch als das zu verstehen, worauf gehofft wird, die *spes quae speratur*. Das beweist die Apposition im folgenden Vers 1,4; sie erläutert die „Hoffnung“ mit dem „unverweslichen, unbefleckten und unverwelklichen Erbe, das im Himmel für euch aufbewahrt ist“.[39] „Lebendig“ ist diese Hoffnung also nicht nur im Sinn von „vital“, sondern auch im Sinn von „realistisch“.

Zu den positiven eschatologischen Erfahrungen in der Gegenwart zählt der Verfasser unseres Briefs aber nicht nur freudige, sondern auch leidvolle Erfahrungen. Die um ihres Christentums willen Geschmähten sind glücklich zu preisen, denn der „Geist der Herrlichkeit“ „ruht“ auf ihnen (4,14. Vgl. Mt 5,11f par). Die Erfahrung des Heiligen Geistes wird hier wie auch sonst in der christlichen Tradition in besonderer Weise mit kritischen Situationen verbunden[40] und als Anteil an der „Herrlichkeit“ verstanden, die nach anderen Aussagen des Briefs erst für die Parusie verheißen ist (1,7; 5,4). Diese Herrlichkeit ist also gegenwärtige und zukünftige Wirklichkeit zugleich. Man sollte die Paradoxie dieser Anschauung nicht dadurch zu mildern suchen, daß man die

---

[36] Vgl. Ps 34,9. Möglicherweise ist an die Eucharistie gedacht. *L. Goppelt*, 1 Petr (s. Anm. 3) 137f.

[37] Die beiden letzteren Stellen spielen auf das Gottesknechtslied Jes 52/53 an (vgl. LXX Jes 52,3; 53,5). Vgl. 1 Petr 2,21–25! Zur Heilung durch Christi Strieme (1 Petr 2,24) bemerkt *J.A. Bengel*: „Paradoxon apostolicum“ (Gnomon Novi Testamenti, Stuttgart 1915, 979).

[38] Daß im Hintergrund die Taufe steht, deutet schon der Aorist ἀναγεννήσας (1,3) an. Vgl. *N. Brox*, 1 Petr (s. Anm. 3) 61f; *C. Spicq*, 1 Petr (s. Anm. 3) 45; *O. Knoch*, 1 Petr (s. Anm. 16) 42; *K.H. Schelkle*, Die Petrusbriefe. Der Judasbrief (HThK XIII/2), Freiburg [6]1988, 28–31.

[39] In 1,21 meint „Hoffnung“ die *spes qua*, in 3,15 die *spes quae*. Zur Hoffnung in 1 Petr s. *E. Cothenet*, Le Realisme de l'espérance chrétienne selon 1 Pierre: NTS 27 (1981) 564–572; *O. Knoch*, 1 Petr (s. Anm. 16) 43f (Exkurs). Knoch sieht in der „Hoffnung“ „das zentrale Schlüsselwort des 1 Petr“ (ebd. 42). Vgl. *N. Brox*, 1 Petr (s. Anm. 3) 61. Auch *E. Cothenet* charakterisiert den Brief mit einem Wort als „l'épître de l'espérance“ (Les orientations actuelles de l'exégèse de la première lettre de Pierre, in: C. Perrot [Hg.], Études sur la première lettre de Pierre [LeDiv 102], Paris 1980, 13–42, hier: 42); *Ders.*, La Première de Pierre: bilan de 35 ans de recherches: ANRW II 25.5 (1988), 3685–3712, hier: 3707.

[40] Vgl. die Hinweise bei *O. Knoch*, 1 Petr (s. Anm. 16) 126.

bereits empfangene Herrlichkeit als irgendwie unvollkommen oder unvollständig hinstellt, wie es oft geschieht. Das Festhalten am uneingeschränkten Schon und Noch-nicht im Hinblick auf die Eschata, vor allem die endzeitlichen Heilsgaben, gehört zum Wesen christlicher Eschatologie.[41]

Zur Paradoxie des gleichzeitigen Schon und Noch-nicht kommt aber noch eine zweite: Die Erfahrung dieses eschatologischen Heils geschieht gerade im Leiden. Dieses selbst ist, wo es in Geduld ertragen wird, „Gnade von Gott“ (2,20).[42] Anfeindungen, Schikanen und Ausschreitungen, denen Christen als Christen ausgesetzt sind, sollen sie als Feuerprobe ihres Glaubens begreifen, der wie Gold im Ofen geläutert wird. Gerade diese Feuerprobe aber ist die Quelle ihrer Freude, denn der geläuterte Glaube darf mit „Lob, Herrlichkeit und Ehre“ rechnen bei der bald zu erwartenden „Offenbarung Jesu Christi“ (1,6f. Vgl. 4,12).[43]

Der Gedanke aus 1,6f wird in 4,12–17 aufgenommen und auf originelle Weise ergänzt. Nach 4,17 sind nämlich die gegenwärtigen Leiden nicht nur als Läuterung und Bewährung des Glaubens im Hinblick auf die Parusie zu verstehen, sondern geradezu als Beginn des Endgerichts; im Leiden der Christen zeichnet sich das Walten des eschatologischen Gerichts selbst ab. Dieser Gedanke hat meines Wissens weder frühjüdische noch frühchristliche Vorbilder.[44] Der Autor scheint sich das Endgericht demnach als ein gestuftes Geschehen vorzustellen, das mit der Läuterung der Christen im Leiden beginnt und nach der allgemeinen Auferstehung mit einem forensischen Verfahren für „Lebende und Tote“ (4,5), Christen wie Nichtchristen, endet.[45]

Zu der Wendung vom Beginnen des Gerichts beim „Haus Gottes“ in 4,17 weisen die Kommentare gewöhnlich auf Ez 9,6 hin, wo den eschatologischen Strafrichtern befohlen wird: „Beginnt bei meinem Heiligtum!“ (LXX: „Beginnt bei meinen Heiligen!“) Man muß sich aber klar machen, daß in Ez 9 ein ganz anderer Gerichtsgedanke vorliegt als im 1. Petrusbrief. Die Strafrichter von Ez 9 sind Henkersknechte, die alle vorher nicht Bezeichneten erschlagen und damit beim Tempel beginnen. Das Gericht ist hier also kein Läuterungsgericht, sondern ein Vernichtungsgericht, und es ergeht nicht über die Gerechten, sondern allein über die Sünder. Die Ähnlichkeit mit unserer Stelle ist also sehr äußerlich (vgl. Jer 25,29).

---

41 Dieses heilsgeschichtliche Paradox wird auch in der Väterzeit festgehalten. Vgl. *J.N.D. Kelly*, Early Christian Doctrines (Anm. 6) 459–462 („The Tension in Eschatology"). Es handelt sich hier um eine unvermeidbare Paradoxie im Sinne *I.T. Ramseys* (Religiöse Paradoxien, in: D.M. High [Hg.], Sprachanalyse und religiöses Sprechen, Düsseldorf 1972, 133–158, hier: 144). Vgl. auch *P. Tillich*, Systematische Theologie II, Stuttgart 1958, 100–102. Bemerkenswerte Gedanken über die Rolle der Paradoxe im Christentum bietet das Kapitel über „The Paradoxes of Christianity“ in *G.K. Chestertons* „Orthodoxy“ (Collected Works I, San Francisco 1986, 285–306).

42 Vgl. 2,19; 4,13f. 16. *N. Brox*, 1 Petr (s. Anm. 3) 215f.

43 Vgl. Weish 3,4–7. *O. Knoch*, 1 Petr (s. Anm. 16) 84–86 (Exkurs); *H. Millauer*, Leiden als Gnade. Eine traditionsgeschichtliche Untersuchung zur Leidenstheologie des ersten Petrusbriefes (EHS.T 56), Frankfurt 1976.

44 *H. Millauer* behauptet zwar, 1 Petr knüpfe auch in dieser Hinsicht an alttestamentliche und frühjüdische Erwartungen an, aber seine Beispiele illustrieren nur den Gedanken, daß Israel *vor* den Heiden gerichtet wird (Leiden [s. Anm. 43] 105–110). Er bringt kein einziges Beispiel dafür, daß man im Leiden der Gerechten den Beginn des eschatologischen Gerichts erblickt hätte. Das gilt auch für *E. Lohse* (Paränese und Kerygma im 1. Petrusbrief: ZNW 45 [1954] 68–89, hier: 82f), auf den sich N. Brox (1 Petr [s. Anm. 3] 222) beruft. Vgl. auch *E.G. Selwyn*, The First Epistle of St. Peter, London 1955, 299–303. Keines seiner Beispiele enthält den genauen Gedanken von 1 Petr 4,17. *H. Windisch* sprach also mit Recht von „dieser originellen Anschauung“ (Die katholischen Briefe [HNT 15], Tübingen 1930, 78).

45 So *O. Knoch*, 1 Petr (s. Anm. 16) 127f; *C. Spicq*, 1 Petr (s. Anm. 3) 159f.

Alle Elemente präsentischer Eschatologie, die wir im 1. Petrusbrief finden, sind also begründet in dem Geschehen von Leiden, Tod und Auferstehung Christi.[46] Von daher legt es sich nahe, den neuen Äon eher von der Auferstehung Christi als von der Inkarnation her zu datieren. Immerhin aber zeigt das „erschienen am Ende der Zeiten" von 1,20, daß auch die Inkarnation eschatologisch, als Beginn des neuen Äons, verstanden werden kann. Sachlich gesehen sind beide Betrachtungsweisen sinnvoll.

4. Charakteristika der Eschatologie des 1. Petrusbriefs

Der Überblick hat deutlich gemacht, wie in der Eschatologie des 1. Petrusbriefs frühjüdische und christliche Elemente zu einer Einheit verschmolzen sind. Diese Eschatologie zeigt wenig Originelles; und doch sind wir auf zwei Sachverhalte gestoßen, die ihr ein besonderes Gepräge geben, sowohl im Hinblick auf die frühjüdische wie die frühchristliche Tradition. Da ist zunächst der sonst nicht belegte Gedanke, daß die bedrückende Situation der Christen Anzeichen, ja Teil des bereits in Gang gekommenen Endgerichts ist; sodann die Tatsache, daß der Autor zwar mehrfach und eindringlich auf das Jüngste Gericht hinweist, aber direkte Bezeichnungen der eschatologischen Verderbnis der Unbekehrbaren bewußt meidet. Mit der „Offenbarung Jesu Christi" verbindet er nur „Gnade" (1,13), „Lob, Herrlichkeit und Ehre" (1,7. Vgl. 4,13; 5,4), die den bewährten Christen erwarten. Betonung des Gerichtsgedankens und Zurückhaltung, wenn es um die negativen Folgen dieses Gerichts für die Sünder geht, schließen sich also nicht aus. In dieser Hinsicht könnte der 1. Petrusbrief auch Vorbild heutiger Verkündigung sein.

Vergleicht man die christliche Konzeption der Eschatologie, wie sie im 1. Petrusbrief vorliegt, mit den geschichtlichen Konzeptionen des Frühjudentums, so enthält sie nur *ein* Element, das eine wesentliche und folgenreiche Änderung des Grundmodells bedeutet: die Auferstehung Christi. Mit dieser Auferstehung hat der neue Äon begonnen, ohne daß der alte unterging, eine Situation, die in keinem frühjüdischen Modell der Eschatologie vorgesehen war. Das paradoxe Miteinander der beiden Äonen bis zur Parusie findet seinen Ausdruck im paradoxen Miteinander von präsentischer und futurischer Eschatologie. Man hat versucht, die Erfahrungen präsentischer Eschatologie, wie sie unser Brief zum Ausdruck bringt, für „entscheidend, aber nicht endgültig", als „Vorgeschmack" und „Vorwegnahme" einer Heilserfahrung zu verstehen, deren Vollendung noch aussteht.[47] Aber wir sollten in der christlichen Eschatologie die Wirklichkeit des gegenwärtigen eschatologischen Heils nicht abschwächen oder einschränken zugunsten des künftigen. Das wäre ebenso falsch wie umgekehrt eine Überbewertung der präsentischen Heilsgaben auf Kosten der

[46] Vgl. *C. Spicq*, 1 Petr (s. Anm. 3) 45.

[47] *E.G. Selwyn*, Eschatology in 1 Peter, in: W.D. Davies / D. Daube (Hg.), The Background of the New Testament and its Eschatology. FS C.H. Dodd, Cambridge 1956, 394–401, hier: 396f. Vgl. auch *O. Knoch*, 1 Petr (s. Anm. 16) 54: Er spricht von einer „bereits geschenkten Heilsanwartschaft", die bei der Parusie „vollendet" werde. Mündlich formulierte er: „Das ganze Heil ist da, aber das ganze Heil ist nicht ganz da." Der Sachverhalt bedarf weiterer Bemühungen.

futurischen. Das Paradox der heilsgeschichtlichen Situation seit Ostern besteht gerade darin, daß das eschatologische Heil ganz da ist und ganz aussteht. Auch in dieser Hinsicht kann der 1. Petrusbrief als Beispiel christlicher Normaleschatologie gelten.

Die Notwendigkeit dieses Paradoxes läßt sich auch deutlich machen am Begriff der Hoffnung, der in unserem Brief nicht von ungefähr eine so wichtige Rolle spielt. Die Hoffnung gründet nach dem 1. Petrusbrief auf realer eschatologischer Erfahrung, vor allem der Erfahrung einer „Neugeburt", und richtet sich auf das „im Himmel" aufbewahrte eschatologische „Erbe" (1,3f). Sie lebt also aus der Spannung des Schon und Noch-nicht, die durch das paradoxe Miteinander der beiden Äonen gegeben ist. Und nur dort, wo diese Spannung erfahren wird, bleibt sie ἐλπὶς ζῶσα „lebendige Hoffnung" (1,3). Es ist dieselbe Spannung, die wir bei Paulus finden, wenn er paradox formuliert: „Auf Hoffnung hin sind wir erlöst worden" (τῇ γὰρ ἐλπίδι ἐσώθημεν) (Röm 8,24. Vgl. auch Tit 3,7).

Aus der paradoxen heilsgeschichtlichen Situation heraus läßt sich aber auch ein Charakteristikum christlicher Existenz verstehen, das dem Autor unseres Briefes sehr am Herzen liegt: Das Fremdsein.[48] Die Adressaten des Briefs werden angeredet als παρεπίδημοι, Fremde, deren Aufenthalt an einem Ort nur vorübergehend ist, und πάροικοι, Einwohner ohne Bürgerrecht (1,1; 2,11).[49] Diese sozialen Begriffe werden hier metaphorisch gebraucht. Beide Metaphern bezeichnen die Christen als Menschen, die nicht sind, wo sie eigentlich hingehören; die eine betont mehr das Provisorische, Vorübergehende, die andere mehr das Nachteilige, Unbefriedigende dieses Zustands. Nur in seiner Heimat genießt der Bürger seine Rechte. Wo diese Heimat des Christen ist, sagt 1,4: „im Himmel", wo das „Erbe" für ihn bereitgehalten wird.[50] Bis er dieses „Erbe" erlangt, bei der Parusie Christi, dauert „die Zeit seines Exils" (1,17: ὁ τῆς παροικίας ὑμῶν χρόνος). Freilich kann diese Zeit auch enden mit „der Zeit im Fleisch" (4,2), das heißt: mit dem Tod. In diesem Fall müßte mit einer Jenseitseschatologie ähnlich der von Phil 1,23 gerechnet werden, aber eine solche scheint im Denken unseres Autors keine große Rolle zu spielen; dieses ist ganz vom nahen „Ende aller Dinge" (4,7) beherrscht.

Das Fremdsein gehört für den Autor des 1. Petrusbriefs zu den Wesensmerkmalen der christlichen Existenz. Diese Kategorie ist aus der Erfahrung des Befremdlichen gewonnen, das die christliche Lebensweise für ihre Umwelt hatte. Die nichtchristliche Umwelt ist „befremdet"

---

[48] Vgl. R. *Feldmeier*, Die Christen als Fremde. Die Metapher der Fremde in der antiken Welt, im Urchristentum und im 1. Petrusbrief (WUNT 64), Tübingen 1992. Die Stärke dieser Untersuchung liegt im begriffs- und motivgeschichtlichen Teil; der theologische Teil dagegen ist unbefriedigend. Der eschatologische Kontext der Metapher ist ungenügend erfaßt (vgl. S. 97f.102f). Der vage Begriff „Gottes Zukunft", den Feldmeier oft verwendet (vgl. S. 138ff), verschleiert den Sachverhalt. Das Ergebnis entspricht der herkömmlichen Deutung: „Mit der Bezeichnung der Christen als Fremde wird ihre gesellschaftliche Außenseiterposition mit ihren Folgen der Ausgrenzung, Diffamierung und Bedrohung theologisch auf den Begriff gebracht und so als Ausdruck ihrer eschatologischen – und so weltlich nicht ableitbaren und gesellschaftlich nicht angepaßten – Existenz gedeutet. Dadurch wird das Fremdsein so in ihr Selbstverständnis integriert, daß gerade auch in dieser negativen Welterfahrung die Glaubenden freudig und zuversichtlich werden" (191). Mit Recht wendet sich Feldmeier S. 203–210 gegen *J.H. Elliotts* einseitig soziologische Deutung des Motivs (A Home for the Homeless. A Sociological Exegesis of 1 Peter, Its Situation and Strategy, Philadelphia 1981).

[49] Die Verbindung beider Begriffe findet sich schon LXX Gen 23,4; Ps 38 (39),13. In Ps 39,13; 119,19. 54 sind die entsprechenden Begriffe bereits metaphorisch gefaßt.

[50] Vgl. Phil 3,20. Zur Metaphorik dieser Stelle s. *G.B. Caird*, Language (s. Anm. 9) 179f. Zum Motiv vgl. auch Eph 2,19, vor allem aber Hebr 11,9.13–16; 13,14. *R. Feldmeier*, Christen als Fremde (s. Anm. 48) 80–94.

(ξενίζονται), weil die Christen nicht alles mitmachen (4,4); die Christen ihrerseits aber sollen nicht „befremdet" sein, als stoße ihnen etwas „Befremdliches" zu, wenn sie angefeindet werden (4,12). Es geschieht ihnen nur, was Menschen mit so andersartigem Lebensstil außerhalb ihrer Heimat zu erwarten haben.

Von dieser Erfahrung her war es allerdings immer noch ein großer Schritt bis zu der wesensmäßigen Bestimmung der christlichen Existenz als παροικία „Status mit beschränkten Rechten, Exil, Existenz in der Fremde" (1,17). Der Verfasser des 1. Petrusbriefs hat, vielleicht als erster christlicher Autor, damit auf den Begriff gebracht, was christliche Existenz in einer heilsgeschichtlichen Situation bedeutet, die durch das paradoxe Miteinander von altem und neuem Äon geprägt ist. Mit dieser „Existenz in der Fremde" ist sachlich nichts anderes gemeint als das, was der Evangelist Johannes als „nicht aus dieser Welt sein" bezeichnet,[51] und einen ihrer Aspekte hat Paulus mit seinem berühmten ὡς μή in 1 Kor 7,29–31 formuliert: das Notwendige tun, aber nicht so, als ob es noch darauf ankäme; denn „die Zeit ist nur noch kurz bemessen" und „die Gestalt dieser Welt im Vergehen begriffen". So kommt in der Metapher der παροικία „die Paradoxie der christlichen Situation" zum Ausdruck,[52] das, was Rudolf Bultmann „eschatologische Existenz" genannt hat: „entweltlichte Existenz innerhalb der Welt".[53] Diese Existenzweise darf sich allerdings nicht auf das Innerliche des einzelnen beschränken, sondern muß im praktischen Leben deutlich werden. So hat sie auch der Autor des „Diognetbriefs" verstanden, der sie eine „wundersam ‚paradoxe' Lebensweise" (παράδοξος κατάστασις τῆς πολιτείας) nennt.[54] Das Lebenselement dieser „wundersamen" Lebensweise ist die Hoffnung, von der schon die Rede war.

Die „Existenz in der Fremde", wie sie der 1. Petrusbrief versteht, führt also nicht nur zu einer „inneren Distanz zur Welt",[55] sondern zu einer umfassenden Weltfremdheit, die sich auch im Lebensstil äußert (1,18; 4,3f). Diese Tatsache müßte jeder christlichen Gemeinde zu denken und zu tun geben.[56] Anlaß dazu könnte ein Nachdenken über das Wort „Pfarrei" sein, das sich von eben dem Wort herleitet, um das es uns geht. Schon der 1. Klemensbrief gibt als Absender an „die Kirche Gottes, die in Rom in der Fremde lebt" (ἡ παροικοῦσα Ῥώμην) und wendet sich „an die Kirche Gottes, die in Korinth in der Fremde lebt". Im Laufe des 3. und 4. Jahrhunderts geht das Wort παροικία dann in die kirchliche Verwaltungssprache ein und wird zur *paroecia / parochia* und „Pfarrei".[57] Der Name verpflichtet.

---

[51] Vgl. Joh 15,19: „Weil ihr aber nicht aus der Welt seid ..., deshalb haßt euch die Welt."

[52] R. *Bultmann*, Theologie des Neuen Testaments, Tübingen [9]1984, 102. Vgl. ebd. 102–104!

[53] R. *Bultmann*, Das Befremdliche des christlichen Glaubens, in: Glauben und Verstehen. Gesammelte Aufsätze III, Tübingen 1960, 197–212, hier 207. Dieser Aufsatz ist gerade in unserem Zusammenhang bemerkenswert. Zum Begriff der „entweltlichten Existenz" vgl. *B. Dieckmann*, „Welt" und „Entweltlichung" in der Theologie Rudolf Bultmanns. Zum Zusammenhang von Welt- und Heilsverständnis (BÖT 17), München 1977. Daß Bultmanns Terminologie hier mit Vorbehalten und anders akzentuiert übernommen wird, deuten die folgenden Bemerkungen an.

[54] Schrift an Diognet 5,4. Das ganze Kapitel gehört hierher.

[55] So R. *Bultmann*, Das Befremdliche (s. Anm. 53) 209.

[56] Es muß wohl nicht eigens betont werden, daß es dabei nicht um die Entwicklung eines Sektengeistes gehen kann. *K.H. Schelkle* bemerkt zu Recht, die Kirchengeschichte bezeuge, „daß die Kirche, je mehr sie sich in der Welt als fremd empfunden hat, um so mächtiger auf die Welt zu wirken und sie zu bilden vermocht hat" (1 Petr [s. Anm. 38] 72).

[57] *P. de Labriolle*, Paroecia: RSR 18 (1928) 60–72.

Bilder des Jüngsten Gerichts bei Paulus[1]

Im Hause Reimarus in Hamburg traf sich Mitte des 18. Jahrhunderts die gebildete Elite der Stadt, die sich den Ideen der Aufklärung verschrieben hatte, zur Unterhaltung und Diskussion. Nur wenige Eingeweihte unter ihnen wußten, daß der Hausherr, der Gräzist und Orientalist Hermann Samuel Reimarus, an einem großen Werk über die Bibel arbeitete, dessen Ergebnisse der herkömmlichen christlichen Sicht der Dinge so radikal widersprachen, daß sein Verfasser eine Publikation nicht wagte; dafür müsse man aufgeklärtere Zeiten abwarten. Als Gotthold Ephraim Lessing nach dem Tod des Reimarus Auszüge aus dem Werk ohne Angabe des Verfassers als „Fragmente eines Ungenannten" herausgab, kam es zu einem Skandal, der zur herzoglichen Beschlagnahmung der letzten Exemplare und einem Verbot weiterer Publikationen zu diesem Thema führte. Der vollständige Text wurde erst 1972 veröffentlicht, gut 200 Jahre nach dem Tod des Autors und der Veröffentlichung von Lessings Auszügen. Jetzt erhielt das Werk auch den vom Verfasser gewählten Titel: „Apologie oder Schutzschrift für die vernünftigen Verehrer Gottes".[2]

Reimarus beginnt mit einem „Vorbericht", in dem er darlegt, wie er zu seiner neuen Sicht kam. Da schreibt er unter anderem:

> Nachdem ich mich also bei dem täglichen Gebete lange genug mit der Idee eines dreieinigen Gottes vergeblich gequält hatte: so sahe ich mich genötiget, die Dreieinigkeit aus meiner Vorstellung wegzulassen, und Gott fein natürlich als meinen Schöpfer und Wohltäter anzurufen; und dabei fand ich mich ruhiger. Aber ich sollte ihn doch auch, so oft ich meiner Sünden eingedenk ward, als einen gerechten und heiligen Gebieter und strengen Richter ansehen? O ja, das tat ich gewiß mit vieler Bewegung und Betrübnis. Ich kann auch nicht sagen, daß ich, für meine Person, das Vertrauen und die Liebe zu Gott darüber verloren hätte. Denn ich war zum voraus gewiß, daß er mir, bei der ernstlichen Buße, wegen des Glaubens an den Erlöser, Vergebung der Sünden, Gnade und Seligkeit würde angedeihen lassen. Und so ferne hörte er nicht auf ein Vater gegen mich zu sein, der sich meines Verfalls erbarmte. Allein, wenn ich an das ganze menschliche Geschlecht gedachte, wie viele sich das mit Grund getrösten könnten; und wenn ich die Drohung einer ewigen Höllen-Pein erwägte, welche den Ungläubigen und Gottlosen nach diesem kurzen Leben bevorstünde: so entfiel mir wieder aller Mut, und meine eigene Seligkeit verlor sich in dem kläglichen Geschrei von Millionen ohne Ende gemarterter Seelen. ... Es blieb mir allemal ein offenbarer Widerspruch zwischen dem Begriff von Gott, der da gut und gütig, ja die Liebe selbst, und eben darum liebenswürdig ist, und zwischen einem so grausamen und in alle Ewigkeit unversöhnlich strafenden Richter, der das äusserste Böse den Menschen antun wollte ohne Absicht sie zu bessern.[3]

---

[1] Vortrag zum zehnjährigen Jubiläum des Vereins der Freunde der Erzabtei St. Martin zu Beuron am 19. 9. 1999.

[2] *H.S. Reimarus*, Apologie oder Schutzschrift für die vernünftigen Verehrer Gottes, hg. von G. Alexander, Frankfurt a.M. 1972. Zur Person des Reimarus vgl. *G. Gawlick*, Hermann Samuel Reimarus, in: M. Greschat (Hg.), Gestalten der Kirchengeschichte Bd. 8, Stuttgart u.a. 1983, 299–311; Einleitung von *W. Schmidt-Biggemann* zu: H.S. Reimarus, Kleine gelehrte Schriften, Göttingen 1994, 9–65.

[3] *H.S. Reimarus*, Apologie (s. Anm. 2) 49f. Nur die Rechtschreibung ist leicht modernisiert. Vgl. aus den Vorarbeiten seine „Moralischen Betrachtungen von der Liebe Gottes, seiner Heiligkeit und der Sünde", in: *Ders.*, Kleine gelehrte Schriften (s. Anm. 2) 495–519.

Diesen „offenbaren Widerspruch" empfinden heute viele Christen; er steht auch hinter der Parole „Frohbotschaft statt Drohbotschaft". Aber ist damit die christliche Lehre wirklich getroffen? Ist hier die Alternative richtig gestellt? Wenden wir uns mit dieser Frage Paulus zu. Wie hat er sich nach Auskunft seiner Briefe das Gericht Gottes gedacht? Finden wir bei ihm „das klägliche Geschrei von Millionen ohne Ende gemarterter Seelen" und den „grausamen und in alle Ewigkeit unversöhnlich strafenden Richter"?

1. „Jedem sein Lob"

Paulus pflegt seine Briefe nach dem Präskript mit einer Danksagung zu beginnen, die das Wirken Gottes in der Gemeinde seiner Adressaten preist. Und so dankt er auch in seinem wahrscheinlich letzten Brief, dem an die Philipper, seinen Adressaten gleich anfangs für ihre Solidarität im Einsatz für das Evangelium „vom ersten Tag an bis jetzt, in der Überzeugung daß er, der in euch das gute Werk begonnen hat, es auch vollenden wird bis zum Tag Christi Jesu" (Phil 1,5f). Kurz darauf fährt Paulus fort:

> Und ich bete darum, daß eure Liebe mehr und immer mehr überfließen möge an Erkenntnis und aller Erfahrung, damit ihr beurteilen könnt, worauf es ankommt, und so lauter und unbeanstandet seid für den Tag Christi. (Phil 1,9f)

Nach Paulus hat das christliche Leben ein klares Ziel: den Tag Christi. Auf diesen Tag läuft es zu, seiner Vorbereitung dient es. Denn an diesem Tag wird das Leben des Christen konfrontiert mit der Wahrheit, an der es sich ausrichten sollte: Christus. Dann wird sich zeigen, ob der oder die Betreffende gewußt hat, „worauf es ankommt", oder ob die Konfrontation zur großen Desillusionierung und zur allzu späten „Höllenfahrt der Selbsterkenntnis" wird.[4] Bei diesem Gedanken kann einem leicht unbehaglich werden, und das haben christliche Prediger immer wieder ausgenützt. Paulus tut das, zumindest an unserer Stelle, nicht; von Drohung oder Angstmachen ist da keine Spur zu finden. Meine Auslegung ist bereits deutlicher geworden als Paulus selbst. Paulus schreibt nur, es gehe darum, „lauter und unbeanstandet" zu sein am Tag Christi. Der Gerichtsgedanke kommt auf diese Weise nur indirekt zur Sprache. Zudem steht er im Rahmen einer Danksagung voller Lob und Anerkennung, und der Apostel schreibt ausdrücklich „in der Überzeugung, daß er, der in euch das gute Werk begonnen hat, es auch vollenden wird". Gott selbst sorgt demnach dafür, daß die Philipper am Tag der Konfrontation mit Christus vorbereitet sind;[5] sie müssen sich dieser Sorge nur anvertrauen. Und das ist es offenbar, worin Paulus die Philipper bestärken möchte. Wer Gott und damit Christus in sich und an sich wirken läßt, dessen Liebe nimmt bis zum

---

[4] *J.G. Hamann*, Kreuzzüge eines Philologen. Chimärische Einfälle (ed. Nadler Bd. 2, 164). Diese „Höllenfahrt" sollte nach Hamann natürlich in diesem Leben erfolgen, da nur sie uns „den Weg zur Vergötterung" bahnt (ebd.).

[5] Denselben Gedanken formuliert Paulus auch in der Danksagung des 1. Korintherbriefs (1 Kor 1,4–9). Hier ist es offen, ob Gott oder Christus selbst die aktive Vorbereitung zugeschrieben wird. Es ist für Paulus eins. Vgl. auch 1 Thess 3,11–13.

„Überfließen" zu an Erkenntnis und Erfahrung, so daß der Tag Christi nur ein Tag der freudigen Bestätigung und Erfüllung sein kann.

Freilich hat dieser Tag noch andere Aspekte, auch für Paulus. Den Korinthern gibt er folgenden Rat:

Richtet über nichts vor der Zeit, ehe der Herr kommt; *er* wird das im Dunkeln Verborgene ans Licht und die Absichten der Herzen zum Vorschein bringen. Und dann wird jedem sein Lob zuteil werden von Gott. (1 Kor 4,5)

Das Gericht findet statt, wenn „der Herr", das heißt Christus, kommt. Dann läßt sich nichts mehr verbergen, beschönigen, wegreden, dann tritt die ungeschminkte Wahrheit ans Licht. Das Gute wird gut und das Böse wird böse erscheinen, nicht mehr wie es jetzt ist, wo manches Gute als schlecht und manches Böse als gut hingestellt wird. Bevor dieser Tag anbricht, kann kein Mensch über irgend etwas ein endgültiges Urteil fällen. Paulus erwähnt an dieser Stelle nur das Lob, das die Bewährten dann von Gott erhalten; die Alternative spricht er nicht aus.

Im Römerbrief warnt Paulus ebenfalls davor, über einen Mitchristen zu richten, aber dort gibt er eine andere Begründung dafür:

Du, was richtest du deinen Bruder? Oder du, was verachtest du deinen Bruder? Denn wir alle werden vor dem Richterstuhl Gottes stehen, denn es steht geschrieben: „(So wahr) ich lebe, spricht der Herr, vor mir wird jedes Knie sich beugen und jede Zunge wird Gott preisen." Folglich wird jeder von uns Gott über sich selbst Rechenschaft abzulegen haben. (Röm 14,10–12)[6]

Die Warnung vor dem Richten über den Mitchristen begründet Paulus hier nicht damit, daß wir nie sämtliche für ein endgültiges Urteil nötigen Tatsachen überblicken, sondern damit, daß wir alle noch Gottes Gericht vor uns haben, und erst dieses Gericht das endgültige Urteil über uns und unser Urteilen sprechen wird. Damit steht Paulus ganz nahe bei dem Wort Jesu: „Richtet nicht, damit ihr nicht gerichtet werdet" (Mt 7,1par).[7]

Paulus spricht hier im Römerbrief also nicht nur indirekt vom Gericht, das uns erwartet, sondern direkt, und er bezeichnet es als eine individuelle Rechenschaftsablegung. Diese Redeweise stammt ursprünglich aus der Geschäftssprache.[8] Im Hinblick auf das Jüngste Gericht finden wir sie noch an drei weiteren Stellen im Neuen Testament.[9] Nach Mt 12,36 müssen wir am „Tag des Gerichts" sogar über jedes „unnütze Wort" „Rechenschaft ablegen". So kommt zum Ausdruck, worum es beim Gerichtsgedanken zentral geht: um Verantwortung. Wir sind für unser Tun und Lassen verantwortlich, und wir sind nicht irgend jemandem verantwortlich, sondern letztlich Gott selbst. Denn nur er weiß umfassend genug Bescheid, um über alles richtige Urteile abgeben zu können. Und er wird auch dafür sorgen, daß die Rede von der Verantwortung, die man übernehmen will, keine Phrase bleibt.

---

6 Vgl. auch Röm 2,1–3.

7 Vgl. dazu *M. Reiser*, Die Gerichtspredigt Jesu (NTA.NF 23), Münster 1990, 251–254; *B. Kollmann*, Jesu Verbot des Richtens und die Gemeindedisziplin: ZNW 88 (1997) 170–186 (zu Paulus: 176–182).

8 Vgl. Lk 16,2. *M. Reiser*, Gerichtspredigt (s. Anm. 7) 120. 291.

9 Mt 12,36; Hebr 13,17; 1 Petr 4,5.

Ein bildhaftes, anschauliches Element kommt in die Rede vom Gericht an unserer Stelle hinein durch den „Richterstuhl", den Paulus hier erwähnt. Das griechische Wort βῆμα, das im Original steht, bezeichnet genaugenommen allerdings nicht den Richterstuhl, sondern das Podium oder die Tribüne, auf der dieser Stuhl steht. Solche Podien benützten Autoritätspersonen für Ansprachen vor einer Menge, und so auch römische Statthalter, wenn sie öffentliche Gerichtssitzungen hielten. Das gemauerte βῆμα, vor dem wahrscheinlich Paulus selbst stand, als er vor Gallio angeklagt wurde (Apg 18,12–17), ist heute noch in Korinth zu sehen. Seine Höhe beträgt zwei Meter und seine Fläche fünfzehn auf sieben Meter.[10] Daß der Vergleich des Gerichts Gottes mit einem irdischen Gerichtsverfahren in mancher Hinsicht hinken muß, war natürlich auch Paulus klar. Vor Gottes Gericht kann es ja nicht mehr um ein Herausfinden der Schuld oder Unschuld gehen, sondern nur noch um ihre Feststellung und ihr Eingeständnis. Dieser Sachverhalt bringt Ungereimtheiten in die Vorstellungen vom Jenseitsgericht, wie schon die frühjüdischen Beispiele zeigen.[11] Dennoch hat sich diese Metapher als die zutreffendste und eindrucksvollste durchgesetzt.

2. Vor dem Richterstuhl Christi

Die bisher behandelten Aussagen zeigen, daß Paulus das Gericht mit einem „Tag" verbindet, den er den „Tag Christi" (oder ähnlich) nennt.[12] Denn dieser Tag bricht an, wenn Christus kommt (1 Kor 4,5), das heißt bei seiner Parusie. Das Gericht besteht in einer Prüfung, die es „unbeanstandet" zu bestehen gilt,[13] im Hervortreten der Wahrheit, in einer Rechenschaftsablegung vor Gott. Buchstäblich entscheidend ist bei diesem Gericht für Paulus aber offensichtlich nicht eigentlich Gott, sondern Christus, wie ja schon der Ausdruck „Tag Christi" beweist.[14] In der Danksagung des 1. Korintherbriefs spricht Paulus von der „Offenbarung unseres Herrn Jesus Christus", die wir für diesen Tag erwarten (1 Kor 1,7). Die Begegnung mit ihm entscheidet unser Leben; sie hat es schon getan im Leben jedes Christen, und wird es vollends tun, wenn wir vor ihm stehen „bei seiner Ankunft" (1 Thess 2,19). Nach Röm 2,16 wird Gott an diesem Tag „über das Verborgene der Menschen richten"; die Grundlage des Gerichts wird das Evangelium sein, wie es Paulus verkündet, durchgeführt aber wird es „von Christus Jesus".

So kommt es nicht überraschend, wenn im 2. Korintherbrief nicht vom „Richterstuhl Gottes" die Rede ist wie im Römerbrief, sondern vom „Richterstuhl Christi":

> Denn wir alle müssen erscheinen vor dem Richterstuhl Christi, damit jeder in Empfang nimmt gemäß dem, was er leiblich getan hat, sei es Gutes, sei es Schlechtes. (2 Kor 5,10)

---

[10] Vgl. *W. Elliger*, Paulus in Griechenland, Stuttgart 1987, 225–227.
[11] Vgl. *M. Reiser*, Gerichtspredigt (s. Anm. 7) 144f.
[12] Vgl. 1 Kor 1,8; 2 Kor 1,14; Phil 1,6.10; 2,16. Auch bei dem „Herrn" in dem Ausdruck „Tag des Herrn" (1 Kor 5,5; 1 Thess 5,2) denkt Paulus zweifellos an Christus.
[13] Vgl. 1 Kor 1,8; 9,27; Phil 1,10; 1 Thess 3,13; 5,23.
[14] Zu den mit „Tag" gebildeten Wendungen, die das Frühjudentum zur Bezeichnung des Jüngsten Tages gebrauchte („Tag des Herrn [= Gottes]", „des Zorns", „des Gerichts" usw.), vgl. *M. Reiser*, Gerichtspredigt (s. Anm. 7) 134f und das Register s.v. Tag.

Unmittelbar zuvor war vom Tod die Rede, jetzt hat Paulus den Jüngsten Tag und das allgemeine Gericht im Auge.[15] Aus irdischer Sicht vergeht vom Tod des einzelnen bis zum Jüngsten Tag eine mehr oder weniger lange Zeit. Paulus überspringt sie ohne weiteres; das Problem der „Zwischenzeit", das die spätere Dogmatik so beschäftigt hat, existiert für ihn nicht. Dafür spricht er hier die unangenehme Seite des Gerichts an, auch wenn er immer noch zurückhaltend genug bleibt. Er sagt lediglich, daß das Gute und Böse, das wir in diesem Leben tun, nicht folgenlos bleibt für die Ewigkeit; worin die Folgen und der jeweilige Lohn bestehen werden, führt er nicht aus. Die Hauptsache bleibt also der Hinweis auf die Verantwortung, in der wir mit all unserem Tun stehen.

Das bildhafte Element und die Szene, die mit der Rede vom „Erscheinen vor dem βῆμα Christi" aufgerufen wird, hat schon die Phantasie antiker Menschen angeregt. Das beweist das Epitaph des Theodoulos aus der Katakombe der Hll. Marcus und Marcellianus.[16] Es stammt aus der Mitte des 4. Jahrhunderts. Laut Inschrift ließ der mit 72 Jahren verstorbene Aurelios Theodoulos diese Grabplatte zusammen mit seiner Frau Caecilia Maria bei Lebzeiten anfertigen „für sich und ihre Kinder". Rechts von der Inschrift ist dargestellt, wie Theodoulos – er wird eigens bezeichnet – vor dem Richterstuhl Christi steht, der auf einem βῆμα plaziert ist. Christus wird ausdrücklich gekennzeichnet als δεσπότης ἡμῶν „unser Herr". Theodoulos steht da mit herabhängenden Armen, die ihn als Angeklagten charakterisieren. Und er steht zwischen zwei Schafen. Auffällig ist die Geste des Richters: Er legt dem Angeklagten die rechte Hand auf. Diese Geste ist sehr wahrscheinlich auf dem Hintergrund des kirchlichen Bußgerichts zu deuten.[17] Durch die bischöfliche Handauflegung wurde der Büßer wieder in die Gemeinschaft der Kirche aufgenommen.[18] Wie der Bischof bei der Rekonziliation den Büßer, so nimmt beim Jüngsten Gericht Christus als „Aufseher (ἐπίσκοπος) der Seelen" den Verstorbenen endgültig auf in die Gemeinschaft der Heiligen.[19] Das Jüngste Gericht ist hier so etwas wie die letzte Beichte mit Lossprechung – ein sehr passendes Bild für die gemeinte Sache.

---

15 So zu Recht auch *Ch. Wolff*, Der zweite Brief des Paulus an die Korinther (ThHk 8), Berlin 1989, 114.

16 Die Zeichnung ist entnommen aus: Spätantike und frühes Christentum. Ausstellung im Liebieghaus Museum alter Plastik, Frankfurt am Main (Katalog, hg. von *H. Beck u. P.C. Bol*), Frankfurt a.M. 1983, 327 Abb. 144. Zur Deutung vgl. *L. de Bruyne*, L'imposition des mains dans l'art chrétien ancien: RivAC 20 (1943) 113–278, hier 254–256; *H. Kaiser-Minn*, Die Erschaffung des Menschen auf den spätantiken Monumenten des 3. und 4. Jahrhunderts (JAC.E 6), Münster 1981, 15f.

17 *D. Korol* weist „mit allem Vorbehalt" darauf hin, daß diese Geste auch bei der Freilassung eines Sklaven (manumissio) bezeugt ist: Art. Handauflegung II (ikonographisch): RAC 13 (1986) 493–519, hier 516f.

18 Ein Relikt dieser Geste ist noch heute bei der Beichte das Erheben der Hand durch den Priester, während er die Absolution erteilt.

19 Vgl. 1 Petr 2,25: „Ihr wart nämlich wie verirrte Schafe, aber jetzt seid ihr zurückgekehrt zum Hirten und Aufseher eurer Seelen."

Mit den beiden Schafen, zwischen denen Theodoulos steht, ist wohl auf das große Gerichtsgleichnis in Mt 25,31–46 angespielt, in dem die Schafe von den Böcken getrennt werden. Man sieht also: Theodoulos rechnet mit dem Gericht vor dem Richterstuhl Christi, aber er vertraut fest darauf, daß ihn Christus unter die Schafe aufnehmen wird. Der Grund für diese Zuversicht ist zweifellos sein Bemühen um ein christliches Leben in dem Sinn, wie Paulus es den Philippern ans Herz gelegt hatte. Diese Zuversicht ist für die – seltenen – Gerichtsdarstellungen in der frühchristlichen Kunst überhaupt typisch. Beat Brenk schreibt dazu:

Die Idee der Rettung steht derart im Vordergrund, daß sie im Endgericht die Hauptrolle spielt. Daß das Gericht mitunter mißlich ausgehen könnte, wird deshalb nur selten in Betracht gezogen. ... Die frühen Gerichtsbilder schweigen sich über die Art der Strafen und Belohnungen aus. Sie entraten des peinlichen Details der mittelalterlichen Schöpfungen.[20]

Wann soll dieses Gericht stattfinden? Theodoulos denkt wohl genau wie Paulus in 2 Kor 5,10 an das Gericht am Jüngsten Tag bei der Parusie Christi, nicht etwa an ein Besonderes Gericht vor diesem Tag. Schon das βῆμα weist auf die Öffentlichkeit hin, und die Vorstellung eines Besonderen Gerichts unmittelbar nach dem Tod ist im 4. Jahrhundert noch kaum verbreitet.[21] Dafür kennt schon die frühjüdische und vor allem die frührabbinische Tradition die Vorstellung, daß beim allgemeinen Gericht am Jüngsten Tag jeder einzeln und „besonders" vorgenommen wird.[22] Die „Zwischenzeit" (zwischen dem Tod des einzelnen und dem Jüngsten Tag) spielt im Bewußtsein der Gläubigen mit Recht keine große Rolle; denn nach dem Tod gibt es keine Zeit mehr, die man mit irdischen Uhren messen könnte. Mit dem Tod erreicht der einzelne jenen Tag, zu dem die Weltgeschichte noch eine Weile unterwegs ist.

3. Säen und Ernten

Nach unserem Ausflug in die frühchristliche Ikonographie wollen wir zu Paulus zurückkehren. Nehmen wir uns als nächstes eine Stelle aus dem Brief an die Galater vor. Hier schlägt der Apostel einen schärferen Ton an als in seinem Brief an die Philipper. Und er hat Grund dazu; denn die Galater sind dabei, sich beschneiden zu lassen, die Tora als Gesetzbuch einzuführen und ihr Leben nach dem jüdischen Festkalender zu ordnen. Das aber heißt in den Augen des Paulus: Christus beiseite schieben und aus der Gnade herausfallen (Gal 5,4). Deshalb warnt er die Galater:

Täuscht euch nicht: Gott läßt keinen Spott mit sich treiben! Was der Mensch sät, wird er auch ernten. Wer in sein Fleisch hinein sät, wird aus dem Fleisch Verderben ernten; wer aber in den Geist hinein sät, wird aus dem Geist ewiges Leben ernten. (Gal 6,7f)

---

[20] *B. Brenk*, Tradition und Neuerung in der christlichen Kunst des ersten Jahrtausends. Studien zur Geschichte des Weltgerichtsbildes, Wien 1966, 75.
[21] Vgl. *M. Reiser*, Gerichtspredigt (s. Anm. 7) 138 Anm. 22.
[22] Vgl. Jub 5,16. Zu den Tannaiten *M. Reiser*, Gerichtspredigt (s. Anm. 7) 118–125.

Seine Warnung bekräftigt Paulus mit einem Hinweis auf die Folgen, die jedes Tun nach sich zieht. Er benützt dabei die Redensart vom Säen und Ernten, die schon in der Antike sprichwörtlich war. „Wer Unrecht sät, wird Unheil ernten“ (Spr 22,8).[23] Auch das Deutsche hat entsprechende Sprichwörter: „Wie die Saat, so die Ernte.“ „Wie gesät, so geschnitten.“[24] Jedes Tun hat Folgen, und diese Folgen entsprechen dem Tun wie die Ernte der Saat. Das, erklärt Paulus, gilt auch für die Ewigkeit. Und er benennt die ewigen Folgen: „Verderben“[25] oder „ewiges Leben“, je nach dem, ob der Mensch sich vom „Fleisch“ bestimmen läßt, das heißt vom Menschlich-Allzumenschlichen und seinen Untugenden, oder vom Geist Christi und des Evangeliums (vgl. Gal 5,16–26). Wenn es sich aber so verhält, dann ist ein Richter eigentlich überflüssig. Der Mensch richtet sich selbst, indem er die unangenehmen Folgen seines Handelns zu spüren bekommt. Dieser Gedanke kommt auch in Röm 2,5 zum Ausdruck. Danach „hortet“ sich der Unbelehrbare Zorn für den Tag des Zorns. Diesen Gedanken darf man freilich nicht als Automatismus verstehen.

Abt Benedikt Knittel von Schöntal (1683–1732) hat den dargestellten Sachverhalt in einen seiner berühmten „Knittel-Verse“ gebracht:[26]

Quod sibi quisque seret praesentis tempore vitae,
Hoc sibi quisque metet, dum dicitur: Ite, Venite!

Was einer sich sät in der Zeit dieses Lebens,
Das wird er auch ernten, wenn es heißt: „Kommt!“ oder „Geht!“

Der fromme Abt, der „glänzende Dichter“ und „unermüdliche Verseschmied“, dem „metaphysischer Witz“ attestiert wird,[27] hat die Stelle aus dem Galaterbrief kunstvoll verknüpft mit dem Gerichtsgleichnis in Mt 25, wo es heißt: „*Kommt* ihr Gesegneten meines Vaters“ und: „*Geht* weg von mir, ihr Verfluchten“ (Mt 25,34.41).

4. Feuerprobe

O happy, suffering soul! for it is safe,
Consumed, yet quickened, by the glance of God.[28]

Nur an einer Stelle in seinen Briefen treibt Paulus den Gedanken des Gerichts und seines doppelten Ausgangs auf die Spitze, und dabei kommt ein neuer, ausgesprochen tröstlicher Aspekt der

---

[23] Vgl. Ijob 4,8; Hos 8,7; 10,12; Mt 25,24. 26par. *H.-D. Betz*, 2. Korinther 8 und 9, Gütersloh 1993, 185–190.
[24] Vgl. Die deutschen Sprichwörter, gesammelt von *Karl Simrock*, Stuttgart 1995, 439f (Nr. 8610ff). Ebd. 124 Nr. 2120: „Wie du säst, so wirst du ernten.“
[25] Hier heißt es φθορά. Sonst gebraucht Paulus zur Bezeichnung des eschatologischen Verderbens den im Frühjudentum üblichen Begriff ἀπώλεια (Röm 9,22; Phil 1,28; 3,19).
[26] Zitiert nach: Abt Benedikt Knittel und das Kloster Schöntal als literarisches Denkmal, bearbeitet von *F. Albrecht*: Marbacher Magazin 50/1989 (Sonderheft), 66. Man achte auf die kunstvolle Form mit Binnenreim vor der Zäsur, neben dem Endreim. Ich danke Christoph Berchtold, der mir dieses Heft geschenkt hat.
[27] Als *insignis poëta* und *laboriosus carminifex* gilt er seinen Zeitgenossen (ebd. 35f). „Metaphysicher Witz“: ebd. 3.
[28] „O glückliche leidende Seele! gerettet ist sie, / Verzehrt, doch belebt, weil Gott sie angeblickt.“ *J.H. Newman*, The Dream of Gerontius (1865), übersetzt von Th. Haecker, Freiburg ^{3}1952, 45.

Sache zum Vorschein. Im 3. Kapitel des 1. Korintherbriefs spricht der Apostel vom Werk des Gemeindeleiters als einem Bauwerk, dessen Fundament Christus ist. Auf diesem Fundament bauen er und alle Gemeindemitglieder weiter, jeder mit seinem Material. Wie gut dieses Material ist, zeigt die Feuerprobe am Jüngsten Tag, dem „Tag Christi". Diese Feuerprobe ist also ein weiteres Bild für die Prüfung, der die Christen an diesem Tag unterzogen werden. Paulus beschreibt sie so:

> Ob nun einer auf dem Fundament mit Gold, Silber, Edelsteinen, Holz, Heu oder Schilf aufbaut – das Werk eines jeden wird ans Licht kommen, denn der Tag[29] wird es offenbaren. Im Feuer muß es nämlich zum Vorschein kommen, und von welcher Qualität das Werk eines jeden ist: das Feuer wird es prüfen. Hat das Werk, das einer aufgebaut hat, Bestand, wird er Lohn empfangen; verbrennt das Werk eines Menschen, hat er den Verlust davon, er selbst aber wird gerettet werden, jedoch so wie durch Feuer hindurch. (1 Kor 3,12–15)

Paulus stellt die Alternativen hart gegenüber und die Logik scheint zunächst klar: Das Ergebnis der Prüfung lautet „Bestanden" oder „Nicht bestanden", Lohn oder Strafe. Aber dann macht der Apostel einen merkwürdigen Zusatz, der die harte Alternative aufbricht: Die negative Möglichkeit bei der Feuerprobe lautet nicht, wie zu erwarten wäre: „Nicht bestanden", sondern: „Durchgekommen, aber wie durch Feuer hindurch". Wie ist dieses Ausweichen vor der logischen Alternative zu erklären? Und was meint Paulus mit dem „wie durch Feuer hindurch"?

Machen wir uns den Zusammenhang klar. Paulus redet vom Jüngsten Gericht, und er faßt als Prüflinge nur Christen ins Auge. Und nun kommt er zu der theoretischen Möglichkeit, daß Christen die Prüfung nicht bestehen und damit nicht „gerettet" werden. Dieser Gedanke scheint ihm unvollziehbar, denn wie er im Römerbrief schreibt: „Wer wird gegen die Erwählten Gottes Anklage erheben? Gott, der gerecht macht? Wer will die Verurteilung aussprechen? Christus Jesus, ... der doch selbst für uns eintritt?" (Röm 8,33f) Also kann es für Christen eigentlich keine endgültige Verurteilung geben (Röm 8,1).[30] Daher kann Paulus die logisch und real gegebene Alternative bei einem Gericht oder einem Test wie dem in 1 Kor 3 geschilderten nicht als ausweglos hinstellen. Und so erklärt er: Das Werk eines Christen mag vielleicht im Gerichtsfeuer zu Asche verbrennen; doch „er selbst", seine Person, wird gerettet werden, wenn auch „wie durch Feuer hindurch".[31]

Was meint nun dieses „wie durch Feuer hindurch"? In neueren Kommentaren liest man gewöhnlich, das bedeute: mit knapper Not. Paulus gebrauche hier eine Redensart, die den Sinn habe: dem Feuer gerade noch entronnen.[32] Aber diese Deutung kommt nicht in Frage, denn erstens gibt es keinen Beleg für diese Redensart,[33] und zweitens schreibt Paulus nicht: „wie *vor* dem Feuer" gerettet, sondern „wie *durch* Feuer *hindurch*" gerettet. Die richtige Deutung gibt der große pietistische Exeget des 18. Jahrhunderts, Johann Albrecht Bengel. Er hat den Gedanken des Paulus in

---

[29] Gemeint ist der Tag Christi, der Jüngste Tag. Vgl. Röm 13,12; 1 Thess 5,4.

[30] Vgl. auch 1 Thess 5,9f.

[31] Die anthropologische Unterscheidung zwischen dem Werk eines Menschen und seinem „Selbst", die Paulus hier trifft, ist merkwürdig. Sie begegnet wieder in 1 Kor 5,5, nur daß dort der „Geist" das Subjekt des Heils ist. Der Sinn der Unterscheidung wird aber jeweils aus dem Zusammenhang klar.

[32] So z.B. *W. Schrage*, Der erste Brief an die Korinther (EKK VII/1), Neukirchen-Vluyn 1991, 303f.

[33] Die angeführten Belege sind bestenfalls entfernt verwandt, so Sach 3,2; Am 4,11: „wie ein Holzscheit, das aus dem Brand gerissen (gerettet) ist". In Jud 23 steht eben ἐκ πυρός. Das διὰ πυρός finden wir dagegen in LXX Jes 43,2 und, in eschatologischem Kontext, in LXX Sach 13,9. Diese Stellen stehen 1 Kor 3,15 viel näher als Sach 3,2 und Am 4,11. Vgl. auch Eur. El. 1183: „Durch Feuer hindurch lief ich" – hier als kühne Metapher.

eine andere Metapher übersetzt, die uns vielleicht eingängiger ist: „Wie ein schiffbrüchiger Kaufmann unter Verlust seines Gewinns und seines Besitzes sich durch die Wogen hindurch rettet."[34] Genau das meint Paulus: Wie ein Schiffbrüchiger sein nacktes Leben rettet, so rettet der Christ, dessen Lebenswerk vor der abschließenden Prüfung Christi nicht bestehen kann, seine nackte Existenz und seine Person; er gelangt zum eschatologischen Heil, wenn auch unter schmerzlichen „Einbußen" oder „Verlusten".[35]

Die katholische Tradition hat diese Äußerung des Paulus als wichtigsten Schriftbeleg für die Fegfeuerlehre betrachtet. Aber die moderne Exegese unserer Stelle hat selbst katholische Dogmatiker in dieser Hinsicht unsicher gemacht. Heute sehen jedenfalls auch katholische Exegeten keinen sachlichen Bezug der Paulusstelle zur Fegfeuerlehre mehr.[36] Der Grund dafür ist meines Erachtens teils ein Mißverständnis der Paulusstelle, teils ein Mißverständnis der Fegfeuerlehre. Ein Mißverständnis der Paulusstelle liegt vor, wenn gegen einen Bezug auf die Fegfeuerlehre eingewandt wird, bei Paulus gehe es um eine *Prüfung*, nicht um eine *Reinigung*. Diese Alternative erfaßt den beschriebenen Vorgang jedoch nur unzureichend; das Eigentümliche daran ist ja gerade, daß die Prüfung oder Feuerprobe auf eine Art Reinigung – man kann auch sagen: Befreiung, Entlastung – der Person hinausläuft, um ihr das „Verbrannt werden" zu ersparen. Ein Mißverständnis der Fegfeuerlehre in diesem Zusammenhang möchte ich an einem lehrreichen Beispiel aufzeigen.

Der 1989 verstorbene protestantische Exeget Hans Conzelmann stellt in seinem Kommentar zu unserer Stelle kurz und bündig fest: „Die Deutung auf das Fegfeuer ist abwegig."[37] Im übernächsten Satz bemerkt er jedoch: „Auffallend ist die Vorstellung von einer Strafe, die doch nicht das ewige Heil aufhebt." „Eine Strafe, die doch nicht das ewige Heil aufhebt": Das ist ziemlich genau die dogmatische Definition der katholischen Fegfeuerlehre. Die lehramtlichen Definitionen beschränken sich nämlich auf die Feststellung, daß die Seelen derer, die noch Genugtuung zu leisten haben, durch „reinigende Strafen (poenis purgatoriis)" geläutert werden.[38] Nun kann man darüber diskutieren, ob die mit der Metapher „Feuer" bzw. „wie durch Feuer hindurch" in 1 Kor 3,15 gemeinte Sache durch den Begriff „Strafen" oder „reinigende Strafen" glücklich erfaßt und gedeutet ist. Aber eines ist jedenfalls offenkundig: Hans Conzelmann lehnt die Deutung unserer Stelle auf das Fegfeuer nur deshalb ab, weil er gar nicht weiß, was die kirchliche Lehre darunter versteht. Das dürfte heute selbst bei katholischen Exegeten der Fall sein.

Ein Teil der Mißverständnisse mag durch das deutsche Wort „Fegfeuer" bedingt sein. Die lateinische Bezeichnung lautet bekanntlich Purgatorium. Mit diesem „Ort der Läuterung" ist nicht

---

34 *J.A. Bengel*, Gnomon Novi Testamenti, Stuttgart 1860, 617: „Ut mercator naufragus, amissa merce et lucro, servatur per undas."

35 Das ist gemeint mit ζημιωθήσεται in 1 Kor 3,15. Vgl. Mk 8,36; Phil 3,8. Der Gedanke an eine Strafe liegt hier höchstens indirekt vor.

36 So z.B. *J. Gnilka*, Ist 1 Kor 3,10–15 ein Schriftzeugnis für das Fegfeuer? Eine exegetisch-historische Untersuchung, Düsseldorf 1955, 128f; *ders.*, Art. Fegfeuer: LThK² 4 (1960) 51; *H.-J. Klauck*, 1. Korintherbrief (NEB 7), Würzburg 1984, 34; *H. Merklein*, Der erste Brief an die Korinther (ÖTK 7/1), Gütersloh 1992, 270; *I. Broer*, Art. Fegfeuer: LThK³ 3 (1995) 1205. So auch *H.W. Hollander*, The Testing by Fire of the Builders' Works: 1 Corinthians 3.10–15: NTS 40 (1994) 89–104, hier 103.

37 *H. Conzelmann*, Der erste Brief an die Korinther (KEK), Göttingen 1981, 103.

38 Vgl. DS (DH) 856. 1304.

etwa ein trister „Ort" neben „Himmel" und „Hölle" gemeint, sondern sozusagen der Vorraum des Himmels. Wer dorthin gelangt, dem ist der Himmel sicher. Der „Purgatorium" genannte Vorgang muß als Teil des Endgerichts verstanden werden. Etwas salopp gesprochen: Das Purgatorium macht uns fit für den Himmel und die Gemeinschaft mit den Heiligen, in der wir uns, so wie wir sind, gar nicht wohl fühlen würden.[39] So werden wir gerettet, aber „wie durch Feuer hindurch".

Es ergibt sich somit: Auch wenn sich die Lehre vom Purgatorium historisch nicht von der Paulusstelle herleitet, so beruft sich die Kirche für ihre Lehre doch mit vollem Recht auf diese Schriftstelle; denn hier liegt *sachlich* genau der Gedanke vor, um den es in dieser Lehre geht. Natürlich liegt Paulus die spätere Unterscheidung von Schuld (peccatum) und den im Purgatorium zu bereinigenden Schuldfolgen (reliquiae peccati) fern; aber im Grundanliegen trifft er sich mit der späteren kirchlichen Lehre, nämlich festzuhalten, daß Gott den Gläubigen auch noch beim letzten Gericht die Möglichkeit schafft, ihre Unvollkommenheiten zu überwinden.[40] Wir sollten dieser Lehre wieder mehr Aufmerksamkeit schenken, denn sie bildet den tröstlichsten Teil der ganzen Eschatologie. Durch das Purgatorium erhält die Heilsseite der Letzten Dinge das ihr vom Neuen Testament her gebührende Übergewicht.[41] Das hat auch der Pastoraltheologe Paul Zulehner betont, der schreibt:

> Dieses alte Hoffnungsbild christlichen Glaubens wurde zwar im Lauf der Zeit arg beschädigt und wurde in Verbindung mit Geld zu einem Kampfthema der Reformatoren des sechzehnten Jahrhunderts gegen die katholische Kirche und ihre spirituell gestützte Geldbeschaffungspolitik. Trotzdem: Man müßte diese Lehre geradezu neu erfinden, gäbe es sie nicht bereits.

Seine Begründung für diese Ansicht lautet: Fegfeuer meine doch „von Gott her gesehen das Recht des Menschen darauf, als Fragment in den Tod gehen zu dürfen, und das unbeschadet seiner unausrottbaren Sehnsucht nach dem Ganzen, dem Schalom. ... ‚Wie durch Feuer hindurch' werden wir gerettet."[42] Ein *Recht* des Menschen darauf, als Fragment in den Tod gehen zu dürfen, gibt es freilich nicht, da nach katholischer Auffassung alle Menschen zur Heiligkeit berufen sind. Aber völlig zu Recht bringt Zulehner die paulinische Aussage mit der Fegfeuerlehre zusammen. Theologisch werden wir sogar sagen müssen, daß das läuternde Feuer, durch das wir hindurch müssen, Christus selbst ist.[43] Er ist, wie schon Nikolaus von Kues sagt, „jenes Feuer des Lebens und der geistigen Einsicht, das alles verzehrt, um alles in sich einzubeziehen, das alles prüft und richtet...,

---

[39] Vgl. *J.H. Newman*, Holiness Necessary for Future Blessedness (PPS I 1), dt.: Predigten I 1, Stuttgart 1948, 1–16.

[40] Ich danke Kollegen Bardo Weiß für die kritische Lektüre des Manuskripts und hilfreiche Bemerkungen zu diesem Abschnitt.

[41] Zwei der drei Teile von Dantes Göttlicher Komödie sind der Heilsseite gewidmet, und die Behauptung, die Höllenstrafen seien dort eindrucksvoller geschildert als die Freuden des Himmels, stammt von Leuten, die nie bis zum dritten Teil vorgedrungen sind (z.B. Schiller im Brief an Goethe vom 27. 8. 1799). *D.L. Sayers* führt den zweiten Band ihrer Übersetzung mit folgender Bemerkung ein: „Of the three books of the *Commedia*, the *Purgatorio* is, for English readers, the least known, the least quoted – and the most beloved" (The Comedy of Dante Alighieri 2, London [Penguin] 1955, 9). Sollte dies nur für die englische Leserschaft gelten?

[42] *P.M. Zulehner*, Ein Obdach der Seele. Geistliche Übungen – nicht nur für fromme Zeitgenossen, Düsseldorf 1994, 20f. Es folgt das Zitat von 1 Kor 3,13–15.

[43] Vgl. *H.U. von Balthasar*, Umrisse der Eschatologie, in: *Ders.*, Verbum Caro, Einsiedeln 1960, 276–301, hier 282. 286f. 292; *ders.*, Eschatologie in unserer Zeit, Einsiedeln, Freiburg 2005, 73.

so daß alles in Feuer verwandelt erscheint, je nach Grad und Vermögen."[44] Und je mehr wir uns schon jetzt von ihm läutern lassen, um so weniger bleibt am Ende zu bewältigen.[45]

Wie wenig eine vollständige christliche Eschatologie auf den Gedanken der jenseitigen Läuterung verzichten kann, verdeutlicht die eindrucksvolle Erzählung von C.S. Lewis „Die große Scheidung".[46] Es ist vielleicht seine beste theologische Erzählung. Sie bietet eine unkonventionelle Konzeption der Letzten Dinge. Nach dieser Konzeption ist das jenseitige Purgatorium ein Angebot an die Höllenbewohner, mit Hilfe von vollendeten Himmelsbewohnern in einem schmerzhaften Läuterungsprozeß aufnahmebereit für den Himmel gemacht zu werden. Aber die Höllenbewohner sind nur sehr schwer zu bewegen, das Angebot anzunehmen; die meisten möchten gern ein Stück Hölle mit in den Himmel nehmen und sehen nicht ein, warum das nicht möglich sein soll. Wer das Purgatorium nicht bei Lebzeiten begonnen hat, wird kaum bereit sein, es nach dem Tod zu beginnen.

Hans Urs von Balthasar meinte schon 1955, der konfessionelle Streit um das Fegfeuer wäre wohl unschwer beizulegen, wenn wir die Letzten Dinge in der angedeuteten Weise nicht als Orte, Zeiten und abgesonderte jenseitige Zustände begreifen würden, sondern als Begegnung mit dem lebendigen Gott:

> Die Läuterung des Menschen geschieht, indem er den Feuerbrand des ihn richtenden Gottes, sein Feuerwort, seinen Feuerblick auszuhalten gezwungen wird, bis das letzte Nein, der verborgenste Widerstand aus den Falten seines Daseins ausgebrannt ist. Die Reinigungsflamme ist das Existenzielle am Gericht.[47]

5. Schluß

Wir haben jetzt einen repräsentativen Überblick gewonnen über das, was Paulus zum Thema Jüngstes Gericht zu sagen hat, und an einigen Beispielen auch spätere christliche Ausgestaltungen seiner Gedanken und Bilder betrachtet. Der Hinweis auf das Gericht ist der Hinweis auf die Verantwortung, in der jeder von uns auf seine Weise steht. Das Wissen um dieses Gericht gibt unseren Entscheidungen ihren Ernst und entzieht sie der Beliebigkeit. Paulus hat bei den entsprechenden Hinweisen meistens Christen im Auge; das Weltgericht erwähnt er zwar gelegentlich,[48] es scheint ihn aber nicht besonders zu interessieren. Immerhin führt er im Römerbrief aus, daß Juden wie Nichtjuden das unparteiische Gericht Gottes zu gewärtigen haben (Röm 2,1–16).[49] Dabei ist er

[44] *Nikolaus von Kues*, De docta ignorantia III 9.

[45] Vgl. 1 Kor 11,31f.

[46] *C.S. Lewis*, The Great Divorce. A Dream, 1946. Eine ausgezeichnete Übersetzung hat Christian Rendel vorgelegt: Die große Scheidung, Gießen 1998. Die ältere Übersetzung von Helmut Kuhn (Einsiedeln 1989) ist unbefriedigend, enthält aber die schönen Zeichnungen von Richard Seewald.

[47] *H.U. von Balthasar*, Die letzten Dinge des Menschen und das Christentum, in: *Ders.*, Eschatologie in unserer Zeit, Einsiedeln, Freiburg 2005, 87–115, hier 106. Beide Aufsätze stammen aus dem Jahr 1955. Eine gute Verdeutlichung dieses existentiellen Vorgangs bietet *Romano Guardini*, Das Fegfeuer, in: *Ders.*, Glaubenserkenntnis. Versuche zur Unterscheidung und Vertiefung (Herderbücherei 1008), Freiburg i.B. 1983, 175–187.

[48] Vgl. Röm 3,6; 1 Kor 11,32 (Gottes Gericht über die Welt); 1 Kor 6,2 (Gericht der Heiligen über die Welt); 1 Kor 5,13 (Gericht Gottes über die draußen).

[49] Vgl. dazu u. 142f und den guten Exkurs bei *D. Zeller*, Der Brief an die Römer (RNT), Regensburg 1985, 66–68.

wie immer bei dieser Thematik äußerst zurückhaltend; „Höllenpredigten" bietet er nicht einmal ansatzweise. Am liebsten erwähnt er das Gericht, wie im Fall der Philipper, nur indirekt von seinem guten Ausgang her und mit der Absicht, seine Adressaten zum vertieften christlichen Leben zu ermuntern. Er kann aber auch die unerfreuliche Seite der Sache betonen, wenn er, wie im Fall der Galater, Grund dazu hat. Dann ist der Hinweis auf das Gericht eher Warnung als Ermunterung.

Paulus redet von dem, was beim Jüngsten Gericht vor sich geht, mit sehr verschiedenen Bildern und Wendungen: Der Vorgang erscheint als eine Art Examen, eine Rechenschaftsablegung, ein Ans-Licht-Kommen des Verborgenen, ein Ernten des Gesäten, eine Art Qualitätsprüfung mit Hilfe von „Feuer", ein Erscheinen vor dem Richterstuhl Christi. Das zuletzt genannte Bild und die Bezeichnung „Tag Christi" und „Offenbarung Christi" beweisen jedoch: Das Gericht dieses Tages besteht für Paulus vor allem in der Konfrontation oder besser: in der Begegnung mit Christus. Das Jüngste Gericht ist nur die endgültige Begegnung mit ihm, und diese Begegnung wird vollenden, was aus der bereits erfahrenen Begegnung mit ihm gewachsen ist. In der endgültigen Begegnung kommt die Wahrheit über uns selbst und unser Leben zum Vorschein, und dieses Erfahren der Wahrheit wird, auch wo es schmerzlich ist, schließlich unser Glück sein. Paulus sieht zwar die Möglichkeit, daß vor der Glut dieser Wahrheit selbst das Lebenswerk eines Christen zu Asche verbrennt, aber er vertraut darauf, daß der oder die Betreffende „wie durch Feuer hindurch" gerettet wird.

Blicken wir von diesem Ergebnis her zurück auf Reimarus und seine Gewissensnöte, so müssen wir feststellen: Von Paulus, und ich möchte hinzufügen: vom Neuen Testament insgesamt her können sie nicht kommen.[50] Dort ist nichts zu finden von einem „grausamen und in alle Ewigkeit unversöhnlich strafenden Richter" und schon gar nichts von einem, der den Menschen „das äusserste Böse" antun wollte „ohne Absicht sie zu bessern". Gerade Paulus und zumal seine Darstellung der ‚Feuerprobe' beweist das Gegenteil. Und in der Ausbildung der Lehre vom Purgatorium hat die Kirche die Heilsabsichten Gottes auch beim Gericht unterstrichen. Im übrigen wird man den warnenden Hinweis auf ein drohendes Scheitern des Lebensprojekts nicht als Drohbotschaft diskreditieren können. Vielleicht sollten wir alle uns die Sache mit den letzten Dingen noch einmal überlegen; es könnte sich herausstellen, daß die letzten auch die ersten sind.

[50] Hier möchte ich nur summarisch verweisen auf *J. Eckert*, Das Gericht Gottes im Evangelium Jesu Christi, in: H. Feilzer u.a. (Hg.), Der menschenfreundliche Gott. FS A. Thome, Trier 1990, 53–70; *N. Walter*, Die Botschaft vom Jüngsten Gericht im Neuen Testament: FuH 32 (1991) 10–48 (auch in: *Ders.*, Praeparatio Evangelica [WUNT 98], Tübingen 1997, 311–340); *M. Reiser*, Art. Gericht Gottes II: LThK³ 4 (1995) 515f. In theologisch und menschlich überzeugender Weise hat m.E. *H.U. von Balthasar* das Problem des Reimarus behandelt: Was dürfen wir hoffen?, Einsiedeln 1986; *ders.*, Kleiner Diskurs über die Hölle, Ostfildern ²1987.

Barmherzigkeit und Gericht bei Paulus[1]

Was hat ein Gericht mit Barmherzigkeit zu schaffen? Es mag ja sein, daß ein Richter einmal Gnade vor Recht ergehen läßt und insofern barmherzig ist; aber was wir normalerweise von einem Gericht erwarten, ist nicht Barmherzigkeit, sondern Gerechtigkeit. Das gilt auch von Gottes Gericht; auch Gottes Gericht soll in erster Linie gerecht sein. Und doch wird Gott in Gebeten nicht nur als „gerechter Richter" angerufen, sondern auch als „gnädiger Richter", und auf älteren Grabsteinen findet man noch die Inschrift: „Mein Jesus, Barmherzigkeit!" Lassen sich Gnade, Barmherzigkeit und gerechtes Gericht vereinbaren – wenigstens bei Gott? Finden wir auf diese Frage Antworten bei Paulus?

1. Das christliche Paradox[2]

Im Philipperbrief fährt Paulus unmittelbar nach dem großen Hymnus auf Christus fort:

> Also, meine Geliebten, ... schafft euch das Heil mit Furcht und Zittern! Denn Gott ist es, der in euch das Wollen ebenso wie das Vollbringen bewirkt zu seinem Wohlgefallen. (Phil 2,12f)[3]

Das klingt paradox. Auf der einen Seite sollen sich die Philipper ihr ewiges Heil selbst schaffen, und zwar „mit Furcht und Zittern", auf der anderen Seite jedoch heißt es, Gott sei es, der alles in ihnen bewirke, das Wollen ebenso wie das Vollbringen, um am Ende mit Wohlgefallen auf sie blicken zu können. Das Ganze wird noch dadurch verschärft, daß Paulus ausdrücklich ein logisches Begründungsverhältnis herstellt: Die Philipper sollen sich das Heil schaffen, eben *weil* Gott alles in ihnen bewirkt. Heißt das nicht, daß sie im Grunde unselbständige Wesen sind, die Gott nach Wohlgefallen lenkt? Der Mensch strengt sich an, sein Heil zu schaffen, in Wirklichkeit aber macht Gott alles allein? So mag es auf den ersten Blick scheinen, aber dann wäre unser Satz ja gerade kein Paradox, keine Verknüpfung von nur scheinbar Unvereinbarem, sondern ein echter Wi-

---

[1] Vortrag beim „Deutschen Apostolischen Kongress zur göttlichen Barmherzigkeit" vom 17.–19. April 2009 in Wiesbaden. Für die Veröffentlichung wurde der Vortrag überarbeitet und erweitert.

[2] Vgl. dazu *M. Reiser*, Sünde und Sündenbewußtsein in der Antike, bei Paulus und bei uns: EuA 77 (2001) 455–469, hier 460f.

[3] Die Einheitsübersetzung hat anstelle von „zu seinem Wohlgefallen" „noch über euren guten Willen hinaus". Das ist eine Fehlübersetzung. Vgl. Lk 2,14. Einen guten Kommentar zu unserer Stelle bietet: *Peter T. O'Brien*, Commentary on Philippians. A Commentary on the Greek Text, Grand Rapids (Mich.) 1991, 271–289.

derspruch und das ganze menschliche Bemühen sinnlos und leer. Sinnlos und leer aber ist das menschliche Bemühen für Paulus gerade nicht, denn er fährt fort:

Tut alles ohne Murren und Zweifeln, damit ihr untadelig und lauter seid, Kinder Gottes ohne Makel mitten in einem verkehrten und verdrehten Geschlecht, unter dem ihr leuchtet als Lichter in der Welt, dadurch daß ihr festhaltet am Lebenswort, mir zum Ruhm am Tag Christi, weil ich dann nicht umsonst gelaufen bin und nicht umsonst gearbeitet habe. (Phil 2,14–16)

Wenn die Philipper am Lebenswort festhalten bis zum Jüngsten Tag, dann hat er, Paulus, an diesem Tag etwas, worauf er stolz sein kann; andernfalls war seine Mühe vergeblich.

Der Gedanke, daß Gott es ist, der alles Gute in den Philippern wirkt, begegnet schon gleich zu Anfang des Briefes, und zwar wieder mit einem Hinweis auf den Jüngsten Tag, den Paulus gerne den „Tag Christi“ nennt. Der Gedanke begegnet dort allerdings nur einseitig, ohne die Paradoxie der Stelle im 2. Kapitel: „Ich bin überzeugt, daß er, der in euch das gute Werk begonnen hat, es auch vollenden wird bis zum Tag Christi“ (Phil 1,6). Aber wie sollen wir es nun verstehen, daß Paulus die Philipper kurz darauf ermahnt, *eben deswegen* selbst aktiv zu werden für ihr Heil, und zwar „mit Furcht und Zittern“?

Wir stoßen hier auf ein Paradox, das grundlegend ist für die Theologie des Apostels. Nach dieser Theologie ist seit der Auferstehung Christi in der Welt ein Heilsraum eröffnet, in den jeder Mensch mit der Taufe eintritt. Mit der Taufe ist für ihn „das Alte vergangen“, er ist „eine neue Kreatur“ (2 Kor 5,17). Mit der Taufe empfängt er den Heiligen Geist, der es ihm ermöglicht, alles, was noch „Fleisch“ ist an ihm, alles für die Sünde Anfällige, zu besiegen. Und nur *weil* er eine „neue Kreatur“ ist, kann er es. Aber weil er es kann, muß er es auch. Deswegen lautet der Imperativ an den Christen auf eine kurze Formel gebracht: Werde, was du bist: eine neue Kreatur!

Paulus selbst formuliert einmal: „Fegt den alten Sauerteig hinaus, um neuer Teig zu sein!“ Soweit ist es ein einfacher Gedanke, bildlich formuliert. Aber dann fährt Paulus paradox fort: „ … denn ihr seid ja ungesäuert!“ Die Christen sind also so etwas wie ungesäuerter Teig, der irgendwie doch noch sauer ist. Aber gerade *weil* sie grundsätzlich ungesäuerter Teig sind, können sie die sauren Reste hinausfegen und müssen es auch. Das erste und Grundlegende ist also immer das, was Gott an einem Menschen tut: Er beginnt das gute Werk in ihm, er schenkt ihm den Heiligen Geist und macht ihn so zu einer neuen Kreatur. Das Prinzip des *sola gratia*, auf dem der Protestantismus mit Recht beharrt, gilt uneingeschränkt. Allein durch Gottes Gnade werden wir gerettet. Ohne sie können wir, wie die hl. Theresia von Avila einmal bemerkt, nicht einmal einen guten Gedanken fassen.[4] Aber gerade *weil* uns diese Hilfe immer zur Verfügung steht, können wir nur mit Furcht und Zittern an den „Tag Christi“ denken, an dem es vielleicht heißt: „Obwohl du meine ganze Gnade zur Verfügung hattest, bist du noch so voll von altem Sauerteig!“ Dann bleibt uns nur noch die Antwort: „Mein Jesus, Barmherzigkeit!“ Aber worin kann diese Barmherzigkeit dann noch

[4] *Teresa von Avila*, Das Buch meines Lebens. Vollständige Neuübertragung (U. Dobhan OCD / E. Peeters OCD), Freiburg i.B. 2001, 188 (11,9). Diese Übersetzung spricht hier von Gottes „Hilfe“; die ältere Übersetzung von A. Alkover hatte von „der Gnade Gottes“ gesprochen.

bestehen? Wie kann Gott uns selbst noch am Jüngsten Tag Barmherzigkeit erweisen? Wir kommen darauf zurück.

2. Gottes gerechtes Gericht

Im Philipperbrief haben wir gesehen, wie zurückhaltend Paulus vom Gericht am Jüngsten Tag spricht, eigentlich nur indirekt und vorsichtig warnend, keinesfalls drohend. In Philippi hat er es mit Christen zu tun, die sich alle Mühe geben, ein christliches Leben zu führen, und da beschränkt er sich darauf, diese Bemühungen zu fördern. Daß er aber auch Christen gegenüber deutlicher werden kann, zeigt der 2. Korintherbrief, wo er schreibt: „Wir alle nämlich müssen erscheinen vor dem Richterstuhl Christi, damit jeder in Empfang nimmt gemäß dem, was er leiblich getan hat, sei es Gutes, sei es Schlechtes" (2 Kor 5,10).[5] Hier haben wir die traditionelle Vorstellung vom Jüngsten Gericht, vor dem sich auch der Christ für sein Tun und Lassen verantworten muß, samt Richterstuhl und expliziter Nennung der beiden Möglichkeiten: Man empfängt „Gutes" oder „Schlechtes", je nachdem. Immerhin ist es Christus, der auf dem Richterstuhl sitzt, und damit einer, den man, trotz allem, noch um Barmherzigkeit anrufen kann.

Eine ganz ähnliche Stelle steht auch im Römerbrief. Dort warnt Paulus vor einem überheblichen Richten über seine Mitchristen:

> Du, was richtest du deinen Bruder? Oder du, was verachtest du deinen Bruder? Wir alle nämlich werden vor dem Richterstuhl Gottes stehen, denn es steht geschrieben: „(So wahr) ich lebe, spricht der Herr, vor mir wird jedes Knie sich beugen und jede Zunge wird Gott preisen." Folglich wird jeder von uns Gott über sich selbst Rechenschaft abzulegen haben. (Röm 14,10–12)

Weil wir alle das Gericht Gottes noch vor uns haben und erst dieses Gericht das endgültige Urteil sprechen wird, sollen wir uns hüten, überheblich über Mitchristen zu urteilen. Barmherzigkeit im Richten wird an dieser Stelle also zunächst einmal von den Christen verlangt nach dem Grundsatz: „Richtet nicht, damit ihr nicht gerichtet werdet" (Mt 7,1par) und: „Selig die Barmherzigen, denn sie werden Barmherzigkeit erfahren" (Mt 5,7). Daß Paulus in diesem Zusammenhang vom „Richterstuhl *Gottes*" redet und nicht wie im 2. Korintherbrief vom „Richterstuhl Christi", zeigt nur, wie sehr die beiden für ihn eines sind.

Auf das Thema des Richtens über Mitmenschen war Paulus schon im 2. Kapitel des Römerbriefs zu sprechen gekommen, auch hier verbunden mit einem Hinweis auf Gottes Gericht. Da er hier aber nicht Christen im Blick hat, sondern Nichtchristen, besonders Juden, die das Evangelium ablehnen, schlägt er einen deutlich schärferen Ton an. Dafür redet er hier ausdrücklich von Gottes Güte, aber nicht etwa seiner Güte beim Richten, sondern der Güte, die er jedem lebenden Menschen gegenüber walten läßt, freilich mit einer Absicht, die Paulus deutlich ausspricht. In der typi-

[5] Zu dieser Stelle vgl. o. 114. 131–133.

schen Art eines antiken Predigtvortrags, einer sogenannten Diatribe,[6] redet er einen Vertreter der Menschensorte, die er im Auge hat, direkt an:

Meinst du denn, o Mensch, der du über die richtest, die so etwas tun [wie Paulus es kurz zuvor in einem langen Lasterkatalog aufgezählt hat], aber dasselbe tust wie sie, du könntest dem Gericht Gottes entrinnen? Oder verkennst du den Reichtum seiner Güte, Langmut und Geduld, weil du nicht weißt, daß dich Gottes Güte zur Umkehr führen will? Mit deinem Starrsinn und deinem Herzen, das nicht umkehren will, häufst du dir Zorn an für den Tag des Zorns, an dem sich Gottes gerechtes Gericht offenbaren wird. Denn er wird jedem vergelten nach seinen Werken: denen, die mit Geduld das Gute tun und nach Herrlichkeit, Ehre und Unvergänglichkeit streben, mit ewigem Leben; denen aber, die nur auf den eigenen Vorteil bedacht sind und nicht der Wahrheit folgen, sondern dem Unrecht, mit Zorn und Grimm. (Röm 2,3–8)

„Ewiges Leben" für die einen, „Zorn und Grimm" für die andern: So wird nach unserer Stelle das „gerechte Gericht Gottes" ausfallen am „Tag des Zorns". Und warum, so könnte man fragen, werden jene, die falsch gelebt haben, Gottes „Zorn und Grimm" erfahren? Paulus antwortet: Weil sie etwas nicht begreifen wollten, nämlich daß Gottes Güte, Geduld und Langmut, die sie während ihres Lebens zur Genüge erfahren haben, auch eine gute Absicht hatte, nämlich die, sie zur Umkehr von ihrer verkehrten Lebensweise zu bewegen. Erik Peterson schreibt dazu:

Der Mensch, der sein ganzes Leben lang nur an den „lieben" Gott geglaubt hat, wird am Jüngsten Tag erschrecken, wenn er sieht, daß Gott gar nicht so „lieb" ist, wenn er erkennt, welch ein Maß an Zorn sich bei Gott gerade gegen ihn aufgespeichert hat, der doch stets nur an die Güte Gottes geglaubt hatte.[7]

Gott ist sozusagen zornig über diese Menschen, weil er sie mit all seiner Gnade nicht zu dem Ziel führen konnte, das Paulus den Philippern nennt: sein eigenes Wohlgefallen. Diesen Menschen täte etwas Furcht und Zittern ganz gut und würde sie vielleicht doch zu Besinnung und Umkehr führen.

Hier könnte jemand einwenden: Warum sorgt Gott dann nicht einfach dafür, daß diese Menschen tun, was er will? Er ist doch allmächtig! So handelt er sich doch, wenn man so sagen darf, nur Ärger ein! Das stimmt. Natürlich könnte Gott diese Menschen zu ihrem Glück zwingen. Aber das wäre das Glück von Marionetten. Da Gott den Menschen jedoch nicht als Marionette geschaffen, sondern mit einem freien Willen ausgestattet hat, bleibt selbst ihm nichts anderes übrig, als in Geduld darauf zu warten, daß sich dieser freie Wille ihm von selbst zuwendet. Die Rede vom „Zorn" Gottes ist von daher nur ein allzu menschlicher Ausdruck, eine Metapher, dafür, daß auch Gott nicht gerne vergebens wartet. Sein „Zorn" ist enttäuschte „Liebe".

3. Gottes barmherziges Gericht

Gottes Gerechtigkeit kann sich nach alttestamentlicher Auffassung auf verschiedene Weise mit Gnade und Barmherzigkeit verbinden. Er kann zum Beispiel Gnade und Barmherzigkeit walten

---

[6] Vgl. *M. Reiser*, Sprache und literarische Formen des Neuen Testaments. Eine Einführung, Paderborn 2001, 184–187.
[7] *E. Peterson*, Der Brief an die Römer (Ausgewählte Schriften Bd. 6), hg. von B. Nichtweiß, Würzburg 1997, 48.

lassen statt Gericht.[8] Sein Gericht selbst ist Barmherzigkeit, denn es dient der Läuterung.[9] Aber das gilt zunächst nur für dieses Leben, in dem es für den einzelnen Menschen und das Volk die Möglichkeit von Umkehr und Buße gibt. Doch diese Möglichkeit endet nach frühjüdischer Auffassung mit dem Tod des Menschen. Danach gibt es nur noch das gerechte Gericht.[10] Und davon scheint auch Paulus auszugehen in dem zuletzt behandelten Abschnitt im 2. Kapitel des Römerbriefs: Gottes Güte und Langmut möchten den Sünder zur Umkehr bewegen, denn am „Tag des Zorns" gibt es nur noch das gerechte Gericht. Dann wird Gott auch „das richten, was im Herzen des Menschen verborgen ist" (Röm 2,16), denn Christus bringt auch „das im Dunkeln Verborgene ans Licht und die Absichten der Herzen zum Vorschein" (1 Kor 4,5), so daß die ungeschminkte Wahrheit vor aller Augen liegt. Das ist die Voraussetzung dafür, daß das Gericht wirklich gerecht sein kann. Es muß ja alle relevanten Sachverhalte kennen und nach Gebühr berücksichtigen. Das ist nur dem göttlichen Gericht möglich.

Der Gedanke an diesen Vorgang ist freilich alles andere als angenehm für uns, und wer ihn wirklich ernst nimmt, wird unwillkürlich in Furcht und Zittern geraten, selbst wenn er sich keine Todsünden vorzuwerfen hat. Gibt es im Jüngsten Gericht also keine Barmherzigkeit mehr? Von den bisher betrachteten Schriftstellen hat nur eine explizit davon gesprochen, nämlich die Seligpreisung der Barmherzigen, denen beim Gericht mit Barmherzigkeit vergolten werden soll (Mt 5,7). Aber diese Aussage findet sich im Matthäusevangelium, nicht bei Paulus. Eine Stelle, wo Paulus explizit von Barmherzigkeit im Gericht Gottes oder Christi spräche, wird man vergebens suchen. Bleibt also, zumindest was Paulus betrifft, kein anderer Trost als der Gedanke, daß es doch eine Bedeutung haben muß, daß unser Richter Christus sein wird?

Doch, es bleibt noch ein Trost, und wie ich glaube ein wahrhaft großer Trost. Aber dieser liegt ein wenig versteckt in einem Halbsatz von gerade einmal acht Wörtern, mit denen Paulus einen Abschnitt im 1. Korintherbrief schließt. Dieser Halbsatz gehört zu den umstrittensten Stellen im ganzen Neuen Testament; an seinem Verständnis scheiden sich die Konfessionen, und man mag sich mit einem gewissen Recht fragen, ob man hier noch weiterkommen kann oder ob es nicht besser wäre, die Sache auf sich beruhen zu lassen. Was kann schon an einem unklaren Halbsatz liegen, selbst wenn er vom Apostel Paulus stammt? Nun, ich bin der Meinung, daß in der Heiligen Schrift keine Silbe unwichtig ist und kein Komma, das ein Herausgeber gesetzt hat; ich glaube weiter, daß sich die modernen Exegeten mit unserem Halbsatz zu wenig Mühe gegeben haben und daß eine Klärung des Sachverhalts durchaus möglich ist. Dazu müssen wir uns allerdings den ganzen Abschnitt vergegenwärtigen, dessen Ende unser Halbsatz bildet. Ein Blick in die Auslegungsgeschichte wird außerdem zeigen, daß auch hier eine Quelle von Mißverständnissen liegt.

---

[8] Vgl. z.B. Ex 34,6f; Ps 103,8–14; Jes 43,22–28; 46,12f; Hos 11,8–11. Dazu *B. Janowski*, Der barmherzige Richter. Zur Einheit von Gerechtigkeit und Barmherzigkeit im Gottesbild des Alten Orients und des Alten Testaments, in: R. Scoralick (Hg.), Das Drama der Barmherzigkeit Gottes (SBS 183), Stuttgart 2000, 33–91.

[9] So z.B. Jes 1,21–26; Am 9,8–10.

[10] Vgl. *M. Reiser*, Die Gerichtspredigt Jesu. Eine Untersuchung zur eschatologischen Verkündigung Jesu und ihrem frühjüdischen Hintergrund (NTA. NF 23), Münster 1990, besonders 54. 98. 105. 117. 138.

Der Abschnitt, um den es sich handelt, ist 1 Kor 3,5–15.[11] Hier faßt Paulus einen Extremfall ins Auge, und wie so oft zeigt sich am Extremfall, daß die üblichen Kategorien und Lösungsmöglichkeiten unzulänglich sind. Zunächst spricht Paulus gleichnishaft oder genauer: allegorisch vom Werk des Gemeindeleiters als einem Bauwerk, dessen Fundament Christus ist. Auf diesem Fundament bauen er und alle Gemeindemitglieder weiter, jeder mit seinem Material. Dabei nennt Paulus sehr edle Materialien, nämlich „Gold, Silber und Edelsteine", und im Kontrast dazu drei Baustoffe, die höchstens eine Hütte ergeben, nämlich „Holz, Heu und Schilf (oder Stroh)" (V. 12). Wie gut das Material ist, erweist sich am Tag des Gerichts, wenn an das Gebäude Feuer gelegt wird. Diese Feuerprobe macht das begonnene Bild schief und unstimmig; denn das Anzünden des Gebäudes ist wohl kaum die geeignete Qualitätsprüfung für gute Architektur und solide Bauweise. Aber Paulus denkt von der Sache her, um die es ihm geht, und da die Feuerprobe nun einmal ein traditionelles Gerichtsbild ist,[12] greift er es hier auf. Die einfache Alternative allerdings, die eine Feuerprobe läßt, führt zu einer fürchterlichen Möglichkeit:

> Ob nun einer auf dem Fundament mit Gold, Silber, Edelsteinen, Holz, Heu oder Schilf aufbaut – das Werk eines jeden wird ans Licht kommen, denn der Tag [d.h. der Tag Christi] wird es offenbaren. Im Feuer muß es nämlich zum Vorschein kommen, von welcher Qualität das Werk eines jeden ist: das Feuer wird es prüfen. Hat das Werk, das einer aufgebaut hat, Bestand, wird er Lohn empfangen; verbrennt das Werk eines Menschen dagegen, hat er den Verlust davon,[13] er selbst aber wird gerettet werden, jedoch so wie durch Feuer hindurch (οὕτως δὲ ὡς διὰ πυρός). (1 Kor 3,12–15)

Die Feuerprobe läßt zunächst nur eine klare Alternative zu: Entweder das Lebenswerk eines Christen ist beständig, weil er mit Gold, Silber und Edelsteinen gearbeitet hat, oder es verbrennt zu Asche, weil sein Beitrag zum Aufbau der Gemeinde Gottes nur aus Holz, Heu und Schilf bestand. Dann erhält der eine seinen Lohn – er kommt, um es ganz schlicht zu sagen, in den Himmel –, während der andere des Lohns und damit des Himmels verlustig geht. So kommt Paulus also im Duktus des gewählten Bildes zu der theoretischen Möglichkeit, daß ein Christ – er faßt an unserer Stelle ja nur Christen ins Auge – am Jüngsten Tag die abschließende Qualitätsprüfung nicht besteht und damit auch nicht in den Himmel kommen kann. Aber diese fürchterliche Möglichkeit schließt Paulus aus, noch bevor er seinen Text niederschreibt. Er fügt einfach noch einen Halbsatz hinzu, und damit lautet die negative Alternative der Prüfung nicht mehr „Nicht bestanden", sondern „Durchgekommen, aber wie durch Feuer hindurch". Das substanzlose Lebenswerk eines Christen mag vielleicht im Gerichtsfeuer zu Asche verbrennen; doch „er selbst", seine Person, wird gerettet werden, wenn auch „wie durch Feuer hindurch".[14] Das steht für Paulus einfach fest. Warum es für ihn feststeht, werden wir noch sehen.

---

[11] Vgl. o. 134–138. Die folgenden Ausführungen ergänzen und erweitern die dortigen.

[12] Vgl. *M. Reiser*, Art. Feuer (biblisch): LThK³ 3 (1994) 1262f.

[13] Hier könnte man auch übersetzen: „…wird er bestraft". Das wäre vielleicht ein besserer Gegensatz zum „Lohn" der positiven Alternative und ein traditionelles Motiv in der jüdischen Eschatologie. Im Hinblick auf die Fortsetzung des Satzes jedoch genügt der Gedanke an einen Verlust. So auch *D. Zeller*, Der erste Brief an die Korinther (KEK 5), Göttingen 2010, 164.

[14] Die anthropologische Unterscheidung zwischen dem „Selbst" und dem Werk eines Menschen ist auffällig. Eine ähnliche Unterscheidung begegnet jedoch in 1 Kor 5,5. Sie hat in Ijob 1,12 eine Parallele.

Der Christ also, der die letzte Probe nicht besteht, wird zwar gerettet, aber diese Rettung erfolgt unter schmerzlichen Verlusten „wie durch Feuer hindurch“ und läßt nur noch das pure „Selbst“ übrig. Was heißt nun diese bildliche Wendung „wie durch Feuer hindurch“? Können wir den Gehalt dieser Metapher genauer erfassen und formulieren? An dieser Frage entzündet sich die ganze heiße Diskussion um unsere Stelle. In den neueren Kommentaren und Untersuchungen liest man fast ausnahmslos, „wie durch Feuer hindurch“ bedeute: mit knapper Not, dem Feuer gerade noch entgangen. Nun müßte einem schon die einfache Logik sagen, daß „durch Feuer hindurch“ und „dem Feuer entgangen“ zweierlei ist. Doch die Ausleger weisen auf zwei alttestamentliche Stellen hin, in denen die Wendung „wie ein Holzscheit aus dem Brand gerettet (bzw. gerissen)“ vorkommt (Sach 3,2; Am 4,11). Aber an unserer Stelle kommt kein Holzscheit vor, und der Betroffene wird nicht *aus* dem Feuer (ἐκ πυρός) gerettet, sondern *durch* das Feuer *hindurch* (διὰ πυρός). Die ganze heute übliche Argumentation ist philologisch unhaltbar.

Merkwürdigerweise führen unsere Kommentare zwei andere Stellen aus dem Alten Testament gar nicht oder höchstens am Rande an, obwohl sie zu unserer Paulusstelle viel besser passen als die beiden genannten. Die erste ist Jes 43,2. Sie lautet (nach dem griechischen Text, ganz ähnlich auch im hebräischen): „Wenn du *durchs Feuer* (διὰ πυρός) gehst, wirst du nicht verbrannt werden.“ Diese Stelle wird im vierten Makkabäerbuch gegen Ende (18,14) explizit zitiert und war demnach im 1. Jahrhundert bekannt. Sie enthält eine sprichwörtliche Redewendung, die wir auch im Profangriechischen finden und noch heute benützen: „durchs Feuer gehen“.[15] „Für jemanden durchs Feuer“ gehen heißt: alles für ihn tun. Diese Redewendung mag auf ein urtümliches Feuerordal zurückgehen, aber dieser Ursprung ist für den Gebrauch im 1. Jahrhundert ohne Belang.

Noch näher als die Jesajastelle steht Paulus eine Stelle aus dem Propheten Sacharja. Sie lautet (wieder nach dem griechischen Text):

> Und den dritten Teil (des Volkes) führe ich *durch Feuer hindurch* (διὰ πυρός) und ich werde sie läutern (πυρώσω αὐτούς), wie Silber geläutert wird, und sie prüfen (δοκιμῶ αὐτούς), wie Gold geprüft wird. (Sach 13,9)

Hier geht es wie bei Paulus um das eschatologische Gericht Gottes, in dem ein Teil des Volkes von Gott selbst „durch Feuer hindurch“ geführt und damit „geprüft“ und „geläutert“ wird wie Gold und Silber. Da haben wir also nicht nur die Wendung „durch Feuer hindurch“, sondern auch das Motiv des eschatologischen Läuterungsfeuers. Dieses Motiv begegnet im Alten Testament nur an der zitierten Stelle und an einer weiteren im Buch Maleachi (3,2f). Aber gleich ob man nun die Sacharjastelle zur Deutung der Paulusstelle benutzt oder nicht, der Gedanke des Paulus ist auch unabhängig davon sonnenklar: Die negative Alternative für einen schlechten Christen beim Jüngsten Gericht lautet nicht: „Ab in die Hölle“, sondern Rettung des puren Selbst in einem Vorgang, der einem Gang durchs Feuer gleicht. Ob man dieses Feuer dann mit dem zuvor genannten Gerichtsfeuer identifizieren oder noch einmal davon unterscheiden will, ist für das Verständnis unse-

[15] Belege sind u.a. Soph. Ant. 265; Aristoph. Lys. 133 („Wenn es sein muß, will ich durchs Feuer gehen“); Xen. Conv. 4,16; oec. 21,7; Chion v. Herakl. 17,1.

rer Schriftstelle ohne Belang. So viel läßt sich sagen, ohne daß man Paulus auch nur im Geringsten überinterpretiert.

Nun wurde diese Paulusstelle in der katholischen Tradition stets als Hauptbeleg für die Fegfeuervorstellung im Neuen Testament angeführt. Dabei verstand man unter den minderwertigen Baumaterialien Holz, Heu und Schilf (oder Stroh) die läßlichen Sünden, die in diesem Leben noch nicht abgebüßt sind.[16] Origenes sagt ausdrücklich, das Bauen mit diesen Materialien sei metaphorisch gemeint und beziehe sich auf „Taten, Worte und Gedanken“.[17] Der erste Vertreter der kritischen Exegese, der den Bezug auf das Purgatorium abgelehnt hat, war ihr eigentlicher Begründer: Erasmus von Rotterdam.[18] Aber er verkennt die eschatologische Bedeutung des „Tages“, der die Qualität des Werkes ans Licht bringen soll, und meint, bei dem „Tag“ und dem prüfenden „Feuer“ sei in metaphorischer Rede lediglich an eine nachträgliche Prüfung und Korrektur des Werkes durch den Verkünder des Evangeliums selbst gedacht. Schon in seiner Ausgabe des „Novum Instrumentum“ von 1516 schreibt er: „Diem posuit [scil. Paulus] pro perspicua operis inspectione. ... Deinde ignem posuit pro exacta exploratione.“ „Tag gebraucht Paulus, um die Inspektion des Werkes zu bezeichnen, ... Feuer für die durchgeführte Untersuchung.“[19]

Es waren dann vor allem die Reformatoren, die die Inanspruchnahme unserer Stelle für die Fegfeuerlehre für unberechtigt erklärten. Gegen sie (und Erasmus) verteidigt Robert Bellarmin die katholische Tradition in einer ausführlichen Abhandlung „De Purgatorio“.[20] Dabei geht er auf die einschlägigen Schriftstellen gründlich ein. Am ausführlichsten behandelt er unsere Stelle in 1 Kor 3.[21] Seiner Ansicht nach redet Paulus zunächst vom prüfenden Feuer des Jüngsten Tages als einem Bild für die Strenge und Effektivität des göttlichen Gerichts, während mit dem Feuer, aus dem das Selbst heil hervorgeht, das Fegfeuer gemeint sei, das heißt: eine zeitlich begrenzte, reinigende Strafe, die beim Besonderen Gericht nach dem Tod verhängt wird.[22] Das Ungereimte dieser Auffassung erkannte bereits der gelehrte Exeget Wilhelm Estius. Er bezieht den ganzen in 1 Kor 3,13–15 geschilderten Vorgang auf das Jüngste Gericht. Das eschatologische „Feuer“ habe sowohl prüfende als auch reinigende Funktion. Paulus rede hier zwar nur vom Jüngsten Tag, doch seien damit frühere Reinigungen ja nicht ausgeschlossen. Der Zusammenhang unserer Stelle mit der traditionellen Fegfeuerlehre wird mit dieser Deutung allerdings zweifelhaft. Die Rettung des Selbst durch Feuer hindurch vergleicht Estius mit der Rettung eines Kaufmanns aus Seenot unter Verlust seiner gesamten Habe.[23] Diese Analogie benutzt auch Johann Albrecht Bengel in seinem „Gnomon No-

---

[16] Vgl. *Thomas von Aquin*, STh I-II 89,2.
[17] Orig., Cels. 5,15 (SC 147,50).
[18] *Erasmus von Rotterdam*, Annotationes in Novum Testamentum zu 1 Kor 3,14: Opera Omnia Bd. VI, Leiden 1705, 671f.
[19] *Erasmus von Rotterdam*, Novum Instrumentum, Basel 1516 (Faksimile-Neudruck Stuttgart-Bad Cannstatt 1986), 460.
[20] *Robertus Bellarminus*, De controversiis Christianae fidei (Tertia controversia generalis De Ecclesia quae est in purgatorio duobus libris explicita), zitiert nach: Opera Omnia II, Neapel 1857, 347–410.
[21] Ebd. Liber Primus, Caput V (359–365).
[22] Ebd. 364.
[23] *Guilielmus Estius*, In omnes D. Pauli Epistolas Commentarii, Ausgabe von F. Sausen, Mainz 1858, I 395. 396 (Analogie des Kaufmanns). Die Kommentare erschienen ursprünglich 1614, ein Jahr nach dem Tod des Autors.

vi Testamenti".[24] Einen Bezug auf die Fegfeuerlehre lehnt Bengel freilich mit der Begründung ab, daß es sich bei Paulus um eine Prüfung am Jüngsten Tag handle, nicht um eine vorhergehende Reinigung.

Seit der zweiten Hälfte des 20. Jahrhunderts lehnen auch die katholischen Ausleger den Bezug unserer Stelle auf die Fegfeuerlehre ab, und zwar so einmütig, daß sogar Dogmatiker es kaum noch wagen, sich für diese Lehre auf unsere Stelle zu berufen. Selbst im „Katechismus der Katholischen Kirche" steht sie nur noch verschämt in einer Anmerkung.[25] Man wendet ein, an unserer Stelle gehe es „nicht um ein Strafleiden für persönliche Sünden in einem Zwischenstadium zwischen Tod und Jüngstem Gericht, sondern um einen auf das Misssionswerk bezogenen Vorgang bei eben diesem Gericht."[26] Warum dieser Vorgang auf das Missionswerk eingeschränkt bleiben soll, ist nicht einzusehen; im übrigen aber ist der Einwand berechtigt. Das Problem des Zwischenstadiums zwischen Tod und Jüngstem Gericht existiert für Paulus nicht, wie 2 Kor 5,10 beweist. Dort überspringt er diesen „Zeitraum" unvermittelt und wahrscheinlich ohne den Sprung auch nur zu bemerken. Das Problem ist auf philosophischem Weg zu lösen. Da nach dem Tod für die Verstorbenen keine mit Uhren meßbare Zeit mehr verstreicht, fallen Besonderes Gericht und allgemeines Jüngstes Gericht für sie in eins.[27] Die Reinigung im Fegfeuer ist dann ein Aspekt des Gerichtsvorgangs, der wesentlich in der Begegnung mit Christus besteht. Damit ist die Hauptschwierigkeit eines Bezugs unserer Paulusstelle auf die Fegfeuerlehre behoben. Auf die Sache mit dem Strafleiden werden wir zurückkommen.

Gegen eine Inanspruchnahme unserer Stelle für die Fegfeuerlehre führt man weiter an, daß es Paulus nicht um eine Reinigung, sondern um eine Prüfung gehe.[28] Aber diese Alternative ist unsachgemäß, wie schon die zitierte Stelle aus dem Propheten Sacharja beweist, wo „prüfen" und „läutern" im *Parallelismus membrorum* stehen. Und sie erfaßt auch den bei Paulus beschriebenen Vorgang nicht richtig. Das Eigentümliche daran ist doch die Möglichkeit, daß die eschatologische Prüfung zwar katastrophal ausfällt, der Geprüfte am Ende aber doch durchkommt, wenn auch nicht ungeschoren; auf eine schmerzhafte Weise, „wie durch Feuer hindurch", bringt er sein liebes Selbst heil davon. Daß es tatsächlich soweit kommen kann, dazu ist das Purgatorium eingerichtet.

Nun will ja niemand behaupten, die katholische Fegfeuerlehre sei aufgrund unserer Paulusstelle entstanden. Die Fegfeuerlehre hat historisch gesehen andere Wurzeln, die uns jetzt nicht zu kümmern brauchen.[29] Aber als man die Fegfeuerlehre einmal hatte, suchte man begreiflicherweise nach passenden Schriftstellen dafür. Dabei stieß man schnell auf unsere Paulusstelle, und, wie inzwi-

---

24 *J.A. Bengel*, Gnomon Novi Testamenti, Stuttgart 1860, 617 (zu 1 Kor 3,15). Der Kommentar erschien ursprünglich 1742. Vgl. o. 135f.

25 Vgl. Katechismus der Katholischen Kirche, München 1993, 294 (§ 1031). Im Text wird – im Rahmen eines Zitats von Gregor dem Großen – Mt 12,32 als Beleg dafür angeführt, daß es Sünden gibt, die erst in der zukünftigen Welt nachgelassen werden. Das ist die Schriftstelle, mit der Bellarmin seine Belegreihe aus dem Neuen Testament beginnt.

26 *D. Zeller*, Der erste Brief an die Korinther (s. Anm. 13) 165.

27 Vgl. o. 104f. 107f. 131–133. Auch *H.U. von Balthasar* deutet die beiden als „zwei im letzten zusammengehörige Aspekte oder Phasen eines einzigen Vorgangs" (Eschatologie in unserer Zeit, Einsiedeln, Freiburg 2005, 38).

28 So z.B. *H. Merklein*, Der erste Brief an die Korinther, Kapitel 1–4 (ÖTK 7/1), Gütersloh 1992, 270.

29 Vgl. dazu *A. Merkt*, Das Fegefeuer. Entstehung und Funktion einer Idee, Darmstadt 2005.

schen wohl deutlich geworden ist, mit vollem Recht. Denn das Problem, das die Kirche mit der Fegfeuerlehre lösen wollte und gelöst hat, ist genau das, worum es Paulus an unserer Stelle ging: Wie kann ein Christ am Ende trotz verbleibender Mängel oder eines verpfuschten Lebens gerettet werden? Und die dogmatische Definition der Fegfeuerlehre geht nur geringfügig über das hinaus, was Paulus an unserer Stelle formuliert. Sie beschränkt sich nämlich auf die Feststellung, daß die Seelen derer, die nach dem Tod noch Genugtuung zu leisten haben, „durch reinigende Strafen (poenis purgatoriis)“ geläutert werden.[30] Aber was ist gemeint mit „reinigenden Strafen“? Können diese Strafen in Analogie zu den Höllenstrafen verstanden werden?

Leider machen sich selbst katholische Theologen heute wenig Gedanken um die Fegfeuerlehre und die Frage einer letzten Reinigung, aber das wohl nur deshalb, weil ihnen auch das zugrundeliegende Problem, das schon Paulus beschäftigt hat, kein Anliegen mehr ist. Deshalb will ich zum Schluß noch ein wenig von diesem Problem handeln. Dabei verfolge ich zwei Ziele: Ich möchte erstens verdeutlichen, daß die Konzeption des Fegfeuers, wie wir sie bei Dante finden, das beste Interpretament für unsere Paulusstelle ist, und zweitens, daß diese Lehre die einzige Hoffnung bietet, die wir, sofern wir nicht Heilige sind, im Hinblick auf ein ewiges Heil haben.

4. Purgatorium

Kein Christ wird von sich behaupten, er sei fit für den Himmel, um es salopp zu formulieren. Von den meisten Christen, vielleicht sogar den meisten Menschen, wird man sagen können, daß sie nicht übel genug sind für die Hölle, aber auch nicht gut genug für den Himmel. Sie würden sich in der Gemeinschaft der Heiligen unwohl fühlen, wie man sich in unpassender Gesellschaft unwohl und fehl am Platz fühlt. Das peinliche Gefühl der Fremdheit, das sich in einer solchen Situation einstellt, kennt wohl jeder von uns. Im Himmel aber kann es keine Peinlichkeiten mehr geben. Also muß irgendwie „das nicht bestandene Leben nachbestanden, die nicht erkannte Wahrheit nacherkannt, die nicht vollbrachte Liebe nachgeholt werden können.“[31] Dieses Problem haben schon die frühen Rabbinen gesehen, und manche von ihnen rechnen deshalb damit, daß die unfertigen Frommen nach ihrem Tod für eine begrenzte Zeit in die Hölle geschickt werden, um dort zur Läuterung zu gelangen.[32] Aber wie soll man sich in der Hölle läutern? An einer Läuterung der Insassen haben die höllischen Autoritäten kein Interesse. Und eine bloße Strafzeit macht die Betroffenen selten besser, wie die Erfahrung der Gefängnisstrafen zeigt. Deswegen ist dieses Modell keine Lösung des Problems.

Paulus geht offensichtlich von der Überzeugung aus, daß ein getaufter Christ niemals mehr ganz aus dem Heilsraum verbannt werden kann, in den er mit der Taufe hineingelangt ist. Er muß

[30] Vgl. DH 856. 1304. 1820.
[31] R. *Guardini*, Glaubenserkenntnis. Versuche zur Unterscheidung und Vertiefung, Freiburg i.B. 1983, 184.
[32] Vgl. *M. Reiser*, Gerichtspredigt (s. Anm. 10) 115f. 125. 138f. Die Vorstellung einer mittleren Gruppe zwischen „Sündern“ und „Gerechten“ scheint im Judentum um 100 n. Chr. aufgekommen zu sein, jedenfalls kaum viel früher.

zwar einst vor den Richterthron Christi oder Gottes treten, aber, so fragt Paulus im Römerbrief, „wer wird gegen die Erwählten Gottes Anklage erheben? Gott, der gerecht macht? Wer will die Verurteilung aussprechen? Christus Jesus, ... der doch selbst für uns eintritt?" (Röm 8,33f) Zu einem endgültigen Verdammungsurteil kann es demnach nicht kommen (Röm 8,1). Und gerade *weil* Paulus von dieser Überzeugung ausgeht, rechnet er für den Extremfall, den er in 1 Kor 3 ins Auge faßt, mit einer Rettung des „Selbst" in einem Vorgang, der für die Betroffenen so schmerzhaft ist, daß er nur mit einem Gang durch das Feuer verglichen werden kann.

Die katholische Tradition vom Fegfeuer oder Reinigungsort (Purgatorium) dehnt zunächst einmal nur den Kreis der Betroffenen aus: Es sind nicht nur die *extremen* Versager (oder gar nur die schlechten Missionare und Verkünder des Evangeliums), die eine Reinigung benötigen, bevor sie in den Himmel können, sondern alle, die es bei Lebzeiten nicht zur vollkommenen Heiligkeit gebracht haben. Bereits Origenes nimmt an, daß das eschatologische Feuer nicht nur die Welt als Ganze reinigen werde, sondern für jeden einzelnen, der es nötig hat, „Strafe und Heilung zugleich" bringe.[33] Wie der Reinigungsprozeß aber dann konkret aussieht, darüber gibt die Dogmatik keine Auskunft. Sie erklärt lediglich noch, daß dieser Prozeß durch die Fürbitten der Lebenden abgekürzt werden kann. Diesen Gedanken finden wir ebenfalls im rabbinischen Judentum wieder im Zusammenhang mit dem befristeten Höllenaufenthalt für die unfertigen Frommen.[34] Daß die volkstümliche Auffassung des christlichen Fegfeuers ähnlich aussehen konnte, zeigt Shakespeares „Hamlet". Der Geist von Hamlets Vater erklärt, er sei „für eine bestimmte Zeit verdammt dazu, nachts umzugehen und tags im Feuer eingesperrt zu schmachten", bis die Verbrechen seines zeitlichen Lebens „verbrannt und weggereinigt" seien.[35] Das Feuer hat hier zwar reinigende Funktion, erinnert aber doch fatal an die Hölle.

Eine theologisch korrekte und literarisch großartige Veranschaulichung des jenseitigen Reinigungsprozesses hat Dante im zweiten Teil der „Göttlichen Komödie", dem „Purgatorio", geschaffen.[36] Den menschlich und theologisch besten Kommentar dazu hat Dorothy L. Sayers geliefert.[37] Sie war keine Theologin und ist in Deutschland vor allem als Krimi-Autorin bekannt geworden. Ich kann hier nicht das Ganze vorstellen und möchte nur auf den für unsere Zwecke wichtigsten Punkt hinweisen. Dantes Purgatorium ist nicht eine Art Kerker – so charakterisiert es Bellarmin[38] – und kein feuriger Strafort, wo Verurteilte ihre Sünden abbüßen, sondern vielmehr ein Gnadenort, an dem den Sündern Gelegenheit gegeben wird, einen sittlichen und geistlichen Läuterungs-

---

33 Orig., Cels. 5,15 (SC 147,50). Als Schriftbeleg verweist er auf Mal 3,2.

34 Belege bei *M. Reiser*, Gerichtspredigt (s. Anm. 10) 115f. 125.

35 *W. Shakespeare*, Hamlet I 5,9–13: „I am thy father's spirit, / Doomed for a certain term to walk the night / And for the day confined to fast in fires / Till the foul crimes done in my days of nature / Are burnt and purged away."

36 Ich benütze die zweisprachige, ausführlich kommentierte Ausgabe von *H. Gmelin*, Stuttgart 1949–1957 (dtv 1988).

37 Hier sind vor allem zwei Werke zu nennen: 1. The Comedy of Dante Alighieri the Florentine. Cantica II Purgatory. Eingeleitet, übersetzt und kommentiert von *D.L. Sayers*, London 1955 (Penguin). 2. *D.L. Sayers*, Introductory Papers on Dante, New York 1954.

38 *R. Bellarmin*, De Controversiis (s. Anm. 20) 353: „locus quidam, in quo tamquam in carcere post hanc vitam purgantur animae".

prozeß durchzumachen, eine Art Nachreifung nach dem Tod.[39] Wenn die Seelen, die sich diesem Reifungsprozeß bereitwillig unterziehen, den Eindruck haben, daß sie vollendet sind, dann steigen sie einfach auf ins Irdische Paradies, den einzigen Ausgang, den das Purgatorium hat. Dieses hat nämlich nichts mit der Hölle zu tun, wie viele meinen, sondern ist lediglich der Vorraum des Himmels. Wer ins Purgatorium gelangt ist, dem kann die Hölle nichts mehr anhaben; der Himmel ist ihm sicher, früher oder später.

Der Besucher dieses Ortes – und Dante besucht ihn ja, geführt von Vergil – hat zwar auf den ersten Blick den Eindruck, daß hier Strafen abgebüßt werden, aber dieser Eindruck täuscht, wie ihm schnell klar wird. Denn was wie Strafen aussieht, sind Bußübungen, denen sich die Seelen völlig freiwillig und mit größtem Eifer unterziehen, weil sie eingesehen haben, daß diese Bußübungen nur dazu dienen, sie fit zu machen für den Himmel, um bei unserer saloppen Formulierung zu bleiben. Indem die Seelen diese Bußen als Heilmittel akzeptieren, verlieren sie ihren Vergeltungs- und Strafcharakter. Diesen Gedanken kann man schon bei Thomas von Aquin finden. Ihm zufolge kann der Makel der Sünde, der den Menschen daran hindert zu Gott zu kommen, nur durch eine genugtuende Strafe beseitigt werden, die freiwillig akzeptiert ist.[40] Darum sind die Seelen in Dantes Purgatorium auch so eifrig bei der Sache.

Hier sei nur ein Beispiel angeführt. Auf der sechsten Stufe des Läuterungsberges trifft Dante einen Jugendfreund, der ihm die Buße der Schlemmer erläutert. Diese besteht darin, daß die Büßer hungrig und durstig an einem Wunderbaum vorüberziehen müssen, der duftende Früchte trägt und am rauschenden Wasser steht. Der Baum erzählt ihnen Beispiele von Mäßigung und Selbstbeherrschung. Der Jugendfreund gebraucht in seiner Erläuterung für das, was er und seine Genossen durchmachen, einmal den Ausdruck „Pein“, fügt aber gleich hinzu: „Ich sage Pein, und müßte sagen Trost“.[41] Und zu diesem „Trost“ kehrt er nach dem Gespräch „mit großen Sprüngen“ zurück, „wie ein Reiter vorprescht aus der Linie, um die Ehre der ersten Attacke zu gewinnen“.[42]

Das Feuer begegnet den büßenden Seelen erst unmittelbar vor dem irdischen Paradies; denn dieses kann nur durch eine Feuerwand hindurch erreicht werden. Auch dem Dichter auf seiner Jenseitsreise bleibt dieser Gang durchs Feuer nicht erspart. Seine endgültige Reinigung erfolgt jedoch erst danach durch eine Art Beichte, die ihn zum Schuldbekenntnis in vollkommener Reue führt. Die letzte Selbsterkenntnis greift ihm dabei so ans Herz, daß er ohnmächtig wird.[43] Nach

[39] So schon bei Klemens von Alexandrien und Origenes: Vgl. *A. Merkt*, Fegefeuer (s. Anm. 29) 72–74.
[40] *Thomas von Aquin*, STh I-II 87,6: „Macula peccati ab homine tolli non potest nisi voluntas hominis ordinem divinae iustitiae acceptet, ut scilicet vel ipse poenam sibi spontaneus assumat in recompensationem culpae praeteritae, vel etiam a Deo illatam patienter sustineat.“ Nur freiwillig akzeptierte Strafen führen zur Besserung – nicht erst im Fegfeuer! Vgl. die *Quaestio de purgatorio* im Appendix zum 3. Teil der Summa, die dem 4. Buch des Sentenzenkommentars (d. 21, 1) entnommen ist. Dort lautet Art. 4 „Utrum illa poena sit voluntaria.“ Hier unterscheidet Thomas, ob etwas *voluntate absoluta* gewollt wird oder *voluntate conditionata*. Die Strafen des Fegfeuers seien im zweiten Sinn freiwillig.
[41] *Dante Alighieri*, Divina Comedia. Purgatorio 23,72. Zum Ganzen vgl. *D.L. Sayers*, The Meaning of Purgatory, in: *Dies.*, Introductory Papers (s. Anm. 37) 73–100, hier 84–89; *dies.*, Introduction zu: The Comedy of Dante (s. Anm. 37) 54–61. Die Stelle aus der Summa Theologiae des Thomas von Aquin, auf die sich Frau Sayers in beiden Abschnitten bezieht, ist die oben referierte in STh I-II 87,6 (nicht 87,7!).
[42] *Dante Alighieri*, Divina Comedia. Purgatorio 24,94–99.
[43] Ebd. 31, 85–90. Eine hilfreiche Deutung bietet, neben dem Kommentar von *D.L. Sayers* (s. Anm. 37), *H.U. von Balthasar*, Dante, in: *Ders.*, Herrlichkeit. Eine theologische Ästhetik II/2, Einsiedeln 1962, 365–462, hier 410–422.

seinem Erwachen aus der Ohnmacht wird der Erneuerungsprozeß vollendet mit Hilfe des Wassers zweier Flüsse, *Lethe* und *Eunoë*, das der Erinnerung alles Bittere und Schmerzhafte nimmt. So kann man sich die Rettung des puren Selbst „wie durch Feuer hindurch" lebhaft vorstellen.

5. „Prima radix"

Die Durchsicht der Aussagen des Apostels Paulus hat ergeben, daß er von einem barmherzigen Gericht Gottes nirgends explizit spricht. Nach Auskunft dieser Aussagen walten die Güte und Langmut Gottes, solange ein Mensch lebt, um ihn zur Besinnung und Umkehr zu bewegen. Gott selbst initiiert und vollendet diesen Prozeß allein durch seine Gnade. Eben deswegen aber soll der Mensch nicht tatenlos bleiben, sondern „mit Furcht und Zittern" an seinem Heil mitwirken. Das ist wiederum der Grund, warum Paulus die Dinge auch so darstellen kann, als hinge alles, auch das Urteil im Jüngsten Gericht, ganz vom Menschen selbst ab, als richte sich der Mensch letztlich selbst, indem die Folgen seines irdischen Handelns auf ihn zurückwirken. Das ist besonders deutlich im Galaterbrief, wo er schreibt:

> Was der Mensch sät, wird er auch ernten. Wer in sein Fleisch sät, wird aus dem Fleisch Verderben ernten; wer aber in den Geist sät, wird aus dem Geist ewiges Leben ernten. (Gal 6,7f)[44]

Damit bliebe es bei der alttestamentlichen und frühjüdischen Konzeption, daß Gottes Gnade und Barmherzigkeit sich nur in diesem Leben mit seiner Gerechtigkeit verbinden. Daß aber damit nicht alles gesagt ist, zeigt der Gedankengang in 1 Kor 3. Selbst wenn alles, was der Mensch, zumindest aber der Christ, in seinem Leben gesät hat, Unkraut war, das im Feuer des Jüngsten Tages vollständig verbrennt, gibt es für Paulus noch die Möglichkeit einer Rettung des Selbst „wie durch Feuer hindurch". Ob man nun diese gleichnishafte Aussage mit Hilfe der traditionellen Lehre vom Fegfeuer oder Dantes „Paradiso" ausdeuten will oder nicht, eines ist klar: In dieser Möglichkeit äußert sich die Barmherzigkeit Gottes auch im letzten Gericht selbst. Damit wird ein großer Grundsatz der katholischen Theologie konsequent durchgehalten, der Grundsatz nämlich, daß Gott in all seinem Tun Barmherzigkeit und Gerechtigkeit vereint, aber so, daß die Barmherzigkeit immer das erste ist und der Gerechtigkeit voraus und zugrunde liegt. Um es mit der Klarheit des *Doctor angelicus* zu sagen: „Opus autem divinae iustitiae semper praesupponit opus misericordiae et in eo fundatur … Et sic in quolibet opere Dei apparet misericordia, quantum ad primam radicem eius." Alles Tun Gottes entspringt der Barmherzigkeit als seiner „ersten Wurzel".[45] Durch die angebotene Rettung unseres Selbst „wie durch Feuer hindurch" triumphiert Gottes Barmherzigkeit unbeschadet seiner Gerechtigkeit auch im Jüngsten Gericht. In die Hölle können wir eigentlich nur dann kommen, wenn wir auch dieses letzte Angebot der Barmherzigkeit Gottes ausschlagen.

---

[44] Vgl. o. 133f.
[45] *Thomas von Aquin*, STh I 21,4. Vgl. *H.U. von Balthasar*, Was dürfen wir hoffen?, Einsiedeln 1986, 120–127.

Das johanneische Weltbild

Weltbild – das ist doch ein grandioses Wort! Ich weiß nicht, wer es aufgebracht hat, aber man sollte ... auf sein Andenken trinken, auch ohne seinen Namen zu kennen ... Über so ein Wort muß man meditieren. Aber was man für gewöhnlich darunter versteht, das ist ja kein Weltbild, das sind bestenfalls Theorien und Meinungen, also etwas ganz und gar Bildloses. Und mit der Weltanschauung verhält es sich genauso. Da wird gemeint und auf Standpunkten gestanden, aber angeschaut wird nicht, eben ganz und gar nicht, das ist es ja gerade.

So äußert sich Musa Petrowna in Werner Bergengruens „Rittmeisterin".[1] Was sie an den üblichen Weltbildern vermißt, die Bildhaftigkeit und Anschaulichkeit, zeichnet das johanneische Weltbild gerade aus. Als einziger unter den Evangelisten baut Johannes ein wirkliches Weltbild auf. Das Bild des Daseins, das er gestaltet, hat aber noch eine weitere Besonderheit: Es ist kein statisches Bild, sondern ein dramatisch bewegtes Bild von Welt und Geschichte. Johannes ist, wie Romano Guardini bemerkt hat, Architekt und Dramatiker eines Weltbildes.[2]

Dieses Weltbild zeichnet der Evangelist mit kräftigen Strichen und klaren Konturen. Seinen Aufbau bestimmen einige grundlegende Antithesen. Es sind dies vor allem drei Gegensatzpaare: Licht und Finsternis, Leben und Tod, Wahrheit und Lüge. Bereits diese Aufzählung macht klar, daß es um Alternativen geht. Johannes will nicht ein objektives, der Stellungnahme des Menschen gleichsam vorgegebenes Bild der Welt entwerfen, sondern ein in einem ganz bestimmten Licht geschautes und gedeutetes Bild dieser Welt, das seine Hörer- und Leserschaft zur Stellungnahme herausfordern soll. Diese Stellungnahme ist im Sinne des Evangelisten unausweichlich und hat den Charakter der Parteinahme in einem Entweder-oder. Bevor wir aber die aufgezählten Gegensatzpaare und ihr johanneisches Verständnis behandeln, müssen wir uns sozusagen dem Bildgrund zuwenden, das heißt dem Begriff „Welt" selbst. Der Weltbegriff des Johannesevangeliums und der Johannesbriefe macht bereits einen wesentlichen Bestandteil des johanneischen Weltbildes aus.[3]

---

[1] *W. Bergengruen*, Die Rittmeisterin. Wenn man so will, ein Roman, Zürich 1954, 193 (2. Teil, 11. Kapitel). Das Wort „Weltbild" ist – im Anschluß an das lateinische *imago ideaque mundi* – bereits im frühmittelalterlichen Deutsch nachweisbar, jedoch erst seit Beginn des 19. Jahrhunderts in verschiedener Anwendung üblich (Deutsches Wörterbuch von *Jacob und Wilhelm Grimm*, Bd. 28, München 1984 [urspr. 1955], 1552). Das Wort „Weltanschauung" ist zuerst bei Kant belegt (ebd. 1530). Auf ihn könnte man also trinken ...

[2] Vgl. *R. Guardini*, Das Christusbild der paulinischen und johanneischen Schriften, Würzburg 1961, 108f. Das Kapitel, in dem Guardini dieses Weltbild behandelt, hat die Überschrift: „Die johanneische Konstruktion des Daseins" (ebd. 113–134). In dieser Formulierung ist der Begriff Konstruktion auffällig; vgl. den Titel von *P. L. Berger / Th. Luckmann*, Die gesellschaftliche Konstruktion der Wirklichkeit. Eine Theorie der Wissenssoziologie, Frankfurt/M. 1969. Guardini, der in Berlin einen Lehrstuhl für „Religionsphilosophie und katholische Weltanschauung" hatte, besaß einen Blick für diese Dinge. Zu seiner Auffassung des Begriffs „Weltanschauung" s. *H.-B. Gerl*, Romano Guardini 1885–1968. Leben und Werk, Mainz ²1985, 267–276.

[3] Ich nehme Evangelium und Briefe zusammen. Der 1. Johannesbrief ist wohl „als Lesehilfe für das Verständnis des Johannesevangeliums gedacht": *H.-J. Klauck*, Der erste Johannesbrief (EKK XXIII 1), Neukirchen-Vluyn 1991, 31.

1. Die Welt

Das Wort κόσμος „Welt“ wird in den johanneischen Schriften ungewöhnlich häufig verwendet. Es begegnet dort etwa 100mal. Zum Vergleich: Das lukanische Doppelwerk hat nur vier Beispiele, und selbst die 13 paulinischen Briefe bieten bei mehr als doppeltem Umfang nur knapp halb so viele Belege für κόσμος wie das johanneische Schrifttum.[4] Bereits dieser statistische Befund läßt vermuten, daß es Johannes mehr als irgendeinem Autor des Neuen Testaments um „die Welt“, und das heißt: das Ganze des Daseins, geht.

Dieser Eindruck wird bestätigt durch die inhaltliche Untersuchung des johanneischen Weltbegriffs. Semantisch betrachtet ergibt sich ein zweifacher Gebrauch des Wortes: Einerseits ist von der Welt in einem neutralen und eher positiv akzentuierten Sinn die Rede; dann bedeutet κόσμος den von Gott geschaffenen Raum des Daseins, wobei konkret meistens an die Menschenwelt gedacht ist.[5] So, wenn es heißt, daß der Logos in der Welt war, die mit seiner Hilfe entstanden ist, daß Gott die Welt geliebt hat, daß ein Mensch in die Welt hineingeboren wird und daß Jesus zu ihr spricht.[6] Andererseits, und diese Stellen sind bei weitem in der Überzahl, finden wir „Welt“ in einem ausgesprochen negativ akzentuierten Sinn gebraucht. So, wenn es heißt: „In der Welt habt ihr Drangsal“ – Luther übersetzte: „In der Welt habt ihr Angst“ –, „aber seid getrost, ich habe die Welt besiegt“ (Joh 16,33).[7] Oder wenn Jesus zu Pilatus sagt: „Mein Reich ist nicht von dieser Welt“ (Joh 18,36). An einigen Stellen mag man schwanken, ob „Welt“ im neutralen Sinn aufzufassen oder negativ gefärbt ist. So, wenn Jesus als „Licht“ oder „Heiland“ der Welt bezeichnet wird.[8] Immerhin hat die Welt auch nach diesen Stellen Licht und Heil offenbar nötig. Das gilt sogar von Joh 3,16, der einzigen Stelle, wo von Gottes Liebe zur Welt die Rede ist: Eben diese Liebe macht ja das Opfer des Sohnes notwendig. Anders kann die Welt nicht geheilt werden. Den Grund dafür nennt der 1. Johannesbrief kurz und bündig: „Die ganze Welt ist in der Gewalt des Bösen“ (1 Joh 5,19). Mit „dem Bösen“ ist hier, wie der vorhergehende Satz zeigt, der Teufel gemeint.[9] Dieser gilt als „der Herrscher dieser Welt“. Das ist ein Ausdruck, der im Neuen Testament nur bei Johannes begegnet.[10] Freilich ist auch in der synoptischen Versuchungsgeschichte vorausgesetzt, daß der

[4] Genauer: Die johanneischen Schriften (Joh, 1–3 Joh) bieten bei einem Umfang von 984 Versen 102 Belege für κόσμος, die 13 Paulinen bei einem Umfang von 2031 Versen nur 47.

[5] Daß das deutsche „Welt“, ebenso wie das englische „world“ oder das französische „monde“ neben „Erdkreis“ auch „Länder und Menschen“ oder überhaupt „Menschen“ meinen kann (etwas „aller Welt“ bekannt machen), ist hauptsächlich durch den biblischen, speziell den johanneischen Sprachgebrauch, bedingt: *J. S. Belkin*, Welt als Raumbegriff im Althochdeutschen und Frühmittelhochdeutschen: Zeitschrift für deutsche Sprache 24 (1968) 16–59, hier 24f.

[6] Joh 1,10; 3,16; 8,26; 16,21. Vgl. *Y. Ibuki*, Über den johanneischen Kosmosbegriff: Bulletin of Seikei University 18 (1981) 27–55.

[7] Vgl. zu diesem Satz den schönen Kommentar von *J. Blank*, Das Evangelium nach Johannes (Geistliche Schriftlesung), 4 Bde., Düsseldorf 1977–1981, 4/2, 237–239. Er nennt Luthers Übersetzung, die auch 1984 beibehalten wurde, „genial“. Sie hebt „das subjektive Moment der Drangsal, die ‚Enge‘ und damit die Angst des Menschen besonders hervor. Hier werden das ‚In-der-Welt-Sein‘ und die ‚Angst‘ so miteinander verquickt, daß eben die Angst zum besonderen Strukturmerkmal des ‚In-der-Welt-Seins‘ wird“ (ebd. 238).

[8] „Licht“: Joh 8,12; 9,5; 12,46. „Heiland“: Joh 4,42; 1 Joh 4,14.

[9] Vgl. 1 Joh 2,13f. Dieser prägnante Sinn wird durch die herkömmliche, von Luther geprägte und in der Luther 1984-Version wiederhergestellte Fassung: „Die ganze Welt liegt im Argen“ nicht mehr vermittelt.

[10] Joh 12,31; 14,30; 16,11.

Teufel der Herr dieser Welt ist (Mt 4,8f / Lk 4,5–7), und bei Paulus heißt er einmal „der Gott dieser Weltzeit (ὁ θεὸς τοῦ αἰῶνος τούτου)“ (2 Kor 4,4). „Die Welt“ im johanneischen Sinn hat also etwas Zwiespältiges, Zwielichtiges an sich, gleichsam ein doppeltes Gesicht: Sie ist gut als Gottes geliebte Schöpfung, aber sie ist schlecht als Herrschaftsbereich des Bösen. Diese Paradoxie erklärt auch, warum die Jünger, die sowenig wie Christus selbst „von der Welt“ sind, ja von ihr gehaßt werden, dennoch „in der Welt“ sind und wie er selbst in sie hineingesandt werden.[11] Dieser Befund verlangt jedoch eine Erklärung: Wie kam es zur Herrschaft des Bösen über die gute Schöpfung? Wie ist die Welt zu ihrem Doppelgesicht gekommen? Oder hatte sie es von Anfang an? Die Antwort auf diese Frage werden wir später finden.

Der vierte Evangelist liebt die Konkretion nicht gerade; das gibt seinem Werk den philosophischen Charakter. Doch der 1. Johannesbrief enthält einen Abschnitt, in dem das Negative der Welt näher bestimmt wird:[12]

Liebt nicht die Welt und was in der Welt ist! Wer die Welt liebt, hat die Liebe zum Vater nicht. Denn alles, was in der Welt ist: die Begierde des Fleisches und die Begierde der Augen und die Angeberei mit dem Besitz, ist nicht vom Vater, sondern von der Welt. Doch die Welt ist im Vergehen samt ihrer Begierde; wer aber den Willen Gottes tut, bleibt in Ewigkeit. (1 Joh 2,15–17)

Der negative Charakter der Welt wird hier an drei Phänomenen festgemacht: der „Begierde des Fleisches“, der „Begierde der Augen“ und der „Angeberei mit dem Besitz“. Der Ausdruck „Begierde des Fleisches“ begegnet weder im Alten Testament noch in den Schriften von Qumran, im Neuen Testament dagegen in mehreren Varianten.[13] Paulus schreibt in Gal 5,16: „Wandelt im Geist, dann erfüllt ihr nicht die Begierde des Fleisches!“ Drei Verse weiter zählt er dann in einem langen und bemerkenswert aktuellen Lasterkatalog „die Werke des Fleisches“ auf, die dieser Begierde entspringen. Sie meint demnach nicht nur sexuelle Begierde, wie man in der christlichen Tradition oft glauben machte.[14] „Begierde des Fleisches“ ist jede mit der christlichen Liebe unvereinbare Neigung der ungehemmten menschlichen Natur, jede Art von Gier: Gier nach sinnlicher Liebe, Habgier und Machtgier ebenso wie Eigensucht und alle Arten von Genußsucht.

Der Ausdruck „Begierde der Augen“, das zweite Charakteristikum der negativen Welt, erinnert daran, daß Begierden und Wünsche nicht immer von selbst aus dem Inneren des Menschen aufsteigen, sondern von außen geweckt werden durch das, was man sieht. Die Augen wirken nicht selten als die großen Verführer im Menschen. Die moderne Werbung nützt diesen Sachverhalt gründlich aus und gibt den Augen viel zu sehen. Damit erhält die biblische Kritik eine ungeahnte Bedeutsamkeit und Aktualität. Gegen diese Verführung hilft nur ein entschlossenes Wegblicken.

---

[11] Joh 17,11.14.16.18.

[12] Vgl. *H.-J. Klauck*, In der Welt – aus der Welt (1 Joh 2,15–17). Beobachtungen zur Ambivalenz des johanneischen Kosmosbegriffs, in: FS 71 (1989) 58–68. Dort auch interessante Hinweise auf die Wirkungsgeschichte.

[13] Vgl. Röm 13,14; Gal 5,16. 24; Eph 2,3; 1 Petr 2,11; 2 Petr 2,18.

[14] Dies hängt wohl auch mit der Übersetzung der Vulgata zusammen. Diese hat in 1 Joh 2,16 mit *concupiscentia carnis* übersetzt, in Gal 5,16 dagegen mit *desiderium carnis*. *Concupiscentia* begegnet auch in Gal 5,24; an den übrigen Stellen ist stets von *desiderium* bzw. *desideria* die Rede.

Auch das dritte Kennzeichen der abzulehnenden „Welt“ ist höchst aktuell: „die Angeberei mit dem Besitz“ oder „das Protzen mit dem Lebensstandard“, wie ein in Leipzig erschienener Kommentar übersetzt.[15] Diese Unart der „Welt“ beobachten wir leider allzu oft um uns herum.

Die drei Merkmale der Welt bzw. dessen, „was in ihr ist“, machen deutlich, daß der Autor bei „Welt“ an die Menschenwelt und ihre wenig erfreulichen Seiten denkt, die sie bis heute nicht verloren hat. Aber diese Welt ist bereits „im Vergehen begriffen samt ihrer Begierde!“[16] Das ist die Überzeugung des Autors. Und selbst wenn wir diese Überzeugung teilen, ist sie uns heute nicht unbedingt ein Trost. Und ein Triumphgefühl will uns bei diesem Gedanken schon gar nicht gelingen. Das gilt für Christen wie Nichtchristen.

2. Licht und Finsternis

Zur Bezeichnung des negativen Aspekts der Welt hat die johanneische Sprache einen metaphorischen Begriff: Finsternis. Die Finsternis aber tritt in natürliche Opposition zum Licht. Dieses Gegensatzpaar spielt in vielen religiösen und philosophischen Zusammenhängen eine wichtige Rolle, und dies nicht von ungefähr.[17] Licht hat für den Menschen etwas Beruhigendes, Beglückendes und Faszinierendes, Finsternis dagegen etwas Unbehagliches, Unheimliches und Beängstigendes. Das ist anders beim Dunkel, das durchaus positiv empfunden werden kann. In metaphorischen Wendungen steht Licht, wenigstens im Deutschen, vor allem für Einsicht und Erkenntnis, Finsternis dagegen für Unwissenheit und Unmoral. Uns geht ein Licht auf oder wir tappen im Finstern. Wir werden hinters Licht geführt und fürchten finstere Machenschaften. Ein bezeichnendes Beispiel für die alttestamentliche Licht-Metaphorik ist Ps 36,10:

> Denn bei dir ist die Quelle des Lebens,
> und in deinem Licht schauen wir das Licht.

„Das Licht schauen“ ist eine Umschreibung für „leben“.[18] Licht und Leben stehen im *Parallelismus membrorum*; sie gehören sachlich eng zusammen und können daher geradezu Synonyme werden. Finsternis dagegen wird leicht mit Tod assoziiert. Der Fromme nun führt sein Leben „in Gottes Licht“. Diese Metapher ist vieldeutig. Sie meint: in der hellen Freude, die er schenkt; in der erhellenden Wahrheit, die sein Wort vermittelt; in dem Glanz, den allein das gottverbundene Leben kennt. „Licht“ kann für das Gute, für Glück und Heil schlechthin stehen, „Finsternis“ entspre-

15 *W. Vogler*, Die Briefe des Johannes (THNT 17), Leipzig 1993. *H.-J. Klauck* (s. Anm. 3) übersetzt: „die Prahlerei mit dem Wohlstand“. Die Übersetzung mit „hoffärtiges Leben“ (Luther 1984) geht am Sinn vorbei; βίος meint im Griechischen regelmäßig „Lebensform, Besitz, Vermögen“ (*W. Bauer*, Wörterbuch zum Neuen Testament s.v.).

16 Vgl. 1 Joh 2,8; 1 Kor 7,31. Entscheidend ist, daß man das durative Präsens dieser Stellen ernst nimmt und nicht übersetzt: „Die Welt vergeht“ – irgendwann einmal. Das ist gerade nicht gemeint. Das griechische Präsens betont viel stärker als das deutsche das gegenwärtig im Geschehen Begriffene einer Handlung oder eines Vorgangs. Vgl. *H. v. Siebenthal*, Griechische Grammatik zum Neuen Testament, Gießen 2011, § 197.

17 *O. Böcher*, Art. Licht und Feuer: TRE 21 (1991) 90–119; *E. Bevan*, Symbolism and Belief, London 1938, 125–150.

18 Vgl. Ps 49,20; Hiob 3,16.

chend für Unglück und Unheil: „Dem Rechtschaffenen strahlt Licht auf in der Finsternis" (Ps 112,4). Von hier aus wird „Licht" dann in frühjüdischer Zeit auch zu einem Inbegriff des eschatologischen Heils. Allein die Gerechten, die ihr Leben orientieren am „Licht des Gesetzes",[19] werden auferstehen zu einem Leben „im Licht des Herrn"; für sie hält Gott nach dem Tod „sein Licht" bereit, die Gottlosen dagegen schließt er in „Finsternis" ein.[20]

An diese Metaphorik konnte Johannes anknüpfen.[21] Bei ihm werden „Licht" und „Finsternis" zu umfassenden Metaphern der Daseinsdeutung. Sie scheiden zwei Welten. Ihren spezifisch johanneischen Sinn bekommen sie durch den Bezug auf Christus und ihre Korrelation mit anderen Grundbegriffen des johanneischen Weltbildes. „Ich bin das Licht der Welt. Wer mir nachfolgt, wird nicht in der Finsternis wandeln, sondern das Licht des Lebens haben" (Joh 8,12). „Solange ihr das Licht habt, glaubt an das Licht, damit ihr Söhne des Lichtes werdet" (Joh 12,36).[22] Gott erhält im Alten Testament den Titel „Licht Israels";[23] der Gottesknecht wird „das Licht der Völker" genannt;[24] Christus ist „das Licht der Welt".[25] Er schafft sich durch seine persönliche Ausstrahlungskraft eine Umgebung und einen Einflußbereich, der die ganze Welt einbezieht. In diesen Bereich kann man eintreten und darin „wandeln". Damit wird man ein „Sohn" bzw. eine Tochter „des Lichts". Wer sich außerhalb dieses Einflußbereichs bewegt, „wandelt" demgemäß „in der Finsternis" und „weiß nicht, wohin er geht" (Joh 12,35). Der Einflußbereich des Lichts ist zugleich der Wirkungskreis von Liebe, Leben und Wahrheit, und damit die Voraussetzung für Gemeinschaft, während die Metapher „Finsternis" für den Wirkungsbereich von Lüge und Haß steht.[26] So schafft Christus als Licht eine Atmosphäre und Umgebung, in der es sich leben läßt.

Da also das Licht als Einflußbereich einer Person, nämlich Christi, gilt, würde man erwarten, daß die Finsternis entsprechend als Einflußbereich des Teufels charakterisiert wird, zumal dieser, wie wir ja schon gesehen haben, ausdrücklich als „Herrscher dieser Welt" bezeichnet wird. Aber das geschieht nicht. Nirgends wird der Teufel „Herr der Finsternis" oder ähnlich genannt. Für Johannes gibt es keinen Dualismus zweier selbständiger Mächte. Die Finsternis entsteht gleichsam sekundär; sie ist einfach das Außerhalb des Lichtkreises. Vor dem Aufstrahlen des Lichtes konnte es gar keine eigentliche Finsternis geben; sie entsteht nur *e contrario*. So hat also die Finsternis gar

---

19 Ps-Philo, LibAnt 33,3. Der Ausdruck „Licht des Gesetzes" begegnet auch Bar 4,1f; Weish 18,4; TestLev 14,4 u.ö. (vgl. Ps 119,105; Spr 6,23). Nach TestLev 19,1 gibt es die Wahl zwischen „Finsternis oder Licht, dem Gesetz des Herrn oder den Werken Beliars".

20 PsSal 3,12; Ps-Philo, LibAnt 51,5.

21 Vgl. *O. Böcher*, Der johanneische Dualismus im Zusammenhang des nachbiblischen Judentums, Gütersloh 1965, 96–108; *O. Schwankl*, Die Metaphorik von Licht und Finsternis im johanneischen Schrifttum, in: K. Kertelge (Hg.), Metaphorik und Mythos im Neuen Testament (QD 126), Freiburg i.B. 1990, 135–167; *ders.*, Licht und Finsternis. Ein metaphorisches Paradigma in den johanneischen Schriften (HBS 5), Freiburg i.B. 1995.

22 Man beachte das „damit ihr ... werdet": Man ist es also nicht von Natur, sondern wird es durch eine Entscheidung.

23 Jes 10,17; 60,1.19 f.

24 Jes 42,6; 49,6. Nach Jes 51,4 ist das Recht des HERRN das „Licht der Völker". In äthHen 48,4 wird der Menschensohn als „Licht der Völker" bezeichnet. Diese Metapher kennt auch die griechische Tradition: Hom., Il. 8,282 wird Teukros „Licht für die Danaer" genannt; Il. 16,39 will Patroklos „den Danaern ein Licht" werden; er soll „Licht (d.h. Hilfe) bei den Schiffen" bringen (Il. 16,95f). Alexander von Abonuteichos nennt seinen Gott Glykon „ein Licht für die Menschen" (Lukian, Alex. 18).

25 Joh 8,12; 9,5. Man vergesse freilich Mt 5,14 nicht: „Ihr seid das Licht der Welt"!

26 1 Joh 1,6 f; 2,9–11.

keine selbständige Existenz; sie ist einfach Nicht-Licht. Das Licht in der Gestalt Christi war also nicht immer in der Welt. Vor seinem Kommen gab es keine Alternative zu dem, was in seinem Licht als Finsternis erkannt wird. Sein Kommen ist somit das entscheidende Ereignis für diese Welt und bringt das mit sich, was der Evangelist „Krisis" (κρίσις) nennt. Dieses griechische Wort bedeutet „Scheidung, Entscheidung, Gericht".[27] Nur wenn man diese dreifache Bedeutung des Wortes im Auge behält, versteht man den folgenden Text, der davon handelt. Mit ihm kommen wir auch zur dramatischen Seite des johanneischen Weltbildes:

Das ist die *Krisis*:
Das Licht kam in die Welt,
und die Menschen liebten die Finsternis mehr als das Licht,
denn ihre Werke waren böse.
Denn jeder, der Schlechtes tut,
haßt das Licht und kommt nicht zum Licht,
damit er nicht seiner Taten überführt werde.
Wer aber die Wahrheit tut,
kommt zum Licht,
damit offenbar werde, daß seine Taten in Gott getan sind. (Joh 3,19–21)

„Das Licht" ist Christus und der von ihm geschaffene und repräsentierte Einflußbereich von Leben und Wahrheit. Mit dem Erscheinen dieses Lichtes tritt eine neue weltgeschichtliche Situation ein: Jetzt erst wird die Finsternis als Finsternis erkennbar, da sie sich gegen das Licht absetzt. Das Licht führt also eine *Scheidung* herbei. Diese Scheidung zwingt die Menschen zur *Entscheidung*, ob sie in der Finsternis bleiben oder entschlossen den Schritt über die Linie tun und in den Lebenskreis des Lichtes eintreten wollen. In dieser Entscheidung vollzieht sich das *Gericht*, das letztlich kein anderes ist, als das Jüngste Gericht. Dieser Vorgang ist gemeint mit *Krisis*.[28]

Nun geschieht aber das Ungeheuerliche: Die Menschen lieben die Finsternis mehr als das Licht. Derselbe Sachverhalt wird mit anderen Worten im Prolog formuliert: „Er war in der Welt ..., – und die Welt hat ihn nicht erkannt. Er kam in das Seine, – und die Seinen nahmen ihn nicht auf" (Joh 1,10f). Wieder wird die unerwartete Reaktion auf das Kommen Christi jeweils mit einem schlichten, aber wirkungsvollen „und" eingeleitet: „... und die Welt hat ihn nicht erkannt ... und die Seinen nahmen ihn nicht auf."[29] Man sieht an dieser Stelle, wie die Welt zu ihrem negativen Charakter kommt: durch die Ablehnung des Logos. Die eindrucksvollste Formulierung für diesen Vorgang ist aber doch: „... und die Menschen liebten die Finsternis mehr als das Licht."[30] Das ist nicht nur eine unerwartete, sondern eine höchst seltsame, ja unbegreifliche Reaktion auf das Kommen des Lichts. Aber der Evangelist hat eine Erklärung dafür: „Denn ihre Werke waren böse." Und zur Erläuterung dieser Erklärung fügt er eine deprimierende Beobachtung hinzu, die wohl jeder von uns schon an sich selbst gemacht hat: Wer etwas Schlechtes tut oder getan hat, scheut das Licht,

---

27 *H. G. Liddell* / *R. Scott*, A Greek-English Lexicon, Oxford 1977, s.v.
28 Vgl. *J. Blank*, Krisis. Untersuchungen zur johanneischen Christologie und Eschatologie, Freiburg i.B. 1964.
29 Zur stilistischen Wirkung vor allem des adversativen und konzessiven „und" vgl. *M. Reiser*, Syntax und Stil des Markusevangeliums im Licht der hellenistischen Volksliteratur (WUNT 2. R. 11), Tübingen 1984, 104–107. Wegen dieser Wirkung sollte man das „und" in der Übersetzung nicht durch ein logisch genaueres „aber" ersetzen.
30 Vgl. Joh 12,43: „Sie liebten den Beifall von Menschen mehr als den Beifall Gottes."

das es an den Tag bringen könnte. Lieber verstrickt man sich in Lügen und betrügt sich selbst, als daß man sich der Wahrheit stellt. Nur wer diese Scheu überwindet, wird frei, um in der Klarheit des Lichts zu leben.

Das dramatische Geschehen, das der Evangelist in den zitierten Texten schildert, bekommt seine eigentliche Bedeutung durch die Tatsache, daß es als ein paradigmatisches Geschehen aufgefaßt wird. Die Ablehnung des Lichts, oder genauer: die Weigerung, in seinen Wirkungskreis einzutreten, wiederholt sich ständig, und dies bis zum heutigen Tag.

Aber nicht genug damit, Licht und Finsternis liegen im Kampf miteinander. Dieser Kampf wird im Johannesevangelium allerdings nur vorsichtig angedeutet in einem Satz, den man gewöhnlich ganz anders versteht. Es ist der berühmte Satz aus dem Prolog: „Und das Licht leuchtet in der Finsternis, und die Finsternis hat es nicht erfaßt" (Joh 1,5). Wieder steht die Finsternis für den Wirkungs- und Einflußbereich des Bösen und Unerleuchteten, für die geistige, seelische und moralische Zerrüttung der Welt. In diese Finsternis hinein leuchtet „das Licht", um Aufklärung und Leben in eine Welt der Lüge und des Todes zu bringen. Aber die Finsternis „hat es nicht erfaßt". Das zugrundeliegende griechische Wort καταλαμβάνειν hat eine doppelte Bedeutung. Es heißt sowohl „begreifen, verstehen", als auch „ergreifen, überwältigen", kann also ein intellektuelles oder ein handgreifliches Erfassen meinen. Es hat denselben Doppelsinn wie unser umgangssprachliches „packen". Wir könnten übersetzen: „... und die Finsternis hat es nicht gepackt." Aus diesem Doppelsinn ergeben sich zwei Deutungsmöglichkeiten des johanneischen Satzes: Die kognitive Auffassung würde heißen, daß der verfinsterte Verstand der Welt einfach nicht in der Lage war, das Licht der Erkenntnis des Logos aufzunehmen. Gehen wir dagegen von der Bedeutung „überwältigen" aus, so erhält die Aussage mehr Dramatik: Die Mächte der Finsternis kämpfen gegen das leuchtende Licht, aber sie können es nicht bezwingen. Der Evangelist, der Doppelsinnigkeiten liebt, könnte auch hier bewußt doppeldeutig formuliert haben. Näher liegt aber doch die zweite Möglichkeit.[31] Als Referent der Metaphorik unseres Satzes müssen dann Passion und Auferstehung Christi angenommen werden. In diesem Sinn interpretiert auch Thomas von Aquin:

> „Und die Finsternis hat es nicht erfaßt" das heißt: sie hat es nicht bezwungen. Wie sehr auch die Menschen – verdunkelt durch Sünde, geblendet vom Neid, finster geworden durch Hochmut – gegen Christus gekämpft haben, indem sie ihm Unrechtes zur Last legten, ihn mit Schmach überschütteten und endlich töteten: sie haben ihn nicht „erfaßt", das heißt, sie haben ihn nicht überwältigt noch verdunkelt: sein Strahlen leuchtet hin über die ganze Welt.[32]

Thomas nimmt auch das Präsens „leuchtet" ernst, das sich auffällig abhebt von den vorhergehenden Vergangenheitstempora. Das Leuchten dieses Lichtes ist nicht eine Sache der Vergangenheit, sondern der Gegenwart seit Ostern.

Daß der Evangelist einen Kampf von Licht und Finsternis nur an einer einzigen Stelle vorsichtig andeutet, hat vielleicht einen ganz bestimmten Grund. Im Weltbild der Essener von Qumran,

---

[31] Das hat schon *Origenes* gesehen und entsprechend gedeutet: in Jo II 25–28 (158–174). Vgl. *M. Theobald*, Die Fleischwerdung des Logos (NTA.NF 20), Münster 1988, 213f.

[32] Johannes-Kommentar zur Stelle. Zitiert nach: *Thomas von Aquin*, Das Wort, verdeutscht von Josef Pieper, München ^{3}1955, 68f.

die mit einer ähnlich umfassenden Symbolik von Licht und Finsternis operierten, spielt der endzeitliche Krieg der „Söhne des Lichts" gegen die „Söhne der Finsternis" eine wichtige Rolle. Dieser Krieg soll nach essenischer Auffassung blutig und mit militärischen Waffen geführt werden.[33] Von einem solchen Krieg weiß Johannes nichts und will er nichts wissen. Für ihn sind Licht und Finsternis auch „keine wesensbegründende Wirklichkeiten, sondern freie Stellungnahmen".[34] Eine Prädestination essenischen Typs, die dem Menschen nur noch erlaubt zu entdecken, wo er steht, aber nicht mehr zu wählen, wohin er will,[35] ist Johannes fremd.[36]

Das johanneische Weltbild ist geschichtlich bestimmt und dramatisch konzipiert: Mit Christus kam das Licht in die Welt. Seither können die Menschen wählen, ob sie in der Finsternis verharren oder in den Wirkungskreis des Lichtes eintreten wollen. Im Vollzug dieser Wahl geschieht „die große Scheidung",[37] die zugleich Gericht bedeutet. Die Scheidelinie zwischen Licht und Finsternis ist dabei scharf; ihren genauen Verlauf aber vermag kein Mensch anzugeben.[38] Diesen kennt Gott allein.

3. Leben und Tod

In der Zeit der Decischen Verfolgung um 250 n. Chr. wurde in Smyrna der gebildete Presbyter Pionius verhaftet, um hingerichtet zu werden, falls er sich weigerte, das Opfer für die Staatsgötter zu vollziehen. Da er allgemein beliebt war, bat ihn der zuständige Beamte:

> Hör auf uns, Pionius, denn wir lieben dich; du hast es reichlich verdient zu leben und bist auch ein anständiger Charakter: Es ist schön, zu leben und dieses Licht zu schauen!

Darauf antwortet Pionius:

---

[33] Vgl. *J. Maier / K. Schubert*, Die Qumran-Essener. Texte der Schriftrollen und Lebensbild der Gemeinde, München 1973, bes. 79–83 (zum endzeitlichen Krieg). 131–133 (zu den Parallelen zwischen Qumran und Johannes); *J. A. Fitzmyer*, Qumran: Die Antwort. 101 Fragen zu den Schriften vom Toten Meer, Stuttgart 1993, 63–65. Ebd. 187–191 auch zu den Parallelen zwischen Johannes und Qumran; *J. H. Charlesworth*, A Critical Comparison of the Dualism in 1 QS III, 13–IV, 26 and the ‚Dualism' contained in the Fourth Gospel, in: NTS 15 (1969) 389–418.

[34] *R. Guardini*, Christusbild (s. Anm. 2) 126. *R. Bultmann* redet darum von „Entscheidungsdualismus" (Theologie des Neuen Testaments, Tübingen ^{9}1984, 429). Daran ist festzuhalten gegen *J. A. Trumbower*, Born from Above. The Anthropology of the Gospel of John (HUTh 29), Tübingen 1992.

[35] Nach einer Formulierung von *B. Dimant*, Qumran Sectarian Literature, in: M. E. Stone (Hg.), Jewish Writings of the Second Temple Period (Compendia Rerum Judaicarum ad Novum Testamentum II/2), Assen 1984, 483–550, hier 538. Zur Zwei-Geister-Lehre und ihrer voressenischen Herkunft vgl. auch *H. Stegemann*, Die Essener, Qumran, Johannes der Täufer und Jesus, Freiburg i.B. 1993, 154–156.

[36] Vgl. die tiefschürfenden Überlegungen von *R. Guardini*, Christusbild (s. Anm. 2) 126–128; *R. Schnackenburg*, Das Johannesevangelium (HThK IV 2), Freiburg i.B. 1971, 328–346 (Exkurs). Eine stärkere Ähnlichkeit zwischen johanneischer und essenischer Konzeption sieht *R. Bergmeier*, Glaube als Gabe nach Johannes. Religions- und theologiegeschichtliche Studien zum prädestinatianischen Dualismus im vierten Evangelium (BWANT VI 12), Stuttgart 1980. Die grundlegenden Unterschiede sind jedoch gut herausgestellt bei *H. H. Malmede*, Die Lichtsymbolik im Neuen Testament (StOR 15), Wiesbaden 1986, 116–120.

[37] *J. Blank*, Das Evangelium nach Johannes (s. Anm. 7) 4/1a 261. Vgl. dazu die gleichnamige Erzählung von *C. S. Lewis* (vgl. o. 17. 138).

[38] Auch darin unterscheidet sich die christliche Konzeption von der essenischen.

Ja, das Leben ist schön. Aber besser ist jenes, nach dem wir uns sehnen. Und auch das Licht [ist schön], aber noch mehr das wahre."[39]

Die Stichworte „Leben" und „Licht" erinnern Pionius an den Johannesprolog. Dieser spricht von Christus als dem Logos und erklärt: „In ihm war Leben, und das Leben war das Licht der Menschen" (Joh 1,4). Dieses Licht wird kurz darauf „das wahre" genannt (Joh 1,9). Auf diese Stelle spielt Pionius an. Gut johanneisch an seiner Antwort – man denke nur an die Hochzeit zu Kana (Joh 2,1–11) – ist auch die Tatsache, daß er das Leben, wie man es gewöhnlich versteht, nicht schlecht macht, sondern ausdrücklich für gut und schön (καλόν) erklärt. Aber er ist bereit, das Leben im Licht der Sonne zu opfern, wenn er es nur um den Preis des Lebens im Licht Christi bewahren könnte.

In herkömmlicher christlicher Terminologie würde man vielleicht sagen: Er ist bereit, dieses Leben zu opfern um des ewigen willen. Aber damit wäre der johanneische Begriff des „ewigen Lebens" bereits verfehlt. Johannes gebraucht die Begriffe „Leben" und „ewiges Leben" unterschiedslos; die Gleichsetzung des „ewigen Lebens" mit dem Leben nach dem Tod würde er ablehnen wie überhaupt die Unterscheidung eines Lebens vor dem Tod und eines Lebens nach dem Tod. Ewiges Leben beginnt für ihn, wenn überhaupt, dann vor dem Tod. Sehen wir zu, was er unter „Leben" und „Tod" versteht.[40] Zu Beginn des sogenannten Hohepriesterlichen Gebets gibt der Evangelist in einer Parenthese eine Art Definition des „ewigen Lebens":

Dies aber ist das ewige Leben, daß sie dich, den allein wahren Gott, kennenlernen und den du gesandt hast, Jesus Christus. (Joh 17,3)

Das „ewige Leben" besteht demnach in einem γινώσκειν. Man übersetzt dieses Verb auch an dieser Stelle gewöhnlich mit „erkennen". Aber wo es mit einem persönlichen Objekt verbunden ist, sollte man eher mit „kennen" oder, wo ein ingressives Moment vorliegt, mit „kennenlernen" übersetzen. So ist es auch an unserer Stelle. Hier geht es nicht um intellektuelle Erkenntnis, nicht um die Erkenntnis von Sachverhalten, sondern um das Vertrautwerden mit einer Person. Das ewige Leben besteht im Kennenlernen Gottes, das ohne ein Kennenlernen Christi nicht möglich ist. Das Kennenlernen Gottes wiederum kann nach dem 1. Johannesbrief nur durch Liebe geschehen, da er selbst Liebe ist.[41]

Daß das Kennenlernen Christi nichts anderes bedeutet als das Kennenlernen des Lebens, besagen jene Stellen im Mund Christi, an denen er sich selbst als Leben bezeichnet. So in Joh 14,6:

[39] M. Pion. 5,3f. Text bei *H. Musurillo*, The Acts of the Christian Martyrs, Oxford 1972, 136–167; *A. A. R. Bastiaensen* u.a. (Hg.), Atti e passioni dei martiri, o.O. 1987, 164. Die sprachliche Gestalt mit ihren Ellipsen läßt vermuten, daß hier ein wirklicher Dialog wiedergegeben wird. Zur Authentizität vgl. *R. L. Fox*, Pagans and Christians in the Mediterranean world from the second century AD to the conversion of Constantine, London (Penguin) 1988, 460–472.

[40] Die wichtigste Untersuchung dazu ist immer noch *F. Mußner*, ΖΩΗ. Die Anschauung vom „Leben" im vierten Evangelium unter Berücksichtigung der Johannesbriefe (MThS 5), München 1952. Vgl. auch *C. H. Dodd*, The Interpretation of the Fourth Gospel, Cambridge 1992 (urspr. 1953), 144–150. Doch dürfte Dodd den philosophischen Kenntnissen des Evangelisten allzuviel zutrauen.

[41] 1 Joh 4,7f. 13. Man achte in Vers 8 auf den Artikel; es heißt: „Gott ist Liebe", nicht: „die Liebe".

„Ich bin der Weg, die Wahrheit und das Leben."[42] Damit wird auch die entscheidende Aussage im 5. Kapitel des Johannesevangeliums verständlich:

Amen, amen ich sage euch: Wer mein Wort hört und dem glaubt, der mich gesandt hat, der hat das ewige Leben; er kommt nicht ins Gericht, sondern ist hinübergeschritten aus dem Tod in das Leben. (Joh 5,24)

Wer auf Christi Wort hört und sich ihm anvertraut, „ist aus dem Tod hinübergeschritten in das Leben", und hat sich damit dem Gericht entzogen. In dieser eigenartigen Formulierung sind „Leben" und „Tod" zu Metaphern geworden. Der Tod ist als eine Art Bereich vorgestellt, der durch eine scharfe Grenzlinie vom Bereich des Lebens geschieden ist. Diese Grenzlinie muß „überschritten" werden. Vom deutschen Sprachgebrauch her ist es wichtig, daß man hier nicht mit „hinübergegangen" oder ähnlich übersetzt, sondern mit „hinübergeschritten". Wenn man eine wichtige Entscheidung trifft und vollzieht, tut man im Deutschen einen Schritt.[43] Das ist der johanneische Schritt „über die Linie".[44] Dieser „Schritt" besteht also im entschlossenen Hören auf Christi Wort und im Glauben an den, der ihn gesandt hat. „Wohin sollen wir gehen, Herr? Du hast Worte ewigen Lebens", erklärt Petrus in Joh 6,68.

Im 1. Johannesbrief findet sich eine Stelle, die die Formulierung aus Joh 5,24 aufnimmt und ein Kriterium dafür angibt, ob man den Schritt über die Linie getan hat oder nicht: die Bruderliebe, das heißt: die hilfsbereite Liebe der Christen untereinander.

Wir wissen, daß wir aus dem Tod hinübergeschritten sind in das Leben, weil wir die Brüder lieben. Wer nicht liebt, bleibt im Tod. (1 Joh 3,14)

Auch hier ist „Tod" Metapher für das uneigentliche Leben außerhalb des Lebenskreises Christi. Dieses Dasein verdient aus johanneischer Sicht den Namen Leben nicht und heißt deshalb „Tod". Die entscheidende Zumutung steckt in der Formulierung „der *bleibt* im Tod". Damit wird vorausgesetzt, daß diese Art Tod der Normalzustand der Menschheit ist, die übliche Form der menschlichen Existenz. Jede vor- oder nichtchristliche Existenz ist aus dieser Sicht „Tod". Demnach wären die meisten existierenden Menschen mehr tot als lebendig. Diesen Gedanken finden wir bereits in einem zweifellos authentischen Wort Jesu: „Laß die Toten ihre Toten begraben!" (Mt 8,22 / Lk 9,60) Auch Christen können in diesen Zustand zurückfallen, wenn der Gemeinde von Sardes gesagt wird: „Ich kenne deine Werke. Du giltst als lebendig und bist [in Wirklichkeit] tot" (Offb 3,1) „Daß er starb, ist noch kein Beweis daür, daß er gelebt hat", meint S.J. Lec.[45] Das gilt, johanneisch verstanden, von jedem Menschen.

Das Gegensatzpaar Leben und Tod in diesem existentiellen Sinn findet sich im johanneischen Schrifttum nur an den beiden zitierten Stellen, und dies, obwohl der Begriff „Leben" der johannei-

---

[42] Vgl. Joh 11,25; 1 Joh 5,20.

[43] Vgl. *E. Agricola* u.a. (Hg.), Wörter und Wendungen. Wörterbuch zum deutschen Sprachgebrauch, Leipzig 1968, s.v. „Schritt" 4.

[44] Vgl. den Essay *Ernst Jüngers* „Über die Linie", der zum 60. Geburtstag Martin Heideggers erstmals erschien (Frankfurt a.M. 1950).

[45] *S.J. Lec*, Sämtliche unfriesierten Gedanken, übersetzt von K. Dedecius, München 1982, 36.

sche Heilsbegriff schlechthin ist; er begegnet etwa 50mal. Der Evangelist stellt das Heil in den Vordergrund. Doch unausgesprochen und indirekt begleitet das Thema Tod das Thema Leben wie der Schatten das Licht. Das Verhältnis ist wieder als dialektisches zu begreifen: Wer nicht im Licht ist, ist in Finsternis; wer nicht im Lebenskreis Christi steht, befindet sich in der Umwelt des Todes.

Daraus ergibt sich schließlich, daß das ewige Leben aus johanneischer Sicht entweder hier und jetzt beginnt oder nie. Ein Leben nach dem Tod kann es nur für die geben, die vor dem Tod wirklich gelebt haben. Der physische Tod ist für die wahrhaft Lebenden darum auch ohne große Bedeutung. Denn „jeder, der lebt im Glauben an mich,[46] wird in Ewigkeit nicht sterben" (Joh 11,26). Diese Haltung ist nicht leicht zu gewinnen. Aber sie kann im Laufe des Lebens eingeübt werden.

4. Wahrheit und Lüge

„Was ist Wahrheit?" lautet die berühmte Frage des Pilatus an Jesus (Joh 18,38). Sie wird heute, im Zeitalter der Postmoderne, mit einer ganz neuen Radikalität gestellt.[47] Manche Philosophen bestreiten überhaupt die Existenz einer vorgegebenen Wahrheit, so als gäbe es nichts Unabänderliches. Sie glauben nur noch an eine Pluralität vieler Wahrheiten, die Menschen setzen oder konstruieren. Damit wäre der Begriff „Wahrheit" selbst aufgelöst; denn die gesetzten „Wahrheiten" sind nichts als Meinungen. Die Frage des Pilatus ist also aktueller als je, und das in einem Sinn, an den der Evangelist wohl kaum gedacht hat.

Im Evangelium erhält Pilatus auf seine Frage keine Antwort. Aber der Leser des Evangeliums kennt sie: Die Wahrheit steht vor ihm, als Pilatus so fragt. Nimmt man die lateinische Version der Frage: *Quid est veritas?,* dann steckt die Antwort sogar buchstäblich in der Frage selbst. Denn man kann ein Anagramm daraus bilden, das lautet: *Est vir qui adest.*[48] Pilatus fragt müde, ironisch, vielleicht auch nur so obenhin: „Was ist Wahrheit?" Und er fragt den, der sagen kann: „Ich bin die Wahrheit" (Joh 14,6). Diese symbolische und paradigmatische Szene ist eines der eindrucksvollsten Beispiele johanneischer Ironie.

Das Wort „Wahrheit" gebrauchen die johanneischen Schriften ähnlich häufig wie das Wort „Leben", nämlich 45mal. Es bezeichnet nicht so sehr einen unabänderlich gegebenen Sachverhalt, als das, was alle Wirklichkeit zur guten Wirklichkeit macht. Das aber ist für den Evangelisten das, wofür der Name Jesus Christus steht, kurz: der Logos.[49] Man kann die Wahrheit „tun", und wer

---

[46] So darf man die Parataxe wohl auflösen. Vgl. *M. Reiser*, Syntax (s. Anm. 29) 134–136.

[47] Vgl. z.B. *P. Janich*, Was ist Wahrheit? Eine philosophische Einführung, München 1996; *H. Steinthal*, Was ist Wahrheit? Die Frage des Pilatus in 49 Spaziergängen aufgerollt, Tübingen 2007 (^{2}2008); *A. Kreiner*, Ende der Wahrheit?, Freiburg 1992.

[48] *Hans Weis*, Bella Bulla. Lateinische Sprachspielereien, Bonn ^{6}1976, 48. Er nennt dieses Anagramm „ein kleines Sprachwunder". *W. Bergengruen* sagt mit Recht, dieses Wortspiel atme „echt johanneischen Geist" (Geliebte Siebendinge. Unveröffentlichte Aufzeichnungen, Zürich 1972, 109). In der Tat gibt es die Exegese der Stelle. Vgl. *G. von Wilpert*, Sachwörterbuch der Literatur, Stuttgart ^{7}1989, s.v. Anagramm. Dort ist auch unser Beispiel zitiert.

[49] Vgl. *R. Schnackenburg*, Johannesevangelium (s. Anm. 36) IV 2, 265–281 (Exkurs); *C. H. Dodd*, Interpretation (s. Anm. 40) 170–178.

sie „tut", „kommt zum Licht".[50] Hier meint die Wahrheit offensichtlich so viel wie das Richtige. Das gilt auch dort, wo sie „erkannt" oder von Jesus „gesagt" wird.[51] Aber es wird deutlich, daß bei dem Richtigen, das hier mit „Wahrheit" gemeint ist, nicht etwas rein Formales gemeint ist. Es geht hier nicht um Sachverhalte oder die Übereinstimmung von Aussagen über Sachverhalte, sondern um ein Bestimmtes, um das Richtige schlechthin. Dieses Richtige ist nach Johannes das, was der Sohn uns vom Vater gebracht hat, das, was Jesus in seinen Worten und Taten offenbart. Diese Offenbarung meint das Wort auch in der berühmten Formulierung: „Ich bin der Weg, die Wahrheit und und das Leben" (Joh 14,6). Christus ist nicht eine unter vielen Wahrheiten, sondern die Wahrheit, die Offenbarung schlechthin. Nun ist Offenbarung, oder sagen wir schlichter: das Klarwerden eines Sachverhalts, ein wesentliches Moment des Begriffs Wahrheit. Wenn mir Wahrheit begegnet, wird mir etwas klar; Wahrheit bedeutet Licht und damit Erhellung von Wirklichkeit. Es hat darum eine tiefere Bedeutung, wenn sich im Deutschen die Worte „Wahrheit" und „Klarheit" reimen.[52] Wir können also ruhig bei der herkömmlichen Übersetzung des Wortes bleiben.

Diese Wahrheit „befreit", was nichts anderes heißt als: Christus befreit.[53] Seine Befreiung besteht in der Emanzipation der Geknechteten aus der Herrschaft der Sünde, vor allem aber in der Emanzipation aus der Herrschaft „der Lüge" und ihres Vaters, des Teufels.[54] „Lüge" ist im johanneischen Schrifttum der eigentliche Gegenbegriff zur „Wahrheit", auch wenn er, ebenso wie der Gegenbegriff zum „Leben" und aus demselben Grund, nur selten begegnet.[55] Wo die Wahrheit nicht herrscht, dort herrscht die Lüge und mit ihr Sünde und Mord. Denn der Vater der Lüge ist „ein Menschenmörder von Anfang an" (Joh 8,44). Die moderne Welt illustriert diesen Sachverhalt mehr und mehr. In jüngster Zeit wird dafür auch der Begriff „Todeskultur" verwendet. Nur wer fest in der Wahrheit steht und das heißt: in der Verbundenheit mit Christus lebt, ist innerlich frei und gefeit gegen die Vorspiegelungen und Täuschungsmanöver der Welt, die vom Vater der Lüge regiert wird.

Wenn ihr in meinem Wort bleibt, seid ihr wahrhaft meine Jünger und ihr werdet die Wahrheit erkennen und die Wahrheit wird euch frei machen. (Joh 8,31f)

Zu diesem Wort gibt der größte Exeget des Altertums, Origenes (ca. 185–251 n. Chr.), einen melancholisch wirkenden Kommentar:

Doch nicht viele von denen, die an ihn glauben, bleiben in seinem Wort, und die große Menge wird nie wahrhaft zu seinen Jüngern. Darum sind es auch nicht viele, die zur Erkenntnis der Wahrheit gelangen, und wenn die Wahrheit frei macht, werden sie nicht frei. Denn nur sehr wenige fassen die Freiheit.[56]

---

[50] Joh 3,21; 1 Joh 1,6.
[51] Joh 8,32. 45 f.; 16,7.
[52] Vgl. dazu die Ausführungen von *E. Stein*, Wahrheit und Klarheit, in: Edith Stein Gesamtausgabe Bd. 16, Freiburg i.B. 2001, 1–8.
[53] Joh 8,32. 36.
[54] Joh 8,34. 44.
[55] Nämlich Joh 8,44; 1 Joh 2,21. 27.
[56] *Origenes*, in Jo XIX 11 (66f) (SC 290, 88).

Seit Friedrich Nietzsche pflegt man die Frage des Pilatus oft im skeptischen Sinn zu verstehen, so als zweifle Pilatus am Vorhandensein von Wahrheit überhaupt.[57] Der Evangelist wird die Frage, wie schon gesagt, wohl kaum so verstanden haben. Aber welche Folgen hätte es, wenn man die Skepsis an der Wahrheit überhaupt gelten ließe? Auf diese Frage antwortet Reinhold Schneider:

> Wenn sie gilt, wenn der Zweifel an der Wahrheit herrscht, die Wahrheit nicht nur unerreichbar ist, sondern überhaupt nicht ist, so hat es keinen Sinn, zu forschen, zu denken; denn jedes Forschen hat den Glauben an das Dasein und an die Erreichbarkeit der Wahrheit zur Voraussetzung; und es hat wahrlich keinen Sinn, das Suchen über das Finden, einen geringern Wert über einen höhern zu setzen. Und wenn keine Wahrheit ist, so ist der Mensch ihr auch nicht mehr verpflichtet: er braucht nicht wahrhaftig zu sein. Andere Verpflichtungen, Forderungen, Triebe treten an die Stelle der Wahrheit; denn diese Stelle als der eigentliche Königssitz kann nicht unbesetzt, nicht unbegehrt bleiben. Keine dieser Kräfte und Mächte kann das Gebot der Wahrhaftigkeit geltend machen, ihr Ansehen beanspruchen. Damit zerbrechen aber alle echten Beziehungen unter Menschen, Völkern, Staaten ebenso wie die Beziehungen des Menschen zu den Dingen und Kräften des Alls, welche Beziehungen nun entweder der Gier oder der Illusion überlassen werden. Wo die Frage des Pilatus angenommen, die Wahrheit als solche bezweifelt wird, zerfällt alles; es kann kein Grund des Vertrauens, kein Boden gemeinsamen Wirkens mehr gefunden werden. Die Welt ohne Wahrheit ist ohne einigende Kraft, eine Welt des Hasses und des Streits, der einander vernichtenden Behauptungen, Leidenschaften und Süchte, der Düsternis oder des erlogenen, die Düsternis verhehlenden Lichtes, ein Karfreitag entsetzlichen Leidens, aber ein Karfreitag ohne Trauer und Heiligung.[58]

Wir gehen wohl doch besser davon aus, daß es die Wahrheit gibt, daß man danach suchen und sie finden kann, wenn auch vielleicht unter Opfern und nur bruchstückhaft oder annäherungsweise.

5. Schluß

Wir waren ausgegangen von der Beobachtung, daß „die Welt" in den johanneischen Schriften überwiegend als Negativum erscheint, als Inbegriff dessen, was der Christ durch Entweltlichung ablehnen soll, obwohl es vereinzelt Stellen gibt, die von der Welt im positiven oder neutralen Sinn reden. Die weitere Untersuchung hat dann gezeigt, wie es zu diesem negativen Weltbegriff bei Johannes kommt: Für ihn ist die Welt, und damit meint er die Welt der Menschen, nicht von Natur schlecht; sie ist es vielmehr durch eine geschichtliche Entscheidung geworden. Vor diese Entscheidung ist seither jeder Mensch immer neu gestellt: die Entscheidung für oder gegen Christus. Die Welt wird immer wieder aufs Neue zur Welt im negativen Sinn durch die Ablehnung Christi, das heißt die Weigerung, sein Leben im Licht der Wahrheit zu führen, die Christus verkörpert. „Licht", „Leben" und „Wahrheit" sind bei Johannes umfassende Metaphern und Symbolbegriffe für das, was mit dem Logos, aus dem die Welt ihr Dasein hat, in diese Welt gekommen ist (Joh 1,1–18).[59] Die korrespondierenden Gegenbegriffe, vor allem „Tod" und „Lüge", gebraucht der Evangelist bewußt selten. Auf diese Weise wird das angedeutet, was Josef Blank die „Präponde-

---

[57] Vgl. *F. Nietzsche*, Menschliches, Allzumenschliches II 8 (Schlechta I 747); Der Antichrist 46 (Schlechta II 1211).

[58] *Reinhold Schneider*, Karfreitag, in: *Ders.*, Gesammelte Werke Band 9, Frankfurt a.M. 1978, 31–37, hier 34f. Der Aufsatz ist datiert vom 28. 3. (d.h. Ostersonntag) 1948.

[59] Näheres bei *M. Reiser*, Zwei Logos-Enkomien: Isokrates, Nikokles 5–9, und der Prolog des Johannesevangeliums, in: W. Hilbrands (Hg.), Sprache lieben – Gottes Wort verstehen. FS Heinrich von Siebenthal, Gießen 2011, 215–229.

ranz des Heils" genannt hat.[60] Die Annahme eines Dualismus zweier unabhängiger Grundmächte, einer guten und einer bösen, konnte sich im Christentum nie durchsetzen. Die Heilsseite behält stets die Oberhand, auch gegen allen Anschein. Denn der entscheidende Sieg wurde am Kreuz errungen.

Das ergibt eine Konstruktion der Wirklichkeit und ein Weltbild, das sich nicht in grauer Theorie erschöpft, sondern ein dramatisch bewegtes Geschehen vor unser geistiges Auge stellt. Die lebendige Mitte dieses Geschehens ist Christus, der inkarnierte Logos, der allein ein Wesen zum ζῷον λογικόν machen kann, so daß gilt: μόνος ὁ ἅγιος λογικός „Allein der Heilige ist ein Vernunftwesen, allein der Heilige ist Mensch im umfassenden Sinn des Wortes."[61] Alles weitere Geschehen der Weltgeschichte ist in dieser Sicht nur noch Reaktion auf das Urgeschehen, für das Christi Name steht.

Im Jahr 1993 veröffentlichte der Philosoph Josef Simon einen Aufsatz mit dem Titel: „Weltbild und Gewissen". Darin schreibt er gegen Schluß:

> Offenbar sind wir nicht nur für unsere Handlungen verantwortlich, sondern auch schon für unser Weltbild, auf dessen (apriorisches) *Fürwahrhalten* hin wir uns jeweils zu Handlungen entschließen und mit anderen Menschen und mit der Natur umgehen. Aber diese Verantwortlichkeit besteht im Gewissen des einzelnen, und damit ist es nicht möglich, daß wir uns hierbei auf allgemeine Normen oder Vorschriften, wie ein Weltbild sein müsse, um ein ‚gutes' Weltbild zu sein, berufen.[62]

So ist es an jedem einzelnen, nach seinem Gewissen zu entscheiden, ob das johanneische Weltbild ein „gutes" sei oder nicht.

---

[60] *J. Blank*, Das Evangelium nach Johannes (s. Anm. 7) 4/1a, 259. *H. Weder* spricht weniger glücklich von der „Asymmetrie des Rettenden" (in: *Ders.*, Einblicke ins Evangelium, Göttingen 1992, 435–465). Er spielt die Kehrseite allzusehr herunter.

[61] *Origenes*, in Jo II 16 (114) (SC 120, 284). Näheres dazu bei *M. Reiser*, Zwei Logos-Enkomien (s. Anm. 59) 226–229.

[62] *J. Simon*, Weltbild und Gewissen, in: Allgemeine Zeitschrift für Philosophie 18 (1993) 23–39, hier 38.

Das Buch in der Apokalypse[1]

1. Himmlische Bücher im Alten Orient und Griechenland

Das Buch ist nicht nur ein Mittel zur Informationsspeicherung und zum Festhalten von Gedanken, Tatsachen und Geschichten, mehr oder weniger dickleibig, mehr oder weniger gut gebunden, mehr oder weniger schön gedruckt: es ist auch ein großes Symbol. Denken wir nur an „das Buch des Lebens" oder, nach Goethe, jenes „wunderlichste Buch der Bücher", das der Liebe,[2] oder an „das Buch der Natur", in dem heute leider fast nur noch die Naturwissenschaftler mit ihrem eingeschränkten Interessenhorizont lesen wollen.[3] Bereits im Alten Orient treffen wir die Vorstellung von himmlischen Büchern, genauer: himmlischen Tafeln an, auf denen die Götter alles Wichtige aufgezeichnet haben: über den Weltlauf, über die Namen der Könige und ihre Regierungszeiten, aber auch über das Leben jedes einzelnen Menschen. Und die Aufzeichnung geschieht nicht im Nachhinein, sondern schon im voraus. Diese Tafeln sind also Symbole der göttlichen Vorsehung, die alles menschliche Geschehen lenkt. Es geschieht auf Erden das, was im Himmel geschrieben steht. Es existiert noch eine Inschrift des Königs Nebukadnezar II. (605–562 v.Chr.), jenes Herrschers, der 587 Jerusalem zerstörte und einen Teil des Volkes in die babylonische Gefangenschaft führte. Auf dieser Inschrift bittet Nebukadnezar in einem Gebet den Schreibergott Nanu:

> Auf Deiner zuverlässigen Tafel, die da festlegt die Grenzen von Himmel und Erde, sprich aus, daß meine Tage lang währen mögen, und schreibe hohes Alter für mich auf![4]

Die Vorsehung arbeitet demnach nicht deterministisch, sondern kann noch durch Bitten beeinflußt werden.

Auf solchen Tafeln ist auch das göttliche Gesetz festgehalten, nach dem sich die Menschen richten sollen, alles über Opfer, Gebete und die Gesetze der Freundschaft. Und selbstverständlich gibt es himmlische Schreiber, die alle Vergehen und Verstöße gegen diese göttlichen Gesetze sorgfältig festhalten. In einem Gebet wird der Wunsch laut: „Es werde zerbrochen die Tafel meiner

---

[1] Vortrag vor der Arbeitsgemeinschaft Katholisch-Theologischer Bibliotheken in Aachen am 28. Juni 2004.

[2] *J.W. von Goethe*, Lesebuch, in: *Ders.*, Westöstlicher Divan (Hamburger Ausgabe 2,28).

[3] Vgl. *E.R. Curtius*, Europäische Literatur und lateinisches Mittelalter, Tübingen [11]1993 ([1]1948), 306–352 („Das Buch als Symbol"); *H. Blumenberg*, Die Lesbarkeit der Welt, Frankfurt a. M. 1981.

[4] Zitiert nach: *W. Beyerlin* (Hg.), Religionsgeschichtliches Textbuch zum Alten Testament (ATD Ergänzungsreihe 1), Göttingen 1975, 139.

Sünden."[5] Diese Bitte deutet ebenfalls darauf hin, daß die göttliche Vorsehung nicht als unerbittliches Schicksal gedacht ist.

Aus dem Orient gelangten solche Vorstellungen auch nach Griechenland.[6] Zeuge dafür ist der Tragödiendichter Euripides, der darüber spottet (oder spotten läßt):

> Glaubt ihr denn, daß die Vergehen mit Flügeln hinauf zu den Göttern gelangen, wo sie dann jemand einträgt in das Tafelarchiv des Zeus (ἐν Διὸς δέλτου πτυχαῖς), und Zeus schaut hinein, um die Sterblichen entsprechend zu richten? Und selbst wenn Zeus die Verfehlungen der Sterblichen aufzeichnen wollte: der ganze Himmel reichte nicht aus dazu! Und mit seinem ganzen Scharfblick wäre er nicht in der Lage, einem jeden die [verdiente] Strafe zu schicken.[7]

Die Argumente, die Euripides gegen die Vorstellung eines himmlischen Sündenregisters anführen läßt, sind zwar die typischen Argumente eines Aufklärers; aber sie sind nicht besonders überzeugend, wenn man sich einen unendlichen Himmel und einen allmächtigen Gott denkt und sich im Klaren darüber ist, daß es sich bei der Rede vom „Tafelarchiv des Zeus" um metaphorische oder symbolische Rede handelt. Und darüber waren sich auch die Menschen der Antike im Klaren. Wer wollte denn im Ernst daran glauben, im Himmel existiere ein Tafelarchiv von gebrannten Tontafeln oder von Holztäfelchen mit Wachsüberzug? Nur der Spötter nimmt die Metapher beim Wort. So kann man symbolisches Denken nicht treffen.

2. Himmlische Bücher im Alten Testament[8]

Auch im Alten Testament finden wir die Symbolik der himmlischen Buchführung wieder. So wird in Ex 32 erzählt, wie Mose nach der Geschichte mit dem goldenen Kalb noch einmal zu Gott auf den Sinai steigt, um Fürbitte für das Volk einzulegen (Ex 32,30–35). Er bietet sogar sein eigenes Leben als Ersatz an, und das tut er mit den Worten: „Streich mich aus deinem Buch!" Hier haben wir also die Vorstellung von einem Buch, in das Gott jeden Lebenden einträgt; die Streichung aus diesem Buch bedeutet Tod. Deswegen heißt es auch „Buch des Lebens" oder „Lebensbuch". Aber Gott lehnt das Angebot des Mose ab mit den Worten: „Nur den, der gegen mich gesündigt hat, streiche ich aus meinem Buch." Daß dies metaphorische Rede ist und das Buch ein Symbol für das Leben darstellt, dessen Spender und Herr Gott allein ist, bedarf wohl keiner weiteren Begründung.

Diese Metaphorik finden wir auch beim Psalmisten. Er wünscht den Bösewichten den Tod mit den Worten: „Sie seien aus dem Buch des Lebens getilgt und nicht bei den Gerechten verzeichnet" (Ps 69,29). Von einem „Merkbuch" für die Gerechten ist auch in Mal 3,16 sowie in Dan 12,1 die Rede. Gott hat hier ein Verzeichnis derer, die beim eschatologischen Gericht mit dem Leben da-

5 Vgl. *E. Schrader*, Die Keilinschriften und das Alte Testament, 3. Aufl. neu bearbeitet von H. Zimmern und H. Winckler, Berlin 1903, 402 Anm. 4, dort mit einem weiteren ähnlichen Beleg.

6 Vgl. *A. Dieterich*, Nekyia, Leipzig und Berlin 1913 (ND Darmstadt 1969), 126f.

7 Eur., Melanippe, frgt. 506 N. Vgl. Plaut. Rud. 13–16.

8 Gute Überblicke bieten Bill. II 169–176; *H. Bietenhard*, Die himmlische Welt im Urchristentum und Spätjudentum (WUNT 2), Tübingen 1951, 231–254.

vonkommen sollen (vgl. Jes 4,3). In den Psalmen finden wir auch das Buch als Symbol für Gottes Vorsehung:

Deine Augen sahen, wie ich entstand,
in deinem Buch war schon alles verzeichnet;
meine Tage waren schon gebildet,
als noch keiner von ihnen da war. (Ps 139,16)

Eine eindrucksvolle Metaphorik bietet ein anderer Psalmvers:

Mein Elend ist aufgezeichnet bei dir.
Sammle meine Tränen in einem Schlauch,
zeichne sie auf in deinem Buch! (Ps 56,9)

Neben dem Schlauch für die Tränen – Flüssigkeiten wurden in präparierten Tierbälgen aufbewahrt – finden wir hier das Buch als Symbol des göttlichen Gedenkens, in dem wir unser Leiden aufgehoben wissen.

Eine berühmte und für die christliche Ikonographie wichtige Stelle ist die Gerichtsszene in Dan 7. Hier werden Throne für ein ganzes Richterkollegium aufgestellt. Der Vorsitzende ist Gott, als seine Beisitzer sind wohl Engel gedacht. „Das Gericht setzte sich, und Bücher wurden aufgetan" (Dan 7,10). Der Zusammenhang zeigt, daß diese Bücher das Sündenregister der Angeklagten enthalten.[9]

Am Ende des 10. Kapitels des Danielbuchs ist ein „Buch der Wahrheit" erwähnt, aus dem Gott dem Seher mitteilt, was in der Endzeit geschehen soll. Gemeint ist offenbar der Inhalt dessen, was in den restlichen beiden Kapiteln erzählt wird. Hier haben wir ganz deutlich das himmlische Buch, in dem die Geschichte im voraus aufgezeichnet ist. Die göttliche Vorsehung umfaßt also nicht nur das Leben des Einzelnen wie im Fall von Psalm 56 und Psalm 139, sondern auch die Geschichte im Ganzen.

Damit bleibt uns noch eine letzte Stelle aus dem Alten Testament, wo wir eine auffällige Buchsymbolik finden: Ez 2/3. In einer Vision sieht der Prophet eine Buchrolle, die vor seinen Augen entrollt wird. „Sie war innen und außen beschrieben, und auf ihr standen Klagen und Seufzen und Wehgeschrei" (Ez 2,10). Antike Buchrollen sind normalerweise nur auf der Innenseite beschrieben, weil man sie beim Lesen ja in beiden Händen halten muß und dabei die Schrift auf der Außenseite schnell verwischen würde. Die beidseitige Beschriftung des visionären Buchs symbolisiert wohl die Überfülle des Leids, die darin „gespeichert" ist. Es ist ja auch kein Buch, das in die Hand genommen werden soll; der Prophet muß es vielmehr essen, und in seinem Mund wird es „süß wie Honig" (Ez 3,3). Gottes Wort ist „süß wie Honig" (Ps 19,11; 119,103), selbst wenn es Gericht und Leid ankündigt. Denn ohne das Gericht kommt kein Heil. Die ganze Szene symbolisiert die gehorsame Übernahme und Einverleibung einer Botschaft, die zu großen Teilen Ankündigung des

[9] Vgl. *M. Reiser*, die Gerichtspredigt Jesu. Eine Untersuchung zur eschatologischen Verkündigung Jesu und ihrem frühjüdischen Hintergrund (NTA. NF 23), Münster 1990, 23f.

eschatologischen Gerichts ist. Das Motiv vom Essen des Buchs als Bild für das Lernen des Buchinhalts begegnet auch im „Traumbuch" des Artemidor (2,45).

3. Himmlische Bücher im Frühjudentum und bei den Rabbinen

In den Schriften des Frühjudentums wird das Motiv der himmlischen Bücher reich entfaltet. Wir finden das Lebensbuch wieder, aus dem man gestrichen werden kann; das „Merkbuch" für die Gerechten; die Sündenregister, die beim Jüngsten Gericht konsultiert werden. Als Schreiber und Verwalter dieser Bücher fungieren meistens Engel; einmal ist es ausdrücklich Michael (1 Hen 90, 17. 20).

Auffällig ist das Interesse der apokalyptischen Schriften für das Buch der Geschichte. Überhaupt zeigen die Apokalyptiker ein großes Interesse an der Geschichte und ihrem Verlauf von Beginn der Schöpfung an. Sie bemühen sich, die entscheidenden Einschnitte im Geschichtsverlauf zu erkennen und diesen Verlauf zu periodisieren. Dabei erreichen diese Denker ein beachtliches geschichtsphilosophisches Niveau.

Ein Beispiel dafür ist die sogenannte „Zehn-Wochen-Apokalypse" im Henochbuch. Es ist ein kurzer Text, der die gesamte Weltgeschichte in zehn „Wochen" oder genauer „Siebente" einteilt. Ein „Siebent" umfaßt 70 mal 7, also 490 Jahre. Jede Periode wird kurz charakterisiert mit den Hauptereignissen. Die wichtigsten Ereignisse sind für den Autor der Bau und die Zerstörung des Tempels. Das Verhalten der Menschen wird gemessen an der Befolgung oder Nichtbefolgung des Gesetzes vom Sinai. Die Skizze setzt ein mit der Schöpfung; die erste Geschichtsphase endet mit der Sintflut, dem „ersten Ende". Das zweite Ende kommt mit dem Jüngsten Gericht, das sich über drei Siebente hinzieht. Danach beginnt die dritte Gerichtsphase, die kein Ende mehr kennt. Und woher weiß „Henoch" das alles?

> Mir wurde alles gezeigt in einem Gesicht des Himmels; durch ein Wort der Wächter(engel) und Heiligen erkannte ich alles; auf den Tafeln des Himmels habe ich alles gelesen und bin verständig geworden. (1 Hen 93,2)

Auf diesen Tafeln stehen „alle Taten der Menschen und aller Kinder des Fleisches, die auf Erden sein werden bis zum letzten Geschlecht" (1 Hen 81,2). Von diesen „Tafeln" ist auch im Jubiläenbuch viel die Rede. Demnach ist auf ihnen nicht nur die gesamte Geschichte bis zu den letzten Tagen aufgezeichnet, sondern auch das ganze Gesetz, nach dem beim Jüngsten Gericht jede Seele beurteilt wird. Eine Reihe solcher Bestimmungen werden zitiert; dabei stellt sich heraus, daß es sich hier nicht nur um die bekannten Bestimmungen der Tora handelt, sondern auch um Bestimmungen, die nicht im Alten Testament stehen. Sie entstammen offenkundig den „Überlieferungen der Väter", die man später als „mündliche Tora" bezeichnete.[10] Gute und böse Taten werden so-

---

[10] Vgl. Jos. Ant. 13,297. *M. Reiser*, Der unbequeme Jesus, Neukirchen-Vluyn ^{3}2013, 59–91.

fort notiert und die Menschen als Freunde oder Feinde Gottes geführt. Die Informanten Gottes sind dabei Engel oder Henoch.[11]

Das rabbinische Judentum zeigt am Buch der Weltgeschichte kein Interesse mehr. Überhaupt schwindet im Judentum nach dem Verlust der staatlichen Eigenständigkeit und dem Ende des Tempels das Interesse an Geschichte. Josephus ist für lange Zeit, bis ins 19. Jahrhundert hinein, der letzte bedeutende jüdische Geschichtsschreiber.[12] Dafür redet das rabbinische Judentum eindrucksvoll vom Buch der Taten:

> Merke dir drei Dinge und du wirst nicht in die Gewalt einer Übertretung geraten: Wisse, was über dir ist: ein Auge, das sieht, und ein Ohr, das hört, und deine Handlungen alle, eingeschrieben in das Buch.
>
> Der Mensch sündigt, und der Heilige, gepriesen sei er! zeichnet es ihm zum Tode auf; er tut Buße, und die Schrift wird gelöscht. Hat er nicht Buße getan, wird das wahr, was in der Schrift aufgezeichnet ist.[13]

Nach einer Überlieferung im Talmud wird jedem Menschen nach seinem Tod das Verzeichnis seiner Taten zur Untersiegelung vorgelegt. Dabei verweist man auf Ijob 37,7: „Von jedermanns Hand läßt er siegeln, daß alle Menschen sein Tun erkennen."[14] Nach einer anderen Überlieferung wird selbst ein leichtfertiges Gespräch, das ein Mann mit seiner Frau führt, im Himmel aufgezeichnet und ihm dann in der Sterbestunde vorgelesen.[15] Dann ist das Sterben wirklich eine harte Sache. Aber vergessen wir nicht, daß nach Mt 12,36 am Tag des Gerichts für „jedes unnütze Wort", das wir reden, Rechenschaft abgelegt werden muß. Auch das setzt eine peinlich genaue himmlische Buchführung voraus.

Im übrigen ist von einer solchen Buchführung im Neuen Testament außerhalb der Apokalypse nur noch an drei Stellen die Rede: in Lk 10,20, in Phil 4,3 und in Hebr 12,23. An allen drei Stellen geht es um das Buch, das die Namen der Gerechten festhält und somit ein Symbol dafür ist, daß bestimmte Menschen bei Gott „gut angeschrieben" sind. Eine gewichtige Rolle spielen himmlische Bücher im Neuen Testament nur in der Apokalypse. Dieser wollen wir uns jetzt zuwenden.

4. Himmlische Bücher in der Geheimen Offenbarung des Johannes

In der Geheimen Offenbarung des Johannes fällt das Stichwort „Buch" oder „Büchlein" insgesamt 28 Mal. Acht Mal ist von „diesem Buch" die Rede, womit das Buch des Sehers selbst gemeint ist.[16] An einer Stelle geht es lediglich um einen Vergleich, der zudem schon beim Propheten Jesaja vorkommt (Jes 34,4). Aber dieser Vergleich zeigt deutlich, daß der Seher bei den Büchern grundsätzlich an Buchrollen denkt. Er steht am Ende einer Aufzählung der kosmischen Katastrophen,

---

[11] Vgl. *M. Reiser*, Gerichtspredigt (s. Anm. 9) 58f.

[12] Vgl. *G. Stemberger*, Das klassische Judentum. Kultur und Geschichte der rabbinischen Zeit, München 2009, 166–170.

[13] mAv 2,1; TanB Lev II 1 § 7 (Bietenhard II 30).

[14] Nähere Angaben bei *M. Reiser*, Gerichtspredigt (s. Anm. 9) 119f.

[15] WaR 26 (*Billerbeck* II 171 mit Parallelstellen).

[16] Offb 1,11; 22,7.9.10.18 (2x).19 (2x).

die mit dem Weltende erwartet werden: Die Sonne wird schwarz wie ein härener Sack, der Mond wird wie Blut, die Sterne fallen zur Erde, „wie ein Feigenbaum seine Früchte abwirft, wenn er von einem starken Wind geschüttelt wird". Dann wird der Himmel „zurückgezogen wie ein Buch, das zusammengerollt wird" (Offb 6,12–14). Dahinter steht die Vorstellung vom Himmel als einer Art dünnem Film, den Gott bei Schöpfungsbeginn ausgespannt hat (Gen 1,7) und am Ende wieder einrollt. Aber was kommt zum Vorschein, wenn dieses Firmament verschwindet? Das weiß kein Mensch.

a) Lebensbuch und Tatenbücher

Sechs Stellen erwähnen „das Buch des Lebens".[17] Die bedeutendste ist die letzte, die im 21. Kapitel steht. Dort wird das himmlische Jerusalem beschrieben, und am Schluß heißt es:

> Aber nichts Unreines wird hineinkommen, keiner der Greuel verübt oder lügt. Nur die, die im Lebensbuch des Lammes eingetragen sind, werden eingelassen. (Offb 21,27)

Das Buch, in dem die Taten der einzelnen Menschen aufgezeichnet sind, begegnet nur an einer Stelle, nämlich bei der Schilderung des Jüngsten Gerichts (Offb 20,11–15). Dort wird es merkwürdigerweise neben dem Buch des Lebens erwähnt:

> Und ich sah einen Thron, groß und weiß, und den, der auf ihm saß, vor dessen Antlitz die Erde und der Himmel flohen, und es fand sich kein Ort mehr für sie. Und ich sah die Toten, die Großen und die Kleinen, vor dem Thron stehen. Und Bücher wurden aufgetan. Und ein anderes Buch wurde aufgetan, nämlich das des Lebens. Und die Toten wurden gerichtet aufgrund der Aufzeichnungen in den Büchern, nach ihren Werken. Und das Meer gab die Toten heraus, die in ihm waren, und der Tod und die Unterwelt gaben die Toten heraus, die in ihnen waren. Und jeder wurde nach seinen Werken gerichtet. Und der Tod und die Unterwelt wurden in den Feuersee geworfen. Das ist der zweite Tod, der Feuersee. Und wer nicht verzeichnet gefunden wurde im Buch des Lebens, der wurde in den Feuersee geworfen. (Offb 20,11–15)

Der Satz „Und Bücher wurden aufgetan" stammt aus Dan 7,10. In diesen Büchern sind die guten und die bösen Taten der einzelnen Menschen verzeichnet, vielleicht auch nur die bösen. Wir müssen sie uns wohl vor allem als Sündenregister denken. Wie kann es nun daneben noch das Buch des Lebens geben, in dem nur die *Namen* der Guten stehen, so daß jeder, dessen Name dort nicht zu finden ist, in den Feuersee geworfen wird? Die beiden Vorstellungen stehen in Spannung zueinander. Die Namensliste ist aber wohl als Ergebnis der Aufzeichnungen aus den Tatenbüchern gedacht. Jedenfalls bleibt es dabei, daß jeder nach seinen Werken gerichtet wird, und daß die einen in den Feuersee geworfen werden und die anderen ins himmlische Jerusalem einziehen dürfen.

b) Das Buch mit den sieben Siegeln

Damit kommen wir zu jenem berühmten Buch mit den sieben Siegeln, dem bekanntesten unter den himmlischen Büchern. Was hat es mit diesem merkwürdigen Buch auf sich? Was ist damit

[17] Offb 3,5; 13,8; 17,8; 20,12. 15; 21, 27.

gemeint und warum hat es sieben Siegel? Um diese Frage beantworten zu können, müssen wir uns mit zwei Kapiteln der Geheimen Offenbarung näher befassen. Es sind jene Kapitel, die vor der Schilderung der endzeitlichen Ereignisse stehen. Sie führen uns eine zusammenhängende Szenenfolge vor unser geistiges Auge. Die Szenen spielen sich im Himmel ab. Denn alles Irdische hat letztlich himmlische Ursachen und muß vom Himmel her gesehen werden. Darum beginnt auch das Geschehen der Apokalypse im Himmel. Betrachten wir diese grandiose Szene etwas näher.

Danach sah ich, und siehe eine Tür war geöffnet im Himmel, und es erscholl die erste Stimme, die ich wie eine Fanfare zu mir reden gehört hatte: „Steig hier herauf, ich will dir zeigen, was nach diesem geschehen muß!" Sogleich wurde ich vom Geist ergriffen, und siehe, ein Thron stand im Himmel, und auf dem Thron saß einer, und der auf ihm saß war dem Aussehen nach wie ein Jaspisstein und Sarder, und ein Regenbogen rings um den Thron, dem Aussehen nach wie ein Smaragd. Und rings um den Thron vierundzwanzig Throne, und auf den Thronen saßen vierundzwanzig Älteste in weißen Gewändern, und auf ihren Häuptern goldene Kränze. Von dem Thron gehen Blitze, Stimmen und Donner aus, und sieben feurige Fackeln brennen vor dem Thron; das sind die sieben Geister Gottes. Und vor dem Thron etwas wie ein gläsernes Meer, wie Kristall. Und inmitten des Thrones und rings um den Thron vier Lebewesen voller Augen vorne und hinten. Und das erste Lebewesen wie ein Löwe, das zweite Lebewesen wie ein Stier, das dritte Lebewesen mit einem Gesicht wie ein Mensch, das vierte Lebewesen wie ein fliegender Adler. Und die vier Lebewesen haben jedes einzelne von ihnen sechs Flügel, ringsum und innen voller Augen, und ruhelos rufen sie Tag und Nacht: „Heilig, Heilig, Heilig ist der Herr, Gott, der Allherrscher, der war und der ist und der kommt!" (Offb 4,1–8)

Der Seher soll schauen, „was danach geschehen muß".[18] Diese Formulierung finden wir schon im ersten Satz des Buches als Inhaltsangabe des Ganzen: „Offenbarung Jesu Christi, die ihm Gott geschenkt hat, um seinen Knechten zu zeigen, was in Bälde geschehen muß". Es gibt also Geschehnisse, die unumgänglich notwendig sind, damit die Geschichte an ihr Ziel kommen kann. Das ist die Überzeugung aller biblischen Autoren des Alten wie des Neuen Testaments.[19] Der Geschichtsprozeß ist vom planvollen Walten Gottes gesteuert und gelenkt – „Der Mensch denkt und Gott lenkt", wie es im Sprichwort heißt –, und allein dieses planvolle Walten, auch Vorsehung genannt, gibt dem Geschichtsprozeß seinen Sinn und seine Einheit. Aber bevor der Seher schaut, was noch „geschehen muß", schaut er, was von jeher war und immer so sein wird: Gottes souveräne Herrschaft über alles.

Die Versinnlichung dieses Sachverhalts erfolgt mit Motiven und einem Anschauungsmaterial, das uns heute kaum noch vertraut ist; und doch macht diese Schilderung auch nach 2000 Jahren noch Eindruck, nicht zuletzt durch die Kunst, mit der sie gestaltet ist. Der Erzähler lenkt unseren geistigen Blick wie ein guter Kameramann, zuerst auf den Thron, dann auf den, der auf ihm sitzt. Und bei dieser feierlichen Umschreibung Gottes: „der auf dem Thron Sitzende" bleibt er durchgehend. Auch die folgenden Angaben gehen immer von dem Thron als Bezugspunkt aus und werden von ihm her geortet. So befindet sich das „gläserne Meer" „vor dem Thron". Dieses Kristallmeer vermittelt einen Eindruck von der Majestät und Größe der geschilderten Welt ebenso wie die vom Thron ausgehenden „Blitze, Stimmen und Donner", die zudem an die Gotteserscheinung am Sinai erinnern sollen (Ex 19,16). Dazu kommt noch der farbige Lichtglanz, gleichsam die „Ausstrahlung" Gottes, die durch die Edelsteine angedeutet wird: die verschiedenen Farben des

[18] Vgl. LXX Dan 2,28; Offb 1,1; Mt 24,6.
[19] Vgl. *M. Reiser*, Art. Notwendigkeit II. LThK³ 7 (1998) 932f.

Jaspis, das Rotbraun des Sarders und das Grün des Smaragds, das den Thron einfaßt „wie ein Regenbogen".

Rings um den himmlischen Thron gruppiert sich der himmlische Hofstaat. Zu ihm gehören die 24 Ältesten; sie haben die Aufgabe, Gott anzubeten und die Gebete der Heiligen vor ihn zu tragen (5,8). Die sieben Fackeln symbolisieren Geistwesen, die zur Aussendung bereitstehen (5,6). Geistwesen oder Engel sind auch die vier Lebewesen mit sechs Flügeln, wie sie nach Jes 6,2 die Seraphim haben. Der Gestalt nach gleicht eines der Lebewesen einem Löwen, eines einem Stier, eines einem Menschen und eines einem fliegenden Adler. Damit werden wir auf eine andere berühmte Vision der göttlichen Macht verwiesen, die auch sonst auf den Apokalyptiker eingewirkt hat: die Vision Ezechiels vom himmlischen Thronwagen, die der Prophet im 1. Kapitel seines Buches schildert. Ezechiel beschreibt hier vier gleichaussehende Wesen mit jeweils vier Gesichtern, einem Löwen-, einem Stier-, einem Menschen- und einem Adlergesicht. Sie fungieren als Thronträger Gottes. Bei Johannes dagegen sind daraus vier verschiedene Gestalten geworden, die den Thron nicht tragen, sondern umgeben und vor ihm niederfallen (5,8; 19,4). Die Augen, die sich nach dem Text Ezechiels an den Rädern des Thronwagens befinden (Ez 1,18), hat Johannes den Wesen selbst gegeben. Die spätere christliche Tradition hat diese Wesen zu den vier Evangelien in Beziehung gesetzt; daraus entstanden die bekannten Evangelistensymbole. Diese Ausdeutung ist höchst sinnvoll. Denn auf ihre Art tun die vier Evangelien dasselbe, was die vier Wesen tun: Sie singen ununterbrochen das Lob dessen, dem alles Lob gebührt.

Mit dem Lied der vier Lebewesen erreicht die Szene ihren Höhepunkt. Dieses Lied greift das Dreimal-Heilig auf, das nach Jes 6,3 die Seraphim singen und in das die christliche Gemeinde in jeder Meßfeier mit einstimmt. Im Judentum wie im Christentum gilt das Trishagion als der himmlische Lobpreis schlechthin.

Zunächst könnte man nun meinen, hier würde ein statisches Bild von Gott und seiner Welt gezeichnet, eine Welt, in der sich alles monoton wiederholt. Aber der Gott, dem das „ruhelos" wiederholte Loblied gilt, wird in diesem Lied nicht nur als der gepriesen, der immer war und immer ist; er wird darin auch als „der Kommende" bezeichnet. Was dieses „Kommen" Gottes meint und wie es geschieht, das schildert der Seher im Hauptteil seines Buches, den Kapiteln 6–20. Es ist ein Kommen zum großen Gericht; in ihm wird Gott seine ewige Herrschaft gegen alle Widerstände auf Erden durchsetzen, damit endlich sein Wille geschieht „wie im Himmel, so auf Erden" (Mt 6,10). Die unerschütterliche Gewißheit dieser Verheißung hat das christliche Weltbild und Weltgefühl von Anfang an grundlegend geprägt. Aus dieser Gewißheit heraus können Christen alle Schrecken dieser Welt ertragen und einordnen. Sie wissen: Am Ende wird das Recht triumphieren, auch wenn es jetzt unterdrückt wird. Am Ende wird die Wahrheit ans Licht kommen und kein Widerspruch mehr möglich sein; am Ende wird die Lüge als Lüge erscheinen und damit in ihrer Nichtigkeit entlarvt werden. Die Manifestation der Wahrheit wird Urteil, Strafe und Gnade in einem sein.[20]

[20] Vgl. *Reinhold Schneider*, Das Weltgericht (Der Bilderkreis 22), Freiburg i.B. 1958, 5f.

Allein diese Gewißheit des Sehers von Patmos kann die merkwürdige Fortsetzung jener Vision erklären, die wir bisher betrachtet haben. Auf das Dreimal-Heilig der vier Lebewesen folgt nämlich eine Szene, die ihren Ort eigentlich am Ende aller Schrecken hat, nach der Durchführung des großen Gerichts. Diese Szene schildert nämlich, was im Himmel geschehen wird, wenn all das, was der Seher in den Kapiteln 6–20 seines Buches darstellt, vorbei und erledigt ist. Sie nimmt also das Ende vorweg und ist somit der höchste Ausdruck für die Gewißheit der Überzeugung, daß schließlich „alles, alles gut" wird:

Und wenn die Lebewesen Ruhm, Ehre und Dank darbringen werden dem, der auf dem Thron sitzt, der lebt von Ewigkeit zu Ewigkeit, dann werden die vierundzwanzig Ältesten niederfallen vor dem, der auf dem Thron sitzt, und den anbeten, der lebt von Ewigkeit zu Ewigkeit, und sie werden ihre Kränze niederwerfen vor dem Thron und sprechen: „Würdig bist du, unser Herr und Gott, Ruhm, Ehre und Macht anzunehmen; denn du hast alles geschaffen, und durch deinen Willen waren sie und wurden geschaffen." (Offb 4,9–11)

Stellvertretend für die ganze Erde unterwerfen sich die 24 Ältesten dem Allherrscher, mit einem Demutsakt, wie ihn etwa ein von Rom unterworfener König zu üben hatte; er mußte sein Diadem abnehmen und es vor dem Bild des Kaisers niederlegen.[21] Das Lied der Ältesten verkündet, daß Gott allein „Ruhm, Ehre und Macht" zustehen. Bevor also die eschatologische Machtergreifung Gottes geschildert wird, beschreibt der Seher vorwegnehmend ihr erfolgreiches Ziel. Am Ende wird Gott nicht nur alle Macht besitzen – das war schon immer so –, am Ende wird ihm diese Macht auch zuerkannt und gelassen werden, und dies nicht nur im Himmel.

Die Vision des Sehers, die wir bisher betrachtet haben, ist mit dem Lobgesang der 24 Ältesten nicht zu Ende; ihre Schilderung wird in Kapitel 5 fortgesetzt. Und jetzt gerät die Szene in Bewegung und wird in einer Weise dramatisch, wie das bisher nicht der Fall war. Denn jetzt geht es darum, daß die endzeitlichen Geschehnisse eingeleitet werden. Der Himmel nimmt die Sache sozusagen in die Hand und ergreift die Initiative. Wie geht das vor sich?

Und ich sah in der Rechten dessen, der auf dem Thron saß, ein Buch, innen und hinten beschrieben, versiegelt mit sieben Siegeln. Und ich sah einen starken Engel, der mit lauter Stimme ausrief: „Wer ist würdig, das Buch zu öffnen und seine Siegel zu lösen?" Und keiner im Himmel noch auf der Erde noch unter der Erde vermochte das Buch zu öffnen und einzusehen. Und ich weinte heftig, weil keiner für würdig befunden wurde, das Buch zu öffnen und einzusehen. Da sagt einer der Ältesten zu mir: „Hör auf zu weinen! Siehe, überwunden hat der Löwe aus dem Stamm Juda, die Wurzel Davids, damit das Buch und seine sieben Siegel geöffnet werden können." (Offb 5,1–5)

Was ist das für ein merkwürdiges Buch, „innen und hinten" beschrieben, siebenfach versiegelt und so schwer zu öffnen? Die beidseitige Beschriftung des himmlischen Buches kennen wir jetzt schon von Ez 2,10. Hier ist damit die Fülle des „gespeicherten" Inhalts angedeutet. Und es ist klar, daß es sich hier um das Buch der Geschichte handelt. Das Geschehen der irdischen Geschichte rollt buchstäblich ab, es wird gleichsam nach und nach vom himmlischen Buch der Geschichte abgerollt. Was geschieht, läuft nicht planlos ab, sondern nach einem vorbedachten Plan, den Gott selbst erstellt hat. In *seiner* Hand ist das Buch; in *seiner* Hand liegt die ganze Menschheitsgeschichte.

---

[21] Vgl. Tac. ann. 15,29.

Aber das geschichtliche Geschehen kann sich natürlich nur entrollen, wenn vorher „die Siegel" am Buch der Geschichte gelöst werden. Der Fortgang der Erzählung, das, was man die „Siegelvisionen" nennt, zeigt, wie sich der Seher die Sache vorstellt: Mit jedem gelösten Siegel kann ein Teil der in dem Buch beschriebenen Geschehnisse (bzw. Schrecknisse) wirklich eintreten. Wie das sozusagen „buchtechnisch" gehen soll, kümmert den Seher nicht. Man kann ein Buch ja eigentlich erst öffnen und lesen, wenn *alle* Siegel gelöst sind. Aber jedes Gleichnis hinkt, und so auch das vom Buch der Geschichte. Im übrigen hat die Darstellung des Apokalyptikers immer wieder etwas Traumhaftes; im Traum geschehen ja Dinge, die in Wirklichkeit ganz unmöglich sind, in der Traumwelt jedoch als selbstverständlich hingenommen werden.

Die Tatsache, daß das Buch versiegelt ist, – dieses Motiv hat kein Vorbild in der Motivgeschichte des himmlischen Buchs! – führt zu einem Problem im Himmel, dem einzigen Problem, das es im Himmel der Apokalypse gibt: „Wer ist würdig, das Buch zu öffnen und seine Siegel zu lösen?" Ein versiegeltes Schriftstück darf nur von dem geöffnet werden, für den es bestimmt ist. Wenn sich nun für *dieses* Schriftstück kein Würdiger findet, kann die Geschichte nicht weitergehen; sie steht still oder dreht sich im Kreis. Dann gibt es keine endzeitlichen Plagen, aber auch kein endzeitliches Jerusalem in einer neuen Schöpfung. Dann wird der Reiche auf ewig den Armen bedrücken und ausnützen, die Lüge wird ewig über die Wahrheit und das Unrecht ewig über das Recht siegen. Dann kommt Gottes Plan mit seiner Schöpfung nie zum Ziel. Und zunächst sieht es so aus, als könne tatsächlich niemand das Buch öffnen, „weder im Himmel noch auf der Erde noch unter der Erde". Da bricht der Seher in Tränen aus. Das ist die dramatischste Stelle im ganzen Buch der Geheimen Offenbarung. Aber der Seher wird getröstet; es findet sich doch ein Würdiger: „der Löwe aus dem Stamm Juda, die Wurzel Davids". Wer ist das?

Und ich sah: Zwischen dem Thron und den vier Lebewesen auf der einen und den Ältesten auf der anderen Seite stand ein Lamm wie geschächtet, mit sieben Hörnern und sieben Augen; das sind die sieben Geister Gottes, die über die ganze Erde gesandt sind. Es kam und empfing aus der Rechten dessen, der auf dem Thron saß. Und als es das Buch genommen hatte, fielen die vier Lebewesen und die vierundzwanzig Ältesten nieder vor dem Lamm. Sie hatten jeder eine Harfe und goldene Schalen voll Räucherwerk; das sind die Gebete der Heiligen. Und sie singen ein neues Lied, das lautet: „Würdig bist du, das Buch zu nehmen und seine Siegel zu öffnen. Denn du bist geschächtet worden und hast für Gott durch dein Blut erkauft Menschen aus jedem Stamm und jeder Sprache, Volk und Nation, und hast sie unserem Gott zur Königsherrschaft bestellt und zu Priestern, und sie werden herrschen auf Erden." (Offb 5,6–10)

Der Würdige wird eingeführt als „der Löwe aus dem Stamm Juda, die Wurzel Davids". Das sind zwei Titel für den Messias; der eine stammt aus Gen 49,9f, der andere aus Jes 11,1.10.[22] Dieser Würdige ist die merkwürdigste Gestalt der ganzen Apokalypse. Sie läßt sich tatsächlich weder den himmlischen noch den irdischen noch den unterirdischen Wesen zurechnen. Sie ist kein typischer Vertreter des himmlischen Hofstaates, kein mächtiges Engelwesen mit sechs Flügeln, sondern ein Wesen, das so gar nicht in einen himmlischen Hofstaat paßt: ein Lamm, das unübersehbar den Schächtschnitt am Hals trägt, „das dasteht wie geschächtet". Die herkömmliche Übersetzung „wie geschlachtet" scheint mir irreführend, weil wir bei „geschlachtet" immer auch an „zerlegt" denken. Diese Assoziation ist hier aber ganz fern zu halten. Trotz des Schächtschnitts steht das Lamm auf

[22] Vgl. Jer 23,5; 33,15.

seinen Füßen und bewegt sich; es lebt mit einer tödlichen Wunde. Die sieben Hörner und sieben Augen weisen auf seine Macht hin. Ein mächtiges Lamm also, ein Lamm, das zugleich ein Löwe ist, „der Löwe aus dem Stamm Juda". Das ist zweifellos ein Paradox. Aber wir wissen, wer mit diesem Lamm gemeint ist, und es gibt keine Christologie, keine Charakteristik Christi, ohne Paradoxie.

Dieses Lamm also empfängt von „dem, der auf dem Thron sitzt", das Buch und führt die Geschichte der Menschheit – mit all ihrem Grauen – zum Ziel, indem es Siegel um Siegel öffnet. Das war und ist die geschichtliche Aufgabe Christi nach dem letzten Buch der Heiligen Schrift. Allein Christus ist dieser Aufgabe gewachsen, da allein er die Prüfung dafür bestanden und den Preis bezahlt hat, der dafür zu zahlen war. Dieser Preis war das freiwillige Sterben des unschuldigen Lammes als Sühne für die Sünden aller Welt. Mit seinem Blut sind alle „erkauft", die sich ihm anschließen und bereit sind, dasselbe Schicksal auf sich zu nehmen. Sie sind die eigentlichen Herren der Welt, weil sie sich dem einzigen Herrn der Welt ganz unterworfen haben.

Damit kann die Szene zu ihrem triumphalen Ende kommen, zu jenem Triumph, der vor und über allen Schrecknissen steht, die im weiteren Verlauf des Buches geschildert werden:

Und ich sah, und ich hörte die Stimme vieler Engel rings um den Thron und die Lebewesen und die Ältesten, und ihre Zahl war zehntausendmal zehntausend und tausendmal tausend, und sie riefen mit lauter Stimme. „Würdig ist das geschächtete Lamm, zu nehmen Macht, Reichtum, Weisheit, Einfluß, Ehre, Ruhm und Lobpreis!" Und jedes Geschöpf, sei es im Himmel, auf der Erde, unter der Erde oder auf dem Meer, und alles in ihnen hörte ich rufen: „Dem, der auf dem Thron sitzt, und dem Lamm gebühren Lobpreis, Ehre, Ruhm und Gewalt in alle Ewigkeit!" Und die vier Lebewesen sprachen: „Amen!" Und die Ältesten fielen nieder und beteten an. (Offb 5,11–14)

c) Das Büchlein

Nur noch in einem weiteren Kapitel der Geheimen Offenbarung, nämlich im zehnten, spielt ein himmlisches Geschichtsbuch eine Rolle. Es ist freilich eine vergleichsweise kleine und beschränkte Rolle, was schon dadurch angedeutet ist, daß es sich nur um ein „Büchlein" (βιβλαρίδιον) handelt. Aber auch dieses Büchlein hat es „in" sich. Immerhin ist es nicht versiegelt wie das Buch aus Kapitel 5, sondern „geöffnet" (Offb 10,2). Der Seher erblickt es in der Hand eines Engels, der als gewaltiger Engel geschildert wird. Er steigt vom Himmel herab, ist mit einer Wolke bekleidet, hat den Regenbogen über seinem Haupt, ein Angesicht wie die Sonne und Beine wie Feuersäulen (Offb 10,1). Eine Stimme befiehlt dem Seher, den Engel um das geöffnete Büchlein zu bitten. Er tut es, und der Engel sagt zu Ihm:

Nimm und iß es auf, und es wird deinen Bauch bitter machen, aber in deinem Mund wird es süß wie Honig sein. Und ich nahm das Büchlein aus der Hand des Engels und aß es auf, und es war in meinem Bauch bitter. (Offb 10,9f)

Das Essen eines Buchs und die Feststellung, daß es im Mund „süß wie Honig" ist, kennen wir von Ez 3,2f. Neu ist an unserer Stelle allerdings, daß es im Bauch des Sehers „bitter" wirkt. Die bittere Wirkung erklärt sich durch den Inhalt. Das Büchlein dürfte nämlich die Ereignisse enthalten, die im folgenden Kapitel (Offb 11,1–14) geschildert werden. Es „schmeckt dem Seher süß wie Honig, da es die Bewahrung der christlichen Gemeinde bekräftigt (z.B. 11,1–2), es wirkt in seinem Bauch bitter, weil es auf die Bedrängnisse blickt, die die Gemeinde zu ertragen hat (Martyrium der zwei Propheten)."[23]

5. Schluß

Wir hatten mit der Feststellung begonnen, daß das Buch ein großes Symbol ist. Das ganze menschliche Leben kann als Buch vorgestellt werden. Wenn der Träumende im Traum ein Buch sieht, meint der antike Traumdeuter Artemidor, „bedeutet es das Leben des Träumenden – denn die Menschen durchlaufen Bücher gleich wie das Leben – und die Erinnerung an frühere Geschehnisse, weil die Taten vergangener Zeiten in Büchern festgehalten sind."[24] In der Kunst der Antike werden Lehrer, Dichter und Philosophen gern mit einer Buchrolle dargestellt, und noch heute sieht man Professoren meistens vor einer Bücherwand oder in ein Buch blickend abgebildet. Das Buch symbolisiert Wissen, Bildung und Gelehrsamkeit oder wenigstens die Liebe dazu.[25] Selbst Christus wird in der frühchristlichen Kunst gelegentlich mit einem Buch in der Hand dargestellt. Dieses Buch symbolisiert natürlich das Evangelium, das er verkündet hat.[26] Es versteht sich von selbst, daß der symbolische Gehalt *himmlischer* Bücher höher sein muß als der irdischer Bücher und ganz und gar theologischer Natur. Die himmlischen Bücher symbolisieren das göttliche Wissen, das Gott nicht erst mühsam erwerben muß, sondern einfach hat. Dieses göttliche Wissen umfaßt alle Dinge, alle Menschen und alles irdische Geschehen, das vergangene wie das künftige. So wird es leicht verständlich, wie es zur Vorstellung der himmlischen Tatenbücher und Namensregister kam und zum Buch der Geschichte als dem großen Symbol der göttlichen Vorsehung. In der christlichen Tradition werden die Vorgaben der altorientalischen und jüdischen Tradition aufgegriffen, charakteristisch abgewandelt und adaptiert. Das Buch der Geschichte erscheint jetzt plötzlich als ein *versiegeltes* Buch, dessen Siegel nur einer lösen kann: Christus. Dieses originelle Symbol verdanken wir dem Verfasser der Apokalypse, Johannes. Niemand in der Antike wäre je auf den Gedanken gekommen, ein Lamm mit einem Buch zu verbinden. Für die Christen jedoch ist das Lamm mit seinem siebenfach versiegelten Buch eines der gewaltigsten und tiefsten Symbole überhaupt.

---

[23] *U. B. Müller*, Die Offenbarung des Johannes (ÖTK 19), Gütersloh 1984, 203.

[24] *Artemidor* 2,45. Übersetzung: K. Brackertz.

[25] Vgl. *L. Koep*, Art. Buch III: RAC 2 (1954) 717–731, hier 720–722.

[26] Vgl. ebd. 723f; *Th. Michels*, Christus mit der Buchrolle. Ein Beitrag zur Ikonographie der Himmelfahrt Christi: Oriens Christianus 3,7 (1932) 138–146; *K. Wessel*, Art. Buchrolle: RBK 1 (1966) 784–795. Das Buch, meist ein Kodex, in der Hand von Aposteln, Propheten und Heiligen ist ein „Hinweis auf das Evangelium, das AT (bei Propheten und Erzvätern) oder die eigene schriftstellerische Tätigkeit des betreffenden Heiligen" (ebd. 794).

Das christliche Geschichtsbild

Seine Herkunft und seine moderne Rezeption[1]

> Außerhalb der Tätigkeit Gottes gibt es nichts anderes mehr als die Tätigkeit des Menschen; außerhalb der göttlichen Vorsehung gibt es nichts anderes mehr als die menschliche Freiheit. Das Zusammenwirken dieser Freiheit mit jener Vorsehung bildet das mannigfache und reiche Gewebe der Geschichte.
>
> *Juan Donoso Cortés*[2]

1. Geschichte als Prozeß

Auf der Synode der Evangelisch-lutherischen Kirche in Oldenburg am 23. Oktober 1945, kurz vor seiner Wahl zum Bischof, erklärte Wilhelm Stählin:

> Genau an derselben Stelle, wo vor 400 Jahren Luthers Frage stand: „Wie kriege ich einen gnädigen Gott?“ steht heute die Frage: „Welchen Sinn hat das menschliche Sein im Kosmos und in der Geschichte?“[3]

Etwa 20 Jahre später befaßt sich Hugo Rahner mit genau dieser Frage und beginnt seinen Beitrag mit der Feststellung: „Jeder denkende Mensch muß sich nach dem letzten Sinn der Menschengeschichte fragen.“[4] Freilich scheinen die denkenden Menschen die Dringlichkeit dieser Frage nicht so stark zu empfinden wie Wilhelm Stählin und Hugo Rahner, denn Rahners Beitrag ist einer der ganz wenigen neueren Beiträge zu dieser Frage aus der Feder eines Fachtheologen. Er beginnt seine Überlegungen mit einer schlichten Einsicht: Der Sinn der Geschichte läßt sich nicht am Verlauf der Geschichte selbst ablesen; man kann „Geschichte nur von jenseits der Geschichte her deuten“.[5] „Von Jenseits der Geschichte her“ heißt: aufgrund einer geistigen Konzeption. Diese philosophische Einsicht macht den Weg frei für die neuerliche Betrachtung der klassischen christlich-theologischen Deutung der Geschichte, die man so formulieren kann:

---

[1] Dieser Beitrag basiert auf Vorträgen, die ich bei einer gemeinsamen Tagung mit dem Kollegen Otto Böcher (und Rudi Ott) in der Akademie des Bistums Mainz „Erbacher Hof“ am 17./18. März des Heiligen Jahres 2000 gehalten habe. Das Tagungsthema lautete: „Endzeit – Wendezeit. Die Botschaft der Offenbarung des Johannes (Apokalypse)“.

[2] *Juan Donoso Cortés*, Essay über den Katholizismus, den Liberalismus und den Sozialismus, herausgegeben, übersetzt und kommentiert von Günter Maschke, Weinheim 1989, 59.

[3] *W. Stählin*, Pflüget ein Neues!, in: *Ders.*, Symbolon II. Folge, Stuttgart 1963, 239–255, hier 248.

[4] *H. Rahner*, Sinn der Geschichte, in: *Ders.*, Abendland. Reden und Aufsätze, Freiburg i. B. 1966, 69–89. Eine kürzere Version dieses Beitrags erschien unter dem Titel „Das christliche Geschichtsbild. Abgrenzung zu anderen Auffassungen“ in: W. Adolph u.a. (Hg.), Unsere Sorge: der Mensch – Unser Heil: der Herr, Berlin 1958, 113–123. Vgl. *J. Holdt*, Hugo Rahner. Sein geschichts- und symboltheologisches Denken, Paderborn 1997.

[5] *H. Rahner*, Sinn der Geschichte (s. Anm. 4) 70. Vgl. *N. Brox*, Fragen zur „Denkform“ der Kirchengeschichtswissenschaft, in: *Ders.*, Das Frühchristentum. Schriften zur Historischen Theologie, Freiburg i. B. 2000, 29–49, hier 38–40.

Faßt man die Weltgeschichte nicht als Summe von Zufällen und Beliebigkeiten, sondern als ein Drama auf, das einen Regisseur und ein Finale hat, darf man versuchen, ohne dabei letzte Sicherheit zu beanspruchen, die Weltgeschichte in ihrem Fortgang zwar nicht als linearen Fortschritt, aber doch als Prozeß zu verstehen, der trotz aller menschlichen Irrtümer und Leidenschaften einen höheren Plan verwirklicht.[6]

Was hier angedeutet ist mit der Metapher vom Drama, das einen Regisseur und ein Finale hat, und mit dem Begriff des Prozesses, in dem sich ein höherer Plan verwirklicht, ist die herkömmliche jüdisch-christliche Konzeption der Weltgeschichte. Sie deutet die Geschichte vom offenbarten Ende her.

Die Anfänge dieser Geschichtskonzeption liegen im alten Israel, dessen Historiographie sich genau dadurch von der seiner altorientalischen Umwelt abhob, daß sie die Geschichte als einen von Gottes Willen bestimmten Prozeß schilderte, in dem gewisse Gesetzmäßigkeiten erkennbar sind.[7] „Die sumerisch-babylonische-assyrische Historiographie ist über Chroniken und Tatenberichte (Sieges- und Bauinschriften, Prunkinschriften, Götterbriefe, Annalen) selten hinausgekommen."[8] „Allein in Israel kam es zur Darstellung von handlungsübergreifenden Prozessen."[9] „Deshalb ist die israelitische Geschichtsschreibung ihrer Struktur nach allein mit der griechischen vergleichbar."[10] Ihre nächste Parallele findet sie bei Herodot.[11]

Hinter der israelitischen Geschichtsschreibung steht ein Geschichtsdenken von universaler Weite. Die entscheidende Grundlage für dieses universale Geschichtsdenken aber war „die Konzeption der Einheit von schaffendem, erhaltendem und richtendem Gott".[12] Wie entscheidend diese Voraussetzung immer noch ist, sehen wir an der Entwicklung einer modernen Geschichtsphilosophie, die ganz ohne Theologie auszukommen sucht. Dieser Geschichtsphilosophie entgleitet ihr Gegenstand; sie kann die Einheit der Geschichte nicht festhalten und endet zwangsläufig im Zweifel daran, daß Geschichtsphilosophie überhaupt möglich sei.[13] Geschichte wird dann nur noch als ein Geflecht von einander bekämpfenden Interessen und eine Abfolge von Ereignissen begriffen, die wenig Zusammenhang aufweisen und sich nie zu einem Ganzen runden.

Seine charakteristische Prägung erhielt das israelitische Geschichtsdenken durch die nachexilischen Propheten, die die geschichtlichen Einzelgerichte Gottes in einen abschließenden Gerichtsgang am „Tag des Herrn" münden lassen. Dieser Gerichtsgang gilt als die notwendige Vorausset-

---

[6] *N. Leser*, Ist die Frage „Was wäre geschehen,wenn?" in der Geschichte zulässig?: Anzeiger (Österreichische Akademie der Wissenschaften, Phil.-hist. Klasse 132, 1995), Wien 1996, 13–28, hier 25.

[7] Solche Gesetzmäßigkeiten konstatieren etwa Texte wie Dtn 32; Ri 2,11–23; Ez 16. 20; Ps 78; Neh 9,6–37; Jdt 5,5–21; LAB 16,6f; Apg 7. Zu den Geschichtspsalmen vgl. *J. Gärtner*, Die Geschichtspsalmen. Eine Studie zu den Psalmen 78, 105, 106, 135 und 136 als hermeneutische Schlüsseltexte im Psalter (FAT 84), Tübingen 2012. Zum sogenannten „deuteronomistischen Geschichtsbild" vgl. *M. Reiser*, Die Gerichtspredigt Jesu. Eine Untersuchung zur eschatologischen Verkündigung Jesu und ihrem frühjüdischen Hintergrund (NTA. NF 23), Münster 1990, 76f. 148f.

[8] *H. Cancik*, Art. Geschichtsschreibung: NBL 1 (1991) 813–822, hier 815.

[9] Ebd. 818.

[10] Ebd. 815.

[11] Zu den Unterschieden zwischen biblischer und paganer Geschichtsschreibung vgl. *A. Momigliano*, Zeit in der antiken Geschichtsschreibung, in: *Ders.*, Wege in die Alte Welt, Berlin 1991, 38–58.

[12] *H. Cancik*, Art. Geschichte: NBL 1 (1991) 809–813, hier 812. Cancik schreibt: „eine Grundlage"; mir scheint es die entscheidende zu sein.

[13] Vgl. *H.M. Baumgartner*, Philosophie der Geschichte nach dem Ende der Geschichtsphilosophie. Bemerkungen zum gegenwärtigen Stand des geschichtsphilosophischen Denkens: AZP 12 (1987) 1–21. Zu den Grundfragen der Geschichtsphilosophie vgl. *A. Anzenbacher*, Einführung in die Philosophie, Wien 1992, 237–243.

zung für die Herstellung (oder Wiederherstellung) einer paradiesischen Heilszeit. Damit ist die Konzeption eines Zwei-Äonen-Schemas in den Grundzügen gegeben.[14] An dieser prophetischen Konzeption konnte die Apokalyptik anknüpfen.[15] Der Geschichtsprozeß ist in dieser Sicht zielgerichtet und – unbeschadet der Freiheit der menschlichen Entscheidungen, ohne die ein göttliches Gericht Zynismus wäre – vom planvollen Walten Gottes gesteuert. Allein dieses Walten gibt dem geschichtlichen Prozeß Einheit und Sinn (also das, was der Kollektivsingular „Geschichte" supponiert).[16]

Ein immer wiederkehrendes Symbol dieses Sachverhalts, traditionell „Vorsehung" genannt, sind die himmlischen Tafeln oder Buchrollen, auf denen der Geschichtsverlauf im voraus aufgezeichnet ist.[17] In der Apokalypse Abrahams, die aus dem 1./2. Jahrhundert stammt, wird dieser Plan sogar in dramatischer Form visionär geschaut; Abraham sieht die Geschichte in bewegten Bildern ablaufen wie im Film.[18] Die Grundzüge dieser Geschichtskonzeption behielt das Judentum auch in rabbinischer Zeit bei, als das Interesse am Buch der Geschichte schwand und der Strom der jüdischen Historiographie versiegte.[19] Man hat immer wieder behauptet, diese Konzeption sei spezifisch jüdisch-christlich. Eine vergleichbare Geschichtskonzeption bietet jedoch auch Vergils Äneis.[20] Gleich das erste Buch enthält eine Miniaturapokalypse aus Jupiters Mund (VV. 257–296), die den unten behandelten durchaus an die Seite gestellt werden könnte. Auch darin also zeigt sich eine erstaunliche Nähe dieses römischen Dichters zum Christentum.

Eine Schwierigkeit, die sich bei dieser Konzeption der Geschichte fast von selbst ergibt, ist die Periodisierung des Geschichtsverlaufs. Sie ist ein dorniges Problem des Historikers bis heute.[21]

---

14 Vgl. *M. Reiser*, Gerichtspredigt (s. Anm. 7) 133–152.

15 Zum Geschichtsbild der Apokalyptik vgl. *D. S. Russell*, The Method and Message of Jewish Apocalyptic, London 1964, 205–234.

16 Vgl. *G. Scholtz*, Art. Geschichte / Historie: HWP 3 (1974) 358. Der Kollektivsingular „Geschichte" hat sich erst im 18. Jahrhundert durchgesetzt, also genau in der Zeit, als dem europäischen Denken das einheitstiftende Moment verloren ging, ohne das von „Geschichte" im Kollektivsingular gar nicht die Rede sein kann. Ironie der Geschichte! Man rettet die Worthülse, als sich der Inhalt zu verflüchtigen beginnt.

17 Vgl. Ps 139,16; Dan 10,21; Jub 1,29; 1 Hen 81,1f; 93,1f; 103,2f; 106,19; 4 Esr 6,20; Offb 5,1; mAv 2,1; 3,16. Einen guten Überblick über „die himmlischen Bücher und Tafeln" gibt *H. Bietenhard*, Die himmlische Welt im Urchristentum und Spätjudentum (WUNT 2), Tübingen 1951, 231–254. Weitere Hinweise bei *M. Reiser*, Gerichtspredigt (s. Anm. 7) Index s.v. Buch, Tafeln. Gerade im jüdischen Teil unbefriedigend ist *L. Koep*, Das himmlische Buch in Antike und Christentum (Theoph. 8), Bonn 1952.

18 ApkAbr 19–27. Eine eingehende Interpretation bietet *G. Lohfink*, Der präexistente Heilsplan. Sinn und Hintergrund der dritten Vaterunserbitte, in: *Ders.*, Studien zum Neuen Testament (SBA 5), Stuttgart 1989, 49–75, hier 67–71. „Der heutige Leser kann sich an dieser Stelle [ApkAbr 27,1] der Assoziation ‚Breitwandkino' kaum erwehren" (ebd. 70). So schon *H. Bietenhard*, Himmlische Welt (s. Anm. 17) 245.

19 Vgl. *P. Schäfer*, Zur Geschichtsauffassung des rabbinischen Judentums, in: *Ders.*, Studien zur Geschichte und Theologie des rabbinischen Judentums (AGAJU 15), Leiden 1978, 23–44. Das Fehlen von Belegen für das himmlische Buch der Geschichte ist doch sehr bezeichnend und kaum damit zu erklären, daß das rabbinische Judentum „die Tora als göttlichen Weltplan ansieht" (*Billerbeck* II 175). Es ist vielmehr ein Indiz für das Desinteresse an Geschichte überhaupt. Nach Josephus hat erst das 19. Jahrhundert wieder große jüdische Geschichtsschreibung hervorgebracht. Vgl. *G. Stemberger*, Das klassische Judentum. Kultur und Geschichte der rabbinischen Zeit, München 1979, 167–170.

20 Vgl. *M. Seckler*, Heilsgeschichtliches und geschichtstheologisches Denken bei Vergil: MThZ 16 (1965) 107–125. Bei Vergil fehlt einzig der Gerichtsgedanke.

21 Ich verweise nur auf die einschlägigen Darlegungen bei *M. Bloch*, Apologie der Geschichtswissenschaft oder Der Beruf des Historikers, hg. von P. Schöttler, Stuttgart 2002, 193–204.

So lebte das kollektive Gedächtnis fast des ganzen Mittelalters vom apokalyptischen Mythos der vier Großreiche: Meder, Perser, Griechen und Römer. Ein äußerst unpraktisches Schema. Es zwang nicht nur dazu, aus Treue zum biblischen Text das Trugbild einer fiktiven römischen Einheit bis in die Gegenwart zu verlängern. Darüber hinaus schien das Leiden Christi paradoxerweise weniger wichtig als die Siege illustrer Eroberer, die Provinzen verwüsteten – was in einer christlichen Gesellschaft seltsam anmutet und auch jeden heutigen Historiker befremden muß.[22]

Aber es ist gar nicht so leicht, Alternativen zu finden, wenn man so etwas wie eine Weltgeschichte konzipieren möchte. Bildet das Menschengeschlecht eine Einheit mit einer erzählbaren Geschichte? Welche handelnden Subjekte hat die Weltgeschichte? Kann man sie als Geschichte von Zivilisationen oder Hochkulturen auffassen? Wie definiert man diese? Woher nimmt man wirklich *weltgeschichtliche* Gesichtspunkte und Daten? Wie verknüpft man die Daten und wie entsteht ein Kontinuum, das die Bezeichnung „Geschichte" verdient? Mit solchen Fragen befaßt sich der Historiker Alfred Heuß in seinem Aufsatz „Über die Schwierigkeit, Weltgeschichte zu schreiben".[23] Er findet freilich mehr Aporien als Wege dazu.

Einen konkreten Versuch hat Alexander Demandt mit seiner „Kleinen Weltgeschichte" vorgelegt.[24] Er beginnt mit der Entstehung des Kosmos und endet mit Überlegungen zur Zukunft dieses Kosmos. Auch wenn Demandt die Entstehung des Kosmos nicht als Schöpfung begreift und in die Zukunftsperspektiven Gott nicht einbezieht, ist schon diese Anlage seines Werks ganz der jüdisch-christlichen Geschichtskonzeption verhaftet, die grundsätzlich bei der Schöpfung einsetzt und auf das *Eschaton* ausschaut. Die eigentlich historische Zeit teilt Demandt nach Imperien und Dominanzen ein, in vierzehn nach geographischen und chronologischen Gesichtspunkten zusammengefaßten Blöcken („Der Alte Orient", „Die Kultur der Griechen", „Das Imperium Romanum" usw.). Als Leitfaden dient ihm Kants Empfehlung, aus dem Geschehen das auszuwählen, „was Völker und Regierungen in weltbürgerlicher Absicht geleistet und geschadet haben".[25] Demgemäß findet Jesus erstmals im Zusammenhang mit Kaiser Konstantin Erwähnung.[26] Im übrigen wird nicht erzählt, sondern lediglich registriert und Ereignis an Ereignis, Feststellung an Feststellung gereiht. Zusammenhänge werden kaum sichtbar, und nur selten erhält der Leser Antwort auf die Fragen: „Wie kommt es, daß ...?" „Was ging da eigentlich vor?" Viele Feststellungen sind in

---

22 Ebd. 194. Zum apokalyptischen Schema der vier Weltreiche vgl. *M. Hengel*, Judentum und Hellenismus (WUNT 10), Tübingen ²1973, 330–334; *E. Janssen*, Das Gottesvolk und seine Geschichte. Geschichtsbild und Selbstverständnis im palästinensischen Schrifttum von Jesus Sirach bis Jehuda ha-Nasi, Neukirchen-Vluyn 1971, 49–63; *A. Blasius*, Apokalyptik und Geschichte. Das Buch Daniel in der (alt)historischen Forschung, in: J. Brokoff / B. U. Schipper (Hg.), Apokalyptik in Antike und Aufklärung, Paderborn u.a. 2004, 77–103, hier 89–98. Zur Väterzeit und zum Mittelalter vgl. *A. Schwaiger*, Christliche Geschichtsdeutung in der Moderne. Eine Untersuchung zum Geschichtsdenken von Juan Donoso Cortés, Ernst von Lasaulx und Vladimir Solov'ev in der Zusammenschau christlicher Historiographieentwicklung, Berlin 2001, 54–111.

23 *A. Heuß*, Über die Schwierigkeit, Weltgeschichte zu schreiben: Saeculum 27 (1976) 1–35. Seine einschlägigen Aufsätze zu dieser Thematik findet man jetzt leicht in: *Ders.*, Gesammelte Schriften in drei Bänden, Wiesbaden 1995, darunter auch ein bemerkenswerter Aufsatz über „Kontingenz in der Geschichte". Für Hinweise danke ich Helga Botermann.

24 *A. Demandt*, Kleine Weltgeschichte, München 2003.

25 Ebd. 9. Wollte man dieser Empfehlung tatsächlich folgen, bliebe nicht viel zu berichten.

26 Ebd. 84. Sokrates wird an Alkibiades angehängt (ebd. 61f).

ihrer Isoliertheit irreführend oder einfach falsch.[27] Auf den Versuch, die registrierten Vorgänge verständlich zu machen oder sie gar in ihrer Bedeutung zu beurteilen, verzichtet der Autor fast ganz. Damit verzichtet er jedoch auf die eigentliche Aufgabe des Historikers und bleibt lediglich Chronist.[28]

Was sagt Demandt etwa über die Perserkriege der Griechen? Im Jahr 490 v. Chr. wurde die persische Expeditionsarmee „von den Athenern unter Miltiades bei Marathon geschlagen"; zehn Jahre später „unterlag ihre Flotte bei Salamis den vereinten Griechen unter Themistokles, der in kluger Voraussicht ein großes Schiffsbauprogramm aufgelegt hatte."[29] Das ist die ganze Erklärung. Welche Bedeutung hatte die Seeschlacht bei Actium? „Octavian wurde Pharao und damit der reichste Mann im Staat."[30] Die ganze Weltgeschichte präsentiert sich hier öde und belanglos. Auf diese Weise bestätigt und illustriert Demandts Werk die Einsicht:

> Ohne Werturteile könnte das Sinngebilde einer Geschichte nicht mehr gebildet werden, sondern nur ein Haufen sinn- und bedeutungsloser Tatsachen aufgetürmt werden, von dem niemand zu sagen wüßte, was er eigentlich in den Räumen der menschlichen Erinnerung zu suchen hätte.[31]

Skeptische oder auch nur agnostische Geschichtsschreibung im eigentlichen Sinn ist eine Unmöglichkeit. Von dieser Einsicht her kann die Berechtigung einer christlichen Sicht und Deutung der Geschichte nicht bestritten werden. Daß derartige Versuche seit dem 20. Jahrhundert fast nur noch von Außenseitern gemacht worden sind, ist kein Ruhmesblatt für die Theologie.[32]

Wenden wir uns von diesen Überlegungen her einer Reihe von kurzen periodisierten Geschichtsüberblicken zu, wie sie die israelitische Historiographie entwickelt und die Apokalyptik ausgebildet hat.[33] Als charakteristisches Beispiel wähle ich die „Zehn-Epochen-Apokalypse" aus dem Henochbuch. Von dort werden wir einen Sprung ins 18. Jahrhundert zu G. E. Lessings „Erziehung des Menschengeschlechts" machen und von da ins 20. Jahrhundert zu dem pessimisti-

---

[27] Nur ein Beispiel: „Die durch Athanasios von Alexandria für kanonisch erklärten Heiligen Schriften wurden 382 von Papst Damasus zum Neuen Testament zusammengefaßt" (ebd. 85). Wie muß ein Leser das verstehen, der sonst nichts über die Sache erfährt?

[28] Hier sei nur verwiesen auf *B. Lonergan*, Methode in der Theologie, Leipzig 1991, 180–238 (Kapitel „Geschichte" und „Geschichte und Historiker"). Dieser Aspekt kommt m. E. auch zu kurz in den Überlegungen von *I. Frank O.P.*, Das Theologische an der Kirchengeschichte: TThZ 107 (1998) 191–210. Bereits die Auswahl des Registrierten und für erwähnenswert Befundenen impliziert ein Urteil und eine Perspektive, ob der Historiker das beabsichtigt oder nicht. Agnostizismus müßte zum Schweigen führen. Eine historische Bewegung muß an ihrem Anspruch und ihren Zielen gemessen werden können: z. B. der Kommunismus, die christlichen Orden und die Kirche als Ganze.

[29] *A. Demandt*, Weltgeschichte (s. Anm. 24) 60. Zuvor stehen noch zwei Sätze über den Marathonläufer (eine „Legende") und die heutige Marathonstrecke: Das ist mindestens so wichtig wie die übrigen Ereignisse!

[30] Ebd. 79. Kurz darauf heißt es zurückhaltend: „Augustus gilt als Friedenskaiser" (ebd.).

[31] *J. Rüsen*, Historische Vernunft. Grundzüge einer Historik I: Die Grundlagen der Geschichtswissenschaft, Göttingen 1983, 121. Vgl. ebd. 96f.

[32] Ich verweise hier auf das sehr informative Buch von *Axel Schwaiger*, Christliche Geschichtsdeutung (s. Anm. 22). Unter den Theologen sind fast nur Hugo Rahner und Hans Urs von Balthasar auf katholischer und Wolfhart Pannenberg auf evangelischer Seite zu nennen. Daneben stehen Autoren wie G.K. Chesterton, Theodor Haecker, Christopher Dawson, Joseph Bernhart, Reinhold Schneider und Josef Pieper. Vgl. *G. Essen*, Art. Geschichtstheolgie: $LThK^3$ 4 (1995) 564–568. Essen erwähnt nicht einmal Hugo Rahner. Einen ganz hervorragenden Überblick über die europäische Geschichtsphilosophie gibt *G. Scholtz*, Art. Geschichte: HWP 3 (1974) 344–398. Dazu: *U. Dierse / G. Scholtz*, Art. Geschichtsphilosophie: HWP 3 (1974) 416–439. Ein wichtiger Beitrag zur Problematik überhaupt ist *M. Seckler*, Das Heil in der Geschichte. Geschichtstheologisches Denken bei Thomas von Aquin, München 1964.

[33] Vgl. z. B. Ri 2,11–23; Ps 78; Apg 7. Apokalyptik: Dan 2. 7. 10–12; Jub 1. 23; Hen 85–90. Vgl. o. 180 Anm. 7.

schen Pendant dazu, das Günter Grass in seinem Roman „Die Rättin" entwirft. Erst dann wenden wir uns der spezifisch christlichen Geschichtskonzeption zu. Ihren Schlüssel finden wir in Offb 5, einen gültigen Ausdruck in Calderóns „Großem Welttheater". Schließen möchte ich mit dem apokalyptischen Credo Reinhold Schneiders.

2. Zehn Epochen

Die „Zehn-Epochen-Apokalypse" dürfte in der Makkabäerzeit entstanden sein, ungefähr zur selben Zeit wie das Buch Daniel.[34] Sie teilt die Weltgeschichte in zehn Epochen ein, die ganz abstrakt „Siebente" genannt werden. Meistens übersetzt man mit „Wochen"; diese Wiedergabe bringt allerdings eine zumindest im aramäischen Text nicht vorhandene Metaphorik mit sich.[35] Die schematische Strukturierung, die Chiffrierungen, die Knappheit und Sachlichkeit des Stils sowie die radikale Reduktion auf das Wesentliche (bzw. das, was dem Autor als das Wesentliche erscheint), weisen den Text als sorgfältig durchdachtes literarisches Produkt von hohem Niveau aus. Er beginnt mit einer Einleitung und schließt mit einem Ausblick. In der folgenden Wiedergabe ist lediglich die Nummerierung hinzugefügt und (in Klammern) eine Reihe unschwer vorzunehmender Dechiffrierungen.[36]

Das schrieb Henoch, der Schreiber der Gerechtigkeit, weisester der Menschen, Auserwählter der Erdensöhne, um ihre Taten zu richten: Für alle meine Kinder und die künftigen Bewohner der Erde, deren Taten Rechtschaffenheit und Friede sein werden. Mir wurde alles gezeigt in einem Gesicht des Himmels; durch ein Wort der Wächter und Heiligen erkannte ich alles; auf den Tafeln des Himmels habe ich alles gelesen und bin verständig geworden.

1. Ich, Henoch, bin als der Siebte[37] im ersten Siebent geboren worden. Bis zu mir dauerte noch die Gerechtigkeit.

2. Nach mir, im zweiten Siebent, werden Lüge und Gewalttat aufsprossen. Darin wird das erste Ende sein (= die Sintflut), und ein Mann wird darin gerettet werden (= Noach). An seinem Ende wird die Ungerechtigkeit wieder zunehmen, und für die Sünder wird ein Bund errichtet[38] werden.

3. Danach, am Ende des dritten Siebents, wird ein Mann zur Pflanze des gerechten Gerichtes erwählt werden (= Abraham), und nach ihm wird die ewige Pflanzung der Gerechtigkeit hervorgehen (= Israel).

---

[34] Näheres bei *M. Reiser*, Gerichtspredigt (s. Anm. 7) 43–45.

[35] Vgl. *K. Koch*, Sabbatstruktur der Geschichte. Die sogenannte Zehn-Wochen-Apokalypse (I Hen 93,1–10; 91,11–17) und das Ringen um die alttestamentlichen Chronologien im späten Israelitentum: ZAW 95 (1983) 403–430, hier 406. In einem weiteren Aufsatz versucht Koch mit bemerkenswerten Hinweisen die Einteilung der Zeit in Siebenerrhythmen verständlich zu machen: *K. Koch*, Sabbat, Sabbatjahr und Weltenjahr: Die apokalyptische Konstruktion der Zeit: Ars Semeiotica 29 (1997) 69–86.

[36] Vgl. 1 Hen 92,1; 3b–10; 91,11–17. Ich orientiere mich dabei an der Rekonstruktion des ursprünglichen Textes durch *F. Dexinger*, Henochs Zehnwochenapokalypse und offene Probleme der Apokalyptikforschung (StPB 29), Leiden 1977, 178f. Größere Schwierigkeiten bietet nur die Rekonstruktion der Einleitung, für die Dexinger die jetzige Einleitung des Henochbriefs benützt (ebd. 102–109). Ich habe noch einen Satz aus der jetzigen Einleitung unseres Textes hinzugefügt, der die Offenbarungsquellen betrifft. Vgl. auch: *S. Uhlig*, Das Äthiopische Henochbuch, in: JSHRZ V 6, Gütersloh 1984, 710–715; *K. Koch*, Sabbatstruktur (s. Anm. 35) 408–412; *G. W. E. Nickelsburg*, 1 Enoch 1. A Commentary on the Book of 1 Enoch, Chapters 1–36; 81–108, Minneapolis (MN) 2001, 434–450, hier 434–437.

[37] Vgl. Gen 5,1–18; Jud 14.

[38] Vgl. Gen 9,1–17. Möglich wäre auch die Wiedergabe „Gesetz" statt „Bund".

4. Danach, am Ende des vierten Siebents, werden die Gesichte der Heiligen und Gerechten geschaut werden, und ein Gesetz wird für alle kommenden Geschlechter hergestellt werden (= Tora vom Sinai) und ein umfriedeter Raum für sie (= Bundeszelt).

5. Danach, am Ende des fünften Siebents, wird der Tempel der Größe und Königsherrschaft für eine Weltzeit gebaut.

6. Darauf, im sechsten Siebent, werden alle in ihr Lebenden erblinden, und die Herzen aller werden die Weisheit vergessen. Ein Mann wird darin auffahren (= Elija). An ihrem Ende wird das Heiligtum mit Feuer verbrannt (= 587 v. Chr.) und das ganze Geschlecht der auserwählten Wurzel zerstreut werden.

7. Danach, im siebten Siebent, wird sich ein abtrünniges Geschlecht erheben; zahlreich werden seine Taten und alle seine Taten werden Abtrünnigkeit sein. An seinem Ende werden die Erwählten zu Zeugen der Gerechtigkeit aus der ewigen Pflanzung der Gerechtigkeit auserwählt werden; ihnen wird die siebenfache Weisheit und Kenntnis übergeben werden. Um ihretwillen reißt man die Fundamente der Gewalttat und des Lügenwerks in ihr aus, um das Gericht zu vollstrecken (= Beginn der makkabäischen Kämpfe, Zeit des Verfassers).

8. Danach beginnt das achte Siebent, das der Gerechtigkeit. Darin wird allen Gerechten ein Schwert verliehen werden, damit sie an den Bedrückern das gerechte Gericht vollstrecken; sie werden in ihre Hände überliefert werden. Und an seinem Ende werden sie Besitz in Gerechtigkeit erwerben, und der Tempel der Königsherrschaft des Großen wird großartig gebaut werden für alle Geschlechter der Weltzeiten.

9. Danach das neunte Siebent: Darin wird allen Söhnen der Erde das gerechte Gericht geoffenbart werden. Alle, die gottlose Taten vollbringen, werden von der ganzen Erde verschwinden und in die ewige Grube gestoßen werden. Und alle Menschen werden auf den richtigen, den ewigen Weg schauen.

10. Danach, im zehnten Siebent, im siebten Teil, wird das Gericht der Ewigkeit stattfinden. Das ist auch der Zeitpunkt des großen Gerichts an den Wächtern des Himmels (= gefallene Engel, vgl. Gen 6,4). Der erste Himmel wird in ihr vergehen und ein neuer Himmel wird erscheinen; dann werden alle Kräfte des Himmels aufstrahlen und leuchten auf ewig, siebenfach.

Danach wird es viele Wochen geben, deren Zahl ohne Ende ist in Ewigkeit. Güte und Gerechtigkeit werden herrschen, und die Sünde wird von da an nicht mehr erwähnt werden bis in Ewigkeit.

Diese Miniaturapokalypse wird Henoch in den Mund gelegt, der nach Gen 5,18 in der siebten Generation nach Adam lebte und ohne zu sterben von Gott in den Himmel entrückt wurde (Gen 5,24). Als Offenbarungsquellen werden gleich drei angegeben: eine himmlische Vision, ein Wort der Wächterengel und die himmlischen Tafeln. Durch die Bezeichnung der Sintflut als „erstes Ende“ wird eine dreiphasige Konzeption der Geschichte erkennbar; die dritte beginnt nach dem „Gericht der Ewigkeit“. Da Henoch als Offenbarungsträger gilt, wird die gesamte Geschichte ab dem zweiten „Siebent“ im Futur geschildert. Die „Siebente“ sollen offenbar analog zu Dan 9,24–27 jeweils 490 (70 mal 7) Jahre umfassen.[39] Der Verfasser charakterisiert jedes dieser „Siebente“ ganz knapp und hebt die bedeutendsten Ereignisse und Entwicklungen hervor. Namen nennt er – außer dem eigenen – keine, aber die wichtigsten Personen und Ereignisse sind leicht identifizierbar. Die Personenauswahl ist sehr streng: Henoch, Noach, Abraham und Elija; nicht einmal Mose findet Erwähnung.[40] Herrscher und Politiker bleiben ganz unberücksichtigt; selbst David und Salomo sind ausgeblendet. Der Verzicht auf menschliche Handlungsträger führt zu einem gehäuften

---

[39] *K. Koch*, Sabbatstruktur (s. Anm. 35) 413–420.

[40] Auch in der Tierallegorie aus dem Buch der Traumvisionen ist Mose kein weißer Bulle wie Adam, Noach, Abraham und Isaak, ja nicht einmal ein weißes Schaf wie Jakob, sondern nur „ein Schaf, das vor den Wölfen gerettet worden war“ (1 Hen 89,16).

Gebrauch des Passivs. Auf diese Weise kann das handelnde Subjekt offen gelassen oder ein Handeln Gottes und seiner Engel angedeutet werden.[41] So ist eine von Gott und seinen Engeln gelenkte Geschichte von sozialen und kulturellen Entwicklungen entstanden, die geradezu modern anmutet.

Eine gewisse Spannung kommt in die Konzeption dadurch, daß am Anfang und am Schluß eine universale Perspektive steht, die Darstellung vom dritten bis zum achten „Siebent" dagegen auf die Geschichte Israels beschränkt ist. Die Vermittlung der universalen mit der partikularen Perspektive erfolgt durch den Gedanken der Erwählung Abrahams. Schon in Gen 12,3 ist gesagt, daß durch ihn „alle Völker der Erde" gesegnet werden. Das heißt in letzter Konsequenz, daß von Israels Bewährung auch das Heil der anderen Völker abhängt.[42]

Die wichtigsten geschichtlichen Ereignisse seit der Sintflut sind für den Verfasser offenbar der Bau und die Zerstörung des Tempels. Entscheidend bestimmt werden die Entwicklungen jedoch durch die Befolgung oder Nichtbefolgung des Gesetzes vom Sinai. Ungerechtigkeit, Sünde und Abfall vom Gesetz sind für den Autor eins. Die Diagnose dieses Abfalls ist Sache der erwählten „Zeugen der Gerechtigkeit", die Gott mit Weisheit begabt hat. Mit ihnen sind wahrscheinlich fromme Gelehrte gemeint, zu deren Kreis der Verfasser selbst gehört haben dürfte. Der Abfall vom Gesetz führt konsequent zum großen Gericht, das Gott, teilweise durch die Hand der „Gerechten", vollstreckt; „die Fundamente der Gewalttat und des Lügenwerks" werden ausgerissen und es beginnt ein blutiger Krieg gegen die „Bedrücker". Die Forschung ist sich weithin einig, daß der Autor hier auf die Makkabäerkriege anspielt, die Zeit, in der er selbst lebt.[43] Er betrachtet also die zeitgenössischen Ereignisse als Auftakt des Jüngsten Gerichts. Dieses Gericht soll im achten und neunten „Siebent" stattfinden und erfaßt im zehnten auch die gefallenen Engel. Es zieht sich aber sehr lange hin, wenn man an die 490 Jahre denkt, die ein „Siebent" umfaßt. Nach der Beseitigung des Bösen erscheint der neue Himmel und damit wird erreicht, daß es nicht weitergeht wie nach dem „ersten Ende", als die Ungerechtigkeit aufs neue ihren Lauf nahm. Der neue Himmel bringt es mit sich, daß endgültig „Güte und Gerechtigkeit" herrschen und „die Sünde" nicht mehr erwähnt wird. Der Ort dieses glücklichen Lebens ist im Unklaren gelassen, zumal nur ein neuer Himmel, aber keine neue Erde erwähnt wird. Aber vermutlich denkt der Verfasser doch an eine irgendwie erneuerte Erde als Heilsort.

Die Zehn-Epochen-Apokalypse ist ein typisches Beispiel für das frühjüdische Geschichtsbild, dessen Grundzüge auch das Christentum übernommen hat.[44] Charakteristisch für dieses Geschichtsbild sind drei Grundelemente: Das erste ist die Überzeugung, daß die Geschichte auf ein

---

[41] Vgl. *M. Reiser*, Gerichtspredigt (s. Anm. 7) 45. 255–261.

[42] Vgl. Gen 18,18; 22,18; 28,14. Zur Bedeutung des Erwählunggedankens vgl. *H. D. Preuss*, Theologie des Alten Testaments Bd. 1, Stuttgart 1991, 31–157; *K. Schubert*, Die Religion des Judentums, Leipzig 1992, 56–73.

[43] Vgl. *M. Reiser*, Gerichtspredigt (s. Anm. 7) 44.

[44] Das ist richtig beobachtet bei *J. Behm*, Johannesapokalypse und Geschichtsphilosophie: ZSTh 2 (1925) 323–344. Die drei Wesensmerkmale – bei Behm Voluntarismus, Universalismus und Terminalismus – möchte ich aber doch etwas anders bestimmen. Behm bezieht sich auf den immer noch lesenswerten Aufsatz von *A. Sabatier*, L'apocalypse juive et la philosophie de l'histoire: Revue des études juives 40 (1900) LXV–LXXXVI. Er bestimmt diese Merkmale als „finalité, intelligibilité, optimisme" (LXXI. LXXX).

Ziel ausgerichtet ist, das ihr Gott selbst gesetzt hat. Dieses Ziel ist das Leben in Güte und Gerechtigkeit für alle. Das zweite Grundelement ist die Überzeugung, daß Menschen, die nur ihren eigenen Willen durchsetzen wollen, in ihrer Eigensucht dem Bösen verfallen, andere bedrücken und schamlos für ihre Zwecke ausnützen. Das Ziel der Geschichte kann deshalb nur erreicht werden, wenn alle miteinander sich dem Willen Gottes fügen. Denn allein Gott hat das Wohl der ganzen Welt im Auge. Das dritte Grundelement ergibt sich logisch aus dem zweiten: Weil das Glück aller den gemeinsamen Gehorsam gegen den voraussetzt, der allein das Glück aller im Auge hat, muß dem Ziel der Geschichte notwendig ein Gericht Gottes vorausgehen, in dem alles, was sich diesem Gehorsam verweigert, untergeht, das Böse vernichtet und die Sünde mit der Wurzel ausgerissen wird. Deshalb ist der Hinweis auf das Gericht in den meisten jüdisch-christlichen Apokalypsen die Hauptsache.

3. Die Erziehung des Menschengeschlechts

Die Vorstellung, daß die Geschichte trotz aller Fehlentwicklungen in einem stetigen Prozeß auf ein künftiges Ziel zuläuft, ist durchaus nicht selbstverständlich. Das lehrt ein Blick in Kulturkreise, die außerhalb der jüdisch-christlichen Tradition liegen. So kann man von einem Indologen erfahren, „daß das indische Denken mit seinem starken Hang zum Abstrahieren und zum Theoretisieren im wesentlichen ahistorisch ist".[45] Das Weltgeschehen wird von den Indern nicht als etwas Einmaliges begriffen, sondern „als ein aus anfanglosen Zeiten kommender, ewiger Kreislauf".[46] Auch das traditionelle chinesische Geschichtsdenken ist strukturell zyklisch. Es sieht im Ablauf der Zeit zwar qualitativ verschiedene Perioden, in denen sich durchaus Neues ereignen kann; aber alles Neue ist nur relativ zum Vorhergehenden neu und muß sich als Wiederaufnahme und Verwirklichung eines in der Vergangenheit liegenden Ideals rechtfertigen. Eine teleologische Konzeption der Geschichte konnte sich in China nie richtig durchsetzen.[47] Auch im Islam spielt der Gedanke einer Periodisierung der Geschichte auf ein Ziel hin nur eine ganz marginale Rolle.[48] Dabei sollte man sich vor einer plakativen Gegenüberstellung von zyklischen und linearen Konzeptionen hüten, zumal davor, die christliche Konzeption als rein linear zu charakterisieren und darin etwas spezifisch Christliches zu sehen. Auch Vergil konzipiert einen linearen Geschichtsprozeß, der zum Heil führt. Thomas von Aquin dagegen entwirft eine Synthese beider Konzeptionen, indem er den Geschichtsverlauf in das Egreß-Regreß Schema einzeichnet: Von Gott geht alles aus und zu ihm kehrt alles zurück.[49]

[45] *U. Schneider*, Indisches Denken und sein Verhältnis zur Geschichte: Saeculum 9 (1958) 156–162, hier 158. Für den Hinweis auf die Aufsätze U. Schneiders danke ich meinem Kollegen von der Indologie, Konrad Meisig.
[46] *U. Schneider*, Der individualistische Zug im indischen Denken, in: E. Waldschmidt (Hg.), Indologen-Tagung 1959, Göttingen 1960, 244–251, hier 244.
[47] Vgl. *W. Bauer*, China und die Hoffnung auf Glück. Paradiese, Utopien, Idealvorstellungen in der Geistesgeschichte Chinas, München 1971; dort besonders das Kapitel „Die Vergangenheit als Zukunft" (108–134).
[48] Vgl. *A. Feldtkeller*, Gibt es eine Periodisierung der Zeit im Islam?: EvTheol 59 (1999) 426–435.
[49] Vgl. *M. Seckler*, Vergil (s. Anm. 20) 107–110; *ders.*, Heil (s. Anm. 32) 49–79. 151–182.

Gotthold Ephraim Lessings Konzeption der Geschichte, die er in seiner kurzen Schrift über „Die Erziehung des Menschengeschlechts" darlegt, ist jedenfalls ganz in der jüdisch-christlichen Tradition verwurzelt.[50] Einen apokalyptischen Zug erhält seine Darstellung durch eine apodiktisch vorgetragene Zukunftsprognose.[51] Ähnlich wie in der „Zehn-Epochen-Apokalypse" fallen kaum Namen außer Mose und Christus; es geht auch hier um gesteuerte Entwicklungen, deren Einheit in ihrem Charakter als Erziehung zu einem Ziel erblickt wird. Den Gang dieser Erziehung des Menschengeschlechts schildert Lessing in hundert Paragraphen. Die Vermittlung von Universal- und Partikulargeschichte erfolgt ähnlich wie in der Zehn-Epochen-Apokalypse über den Gedanken der Erwählung des Volkes Israel (§ 8).

Der Erziehungsprozeß hat drei Phasen: Die erste Phase ist die Menschheitsgeschichte bis zum Auftreten Christi, eine Art schulische *Unterstufe*, deren Lehrbuch – Lessing sagt: „Elementarbuch für Kinder" (§ 26) – das Alte Testament mit dem Gesetz des Mose ist. Mit Christus beginnt die *Mittelstufe*; ihr Lehrbuch – Lessing sagt: „das zweite bessre Elementarbuch" (§ 64) – ist das Neue Testament. Die *Oberstufe*, die noch nicht erreicht ist, nennt Lessing nach Offb 14,6 „die Zeit eines neuen ewigen Evangeliums" (§ 86). Sie wird kein Lehrbuch mehr benötigen, da in ihr der menschliche Verstand „zu seiner völligen Aufklärung gelangen, und diejenige Reinigkeit des Herzens hervorbringen soll, die uns die Tugend um ihrer selbst willen zu lieben, fähig macht" (§ 80). Jene Zeit, da der Mensch „das Gute tun wird, weil es das Gute ist, nicht weil willkürliche Belohnungen darauf gesetzt sind", – wird sie wirklich kommen? Auf diese Frage kann Lessing nur antworten: „sie wird kommen, sie wird gewiß kommen" (§ 85). Ein Zweifel daran wäre eine „Lästerung" des „Allgütigen" (§ 82. Vgl. § 84).

Diese Konzeption und insbesondere die Hoffnung auf die Zeit des neuen ewigen Evangeliums ist bei Lessing getragen von einem absoluten, nicht weiter begründeten Vertrauen in Gottes „ewige Vorsehung" (§ 91).[52] Dies ist ein wesentliches Element der jüdisch-christlichen Geschichtskonzeption von Anfang an. Lessings Gedanke der Geschichte als eines Erziehungsprozesses kann sogar an patristische Vorgaben anknüpfen.[53] Indem er jedoch Christus zum menschlichen Lehrer und „Pädagog" (§ 53) einer vorläufigen Stufe dieses Erziehungsprozesses macht, die zu überwinden ist, distanziert er sich von jeder möglichen christlichen Konzeption.[54] Außerdem ist Lessings Entwurf an einer wesentlichen Stelle, der Hoffnung auf das gute Ende, unbegründet. Aufs Ganze

---

[50] Vgl. *Gotthold Ephraim Lessing*, Werke und Briefe in zwölf Bänden, Bd. 10 (hg. Von A. Schilson / A. Schmitt), Frankfurt a. M. 2001, 73–99. Kommentar: 794–879. Eine gründliche Untersuchung zu Lessings Geschichtsbild, seinen Komponenten und deren Herkunft bietet *A. Schilson*, Geschichte im Horizont der Vorsehung. G. E. Lessings Beitrag zu einer Theologie der Geschichte (TTHS 3), Mainz 1974.

[51] Vgl. *J. Brokoff*, Ende der Aufklärung. Apokalyptik und Geschichtsphilosophie in Lessings *Erziehung des Menschengeschlechts*, in: *Ders.* / *B. U. Schipper* (Hg.), Apokalyptik in Antike und Aufklärung, Paderborn u.a. 2004, 147–170.

[52] Das hat *A. Schilson* in seiner oben zitierten Untersuchung (s. Anm. 50) überzeugend herausgearbeitet und eine entsprechende „kritische Anfrage" gestellt (ebd. 287–289).

[53] Vgl. *G. Scholtz*, Art. Geschichte / Historie: HWP 3 (1974) 345f. 347; *A. Schilson*, Geschichte (s. Anm 50) 168–175.

[54] Das hat *Reinhold Schneider* zu Recht herausgearbeitet und hervorgehoben: Die Heimkehr des deutschen Geistes. Über das Bild Christi in der deutschen Philosophie des 19. Jahrhunderts, Baden-Baden 1946, 17–28 (wieder abgedruckt in: *Ders.*, Dämonie und Verklärung, Freiburg i. B. 1965, 269–317, hier 275–282). Zum selben Ergebnis kommt im Grunde auch *A. Schilson*, Geschichte (s. Anm. 50) 270–276. Man beachte besonders seine Urteile ebd. 175. 272. Man kann gegen Lessing dasselbe einwenden, was Thomas von Aquin gegen Joachim von Fiore eingewandt hat. Vgl. *M. Seckler*, Heil (s. Anm. 32) 189–195.

gesehen ist er unrealistisch und daher unbefriedigend. Aber wie sieht der Versuch aus, seine Konzeption realistisch zu gestalten?

4. Die gescheiterte Erziehung des Menschengeschlechts

„Auf Weihnachten wünschte ich eine Ratte mir, hoffte ich doch auf Reizwörter für ein Gedicht, das von der Erziehung des Menschengeschlechts handelt.“ So beginnt Günter Grass seinen 1986 erschienenen Roman „Die Rättin“. Das Stichwort von „der Erziehung des Menschengeschlechts“ macht er zum Leitwort des ganzen Romans. Das Gedicht zu diesem Thema lautet:

Unser Vorhaben hieß: Nicht nur, wie man mit Messer
und Gabel, sondern mit seinesgleichen auch,
ferner mit der Vernunft, dem allmächtigen Büchsenöffner
umzugehen habe, solle gelernt werden
nach und nach.

Erzogen möge das Menschengeschlecht sich frei,
jawohl, frei selbstbestimmen, damit es,
seiner Unmündigkeit ledig, lerne, der Natur behutsam,
möglichst behutsam das Chaos
abzugewöhnen.

Im Verlauf seiner Erziehung habe das Menschengeschlecht
die Tugend mit Löffeln zu essen, fleißig den Konjunktiv
und die Toleranz zu üben,
auch wenn das schwerfalle
unter Brüdern.

Eine besondere Lektion trug uns auf,
den Schlaf der Vernunft zu bewachen,
auf daß jegliches Traumgetier
gezähmt werde und fortan der Aufklärung brav
aus der Hand fresse.

Halbwegs erleuchtet mußte das Menschengeschlecht
nun nicht mehr planlos im Urschlamm verrückt spielen,
vielmehr begann es, sich mit System zu säubern.
Klar sprach erlernte Hygiene sich aus: Wehe
den Schmutzigen!

Sobald wir unsere Erziehung fortgeschritten nannten,
wurde das Wissen zur Macht erklärt
und nicht nur auf Papier angewendet. Es riefen
die Aufgeklärten: Wehe
den Unwissenden!

Als schließlich die Gewalt, trotz aller Vernunft,
nicht aus der Welt zu schaffen war, erzog sich
das Menschengeschlecht zur gegenseitigen Abschreckung.
So lernte es Friedenhalten, bis irgendein Zufall
unaufgeklärt dazwischenkam.

Da endlich war die Erziehung des Menschengeschlechts
so gut wie abgeschlossen. Große Helligkeit

leuchtete jeden Winkel aus. Schade, daß es danach
so duster wurde und niemand mehr
seine Schule fand.[55]

Diese Miniaturapokalypse, deren Offenbarungsquelle nicht recht klar wird, schildert das Scheitern eines großen Erziehungsprogramms: der Erziehung des Menschengeschlechts durch Vernunft und Aufklärung. Die ersten vier Strophen umreißen das Programm, die übrigen vier Strophen schildern das Scheitern des Programms. Dieses Scheitern erfolgt ganz traditionell in drei Phasen. Die erste führt vom „Urschlamm" zur „Hygiene", die zweite von der Hygiene zur Aufklärung, die dritte offenbart das Versagen der Vernunft angesichts der Gewalt. Grass erteilt ein Orakel – oder ist es nur eine Prognose? –, denn er blickt, trotz des beibehaltenen Präteritums, in die Zukunft: Das Friedenhalten durch Abschreckung führt in die atomare Vernichtung, weil „irgendein Zufall unaufgeklärt dazwischen kam".

Das Vertrauen Lessings in die göttliche Vorsehung hat Grass nicht mehr. Selbst von der Aufklärung mit „ihrem allmächtigen Büchsenöffner" Vernunft spricht er in ironischer Gebrochenheit. Er konzipiert eine Geschichte des Menschengeschlechts, die Gott, das Alte und das Neue Testament ganz aus dem Spiel läßt. Aber damit kann er auch nicht mehr an einen guten Ausgang des Erziehungsprozesses glauben. Es ist ja auch ein merkwürdig subjektloser Erziehungsprozeß, den Graß schildert, eine Erziehung ohne Erzieher oder Erzieherin, eine Aufklärung ohne Aufklärer. Die „besondere Lektion", die uns aufträgt, „den Schlaf der Vernunft zu bewachen", hat keinen Lehrer, der sie erteilt; „erlernte Hygiene" spricht „sich" in einem Wehe-Ruf aus. Das sind paradoxe, wenn nicht widersinnige Vorgänge. Das Ganze ist einfach „unser Vorhaben"; die Menschheit erzieht sich selbst, zur freien Selbstbestimmung ebenso wie „zur gegenseitigen Abschreckung". Wie Münchhausen sich am eigenen Zopf aus dem Sumpf zieht, so will sich das Menschengeschlecht an der eigenen Vernunft aus dem „Urschlamm" ziehen. Nur mit der Gewalt wird diese Vernunft schließlich nicht fertig; so scheitert das „Vorhaben".

Trotz dieser düsteren Aussichten, die Grass auch persönlich, unabhängig von seinem Roman, für realistisch hält, sieht er keine Alternative zum Programm der Aufklärung; er ist ratlos, wie er in anderem Zusammenhang offen zugibt. Er hofft, daß der „schöne Traum", von dem der Schluß seines Romans spricht: „... diesmal wollen wir füreinander und außerdem friedfertig, hörst du, in Liebe und sanft, wie wir geschaffen sind von Natur ...", daß dieser Traum doch noch wahr wird.[56] Wie das geschehen soll, woher die Anleitung und die Kräfte zu diesem Füreinander in Liebe kommen sollen, weiß er nicht.[57] Und wie kommt er darauf, daß wir von Natur sanft und liebevoll geschaffen sind? Was ist das für eine Natur, die so merkwürdig göttliche Eigenschaften hat? Ist Grass ein Deist?

---

[55] *G. Grass*, Die Rättin, München ³1999, 181–183.

[56] Ebd. 487.

[57] Vgl. *K.-J. Kuschel*, Der Alptraum vom Ende der Menschheit. Auseinandersetzung mit der Apokalypse im Werk von Günter Grass: Conc. 34 (1998) 361–369; *Ders.*, Vor uns die Sintflut? Spuren der Apokalypse in der Gegenwartsliteratur, in: H.-J. Klauck (Hg.), Weltgericht und Weltvollendung, Zukunftsbilder im Neuen Testament (QD 150), Freiburg i.B. 1994, 232–260, hier 249f.

Wie Lessing uns durch sein unbegründetes Vertrauen in die göttliche Vorsehung in eine *optimistische* Aporie führt, so führt uns Grass durch seine Voraussicht einer zum Scheitern verurteilten Selbsterziehung und Selbsterlösung der Menschheit in eine *pessimistische* Aporie. Beide Geschichtskonzeptionen rechnen zwar mit einem teleologischen Geschichtsprozeß und sind insoweit der jüdisch-christlichen Tradition verpflichtet; aber beiden fehlt das eigentlich christliche Moment der Geschichtskonzeption: Christus als *Alpha* und *Omega* der Geschichte, wie ihn die Offenbarung des Johannes vorstellt.[58] Das dürfte der wahre Grund für die Aporie sein:

> Man wird die Aussage wagen müssen: die Selbstzerstörung der Menschheit ist das einzige Welt-Ende, das sie aus eigenen Kräften herbeizuführen vermag und verdient, sofern sie lieber ihr Eigenes (die Macht, den Mammon) hortet, als mit Christus zusammen sammelt.[59]

So spricht auch aus geschichtsphilosophischer Sicht einiges für die Konzeption der Apokalypse des Johannes. In ihr verbindet sich nämlich das von Grass Befürchtete in begründeter Weise mit dem von Lessing Erhofften.

5. Wer löst die Siegel?

„Offenbarung Jesu Christi, die ihm Gott gegeben hat, um seinen Sklaven zu zeigen, was in Bälde geschehen muß." Der erste Satz der Apokalypse formuliert die vier wesentlichen Elemente, die jedes christliche Geschichtsbild kennzeichnen: Es beruht auf Offenbarung; diese Offenbarung ist vermittelt durch Jesus Christus; sie betrifft das, was gemäß Gottes Vorsehung „geschehen muß"; Adressat der Offenbarung ist die Kirche („seine Sklaven"). Diese vier Elemente begegnen bereits in einem authentischen Wort Jesu:

> Ich preise dich, Vater, Herr des Himmels und der Erde, daß du dies vor Weisen und Klugen verborgen und es Einfältigen offenbart hast. Ja, Vater, denn so hat es Gefallen gefunden vor dir. Alles ist mir übergeben von meinem Vater, und niemand erkennt den Sohn außer der Vater noch erkennt jemand den Vater außer der Sohn und wem es der Sohn offenbaren will. (Mt 11,25–27. Vgl. Lk 10,21f)

In diesem Herrenwort finden wir den Vater als Offenbarer, den Sohn als Offenbarungsvermittler und die „Einfältigen" als Offenbarungsempfänger. Der Offenbarungsinhalt ist mit „dies" und „alles" angegeben, die im Text ohne Referenten sind. Der Referent muß also vom Leser ergänzt werden. Man wird zunächst an die Inhalte der Verkündigung Jesu denken, dann aber auch an alles, was mit seiner Person zusammenhängt und „geschehen muß": das Wiederkommen Elijas, das Leiden des Menschensohns, seine Auferstehung usw.[60] Dieses heilsgeschichtliche „Muß" entstammt der apokalyptischen Geschichtskonzeption.[61] Das symbolische Element dafür haben wir bereits im himmlischen Buch der Geschichte gefunden. Eine gewisse Entsprechung dazu finden

---

[58] Offb 1,8; 21,6; 22,13. Außer in 1,8 ist eindeutig Christus der Sprecher. Vgl. Eph 1,3–14; Kol 1,15–20.
[59] *H. U. Balthasar*, Theodramatik, III. Die Handlung, Einsiedeln 1980, 413.
[60] Mk 9,11 parr; 8,31 parr; Lk 22,37; 24,26; Joh 3,14; 20,9. Vgl. *M. Reiser*, Art. Notwendigkeit II.: LThK³ 7 (1998) 932f.
[61] Vgl. LXX Dan 2,28; Mt 24,6; *J. Behm*, Johannesapokalypse (s. Anm. 44) 334f.

wir im schicksalhaften „Muß“ griechischer Geschichtskonzeptionen.[62] Auf die feinen Unterschiede zwischen beiden brauchen wir jetzt nicht einzugehen.[63]

Die Formel „was geschehen muß“ greift der Autor der Apokalypse gleich zu Anfang des 4. Kapitels wieder auf. Dort beginnt eine große himmlische Szenenfolge, die mit Kapitel 5 endet. Erst danach setzt die Schilderung des endzeitlichen Eingreifens Gottes auf Erden ein. Die himmlische Szenenfolge der Kapitel 4 und 5 ist jedoch nicht einfach ein Vorspiel im Himmel; sie liefert vielmehr den Schlüssel des Ganzen, ohne den alles übrige in eine Ansammlung bedeutungsloser Geschehnisse und phantastischer Bilder zerfiele.[64] Die erste Szene gipfelt in dem Lied der vier Lebewesen, in dem das Dreimal-Heilig aus Jes 6,3 aufgenommen ist (Offb 4,8). Es richtet sich an den „Thronenden“, für den die himmlische Welt nur Umgebung und auf den alles Geschehen bezogen ist.

Auf das Lied der vier Lebewesen folgt eine Szene, die ihren eigentlichen Ort am Ende aller Schrecken hat, *nach* der Durchführung des großen Gerichts. Diese Szene schildert nämlich, was im Himmel geschehen wird, wenn all das, was der Seher in den Kapiteln 6–20 seines Buches darstellt, vorbei und erledigt ist. Stellvertretend für die ganze Erde unterwerfen sich die vierundzwanzig Ältesten dem Allherrscher und verkünden in einem Lied, daß ihm allein „Ruhm, Ehre und Macht“ zustehen (Offb 4,9–11). Denn am Ende wird Gott nicht nur alle Macht *besitzen* – das war schon immer so –, am Ende wird ihm diese Macht auch zuerkannt und eingeräumt werden, und dies nicht nur im Himmel. Diese Schilderung nimmt also das Ende vorweg und ist somit der höchste Ausdruck für die Gewißheit, daß schließlich „alles, alles gut“ wird. Dieser Aspekt der Konzeption des Sehers von Patmos wird landläufig oft übersehen. Mit Recht betont Otto Böcher: „Die Apokalypse (Offenbarung) des Johannes ist ein Trostbuch, kein Schreckensbuch.“[65]

Im Anschluß an die Huldigung der Ältesten gerät die Szene in Bewegung und wird in einer Weise dramatisch, wie das bisher nicht der Fall war. Denn jetzt geht es darum, daß es zu dem,

---

62 So bei *Herodot*: II 161,3; VIII 53,1; IX 109,2. Vgl. auch Hdt. VII 17,2: τὸ χρέον γενέσθαι. Auch *Sophokles* kennt dieses schicksalhafte „Muß“: OT 825. Im Philoktet finden wir die Wendung ὡς δεῖ γενέσθαι ταῦτα (1339). Ein Orakel, nach dem Troja nur durch den Bogen des Herakles (und seinen derzeitigen Besitzer Philoktet) zu erobern ist, spielt in diesem Stück eine zentrale Rolle. Nach griechischer Auffassung sind selbst die Götter dem Schicksal unterworfen. Ein echtes Zusammenspiel von *fatum* und menschlicher Freiheit kennt Vergil: *M. Seckler*, Vergil (s. Anm. 20) 114–120.

63 Die logische Widersprüchlichkeit und die wahrhaft fatalen Folgen jeder Theorie einer schicksalhaften Notwendigkeit – etwa im Fall evolutionistischer Theorien, die eine vom Zufall gesteuerte natürliche Auslese annehmen – demonstriert *Arbogast Schmitt*, Die Moderne und Platon, Stuttgart 2003, 460–471.

64 Ich gehe im Folgenden nicht auf die exegetische Diskussion der Einzelheiten ein. Dafür verweise ich auf den Kommentar von *D. Aune*, Revelation 1–5 (WBC 52 A), Dallas 1997, sowie auf die Untersuchung von *G. Schimanowski*, Die himmlische Liturgie in der Apokalypse des Johannes. Die frühjüdischen Traditionen in Offenbarung 4–5 unter Einschluß der Hekhalotliteratur (WUNT 2. R. 154), Tübingen 2002. In den Grundzügen der Deutung weiß ich mich einig mit dem ausgezeichneten Kurzkommentar von *U. B. Müller*, Die Offenbarung des Johannes (ÖTK 19), Gütersloh 1984. Beachtung verdient auch: ΣΩΤ. Σ. ΔΕΣΠΟΤΗ: Η ΕΠΟΥΡΑΝΙΟΣ ΛΑΤΡΕΙΑ ΣΤΑ ΚΕΦΑΛΑΙΑ 4–5 ΤΗΣ ΑΠΟΚΑΛΥΨΕΩΣ ΤΟΥ ΙΩΑΝΝΗ, Wiesbaden 2000. Eine nützliche Übersicht über die Deutungsgeschichte des Buchs in Offb 5 gibt *R. Stephanović*, The Backgrounds and Meaning of the Sealed Book of Revelation 5, Berrien Springs (Michigan) 1996. In der eigenen Exegese jedoch blendet er ausgerechnet die Tradition der himmlischen Bücher ganz aus und deutet den Hintergrund unserer Szene hauptsächlich von Dtn 17,18–20; 2 Kön 11,12 her.

65 *O. Böcher*, Exegetische Einführung in die Johannes-Offenbarung: Religionsunterricht heute 3–4 (1999) 116–121, hier 116.

„was geschehen *muß*“, auch kommt. Der Himmel nimmt die Sache sozusagen in die Hand und ergreift die Initiative. Wie geht das vor sich?

Und ich sah in der Rechten dessen, der auf dem Thron saß, ein Buch, innen und hinten beschrieben, versiegelt mit sieben Siegeln. Und ich sah einen starken Engel, der mit lauter Stimme ausrief: „Wer ist würdig, das Buch zu öffnen und seine Siegel zu lösen?“ Und keiner im Himmel noch auf der Erde noch unter der Erde vermochte das Buch zu öffnen und einzusehen. Und ich weinte heftig, weil keiner für würdig befunden wurde, das Buch zu öffnen und einzusehen. Da sagt einer der Ältesten zu mir: „Hör auf zu weinen! Siehe, überwunden hat der Löwe aus Juda, die Wurzel Davids, damit das Buch und seine sieben Siegel geöffnet werden können.“ (Offb 5,1–5)

Was ist das für ein merkwürdiges Buch, „innen und hinten“ beschrieben, siebenfach versiegelt und so schwer zu öffnen? Zunächst ist klar, daß dabei an eine Buchrolle gedacht ist, nicht etwa an einen Kodex. Antike Buchrollen sind normalerweise nur auf der Innenseite beschrieben, weil man sie beim Lesen ja in beiden Händen halten muß und dabei die Schrift auf der Außenseite schnell verwischen würde. Unser Buch aber ist ein himmlisches Buch, das dieses Problem nicht kennt und deshalb beidseitig beschrieben sein kann. Der Autor spielt deutlich auf eine Stelle beim Propheten Ezechiel an: Ez 2,10. Dort hat der Prophet ebenfalls eine Gottesvision, in der Gott ihm ein Buch reicht. Es ist eine beidseitig beschriebene Buchrolle, als deren Inhalt „Klagen, Seufzen und Wehgeschrei“ angegeben werden. Die beidseitige Beschriftung soll wohl die überquellende Fülle des darin ‚gespeicherten‘ Leids symbolisieren.

Unser himmlisches Buch gehört weder zur Kategorie der Sündenregister noch der Namenregister, die beide in Offb 20,12 begegnen. Hier in Kapitel 5 geht es jedoch um das oben erwähnte Buch der Geschichte, in dem insbesondere die künftige Geschichte der Menschheit im voraus aufgezeichnet ist. Dieses Buch ist ein Symbol für die Vorsehung Gottes. Was auf Erden geschieht, läuft nicht zufällig ab, sondern nach einem vorbedachten Plan, den Gott selbst erstellt hat. In *seiner* Hand ist das Buch; in *seiner* Hand liegt die Menschheitsgeschichte. Diese rollt also buchstäblich ab, sie wird gleichsam nach und nach vom himmlischen Buch abgerollt.

Aber das geschichtliche Geschehen kann sich natürlich nur entrollen, wenn vorher „die Siegel“ am Buch der Geschichte gelöst werden. Der Fortgang der Erzählung, das, was man die „Siegelvisionen“ nennt, zeigt, wie sich der Seher die Sache vorstellt: Mit jedem gelösten Siegel kann ein Teil der in dem Buch beschriebenen Geschehnisse (bzw. Schrecknisse) wirklich eintreten. Wie das sozusagen buchtechnisch gehen soll, kümmert den Seher nicht. Man kann ein Buch ja eigentlich erst öffnen und lesen, wenn *alle* Siegel gelöst sind. Aber jedes Gleichnis hinkt, und so auch das vom Buch der Geschichte. Im übrigen hat die Darstellung des Apokalyptikers immer wieder etwas Traumhaftes; im Traum geschehen ja Dinge, die in Wirklichkeit ganz unmöglich sind, in der Traumwelt jedoch als selbstverständlich hingenommen werden.

Die Tatsache, daß das Buch versiegelt ist (ein Motiv, das kein Vorbild in der Motivgeschichte des himmlischen Buchs hat!), führt zu einem Problem im Himmel; es ist das einzige Problem, das es im Himmel der Apokalypse gibt: „Wer ist würdig, das Buch zu öffnen und seine Siegel zu lösen?“ Ein versiegeltes Schriftstück darf nur von dem geöffnet werden, für den es bestimmt ist. Wenn sich nun für *dieses* Schriftstück kein Würdiger findet, kann die Geschichte nicht weitergehen;

sie steht still oder dreht sich im Kreis. Dann kommt es nicht zu endzeitlichen Plagen, aber auch nicht zu einem endzeitlichen Jerusalem in einer neuen Schöpfung. Dann wird der Reiche auf ewig den Armen bedrücken und ausnützen; die Lüge wird ewig über die Wahrheit und das Unrecht ewig über das Recht siegen; dann kommt Gottes Plan mit seiner Schöpfung nie zum Ziel. Und zunächst sieht es so aus, als könne tatsächlich niemand das Buch öffnen, „weder im Himmel noch auf der Erde noch unter der Erde“. Da bricht der Seher in Tränen aus. Das ist die dramatischste Stelle im ganzen Buch der Geheimen Offenbarung. Aber der Seher wird getröstet; es findet sich doch ein Würdiger: „der Löwe aus dem Stamm Juda, die Wurzel Davids“. Wer ist das?

Und ich sah: Zwischen dem Thron und den vier Lebewesen auf der einen und den Ältesten auf der anderen Seite stand ein Lamm wie geschächtet, mit sieben Hörnern und sieben Augen; das sind die sieben Geister Gottes, die über die ganze Erde gesandt sind. Es kam und empfing aus der Rechten dessen, der auf dem Thron saß. Und als es das Buch genommen hatte, fielen die vier Lebewesen und die vierundzwanzig Ältesten nieder vor dem Lamm. Sie hatten jeder eine Harfe und goldene Schalen voll Räucherwerk; das sind die Gebete der Heiligen. Und sie singen ein neues Lied, das lautet: „Würdig bist du, das Buch zu nehmen und seine Siegel zu öffnen. Denn du bist geschächtet worden und hast für Gott durch dein Blut erkauft Menschen aus jedem Stamm und jeder Sprache, Volk und Nation, und hast sie unserem Gott zur Königsherrschaft bestellt und zu Priestern, und sie werden herrschen auf Erden.“ (Offb 5,6–10)

Der Würdige wird eingeführt als „der Löwe aus dem Stamm Juda, die Wurzel Davids“. Das sind Titel für den Messias; der eine stammt aus Gen 49,9f, der andere aus Jes 11,1.10.[66] Dieser Würdige ist die merkwürdigste Gestalt der ganzen Apokalypse. Sie läßt sich tatsächlich weder den himmlischen noch den irdischen noch den unterirdischen Wesen zurechnen. Sie ist kein typischer Vertreter des himmlischen Hofstaats, kein mächtiges Engelwesen, sondern ein Wesen, das so gar nicht in einen himmlischen Hofstaat paßt: ein Lamm, das unübersehbar den Schächtschnitt am Hals trägt, „das dasteht wie geschächtet“.[67] Trotz des Schächtschnitts steht das Lamm auf seinen Füßen und bewegt sich; es lebt mit einer tödlichen Wunde. Die sieben Hörner und sieben Augen weisen auf seine Macht hin. Ein mächtiges Lamm also, ein Lamm, das zugleich ein Löwe ist, „der Löwe aus dem Stamm Juda“. Das ist zweifellos ein Paradox im Sinne der Vereinigung von scheinbar Unvereinbarem. Aber wir wissen, wer mit diesem Lamm gemeint ist, und es gibt keine Christologie ohne Paradoxie.

Dieses Lamm also empfängt von „dem, der auf dem Thron sitzt“, das Buch und führt die Geschichte der Menschheit – mit all ihrem Grauen – zum Ziel, indem es Siegel um Siegel öffnet. Das ist die geschichtliche Aufgabe Christi nach dem letzten Buch der Heiligen Schrift. Allein Christus ist dieser Aufgabe gewachsen, da er allein die Prüfung dafür bestanden und den Preis dafür bezahlt hat. Dieser Preis war das freiwillige Sterben des unschuldigen Lammes, um die Sünden aller Welt zu sühnen. Mit seinem Blut sind alle „erkauft“, die sich ihm anschließen und bereit sind, dasselbe Schicksal auf sich zu nehmen. Sie sind die eigentlichen Herren der Welt, weil sie sich dem einzigen Herrn der Welt ganz unterworfen haben.

---

66 Vgl. Jer 23,5; 33,15.

67 Die herkömmliche Übersetzung „wie geschlachtet“ ist irreführend, weil wir bei „geschlachtet“ immer auch an „zerlegt“ denken. Diese Assoziation ist hier aber ganz fern zu halten.

Damit kann die Szene zu ihrem triumphalen Ende kommen, zu jenem Triumph, der vor und über allen Schrecknissen steht, die im weiteren Verlauf des Buches geschildert werden:

Und ich sah, und ich hörte die Stimme vieler Engel rings um den Thron und die Lebewesen und die Ältesten, und ihre Zahl war zehntausendmal zehntausend und tausendmal tausend, und sie riefen mit lauter Stimme: „Würdig ist das geschächtete Lamm, zu nehmen Macht, Reichtum, Weisheit, Einfluß, Ehre, Ruhm und Lobpreis!" Und jedes Geschöpf, sei es im Himmel, auf der Erde, unter der Erde oder auf dem Meer, und alles in ihnen hörte ich rufen: „Dem, der auf dem Thron sitzt, und dem Lamm gebühren Lobpreis, Ehre, Ruhm und Gewalt in alle Ewigkeit!" Und die vier Lebewesen sprachen: „Amen!" Und die Ältesten fielen nieder und beteten an. (Offb 5,11–14)

Wenn diese Sicht der Rolle Christi in der Weltgeschichte als die christlich gültige angesehen werden darf – und ich sehe keine Alternative –, dann muß jede christliche Konzeption der Geschichte Christus die Schlüsselrolle einräumen.[68] Betrachten wir wenigstens ein Beispiel für eine solche Konzeption.

6. „Das große Welttheater"

Lessing hatte eine Weltgeschichte konzipiert, in der Christus nur eine untergeordnete Vorstufenrolle einnimmt. Grass hat eine Weltgeschichte entworfen, die selbst Gott ganz aus dem Spiel lassen will. Aber was ist die Geschichte, wenn man Gott aus dem Spiel läßt? Ein Drama, in dem alle Rollen beliebig sind, das weder Autor noch Regisseur hat, in dem niemand weiß, was gespielt wird oder gespielt werden soll. Wenn es aber so ist, dann gilt, was Shakespeares Macbeth einmal vom Leben des einzelnen sagt, von der Geschichte insgesamt: „It is a tale, told by an idiot, full of sound and fury, signifying nothing." „Es ist eine Geschichte, wie ein Irrer sie erzählt, geräuschvoll und wild, ohne jeden Sinn."[69]

Eine solche Geschichte kann nur in der Katastrophe enden oder wie das Hornberger Schießen. Und ich sehe nur drei mögliche Haltungen, die man ihr gegenüber einnehmen kann: Die erste ist die Haltung der Verzweiflung oder Resignation; die zweite ist die Haltung von Camus' Sisyphos: das sinnlose Tun immer wieder neu aufnehmen; die dritte ist jene Haltung, die heute am verbreitetsten zu sein scheint: Gleichgültigkeit nach dem Motto: „Mach das Beste draus!"[70] Keine dieser Haltungen ist christlich. Und da mir der Glaube, die Menschheit könne sich an der Vernunft aus dem Schlamassel ziehen wie Münchhausen an seinem Zopf, nicht besonders rational erscheint, ist es vielleicht nicht unvernünftig, die christliche Konzeption der Geschichte neu in Betracht zu ziehen. Diese bedient sich gern der alten Metapher von der Geschichte als dem großen Drama auf dem Theater der Welt.[71]

[68] Dies hat im 20. Jahrhundert m. E. niemand überzeugender getan als *Hans Urs von Balthasar* im 3. Band seiner Theodramatik (s.o. Anm. 59). Dieser Band beginnt mit einem Teil über das letzte Buch der Bibel: „Unter dem Zeichen der Apokalypse" (13–63) und endet mit „IV. Die Schlacht des Logos" (397–468).

[69] *W. Shakespeare*, Macbeth 5. Akt, 5. Szene VV 26–28. Die ganze Stelle ist zitiert o. 11.

[70] Das war und ist denn auch das Motto der meisten Akademiker im Hinblick auf den sogenannten Bologna-Prozeß.

[71] Zum Topos „Welttheater" und seiner Geschichte in der europäischen Literatur vgl. *H. U. von Balthasar*, Theodramatik I. Prolegomena, Einsiedeln 1973, 121–238; *E. R. Curtius*, Europäische Literatur und lateinisches Mittel-

Nach jüdischer und christlicher Überzeugung waltet, wie wir gesehen haben, im Leben des einzelnen wie in der Weltgeschichte Gottes Vorsehung, auch wenn ihre Ratschlüsse notorisch unergründlich und ihre Absichten oft genug undurchschaubar sind. Gott ist als der Schöpfer dieser Welt auch der Herr ihrer Geschichte; er hat dieses große Drama in Gang gesetzt und ist dabei gleichsam Autor und Regisseur in einer Person, und am Ende übernimmt er auch das Amt des Kritikers. Nach christlicher Überzeugung tritt er in seinem Stück sogar selbst als Darsteller auf; in Jesus von Nazaret betritt er in eigener Person die Bühne des Weltgeschehens. Gott hat freilich keinen fertigen Text geschrieben, nach dem gespielt werden muß, denn seine Darsteller sind keine bloßen Figuren oder Marionetten, sondern freie Personen, denen er als Regisseur größten Spielraum läßt. Immerhin hat er ihnen doch eine gewisse Idee ihrer Rolle, des Stücks und seines beabsichtigten Schlusses vermittelt. Rollen gibt es in diesem Drama nur in begrenzter Auswahl, dafür aber in unendlichen Varianten.

Diese Sicht des Weltgeschehens ist in unübertroffener Weise dargestellt in Calderóns „Großem Welttheater" (Erstdruck 1655).[72] Es ist wohl das berühmteste der einaktigen Fronleichnamsspiele (autos sacramentales) Calderóns und kommt mit elf *dramatis personae* aus. Da ist der Schöpfer der Welt, der als Autor auch bestimmt, was gespielt wird und als Regisseur die Rollen verteilt. „Die Welt" als Schauplatz des Dramas ist selbst Figur im Drama. Auf ihrer Bühne agieren sieben Gestalten: die Schönheit, die geistliche Weisheit, der König, der Reiche, der Bauer, der Bettler und ein Kind, das ungeboren stirbt. Das Wesen ihres Agierens ist Darstellung (representación), auch wenn sie meinen, es sei Leben.[73] Als Darstellung hat das Leben des einzelnen seinen Sinn nicht in sich selbst, sondern erhält ihn durch die zugewiesene Rolle, die zum Gelingen des ganzen Stücks notwendig ist. Die Darsteller haben nur eine einzige Aufgabe: *ihre* Rolle gut zu spielen.

Als Souffleur dient den Spielern „das Gesetz der Gnade". Es spricht den Prolog vor der Handlung (659–667) und flüstert den Spielern, wenn sie nicht weiter wissen, immer wieder zu, worum es geht: „Seinen Nächsten lieben wie sich selbst" und „Gut handeln, denn Gott ist Gott". Das ist die ganze Richtschnur, mehr hat der Souffleur nicht zu sagen; alles andere ist Improvisation nach Gutdünken. Denn die Spieler sind mit freiem Willen ausgestattet (VV. 929–948). Eine traurige Stimme – sie zählt zu den elf *dramatis personae* – singt das Lied von Vergänglichkeit und Tod. Es erklingt immer dann, wenn ein Darsteller abtreten muß, um von der Bühne des Scheins, dem „Teatro de las ficciones", hinüberzuwechseln auf die Bühne der Wahrheit, das „Teatro de las

---

alter, Tübingen und Basel [11]1993 ([1]1948), 148–154; *A. Demandt*, Metaphern für Geschichte. Sprachbilder und Gleichnisse im historisch-politischen Denken, München 1978, 332–348.

72 *Pedro Calderón de la Barca*, El gran teatro del mundo. Das große Welttheater. Spanisch / deutsch, übersetzt und herausgegeben von G. Poppenberg (RU 8482), Stuttgart 1988. Das Wort „representar / representación" gebe ich – im Unterschied zu Poppenberg, der meistens mit „Vorstellung" übersetzt – durchweg mit „darstellen", „Darstellung" wieder.

73 „... que en acto tan singular / aquello es representar, / aunque piense que es vivir" (VV. 326–328). Vgl. 1569f: „...representaciones / es aquesta vida toda" „Aus Darstellungen besteht dieses Leben". Thomas von Aquin begreift die ganze Geschichte als „dynamische Repräsentation" und „ein sinndarstellendes Geschehen". Die Aufgabe des Geschöpfes besteht darin, „daß es diesen Sinn darstellt, indem es die ihm zugewiesene Weise der Existenz *vollzieht*" (*M. Seckler*, Heil [s. Anm. 32] 101. Vgl. ebd. 98–104).

verdades" (VV. 1387f).[74] Und was ist der Sinn und Zweck des ganzen Spiels? Es ist ein Feststück zur Verherrlichung der Größe und Macht des Schöpfers (VV. 39–42. 628f).

Das also ist das dramatische Muster des Lebens, in dem wir alle mitspielen, und das wir je nachdem als Tragödie, Komödie oder Farce erleben und prägen. Hätte Calderón es allerdings dabei belassen, so wäre sein Bild der Welt ohne geschichtliche Dimension; das Drama des Lebens wäre dargestellt als eine immer neue Wiederholung derselben Szenen in geringfügigen Varianten; eine Einheit und ein Sinn des *ganzen* Spiels wäre nicht erkennbar. Diesen Eindruck verhindert Calderón gleich zu Anfang seines Stücks. Noch bevor die Darsteller auftreten, erscheint „die Welt", von ihrem Schöpfer gerufen, und gibt einen Überblick über den Spielverlauf. Das Spiel hat drei „Akte" (VV. 99–224). Der erste Akt ist die Zeit „des großen Gesetzes der Natur". Er beginnt mit dem Paradies und endet ganz traditionell – man denke nur an die Zehn-Epochen-Apokalypse – mit der Sintflut.[75] Der zweite Akt, die Zeit des „geschriebenen Gesetzes (= Alter Bund)" (V. 169), endet wiederum mit einer kosmischen Katastrophe: der Sonnenfinsternis beim Tod Christi am Kreuz und einem großen Erdbeben (vgl. Mt 27,51). Zu einem dritten Akt kommt es nur durch das Wunder der Auferstehung Christi.[76] Dieser Akt, die Zeit „des Gesetzes der Gnade (= Neuer Bund)" (V. 203), dauert noch an.[77] Aber irgendwann wird „der letzte Auftritt" (V. 209) sein. Dann wird das Stück enden, wie es sich für ein Festspiel gehört: mit einem großen „Feuerwerk" (V. 214).[78] Der Gedanke an dieses „Feuerwerk" läßt „die Welt" allerdings schaudern und sie hofft, daß diese Szene, „dieser furchtbar harte Schluß", sich noch hinausziehe, „so weit, daß keines der künftigen Jahrhunderte sie je zu sehen bekommt" (VV. 221–224).

Auch wenn die Welt hofft, daß es nie stattfinden möge: das abschließende Jüngste Gericht ist unausweichlich, denn am Ende muß entschieden werden, ob die Darsteller ihre Rolle erkannt, angenommen und gut gespielt haben, so daß sie würdig sind, zum ewigen Gastmahl des Schöpfers gerufen zu werden (VV. 1437–1568). Der entscheidende Testfall ist jeweils das Verhalten gegenüber dem Bettler. In Calderóns Stück wie im Christentum überhaupt ist der Sinn des Gerichtsgedankens, die Darsteller an ihre Aufgabe zu erinnern und an die Verantwortung, die mit jeder Rolle verbunden ist. Das Erinnern daran übernimmt im konkreten Fall der „Souffleur", der die Stimme des Gewissens und damit die Stimme des „Autors" und „Kritikers" selbst ist. Es ist also nicht be-

[74] Was die Menschen gewöhnlich für die wirkliche Welt halten, ist in Wahrheit eine Scheinwelt, und was sie für eine Scheinwelt halten, ist die wirkliche. Zum Wechsel von der Ebene der Fiktion zu der der Wahrheit – beide sind nicht absolut getrennt – vgl. das Nachwort *G. Poppenbergs* (s. Anm. 72), das unter der Überschrift steht: „Rolle und Freiheit – die Zeit des Spiels im Welttheater" (147–167).

[75] Vgl. *M. Reiser*, Gerichtspredigt (s. Anm. 7) 44f u. Index s. v. „Sintflut als Vorbild d. Endgerichts".

[76] „In anderen Stücken *Calderons* wird die Rolle Christi viel stärker betont: er ist, in welcher Rolle und Maske auch immer, der Gesendete des Vaters, den er maßgeblich und endgültig repräsentiert" (*H. U. von Balthasar*, Theodramatik I [s. Anm. 71] 149).

[77] Diese Einteilung in drei *tempora* (ante legem, sub lege, sub gratia) geht auf Augustinus zurück und findet sich auch bei Hugo von St. Victor (vgl. *G. Scholtz*, Art. Geschichte: HWP 3 [1974] 349f.) und Thomas von Aquin (vgl. *M. Seckler*, Heil [s. Anm. 32] 196–202). Der typologisch-heilsgeschichtliche Zyklus des Verduner Altars in Klosterneuburg aus dem 12. Jahrhundert folgt ebenfalls diesem Schema. Vgl. *F. Röhrig*, Der Verduner Altar, Klosterneuburg 1995. Für diesen Hinweis danke ich Dr. Norbert Jacoby.

[78] „Kann man subtiler und eleganter jeder Form eschatologischer Panikmache begegnen, als den Weltenbrand der Apokalypse selbst zum prunkvollen, alles überstrahlenden Abschluß des Fests der Schöpfung durch ein Feuerwerk zu erklären?" (*G. Poppenberg*, Welttheater [s. Anm. 72] 167 Anm. 26).

liebig, wie man seine Rolle spielt; denn *jede* Rolle will gut gespielt sein und gehört zum Ganzen. Und im Wissen darum, was gespielt wird und für wen, kann uns auch „der furchtbar harte Schluß" vor dem Fallen des Vorhangs nicht in Verzweiflung treiben. Ohne diesen Schluß könnte es ja nie zu dem kommen, was am Ende der Zehn-Epochen-Apokalypse steht: „Güte und Gerechtigkeit werden herrschen, und die Sünde wird von da an nicht mehr erwähnt werden bis in Ewigkeit" (1 Hen 91,17). Das abschließende Gericht am Jüngsten Tag ist ein wesentliches Element der christlichen Hoffnung.

7. Der leere Thron

Abendländisches Geschichtsbewußtsein ist in einem wesentlichen Grade ein apokalyptisches: es ist gegründet im Advent, in der Erwartung des Richters, im Wissen, daß in einem Augenblick die Szene zum Tribunal werden kann.[79]

Im ersten Moment mag es befremden, daß Reinhold Schneider hier vom „abendländischen" und nicht vom christlichen Geschichtsbewußtsein spricht. Den Grund dafür nennt Schneider in einem 1936 verfaßten Essay:

Auch wird man an die Geschichte des christlichen Abendlandes keine widerchristliche Geschichte anfügen können, ohne das gesamte Vermächtnis der abendländischen Kultur: Architektur, Musik, Dichtung, Denken und alle Ausdrucksformen, in denen wir uns heute als Christen wie als Antichristen allein zu äußern vermögen, bis zur völligen Unverständlichkeit den Menschen zu entfremden. Wohl gab es nach einem höheren, nicht von Menschen erdachten Plane einen Weg von der Antike zum Christentum im Sinne der Entfaltung erworbener Werte; aber es gibt keinen Weg von diesem in sein Gegenteil. Zwischen beiden klafft der Abgrund, und es ist noch heute, wo wir auch als Irrende, Zweifelnde, Abgefallene vom Brote leben, das der Herr ausgeteilt, schlechterdings nicht möglich, eine Welt oder gar eine Kultur zu sichten, die nun nicht mehr antichristlich wäre, sondern kraft eigener, neuer Werte sich jenseits des Christentums aufbauen und zu einem Ganzen zusammenschließen würde. Und nur in einer solchen nicht mehr im gegnerischen Sinne unchristlichen Welt wäre das Christentum tatsächlich überwunden.[80]

Schneiders Urteil über das abendländische Geschichtsbewußsein steht in einem Büchlein mit Darstellungen des Jüngsten Gerichts in der Kunst Europas, dessen Text er kurz vor seinem Tod noch überarbeitet hat. Im vorletzten Abschnitt steht die Quintessenz seines Geschichtsglaubens:

Vielleicht ist die Botschaft vom Gericht, ist seine Bildersprache, der das Wort keineswegs zu folgen vermag, der wichtigste Anruf an die Gegenwart: wir sind so vermessen, zu glauben, daß wir, wenn das uns einwohnende Gefälle zur Vernichtung uns treibt, die Erde werden aufheben können samt allen ihren Bewohnern. Nein! Die Möglichkeiten der Sünde sind fast unbegrenzt – innerhalb der Wahrheit, daß der Richter allein diese unsere Welt beenden wird, nachdem seine Boten, die Vergeuder der Zornesschalen, und die dem Martyrium geweihten letzten Zeugen ihm vorausgegangen sind. Aber das Letzte, was Erde und Zeit angeht, wird ausstrahlen von Gott, und keine Hybris ist mächtig genug, das Drama der Geschichte und Schöpfung abzuschließen, nicht wegen des Menschen Unvermögen: sondern weil Gott in den Zeitenlauf eingetreten ist; weil Er die erste Person der Geschichte ist und sie in eine Dimension verpflanzt hat, die unserem Vermögen nicht mehr untersteht. Christus ist ja der Heimlich-Gegenwärtige, der trägt, was wir zu tragen glauben. Wer aber sieht den leeren Thron?[81]

---

[79] R. *Schneider*, Das Weltgericht (Der Bilderkreis 22). Zweite, neubearbeitete Auflage, Freiburg i. B. 1958, 8.
[80] R. *Schneider*, Das Schweigen, in: *Ders.*, Macht und Gnade. Gestalten, Bilder und Werte in der Geschichte, Wiesbaden 1946, 77–86, hier 79f. Auch in: *Ders.*, Gesammelte Werke Bd. 8, Frankfurt a.M. 1977, 27–37, hier 30.
[81] R. *Schneider*, Das Weltgericht (s. Anm. 79) 13f.

Als „leeren Thron" bezeichnet man in der christlichen Ikonographie die Darstellung eines Thrones, der für Christus als den kommenden Weltenrichter bereitsteht.[82] Dieses Motiv begegnet in der Kunst des Ostens wie des Westens seit dem 5. Jahrhundert. Oft ist der Thron mit den Leidenswerkzeugen und dem Buch des Lebens ausgestattet. Beigefügte Inschriften sprechen (nach dem Septuagintatext von Ps 9,8 und 88 [89], 15) von der „Thronbereitstellung" (ἑτοιμασία τοῦ θρόνου oder kurz der ἑτοιμασία). Dieser Thron ist ein gewaltiges Symbol; „er steht inmitten jeglicher Zeit, immer bereit, den Richter aufzunehmen; Recht ist noch nicht vollzogen, aber es ist schon instituiert: mit dem Thron ist der Richter anwesend."[83] Keine Zeit der letzten zwei Jahrtausende hat den Thron, der für den Richter bereitsteht, so entschlossen übersehen und aus den Augen gerückt wie die unsere. Das damit Symbolisierte möchte man am liebsten leugnen (selbst unter Christen). Diese Haltung wird meistens damit gerechtfertigt, daß man von der Angst spricht, die man den Menschen früherer Zeiten mit dieser Vorstellung eingejagt habe. Vielleicht hatten die Menschen des Mittelalters ja tatsächlich eine übertriebene Angst vor dem Gericht Gottes; aber sind wir heute nicht allzu sehr geneigt, diese Angst für gegenstandslos zu halten? Und was haben wir damit gewonnen? Je mehr unsere Angst vor *Gottes* Gericht abnimmt, desto größer wird unsere Angst vor dem Gericht der Menschen. Und diese neue Angst ist um vieles schrecklicher und verzweifelter als die frühere. David gesteht, als er vor die Alternative gestellt wird, sich den Schrecken auszusetzen, die Gott schickt, oder jenen, die ihm Menschen antun:

> Ich habe große Angst. Aber wir wollen lieber in die Hände des Herrn fallen, denn seine Barmherzigkeit ist groß. In die Hände der Menschen dagegen will ich nicht fallen! (2 Sam 24,14)

So ist es auch tröstlicher, auf den bereitstehenden Richterthron Gottes zu schauen und das Gericht Gott anheimzustellen als sich ganz den Menschen, ihren Absichten und Plänen ausgeliefert zu wissen. Nur die Hoffnung auf das Gericht Christi gibt eine begründete Hoffnung auf das, was die beiden letzten Kapitel im Buch des Sehers von Patmos in Bildern zum Ausdruck bringen.

---

[82] Vgl. *Th. von Bogyay*, Art. Hetoimasia: RBK 2 (1971) 1189–1202; *F. van der Meer*, Maiestas Domini. Théophanies de l'Apocalypse dans l'art chrétien, Città del Vaticano 1938, 238–244 ; *Y. Christe*, Das Jüngste Gericht, Darmstadt 2001, 29f.

[83] *R. Schneider*, Das Weltgericht (s. Anm. 79) 12. Als Bildbeispiel ist in dem Büchlein die Darstellung aus dem Baptisterium der Orthodoxen in Ravenna gewählt. In neueren Beiträgen wird die Ansicht vertreten, daß diese Darstellung nicht auf das Jüngste Gericht bezogen werden kann, sondern lediglich, symbolisiert in dem auf dem Thron befindlichen Kreuz, die Anwesenheit Christi repräsentiert. Vgl. *S. K. Kostof*, The Orthodox Baptistery of Ravenna, New Haven and London 1965, 80f. In jedem Fall wird Christus als die Autorität verstanden, vor der das eigene Tun zu verantworten ist. Schneiders Ausführungen sind von diesen Differenzen unberührt.

Poetik und Theologie im „Traum des Gerontius“ von John Henry Newman[1]

„Wer ist der größte Schriftsteller, Dädalus?“
Steffen bemerkte den Spott in der Frage und sagte:
„Der Prosa, meinst du?“
„Ja.“
„Newman, denke ich.“
„Kardinal Newman?“ fragte Boland.
„Ja“, antwortete Steffen.
Das Grinsen auf Nashs Sommersprossengesicht wurde breiter, als er sich Steffen zuwandte und sagte:
„Und du magst Kardinal Newman, Dädalus?“
„Nun, viele sagen, daß Newman den besten Prosastil hat“, sagte Heron zu den beiden andern als Erläuterung. „Klar, ein Dichter ist er nicht.“

Dieses Gespräch findet man bei James Joyce in dem Roman „A Portrait of the Artist as a Young Man“ (Chapter 2). Im wesentlichen dieselbe literarische Einschätzung bietet A.N. Wilson in einem Beitrag über „Newman the Writer“, vorgetragen in Oxford 1990 zur Hundertjahrfeier seines Todes. Es gebe nur wenige Autoren englischer Sprache, meint Wilson, die Newman gleichkämen als Prosa-Stilisten.[2] Aber seine Dichtung?

Sicherlich, es gibt gute Passagen im ‚Dream of Gerontius‘, zumal wenn sie gesungen werden zu der grandiosen Musik Elgars; und wer bei ‚Lead Kindly Light‘ keine Gänsehaut bekommt, ist ein Hornochse [a baboon: wörtlich ein Pavian]. Aber wenn wir seine gesamte Dichtung lesen, können wir Newman schwerlich sehr hoch schätzen.[3]

Mein Ziel im Folgenden ist es nun zu zeigen, daß Newmans „Traum des Gerontius“, auch wenn er rein als Dichtung genommen nicht besonders hoch rangieren mag, doch eine außergewöhnliche Leistung darstellt. Denn hier ist das seltene Kunststück gelungen, Philosophie, Dogmatik und Poe-

1 Ich danke Sr. Mary-Birgit Dechant FSO aus der Geistlichen Familie des „Werkes“ in Littlemore für wertvolle Hinweise und Materialien. Für Hinweise auf liturgiegeschichtliche Literatur während eines Krankenbesuches danke ich Kollegen Hans-Jakob Becker, für die Lektüre des Manuskripts seinem Nachfolger, Kollegen Ansgar Franz.

2 *A.N. Wilson*, Newman the Writer, in: D. Brown (Hg.), Newman – A Man for Our Time. Centenary Essays, London 1990, 123–140, hier 139.

3 Ebd. 128. Wilson hat selbst einen Band mit „Prayers, Poems, Meditations“ von Newman herausgegeben. Vgl. auch *R. Sharrock*, Newman's Poetry, in: I. Ker / A.G. Hill (Hg.), Newman after a Hundred Years, Oxford 1990, 43–61. Er schreibt: „Newman's metrical practice is on the whole unremarkable, though varied and capable, ranging through common metre, ballad stanza, the sonnet, and various other stanzas“ (ebd. 52). „What remains bewildering is the width of the gap between the conventional rhetoric of most of these poems and the exceptional mind behind them“ (ebd. 51). Man sollte allerdings nicht vergessen: Es gibt bedeutendere Dichter, die weniger Verse von bleibender Faszinationskraft geschaffen haben als Newman. Und was die hier angesprochene „Kluft“ betrifft, sei auf Newmans eigene Poetik verwiesen (vgl. u. 215f).

sie zu einer imaginativ überzeugenden und ergreifenden Einheit zusammenzuführen. Zugleich kann man am Beispiel dieser Dichtung zeigen, was sakrale Sprache ist und was sie leisten kann. Aber zuvor einige Worte über den Autor.[4]

John Henry Newman, 1801 in London geboren, studierte am Trinity College in Oxford und wurde mit 21 Jahren zum Fellow des Oriel College gewählt. 1828 erhielt er die Pfarrei der Universitätskirche, wo er als einflußreicher Prediger wirkte. Er wurde schnell Haupt und Seele der sogenannten Oxfordbewegung, die ab 1833 eine Erneuerung der anglikanischen Kirche im katholischen Geist anstrebte. Nach langem Ringen trat er 1845 zur römisch-katholischen Kirche über und darf bis heute als berühmtester Konvertit Englands gelten. Er erhielt in Rom die Priesterweihe und führte das Oratorium des hl. Philipp Neri in England ein. Von 1849 bis zu seinem Tod lebte Newman in der Gemeinschaft des Birminghamer Oratoriums. Sein Ansehen in der anglikanischen Kirche gewann er zurück mit seiner „Apologia pro vita sua" von 1864. Das College, in dem er studiert hatte, ehrte ihn 1877 durch die Ernennung zum Honorary Fellow. Zwei Jahre darauf erfolgte seine überraschende Erhebung zum Kardinal. Diese Ehrung erledigte den hartnäckigen Verdacht, er sei zu liberal, um ein guter Katholik zu sein. 1890 starb er 89jährig als einer der bekanntesten Männer Englands. Er wurde geschätzt als Prediger und Autor geistlicher, theologischer und philosophischer Werke, dazu einiger beachtlicher *Parerga* wie des „Dream" und zweier Romane. Er galt als Inbegriff eines integren englischen Gentleman, und man sagte ihm allgemein ein heiligmäßiges Wesen und Leben nach. Am 19. September 2010 wurde er von Papst Benedikt XVI. in Birmingham seliggesprochen.

1. Der Traum des Gerontius[5]

> Wer die Menschen sterben lehrte, würde sie leben lehren.
> *Michel de Montaigne*[6]
>
> Was Menschen tun können, um Menschen ein leichtes und friedliches Sterben zu ermöglichen, bleibt noch herauszufinden.
> *Norbert Elias*[7]

Das dramatische Gedicht „The Dream of Gerontius" entstand in erstaunlich kurzer Zeit, nämlich innerhalb von drei Wochen im Januar / Februar 1865. Newman schrieb es nach eigener Auskunft am 17. Januar aufgrund einer plötzlichen Eingebung in einem Zug nieder, „on small bits of pa-

---

[4] Vgl. *G. Biemer*, John Henry Newman 1801–1890. Leben und Werk, Mainz 1989; *I. Ker*, John Henry Newman. A Biography, Oxford 1988; *Sh. Gilley*, Newman and his Age, London 1990. Ein Charakterbild und eine Anthologie habe ich beigesteuert in: *H.-B. Gerl-Falkovitz* u.a., Im Wandel treu: John Henry Kardinal Newman, Mainz 2011.

[5] Einen guten zweisprachigen Lesetext bietet: *John Henry Newman*, Der Traum des Gerontius. Englisch / Deutsch mit einem Nachwort von Rudolf Voderholzer, übersetzt von Paul Pattloch, Einsiedeln 2001 (ursprünglich mit einem Nachwort des Übersetzers erschienen Aschaffenburg 1946). Eine bemerkenswerte Übersetzung mit einem Vorwort ist die von *Theodor Haecker*, Freiburg i.B. 1952.

[6] *M. De Montaigne*, Essais I 20, übersetzt von H. Stilett, Frankfurt a.M. 1998, 49.

[7] *N. Elias*, Über die Einsamkeit der Sterbenden, Frankfurt a.M. 1982 ([8]1995), 100.

per",[8] und fertigte dann eine Reinschrift an. Es erschien zunächst anonym in einer Zeitschrift (in der Mai- und Juni-Nummer des „Month") und ein Jahr später unter seinem eigenen Namen in Buchform. Newman scheint selbst überrascht gewesen zu sein über den Erfolg. „It was written by accident – and it was published by accident."[9] Dieses Zufallsprodukt erreichte bis zu Newmans Tod 27 Auflagen. Nonnen in Liverpool sorgten noch im Erscheinungsjahr für eine Schüleraufführung.[10] Mit der Vertonung des „Dream" im Jahr 1900 gelang Edward Elgar seine vielleicht bedeutendste Komposition und der öffentliche Durchbruch als Komponist.[11]

Das Gedicht umfaßt etwa 900 Verse in sieben Teilen.[12] Es beginnt damit, daß Gerontius seinen Tod nahe fühlt und seine Freunde um Beistand bittet. Diese sind offensichtlich um ihn versammelt und beten die kirchlichen Sterbegebete des „Ordo Commendationis animae" aus dem Rituale Romanum:[13] eine kurze Allerheiligenlitanei, das „Libera" und beim Todeskampf das „Proficiscere": „Zieh hin, christliche Seele, aus dieser Welt ...". Newmans Versionen folgen eng den lateinischen Vorlagen.[14] In diesen Rahmen gehört auch ein letztes Glaubensbekenntnis des Sterbenden, und mit den im Ritus empfohlenen Worten: „In deine Hände, o Herr, empfehle ich meinen Geist" tut der Sterbende seinen letzten Atemzug (I 149f).

Unmittelbar nach dem Eintritt des Todes sieht das Formular der *Commendatio animae* ein kurzes Wechselgebet (Responsorium) vor, das sogenannte „Subvenite". Es beginnt:

Subvenite, sancti Dei, occurrite, Angeli Domini, suscipientes animam eius, offerentes eam in conspectu Altissimi. (Kommt zu Hilfe, ihr Heiligen Gottes, eilt entgegen, ihr Engel des Herrn. Nehmt auf seine Seele und tragt sie vor das Antlitz des Höchsten.)

Dieses Gebet wird nicht mehr zitiert, da das Gedicht ganz aus der Sicht des Gerontius geschrieben ist, aber dreimal wird es erwähnt als eben gesprochen (II 183. III 344. VI 819). Es gibt den Hauptinhalt des restlichen Gedichts vor, das davon handelt, wie die entleibte Seele vor das Antlitz Got-

---

8 The Letters and Diaries of John Henry Newman Bd. XXII, London 1972, 72 (Brief an T.W. Allies vom 11. Oktober 1865).

9 So schreibt Newman in einem Brief an Lady Charles Thynne vom 29. Okt. 1865 (Letters and Diaries Bd. XXII [s. Anm. 8] 86). *Richard H. Hutton* überliefert, Newman habe sein Werk in den Papierkorb geworfen, aus dem es ein Freund gerettet habe (Cardinal Newman, London 1891, 244).

10 Vgl. *J.H. Newman*, Letters and Diaries XXII (s. Anm. 8) 72 (Brief an T.W. Allies vom 11. Okt. 1865).

11 Zu Elgars Werk vgl. *P.M. Young*, Elgar, Newman, and *The Dream of Gerontius* In the Tradition of English Catholicism, Aldershot 1995; *A. Friesenhagen*, „The Dream of Gerontius" von Edward Elgar. Das englische Oratorium an der Wende zum 20. Jahrhundert, Köln-Rheinkassel 1994.

12 Nach meiner Zählung – die mir bekannten Ausgaben sind ohne Verszählung – sind es genau 902 Verse. Im Folgenden zitiere ich die Teile (römisch) und die Verse nach meiner Zählung.

13 Ich habe die Ausgabe Mecheln 1873 benutzt. Man findet die meisten Texte der *Commendatio animae* auch im Brevier (Pars Autumnalis). Einen Überblick über den Ritus vor der letzten Liturgiereform bietet *L. Eisenhofer*, Handbuch der katholischen Liturgik Bd. 2, Freiburg i.B. 1933, 429–434. Für einen knappen Überblick vgl. *B. Löwenberg*, Art. Commendatio animae: LThK² 3 (1959) 19. Zur Geschichte vgl. *R. Kaczynski*, Sterbe- und Begräbnisliturgie, in: Handbuch der Liturgiewissenschaft 8/II, Regensburg 1984, 191–227.

14 Einige Gebete aus dem *Ordo Commendationis animae* hat Newman mit kleinen Änderungen auch übersetzt in: *J. H. Newman*, Prayers, Verses, and Devotions, San Francisco 1989, 282f (= *Commendamus tibi, Domine* und *Delicta iuventutis*). 302f (= *Deus qui pro redemptione mundi voluisti nasci*). Das sind genau jene Gebete, die im „Dream" nicht zur Verwendung kommen.

tes getragen wird, vorbei am Chor der Dämonen und fünf Chören von Engelswesen. Der eigentliche „Träger" der Seele ist dabei ihr Schutzengel, mit dem sie Zwiegespräche führt und der in dem Gedicht auch das letzte Wort hat. Am Thron des Höchsten steht „der Engel der Todesangst" bereit, jener Engel, der nach dem Lukasevangelium (22,43f) Christus selbst am Ölberg beistand und darum als bester Fürsprecher der geängsteten Seele erscheint (VI 820–837). Bereits der noch lebende Gerontius hatte um ihn gebeten (I 128f).

Der kurze Anblick Christi führt zum dramatischen Höhepunkt des Gedichts. Durch zwei längere Erläuterungen des Engels wird die Seele auf diesen Höhepunkt vorbereitet (IV 473–584. V 707–738). Christus wird in diesem Zusammenhang als „Emmanuel", „Gekreuzigter" und „Gott" bezeichnet. Die Bezeichnung als „Gekreuzigter" erinnert an die starke ikonographische Tradition, die den Richter mit den deutlich hervorgehobenen Kreuzigungswunden zeigt und oft noch zusätzlich mit Kreuz und Leidenswerkzeugen.[15] „Die durchdringende Heiligkeit" (the keen sanctity), die von diesem Richter ausgeht, trifft die Seele wie Feuer und läßt sie „zusammenschrumpfen", so daß sie „passiv und still" daliegt „vor dem schauererregenden Thron", „vernichtet, doch neu belebt durch Gottes Blick" (VI 838–848). Der Anblick Christi beseligt zwar und weckt das Verlangen zu bleiben, führt aber zugleich zur furchtbaren Selbsterkenntnis, dieser Gegenwart nicht würdig zu sein (V 719–738). So kann die Seele nur noch bitten: „Nehmt mich weg und bringt mich in die unterste Tiefe ...". Dort will sie „regungslos und glücklich in ihrer Pein" verharren „bis zum Morgen", an dem sie wieder aufsteigen darf, „um Ihn zu schauen in der Wahrheit des immerwährenden Tages" (VI 849–864).

Es folgt noch ein Gebet der „Seelen im Fegfeuer" (VII 872–886). Dieses Gebet ist Psalm 90: „Herr, du warst unsere Zuflucht von Geschlecht zu Geschlecht ...". Ausgelassen sind lediglich die Verse, die sich auf das irdische Leben des Menschen beziehen („Unser Leben währt siebzig Jahre" u.ä.).[16] Dieser Psalm gehört weder zum Formular der *Commendatio animae* noch ist er Teil der Totenliturgie der Kirche. Sein liturgischer Ort ist vielmehr die Laudes, das Morgengebet der Kirche. So ist auch auf diese Weise das Motiv des mit Gewißheit erwarteten eschatologischen „Morgens" noch einmal vertreten, ein Motiv, das Newman viel bedeutet hat. Auch sein schon erwähntes berühmtestes Gedicht „Lead kindly Light" endet damit.

Das Gedicht ist im ersten Teil ganz aus der Perspektive des Gerontius geschrieben. Dabei ist Gerontius bereits so sehr mit sich selbst beschäftigt, daß Äußerlichkeiten wie die brennende Sterbekerze, das Weihwasser oder das Sterbekreuz, die selbstverständlich zum Ritual gehören, nicht erwähnt werden. Mit dem Tod fühlt sich seine Seele „erfrischt" (II 172) und zugleich völlig auf sich selbst zurückgeworfen. Um die Selbstbezogenheit und „Einsamkeit" (solitariness) (II 188) aufzubrechen, tritt jetzt der Schutzengel auf und mit ihm eine zweite Perspektive, die im Zwiegespräch vermittelt wird. Es ist natürlich Newmans eigene theologische und philosophische Sicht der Dinge, die sich ganz im Rahmen der katholischen Dogmatik hält.

---

15 Zahlreiche Beispiele bei *Y. Christe*, Das Jüngste Gericht, o.O. 2001 (frz.: Jugements derniers, 1997).

16 Es sind die Verse 5 und 9–12, die ausgelassen sind.

Wie schon der Name „Gerontius" „alter Mann" andeutet, geht es in dem Gedicht nicht um das Sterben eines bestimmten Menschen, sondern um das Sterben eines beliebigen katholischen Christen, noch genauer: um den Idealfall eines solchen Sterbens. Ein Gedicht mit dieser Thematik könnte leicht zum trockenen, katechismusartigen Lehrgedicht werden. Aber das verhindert die große Kunst des Verfassers, die diesem Gedicht wie all seinen Werken einen warmen, ja intimen Ton verleiht. „Es handelt vom allgemeinsten Fall, der denkbar ist, aber so, als ob es der individuellste wäre".[17] Das macht den besonderen Reiz des Werkes aus und ist zugleich ein Ausdruck des christlichen Glaubens an die unverwechselbare Persönlichkeit jedes nach Gottes Ebenbild geschaffenen Menschen.

Andererseits steht diese Persönlichkeit nicht allein vor ihrem Schöpfer, sondern in der „Gemeinschaft der Heiligen", die durch die lebenden und verstorbenen Mitchristen gebildet wird, und durch die Gemeinschaft der Engel, die in unserem Gedicht durch den Schutzengel, den „Engel der Todesangst" und die fünf Chöre von Engelswesen redend und singend eingeführt werden. Die Gemeinschaft der Kirche tritt vor allem im ersten Teil in Erscheinung in Form der „Beistehenden" (Assistents) unter der Leitung eines Priesters. Ihr Gebet soll nicht nur dem Sterbenden helfen, sondern ist über den Tod hinaus wirksam (vgl. VI 897f). Die christliche Lehre vom Fegfeuer entwickelte sich bekanntlich aus der Praxis des Bittgebets für die Verstorbenen.[18]

Die Gemeinschaft der Kirche tritt weiter in Erscheinung durch das liturgische Formular, das den Sterbegebeten zugrunde liegt. Alle wesentlichen Elemente des „Ordo Commendationis animae", wie er in den Grundzügen bis heute gültig ist, gehen in die ersten christlichen Jahrhunderte zurück.[19] Mit Gebeten wie dem „Proficiscere", dem „Libera" und dem „Suscipe" erhält die Gemeinschaft der Kirche eine geschichtliche Tiefe, die auch die Gerechten, Patriarchen und Propheten des Alten Bundes umfaßt. Die Allerheiligenlitanei dieses Formulars greift sogar bis zu Abraham, ja Abel, dem ersten Gerechten, und damit zu den Anfängen der Menschheitsgeschichte zurück.[20] Das „Libera" besteht fast ganz aus einer alttestamentlichen Exempla-Reihe von Fällen, in denen Gerechte aus Gefahren befreit wurden. Aus dem Neuen Testament sind darin lediglich Petrus und Paulus als aus dem Gefängnis befreit vertreten. Newmans eng an der Vorlage bleibende Version bringt alle Exempla ohne Ausnahme einschließlich dem der Susanna, die „von Verleumdung und Schmach" (in der lateinischen Vorlage: „de falso crimine") befreit wird. Sogar die von Paulus bekehrte Thekla, das einzige apokryphe Beispiel dieser Reihe, fehlt nicht.

Die Konfiguration des Gedichts ist grundsätzlich die eines jeden nach kirchlichem Brauch vollzogenen Sterberitus oder Totenoffiziums. Es ist zugleich die Konfiguration in jeder Heiligen Mes-

---

17 *Th. Haecker*, Einleitung zu: John Henry Newman, Der Traum des Gerontius. Übertragen und eingeleitet von Theodor Haecker, Freiburg i.B. 1952, 7.

18 Vgl. *A. Merkt*, Das Fegefeuer. Entstehung und Funktion einer Idee, Darmstadt 2005, 68f.

19 Die Herkunft und Geschichte der Motive, Gebete und Formulare findet man in zwei Untersuchungen: *J. Ntedika*, L'évocation de l'au-delà dans la prière pour les morts. Étude de patristique et de liturgie latines (IVe–VIIIe s.), Louvain – Paris 1971; *D. Sicard*, La Liturgie de la mort dans l'église latine des origines à la Réforme carolingienne (LQF 63), Münster 1978.

20 Abel ist in Newmans Version allerdings weggelassen.

se. Der von Newman vorausgesetzte „ideale" Christ ist von Kindesbeinen an vertraut damit. Ihre höchste Dringlichkeit erhält sie jedoch in der Sterbestunde. Deshalb bietet die Kirche in den Sterbegebeten „ihre machtvollste Sprache auf, um die scheidende Seele mit allen Ehren aus der Gemeinschaft der Erdenpilger hinüberzugeleiten in die Gemeinschaft der vollendeten Gerechten".[21]

2. Theologische und philosophische Fragen

Jedem, der über die sogenannten „Letzten Dinge" (Tod, Gericht / Fegfeuer, Himmel und Hölle) schreibt, stellen sich eine Reihe von Fragen, die zu den haarigsten der Theologie und Philosophie gehören. Newman hat sich ein Leben lang mit ihnen befaßt; die Quintessenz seiner Gedanken findet man in gewohnter Luzidität im „Traum des Gerontius". Im Vorgefühl des Todes ist es dem Sterbenden, „als sinke ich aus dem Rahmen der Welt hinab in den formlosen, bodenlosen Abgrund, jenes blanke Nichts, aus dem ich kam" (I 24–26). Dieser Gedanke wird kurz darauf noch einmal variiert: „... als fiele ich immer weiter durch das Gerüst der erschaffenen Dinge, hinab und hinab, unweigerlich, in den ungeheuren Abgrund" (I 115–124). Am Ende möchte er nur noch schlafen und murmelt: „In Deine Hände, o Herr, in Deine Hände ..." (I 148–150).

Zu Beginn des zweiten Teils, in dem die entleibte Seele spricht, steht die Feststellung: „Ich bin schlafen gegangen, und jetzt bin ich erfrischt – eine merkwürdige Erfrischung" (II 172f). Damit beginnen die klassischen Fragen: Wie soll man sich den Zustand der körperlosen Seele vorstellen? Gibt es noch Zeit, wenn „das Gerüst der erschaffenen Dinge" verlassen ist? In welchem Zeitraum geschehen die Letzten Dinge? Gibt es eine „Zwischenzeit" zwischen dem Einzelgericht, das auf den Tod folgt, und dem allgemeinen Gericht am Jüngsten Tag der Weltgeschichte? Wie soll man sich das Fegfeuer denken, wie Himmel und Hölle? Auf all diese Fragen gibt das Gedicht klare, menschlich nachvollziehbare und dogmatisch korrekte Antworten. Der *angelus interpres* – eine vertraute Figur in der apokalyptischen Tradition seit dem Buch Daniel – ist dabei der Schutzengel.

Die entleibte Seele hat den Eindruck, als seien alle Organe noch an ihrem Platz und daß sie, wenn sie wollte, alle Glieder regen könnte. Es geht aber nicht (II 196–212). Der Engel weist auf die analoge Erfahrung von Menschen mit amputierten Gliedern hin (IV 550–554). Die Frage der Einheit von Leib und Seele hat Newman in einer Predigt behandelt und darauf hingewiesen, daß auch die Naturwissenschaft ihr Zusammenwirken nicht beantworten könne. Das ist bis heute so. Dabei versteht Newman unter „Seele" das im Leib denkende und handelnde Prinzip, das jeder als sein Selbst empfindet.[22] So schwierig der Begriff „Seele" ist, wir können nicht auf ihn verzichten. Aufgrund von Vorbehalten gegen den Seelenbegriff wurde im Zuge der letzten Liturgiereform aus

---

[21] So heißt es in der Einführung zum Abschnitt über „das christliche Sterben" in dem Gesangbuch, mit dem ich aufgewachsen bin: Magnifikat. Gebet- und Gesangbuch für die Erzdiözese Freiburg, Freiburg i.B. 1960, 414. Nur mit Wehmut und Erschrecken sehe ich, was aus diesem Abschnitt in den neuen Gesangbüchern geworden ist.

[22] Vgl. *J.H. Newman*, Parochial and Plain Sermons IV 19 „The Mysteriousness of our Present Being", San Francisco 1987, 906–913, hier 907–909 (dt.: Predigten Bd. 4, Stuttgart 1952, 316–321); *ders.*, The Idea of a University, hg. von M.J. Svaglic, Notre Dame (Ind.) 1982, 348f (in einem Vortrag über „Christianity and Scientific Investigation").

der *Commendatio animae* eine *Commendatio morientium.*[23] Aber man muß doch fragen: Was übergibt der Sterbende Gott? Was überlebt beim Tod? Kann man es besser bezeichnen als mit dem Begriff „Seele", so mißverständlich er für manche auch sein mag?[24] Außerdem ist mit der neuen Bezeichnung der Bezug auf Lk 23,46 verdunkelt, wenn nicht beseitigt. Dort ist es nach Ps 31 (30),6 der „Geist", der Gott anempfohlen wird.

Die philosophisch bemerkenswertesten Aussagen in unserem Gedicht betreffen das Problem der Zeit. Darüber hat Newman viel nachgedacht.[25] Im großen Monolog zu Beginn des zweiten Teils sagt die abgeschiedene Seele zu sich selbst:

> So viel weiß ich, obwohl ich nicht weiß, wie ich es weiß, daß das weite All, in dem ich gewohnt habe, mich verläßt, oder ich es verlasse. ... Aber – ist diese unweigerliche Trennung bewirkt durch eine Verlängerung der Raummaße, die zunehmen und sich vervielfältigen durch Geschwindigkeit und Zeit? Oder durchquere ich die Unendlichkeit durch endlose Unterteilung, im Rückwärtskurs vom Endlichen zum Infinitesimalen, und sterbe so heraus aus der Welt der Expansionen? (II 213–215. 219–225)[26]

Das ist eine interessante Alternative. Der Engel beantwortet die Frage, indem er erklärt, daß es im Reich der Geister kein allgemein gültiges Zeitmaß gibt; „jeder ist sich selbst das Maß der Zeit" (III 361f). Dieses Maß wird allein bestimmt „durch den lebendigen Gedanken" (by the living thought alone), und wenn die Seele von Gott ferngehalten wird, so nur „durch die Energie des eigenen Gedankens" (III 356. 365f). Damit ist aber auch klar, daß es keine allgemein gültige Zwischenzeit geben kann zwischen dem Tod des einzelnen und dem Jüngsten Tag, an dem die Seele ihren Leib zurückerhalten soll (IV 555–557).[27] Das Weltgericht an diesem Tag wird „in jedem einzelnen Fall vorweggenommen beim Tod" (III 383f).

Aber wie soll man sich unter diesen Umständen die Welt des Jenseits denken? Darauf antwortet der Engel im 4. Teil:

> Du lebst in einer Welt der Zeichen und Typen, Darstellungen der heiligsten Wahrheiten. ... Du bist ringsum eingesponnen von Träumen, Träumen, die wahr sind, aber rätselhaft. ... So redest du von Raum und Zeit und Größe, von Düften, Tönen, fest und bitter, von Feuer und von Kühlung nach dem Feuer.

Das alles sind „Symbole", ohne die in jener Welt nichts wahrgenommen werden kann (IV 526–546). Das in den Symbolen Symbolisierte selbst ist wie die *Visio beatifica* keiner Beschreibung fähig (IV 558).

Daß die transzendente Welt nur durch Symbole wahrgenommen und vermittelt werden kann, gilt aber selbstverständlich nicht nur für abgeschiedene Seelen, sondern auch im Bereich des Irdi-

---

23 Die Begründung, die *R. Kaczynski* dafür gibt, man wolle damit „einem dualistischen und spiritualistischen Mißverständnis wehren" (Sterbe- und Begräbnisliturgie [s. Anm. 13] 221), weist nicht gerade auf ein hohes Problembewußtsein hin.

24 Das Verschwinden des Begriffs *anima* aus dem *Missale Romanum* und dem *Rituale* für das Begräbnis von 1970 hat schon *Joseph Ratzinger*, m.E. zu Recht, kritisiert: Eschatologie – Tod und ewiges Leben, Regensburg 1977, 92–96.

25 Vgl. den Überblick bei *J. Artz*, Newman-Lexikon (Bd. 9 der Ausgewählten Werke von John Henry Kardinal Newman, hg. von M. Laros u.a.), Mainz 1975, 1202f (s.v. Zeit).

26 Zu Newmans Interesse für Mathematik vgl. *J. Artz*, Newman-Lexikon (s. Anm. 24) 691–693 (s.v. Mathematik).

27 Zu diesem Problem s.o. 104f. 107f. 131–133.

schen. Wir können die Welt des Transzendenten oder wie Newman schlicht sagt: „die unsichtbare Welt" nur durch Metaphern und Symbole erfassen.[28] Der Unterschied liegt lediglich darin, daß die körperlose Seele *ausschließlich* in dieser Symbolwelt lebt. Umso bemerkenswerter ist es, daß Newman in diesem Zusammenhang auch die Zeit ganz selbstverständlich als Symbol begreift. Damit ist klar, daß Zeitaussagen in theologischen Sätzen über die Letzten Dinge metaphorischen Charakter haben müssen. Zeit und Raum sind in solchen Sätzen „absolute" Metaphern im Sinne Hans Blumenbergs, das heißt: Sie sind in jeder Rede über Gott und seine Welt unvermeidbar.[29]

Die wichtigste theologische Aussage des Gedichts ist die Deutung des Fegfeuers bzw. des Purgatoriums.[30] Newman versteht es als die reinigende „Flamme der Immerwährenden Liebe", die „brennt, ehe sie verwandelt" (IV 593f). Der erste unverhüllte Anblick Gottes setzt das Purgatorium in Gang. Von dieser Deutung her ergeben sich leicht die von Himmel und Hölle.[31] Damit erklärt sich aber auch, daß zwar vom „Gerichtshof" (jugdment-court) (IV 393) die Rede sein kann und dem „schrecklichen Richterstuhl" (dread tribunal) (IV 575), aber keine traditionelle Gerichtsszene geschildert wird mit Sündenregistern, Seelenwaage und Ähnlichem. Eine Gerichtsverhandlung ist dieses „Gericht" nicht. Alles ist spiritualisiert und doch anschaulich. Der „furchtbare Urteilsspruch", den die Seele erwartet (IV 517), ist ein Blick. Es ist der Blick Christi, der Petrus traf nach seiner dreimaligen Verleumdung (Lk 22,61).

Die Hölle ist in dem Gedicht gleichsam vertreten durch den Chor der Dämonen. Er steht für eine Form der Zweifelsucht, der stolzen Verachtung aller Bindungen und des ruhelosen Suchens, das Newman in Byron repräsentiert sah.[32] Aber die Seele bemerkt selbst: „Wie ohnmächtig sie sind! Obwohl sie doch auf Erden als unglaublich mächtig und fähig gelten" (IV 476f). Sie werden verglichen mit wilden Tieren, die im Käfig ruhelos hin und her gehen (IV 437–440). Dem gegenüber stehen die Hymnen der Engel, die genaugenommen einen einzigen großen Hymnus singen, der bis heute auszugsweise zu den beliebtesten englischen Kirchenliedern gehört.[33] Jeder der fünf Teile beginnt mit der Strophe:

---

[28] Vgl. *J.H. Newman*, The Unseen World, in: *Ders.*, Parochial and Plain sermons IV 13 (s. Anm. 22) 852–860; *ders.*, Milman's View of Christianity, in: *Ders.*, Essays Critical and Historical Bd. 2, London [10]1890, 186–248, hier 190–197. Hier geht es um die Frage, wie Gott in der Geschichte handelt. Eine ausgezeichnete moderne Diskussion der hier involvierten philosophischen Probleme, die zweifellos Newmans Zustimmung gefunden hätte, bietet *Janet M. Soskice*, Metaphor and Religions Language, Oxford 1985 (mehrere neue Aufl.).

[29] Vgl. *H. Blumenberg*, Paradigmen zu einer Metaphorologie: Archiv für Begriffsgeschichte 6 (1960) 7–142; *ders.*, Beobachtungen an Metaphern: ABG 15 (1971) 161–214; *B. Debatin*, Die Rationalität der Metapher. Eine sprachphilosophische und kommunikationstheoretische Untersuchung, Berlin 1995, 214–222.

[30] Zu Newmans Entwicklung hinsichtlich der Fegfeuerlehre vgl. *J. Artz*, Newman-Lexikon (s. Anm. 25) 331–333 (s.v. Fegfeuer). Wie wichtig Newman diese Thematik im „Traum des Gerontius" war, zeigt der Brief an eine unbekannte Adressatin vom 13. April 1875. Darin gibt er eine Reihe von Literaturhinweisen zur Fegfeuerlehre und fügt hinzu: „And I have published a little book, price sixpence, called the Dream of Gerontius, on the same subject ..." (The Letters and Diaries of John Henry Newman, Bd. XXVII, Oxford 1875, 276).

[31] Newmans Meditation „God and the Soul" ist ganz abgestellt auf die ewige Schau Gottes bzw. Christi, die alles Glück ausmacht. Vgl. *J.H. Newman*, Prayers (s. Anm. 14) 360–363.

[32] Das ist überzeugend aufgezeigt von *A.G. Hill*, Three ‚Visions' of Judgement: Southey, Byron, and Newman: The Review of English Studies 41 (1990) 334–350, hier 338–342. Im Englischen redet man von „Byronism".

[33] Dieser Hymnus wird mit unterschiedlichen Melodien in anglikanischen wie katholischen Kirchen gesungen.

Praise to the Holiest in the height,
And in the depth be praise:
In all His words most wonderful;
Most sure in all His ways!

Der Inhalt des Liedes ist Adams Versagen im Paradies und der Sieg des zweiten Adam, Christus, im selben Kampf, womit das Feld wieder frei wird. Hier klingt das alte theologische Deutungsmuster der Rekapitulation an: Wiedergutmachung durch erneutes und diesmal siegreiches Durchfechten der elementaren geistlichen Prüfungssituationen.[34] Die Schlußstrophen lauten:

O generous love! that He who smote
in man for man the foe,
The double agony in man
For man should undergo;

And in the garden secretly,
And on the Cross on high,
Should teach His brethren and inspire
To suffer and to die.

Freigeb'ge Lieb'! daß, der als Mensch
der Menschheit Feind nun schlug,
Als Mensch die zwiefach Todespein
Der Menschheit auch ertrug;

Daß einsam Er im Garten und
Erhöht in Kreuzesnot,
Ein Beispiel seinen Brüdern gab
Im Leiden und im Tod.[35]

Die drei Motive der Liebe Christi zum verlorenen Menschen, seiner Todesangst im Garten Getsemani und seines Kreuzestodes sind auch Gegenstand der drei letzten an Christus gerichteten Gebete des *Ordo Commendationis animae*, die dort als „tres piae et utiles morientibus Orationes" bezeichnet werden. Im dritten steht auch die Bitte:

Befreie ihn von all seinen Leiden und Strafen, die er für seine Sünden verdient zu haben fürchtet. Und erlöse seine Seele in dieser Stunde seines Todes. Öffne ihm die Tür zum Leben und mach, daß er sich mit deinen Heiligen freuen kann in ewiger Herrlichkeit.

So schließt der Chor der Engel mit einer Anspielung auf die *Commendatio animae*. Wenige Verse darauf hört die Seele den letzten Nachklang des „Subvenite" am Totenbett (VI 817–820). Dann tritt „der Engel der Todesangst" auf und legt Fürbitte für sie ein (VI 826–837). Sein litaneiartiges Fürbittgebet mit anaphorischem „Jesu" ist eine Schöpfung Newmans, die aber ebenfalls inspiriert ist von den drei genannten Gebeten, besonders dem ersten, das die Leiden des Ölbergs beschwört.

---

34 Vgl. *Irenäus*, Gegen die Häresien V 21 (Fontes Christiani 8/5, 162–171). Eine differenzierte Darstellung dieses Deutungsmusters gibt *E. Osborn*, Irenaeus of Lyons, Cambridge 2001, 94–140.
35 Übersetzung von Paul Pattloch (s.o. 201 Anm. 5).

3. „Träume, die wahr, aber rätselhaft sind" (IV 538)

Die Welt der Natur liegt vor uns, sichtbar, berührbar und so unzweideutig zu den Sinnen sprechend, daß die Wissenschaft, die darauf gegründet ist, so real für uns ist wie die Tatsache unserer persönlichen Existenz. Doch die Erscheinungen, die Religion und Moral zugrundeliegen, haben nichts von dieser leuchtenden Evidenz. Statt sich unserer Wahrnehmung aufzudrängen, so daß wir sie gar nicht übersehen können, sind sie Forderungen des Gewissens oder des Glaubens. Es sind schwache Schatten und Spuren, gewisse allerdings, aber zerbrechliche, verschwindend zarte, die der Geist das eine Mal erkennt, das andere Mal nicht; die er bemerkt, wenn er ruhig ist, und übersieht, wenn er erregt ist. Das Spiegelbild von Himmel und Bergen im See ist ein Beweis, daß Himmel und Berge um ihn her sind; aber Dämmerung oder Nebel oder ein plötzlicher Sturm scheuchen das schöne Bild hinweg, und es hinterläßt kein Erinnerungszeichen an das, was es war. Ganz ähnlich ist es mit dem moralischen Gesetz und den Glaubensinhalten, wie sie sich dem Geist eines einzelnen darbieten.[36]

In diesen Darlegungen aus einem Vortrag von 1858 spricht Newman von den Forderungen des Gewissens und des Glaubens, die für den menschlichen Geist nur „schwache Schatten und Spuren" sind und dennoch „gewiß" (certain). Aber weil sie von so zartem Wesen sind, erscheinen sie uns normalerweise als blasse Schemen und nicht so real wie Gegenstände der physischen Natur. Diese Beobachtung und die damit gestellten Probleme – Können Glaubensinhalte gewiß sein? Und wie können sie als Realitäten erfaßt werden? – sind Gegenstand von Newmans philosophischem Hauptwerk „A Grammar of Assent", das 1870 erschien.[37] Darin unterscheidet er ein abstrakt-theoretisches Erfassen der Dinge, das er „notional apprehension" nennt, von einem lebendig-realen Erfassen, das er „real apprehension" nennt. Beiden Formen des Erfassens begegnet man sowohl im weltlichen als auch im religiösen Bereich. Wo immer nun aus einem theoretischen Erfassen ein lebendiges werden soll, das die Gegenstände als Realitäten begreift, braucht es geistige Bilder für die Einbildungskraft.[38] Denn „das Herz wird gewöhnlich nicht durch die Vernunft erreicht, sondern durch geistige Bilder (imagination), durch direkte Eindrücke, durch das Zeugnis von Tatsachen und Begebenheiten, durch Geschichte, durch Schilderung."[39] Nicht von ungefähr

---

[36] *J.H. Newman*, Christianity and Medical Science. An Address to the Students of Medicine, in: *Ders.*, The Idea of a University, hg. von M.J. Svaglic, Notre Dame (Ind.) 1982, 380–391, hier 387. Vgl. die deutsche Übersetzung von *E. Stein*, Übersetzung von John Henry Newman, Die Idee der Universität (Edith Stein Gesamtausgabe 21), Freiburg i.B. 2004, 422f. Die Stelle ist auch zitiert in: *Ch. S. Dessain*, John Henry Newman. Anwalt redlichen Glaubens (dt. von H.-J. Meyer), Freiburg i.B. 1980, 291.

[37] *J.H. Newman*, An Essay in Aid of A Grammar of Assent, edited with introduction and notes by I.T. Ker, Oxford 1985. Ein gutes Referat der Hauptgedanken in diesem Buch bietet *F. Ricken*, Religionsphilosophie, Stuttgart 2003, 129–160.

[38] Vgl. *J.H. Newman*, Essay (s. Anm. 37) Index s.v. „Imagination"; *T. Merrigan*, Newman on Faith in the Trinity, in: I. Ker / T. Merrigan (Hg.), Newman and Faith, Louvain 2004, 93–116, hier 93–116. Hilfreich dazu sind die Ausführungen von *J.H. Walgrave O.P.*, „Real" and „Notional" in Blondel and Newman, in: A.H. Jenkins (Hg.), John Henry Newman and Modernism (Internationale Cardinal-Newman-Studien XIV), Sigmaringendorf 1990, 142–156. In den Vorstudien benutzte Newman noch den Begriff „imaginative assent", wechselte in der Endredaktion jedoch zu „real assent" (ebd. 144). Newman faßt in diesen Überlegungen ein altes Problem neu und grundsätzlicher. Es wurde herkömmlich unter dem Stichwort „Rhetorik des Herzens" behandelt. Vgl. z.B. das interessante Kapitel „Sprache, Glaube und Rhetorik", in: *B. Stolt*, Martin Luthers Rhetorik des Herzens, Tübingen 2000, 42–61. Neben dem *docere* gehört das *delectare* und *movere* zu den klassischen Aufgaben der Rhetorik.

[39] *J.H. Newman*, Essay (s. Anm. 37). 65f = J.H. Newman, The Tamworth Reading Room, in: *Ders.*, Discussions and Arguments on Various Subjects (Millenium Edition Bd. 7), Notre Dame (Ind.) 2004, 254–305, hier 293. Zuerst: 1841.

stellte Newman die „Grammar of Assent" unter das Motto: „Non in dialectica complacuit Deo salvum facere populum suum" „Nicht durch Dialektik gefiel es Gott, sein Volk zu erlösen."[40]

Auch Glaubensinhalte oder Dogmen können für den einen nur eine mehr oder weniger theoretische Überzeugung sein, für einen anderen dagegen eine Realität, die er ernst nimmt und mit der er rechnet. Letzteres gilt nach Newman zum Beispiel für katholische Bevölkerungen wie die im mittelalterlichen Europa oder im Spanien und im orthodoxen Rußland seiner Zeit. „Für sie sind das höchste Wesen, unser Herr, die gebenedeite Jungfrau, Engel und Heilige, Himmel und Hölle so gegenwärtig, als wären sie sichtbare Gegenstände. Doch ein solcher Glaube paßt nicht zum Genius des modernen England."[41] Alle hier genannten Glaubensgegenstände figurieren in Newmans letzter Dichtung. Es sind – bei aller Rätselhaftigkeit (IV 538) – „die heiligsten Wahrheiten" (IV 526), und sie müssen gerade dem modernen Christen, für den sie nur abstrakte Überzeugungen sind, durch „direkte Eindrücke" und „geistige Bilder" zu lebendigen Realitäten gemacht werden. Diesem Ziel diente bereits eine Predigt aus Newmans anglikanischer Zeit über „Die unsichtbare Welt".[42] Darin kommt er auf einen berühmten Traum zu sprechen: Jakobs Traum von der Himmelsleiter, auf der Engel auf und nieder steigen (Gen 28,10–12), und kommentiert: Was Jakob sah, „war die andere Welt. Nun achte man auf Folgendes. Die Leute reden gewöhnlich von der anderen Welt, als existiere sie jetzt nicht, wohl aber nach dem Tod. Nein, sie existiert jetzt, auch wenn wir sie nicht sehen. Sie ist unter uns und um uns. Das war es, was Jakob durch seinen Traum gezeigt wurde. Engel umgaben ihn, und er wußte es nicht."[43] Newman sprach oft von dem „Schleier", hinter dem sich diese andere Welt verbirgt und der sich mit dem Tod lüftet.[44] Das Gedicht mit dem Titel „The Two Worlds", das drei Jahre vor dem „Dream" entstand, beginnt:

Unveil, O Lord, and on us shine
  In glory and in grace;
This gaudy world grows pale before
  The beauty of Thy face.[45]

Das war Newmans innerste Überzeugung.[46] Der von ihm selbst verfaßte Text für seine Gedächtnistafel lautet: „Ex umbris et imaginibus in veritatem" „Aus Schatten und Bildern zur Wahrheit".[47] Jener Wahrheit, die die Rätselhaftigkeit des Traumes auflösen würde.

---

[40] *Ambrosius*, De fide I 5,42 (CSEL 78,18). Vgl. *J. Artz*, Newmans vier Maximen: Catholica 33 (1974) 134–152.

[41] *J.H. Newman*, Essay (s. Anm. 37) 42f. Für den modernen, „aufgeklärten" Menschen ist der Glaube eine Privatangelegenheit, eine Ansichts- und Gefühlssache, die im Alltag möglichst unauffällig bleiben soll. Einen anschaulichen Kommentar dazu liefert der Schluß von Newmans 9. Vortrag über „Certain Difficulties Felt by Anglicans in Catholic Teaching" vol. I, London 1891, 290–295 (ursprünglich 1850). Hier stellt Newman das Sterben eines durchschnittlichen modernen Protestanten dem eines Katholiken gegenüber, für den, bei allem Sündigen und Spotten über heilige Dinge, Christus, die Jungfrau Maria, Gericht und Fegfeuer doch stets reale, vertraute Elemente seiner Welt waren.

[42] *J.H. Newman*, Parochial and Plain Sermons IV 13 (gehalten am 16. Juli 1837) (s. Anm. 22) 852–860.

[43] Ebd. 855.

[44] So in der genannten Predigt 854. 859. Belege für dieses Bild bei Newman vgl. *J. Artz*, Maximen (s. Anm. 40) 150f.

[45] *J.H. Newman*, Prayers (s. Anm. 14) 688f.

[46] Das stellt *R.H. Hutton* völlig zu Recht heraus: Cardinal Newman, London 1891, 4–9.

[47] Vgl. *J. Artz*, Maximen (s. Anm. 40) 147–151. Er verweist auf 1 Kor 13,12 und 1 Joh 3,2 (ebd. 149).

4. Sprachmittel und Sprachfunktion

„O Herr, in deine Hände!"
Dies sei mein letztes Wort.[48]

Die Zwiegespräche der Seele mit ihrem Schutzengel sind in dem der Prosa am nächsten stehenden Versmaß gehalten: dem klassischen Blankvers. Dieses Versmaß paßt zu den philosophischen Überlegungen, die Inhalt der Gespräche sind und die in erster Linie die *Vernunft* ansprechen. In diesen Teilen hat das Gedicht den Charakter des Lehrgedichts, das wir in der europäischen Literatur seit Hesiod und Parmenides kennen und dem auch Dantes „Göttliche Kommödie" stark verpflichtet ist.[49]

Mehr auf das *Herz* wirken die Hymnen der fünf Engelchöre, wie schon ihre Beliebtheit im frommen Kirchenvolk beweist. Sie gewinnen ihre Anschaulichkeit und evokative Kraft durch die Skizze der Heilsgeschichte, vor allem aber durch die biblischen Szenen, auf die Bezug genommen wird. Eindrucksvoll macht sie aber auch der theologische Gehalt, zumal der Gedanke der Rekapitulation, der den inneren Zusammenhalt und die Dramatik des evozierten Geschehens begründet. Die typischen Liedstrophen dieser Hymnen kontrastieren mit dem ungereimten Geschrei der Dämonen, die ihre aufklärerischen Sarkasmen in kurzen, abgehackten Zeilen herausbelfern.

Die Vers- und Strophenformen in diesem Gedicht sind vielfältig und variieren je nach dem Inhalt. Die Verse des Gerontius werden mit abnehmender Lebenskraft unregelmäßig (ab I 109); sein letzter Satz bleibt unvollendet: „In Deine Hände, o Herr, in Deine Hände ..." (I 149f).

Keines der bisher genannten sprachlichen Mittel hat für sich genommen etwas spezifisch Sakrales. Daß wir die fünf Engelchöre spontan als sakral empfinden, liegt nicht an ihrer Sprache oder Form, sondern lediglich an ihrem Inhalt und daran, daß sie heute tatsächlich im Gottesdienst gesungen werden. Dieser Sitz im Leben gibt einer sprachlichen Form oder Äußerung sakralen Charakter. Grundsätzlich aber ist jede Art von Sprache in der Lage, einen solchen anzunehmen.

Aber was macht nun eigentlich den sakralen Charakter einer sprachlichen Äußerung aus? Das Sakrale ist Teil der Ausdrucksfunktion der Sprache.[50] Sprache dient ja nicht nur der Darstellung und Information, sondern auch dem Ausdruck; sie deutet an, gibt zu verstehen, weckt Assoziationen. Das Wesentliche einer Äußerung kann der Tonfall sein oder die Konnotation, die ein Wort oder eine Formulierung mit sich bringt. Sprache schafft Aura und Atmosphäre, weckt Erinnerungen und Gefühle. Und innerhalb dieses Bereiches der Ausdrucksfunktion hat auch der sakrale Charakter der Sprache seinen Ort. Es ist ein Ort, der gewöhnlich mit einer Kultgemeinschaft und

---

[48] *Annette von Droste-Hülshoff*, Abendlied (Schluß), in: Sämtliche Werke, hg. von B. Plachta u. W. Woesler, Frankfurt a.M. 1994, 514–516.

[49] Vgl. *A. Lesky*, Epos, Epyllion und Lehrgedicht, in: Neues Handbuch der Literaturwissenschaft Bd. 2: Griechische Literatur (hg. von E. Vogt), Wiesbaden 1981, 67–70; Art. Lehrgedicht: Lexikon der Alten Welt (1965) 1699–1703 (griech.-röm.-christl.); Art. Lehrhafte Literatur: Lexikon des Mittelalters 5 (1999) 1827–1844.

[50] Vgl. das Kapitel über Sprachfunktionen bei *K. Adamzik*, Sprache: Wege zum Verstehen, Tübingen und Basel, 2001, 30–40.

ihren Traditionen verbunden wird. Die Sakralsprache hat somit Anteil am „Realisieren" religiöser Inhalte, in der Ermöglichung eines lebendig-realen Erfassens religiöser Gehalte.

Ihre Funktion erklärt leicht eine Reihe von Eigenarten oder besser Neigungen und Tendenzen, die man an Sakralsprachen ganz allgemein beobachten kann.[51] Dazu gehört erstens die Neigung zum *Konservativen*, zum Bewahren von Vertrautem und Hergebrachtem, auch in der sprachlichen Form, denn dieses bringt Aura mit sich und weckt Assoziationen und Erinnerungen. Dazu gehört zweitens die Neigung zu *fremdsprachlichen Elementen*, denen eine Tradition innewohnt. Diese können die Form einer ganzen liturgischen Fremdsprache mit vielerlei Elementen annehmen und müssen nicht einmal verständlich sein, um erbaulich zu wirken. Heilige Sprachen dienen ja nicht in erster Linie der Kommunikation unter Frommen, sondern zur Anrede und zum Lobpreis Gottes. Dazu gehört schließlich drittens die Neigung, *heilige Bücher* zu benutzen, die sogar die Hauptquelle sakraler Sprache sein können, unabhängig davon, welcher Art und Herkunft die Sprache dieser heiligen Bücher ursprünglich war. Ihre Wörter und Wendungen werden als Gefäße göttlicher Sinnfülle empfunden, die man nicht ohne weiteres in andere umgießen kann. Aus diesem Grund hat auch Martin Luther in seiner deutschen Bibelübersetzung bewußt Biblizismen beibehalten.[52] Und aus demselben Grund wurde die gut gemeinte, aber allzu weitgehende Revision seiner Übersetzung, die 1975 offiziell eingeführt wurde, von den Gemeinden abgelehnt. Die Revisoren wollten den Text stärker dem aktuellen Sprachgebrauch anpassen, aber sie beseitigten damit genau das, was als „heilig" empfunden worden war. Ein veraltetes Deutsch war im Laufe der Zeit zum Gefäß der Sakralität geworden. Die Revision mußte deshalb zurückgezogen und nachrevidiert werden.[53] Die Nachrevision brachte dann Luthers Deutsch wieder stärker zur Geltung. Übrigens könnte man die genannten Merkmale auch an einer fiktionalen Sondersprache mit teilweise sakralem Charakter aufzeigen, wie sie J.R.R. Tolkien in seinen bekannten Märchenromanen entwickelt hat.[54]

Die drei genannten typischen Merkmale sakraler Sprachelemente und ihre Funktion lassen sich an Newmans „Traum des Gerontius" gut illustrieren. Beginnen wir mit dem dritten Merkmal, der Benutzung heiliger Bücher, in unserem Fall der Bibel.

Nur an einer Stelle, im vorletzten Stück des Ganzen, begegnet ein längeres Bibelzitat: Psalm 90 als Gebet der Seelen im Purgatorium. Der Text folgt nicht der King James-Bibel; auf die sakrale Aura, die diese Übersetzung mit sich bringt, verzichtet Newman hier. Es scheint sich um Newmans eigene Version zu handeln. Durch die Aufnahme dieses Psalms kommt sprachlich gesehen eine weitere poetische Form hinzu mit ihren eigenen Konnotationen und Gefühlswerten.

---

51 Vgl. dazu *Ch. Mohrmann*, Sakralsprache und Umgangssprache, in: *Dies.*, Études sur le Latin des chrétiens Bd. IV, Rom 1977, 161–174. Diese Ausführungen, obwohl veraltet, sind immer noch nicht überholt. Einen guten Überblick über Sakralsprachen im Bereich der paganen, jüdischen und christlichen Antike bietet *John F.A. Sawyer*, Sacred Languages and Sacred Texts, London 1999. Für unsere Thematik unergiebig ist dagegen *Klaus Bayer*, Religiöse Sprache. Thesen zur Einführung, Münster 2004.

52 Mit Beispielen aufgezeigt von *B. Stolt*, Martin Luthers Rhetorik des Herzens (s. Anm. 38) 112–126 („Sakralstil").

53 Vgl. *M. Reiser*, Das Neue Testament im Spiegel moderner Übersetzungen: ThQ170 (1990) 52–64, hier 55f.

54 Auf diese Analogie hat *B. Stolt* schon früh hingewiesen in dem Aufsatz: Biblische Erzählweise vor und seit Luther – sakralsprachlich – volkssprachlich – umgangssprachlich?, in: H. Reinitzer (Hg.), Was Dolmetschen für Kunst und Erbeit sey, Hamburg 1982, 179–192, hier 182f.

Aufgrund der Situierung im Fegfeuer erhalten eine Reihe von Wörtern und Aussagen neue Referenten. So heißt es im 9. Vers (= Ps 90,14): „An Deinem Morgen wird uns erfüllen Dein Erbarmen: wir werden uns freuen und vergnügt sein all unsere Tage." Der „Morgen" ist in diesem Kontext natürlich der eschatologische Morgen, der nach dem Fegfeuer anbricht. Newman hat an dieser Stelle sogar den biblischen Text geändert und „In Thy morning" geschrieben, wo seine Vorlage lediglich vom „Morgen" spricht. Der Psalm wird von den Seelen im Fegfeuer mit derselben trinitarischen Doxologie abgeschlossen, die in der christlichen Tradition des Psalmgebets regelmäßig hinzutritt: „Ehre sei dem Vater und dem Sohn und dem Heiligen Geist, wie es war im Anfang so auch jetzt und allezeit und in Ewigkeit. Amen."

Das bedeutsamste Bibelzitat in Newmans Gedicht ist das nur noch unvollständig gesprochene letzte Wort des Gerontius: „In Deine Hände, o Herr, in Deine Hände ...", zu ergänzen: „empfehle ich meinen Geist". Es ist jenes Psalmwort, mit dem nach Lk 23,46 Jesus am Kreuz starb.[55] Bis heute ist es als Responsorium (Antwortgesang) Teil des täglich gebeteten oder gesungenen kirchlichen Nachtgebets (Komplet). Von frühester Zeit an sind unzählige Christen mit diesen Worten auf den Lippen gestorben, „und zwar nicht nur Heilige, sondern auch Karl der Große, Kolumbus, Lady Jane Grey, Tasso und Martin Luther".[56] Gerade in England begegnen sie „ziemlich stereotyp" als letzte Worte in Galgenreden von zum Tod verurteilten Verbrechern bis ins 19. Jahrhundert hinein.[57] Papst Johannes Paul II. beschloß mit ihnen sein Testament. Nach dem *Ordo Commendationis animae* sollen sie – neben anderen – dem Sterbenden als Stoßgebete empfohlen und „in exspiratione" ins Ohr gesagt werden. Wer sie als sein letztes Wort wählt, verzichtet in diesem entscheidenden Moment auf Originalität und stellt sich in eine lange Reihe von Vorbildern, an deren Anfang jener steht, vor den zu treten er oder sie im Begriff ist.

An *fremdsprachlichen Elementen* sakraler Sprache finden wir zuerst das Griechische vertreten mit der Formel „Kyrie eleïson, Christe eleïson, Kyrie eleïson" (Herr erbarme dich, Christus erbarme dich, Herr erbarme dich) (I 30). Dieser dreifache Bittruf leitet jede Litanei ein und beim Stundengebet das Vaterunser. Er ist aber auch Bestandteil des Meßkanons. Die Bitte κύριε ἐλέησον geht auf biblische Vorbilder zurück (LXX Ps 40,5.11; Mt 20, 30f), ist aber auch für die pagane Alltagssprache bezeugt.[58] Die griechische Version dieses Bittrufs wurde erst im 5. Jahrhundert in die römische Liturgie übernommen und verdrängte die bis dahin üblichen lateinischen Rufe wie „Domine, miserere".[59] Es ist also nicht ein Relikt aus der Zeit, als der christliche Gottesdienst in Rom noch griechisch war, sondern wurde als sakralsprachliches Element der Ostkirche in die

---

[55] Das Psalmwort ist die griechische Übersetzung (Septuaginta) von Ps 31 (30), 6: „In deine Hände werde ich meinen Geist empfehlen." Nur das Tempus des Verbs ist im Falle Jesu der Situation angepaßt.

[56] *K.S. Guthke*, Letzte Worte. Variationen über ein Thema der Kulturgeschichte des Westens, München 1990, 58. Vgl. auch ebd. 65. 102. 161. 178 mit weiteren Namen wie Augustinus, Johan Hus, Thomas Becket, Maria Stuart, Anne Boleyn. S. 161 wird auch Newman selbst genannt, aber von einem letzten Wort Newmans wissen die Quellen nichts. Vgl. *M. Trevor*, Newman. Light in Winter, London 1962, 644f: „But there were no last words" (645).

[57] *K.S. Guthke*, Letzte Worte (s. Anm. 56) 168f.

[58] Epikt. II 7,12. Vgl. ebd. I 19,8.

[59] Vgl. *L. Kunz*, Art. Kyrie eleison: LThK² 6 (1961) 706f.

lateinische Liturgie eingeführt. Als sakralsprachliches Element behielt es auch Martin Luther griechisch bei, als er die Messe ins Deutsche übersetzte.[60]

Das Hebräische ist in unserem Gedicht zunächst durch das responsorische „Amen" vertreten (I 132–147), das hier fester Bestandteil des Libera-Gebets aus der *Commendatio animae* ist. Der Schutzengel gebraucht in seinem ersten Lied (II 238–258) dreimal das akklamatorische „Alleluia". Beides sind bereits in alttestamentlich-jüdischer Tradition Elemente sakraler Sprache.[61] Zu den hebräischen Elementen gehört schließlich auch der Ehrentitel „Emmanuel" „Gott mit uns", den der Engel an einer Stelle gebraucht (VI 841). Er geht auf die messianische Weissagung in Jes 7,14 zurück, die schon im Matthäusevangelium (1,22f) auf Christus bezogen wird und unter den für Christus in Anspruch genommenen Prophezeiungen den ersten Rang einnimmt.[62]

Die meisten fremdsprachlichen Elemente in Newmans Gedicht sind lateinisch. Das ist auch nicht weiter verwunderlich in einer Zeit, als die liturgische Sprache der römisch-katholischen Kirche noch Latein war. Den Anfang des Gebets, das der *Ordo Commendationis animae* für den Todeskampf vorsieht (cum in agone sui exitus anima anxiatur), zitiert Newman lateinisch und übersetzt die Zeile anschließend: „Proficiscere, anima christiana, de hoc mundo! Go forth upon thy journey, Christian soul!" (I 151f) Das „Subvenite", das nach dem Eintritt des Todes zu beten ist, wird dreimal mit seinem lateinischen „Titel" erwähnt (II 183. III 344. VI 819). Wie vertraut Gerontius mit dem Latein der Kirche ist, zeigt sich daran, daß er unmittelbar vor seinem Ende ohne liturgische Notwendigkeit Latein spricht und feststellt: „Novissima hora est" „Es ist die letzte Stunde" (I 148).

Der interessanteste Fall fremdsprachlicher Sakralsprache in unserem Gedicht begegnet jedoch etwas vorher im Glaubensbekenntnis des Sterbenden. Dieses Glaubensbekenntnis läßt Newman ohne Vorbild beginnen mit einem gereimten lateinischen Vierzeiler, der in der Mitte des Glaubensbekenntnisses wiederholt wird und es mit einer Variante in der Schlußzeile abschließt. Dieser Bittruf lautet:

Sanctus fortis, Sanctus Deus,
  De profundis oro te,
Miserere, Judex meus,
  Parce mihi, Domine.

Dieser Vierzeiler bedarf keiner Übersetzung. Er ist als solcher zwar eine Schöpfung Newmans, aber zusammengesetzt aus lauter geläufigen Elementen der liturgischen Sprache. Das „Sanctus fortis, Sanctus Deus" gehört zu einer alten Gebetsformel, *Trishagion* genannt, deren Sitz im Leben der lateinischen Liturgie hauptsächlich der Karfreitag ist. Sie lautet: „Heiliger Gott, heiliger starker

---

60 Vgl. *B. Stolt*, Martin Luthers Rhetorik des Herzens (s. Anm. 38) 128f.

61 Vgl. *M. Reiser*, Sprache und literarische Formen des Neuen Testaments. Eine Einführung, Paderborn 2001, 179.

62 Vgl. *M. Reiser*, Aufruhr um Isenbiehl oder: Was hat Jes 7,14 mit Jesus und Maria zu tun?, in: *Ders.*, Bibelkritik und Auslegung der Heiligen Schrift. Beiträge zur Geschichte der biblischen Exegese und Hermeneutik (WUNT 217), Tübingen 2007, 277–330.

Gott, heiliger unsterblicher Gott, erbarme dich unser!"[63] „De profundis" ist der Beginn von Ps 130 (Vulgata: 129): „Aus der Tiefe (rufe ich zu dir)". Diesen Psalm bezieht die katholische Tradition auf die Seelen im Purgatorium und verwendet ihn vor allem im Totenoffizium und beim Begräbnis.[64] „Miserere" „Erbarme dich" ist ein häufiges Element der Liturgie, an unserer Stelle aber zweifellos als Anspielung auf Psalm 51 (Vulgata: 50) zu verstehen, der mit diesem Wort beginnt. Er gehört wie Psalm 130 zu den sogenannten Bußpsalmen und findet unter anderem bei Sterbenden und im Totenoffizium Verwendung.[65] Er wurde häufig vertont.[66] Die Bitte um Schonung schließlich („Parce mihi, Domine"), gehört in denselben Umkreis. Sie wird am Schluß ersetzt durch „... Mortis in discrimine" „Erbarme dich, mein Richter, im Todeskampf." Diese schlichte lateinische Strophe, die so viele gleichgerichtete Assoziationen mit sich bringt, ist ein kleines Meisterwerk in sich. Ihre musivische Technik würde einen traditionellen chinesischen Dichter zweifellos entzücken. Das Glaubensbekenntnis selbst („Firmly I believe") wird heute ohne den lateinischen Rahmenvers ebenfalls im Gottesdienst gesungen.

Übrigens machte sich auch Martin Luther nur ungern an die Übersetzung der lateinischen Meßteile, eben weil er um die mit dieser Sprache verbundenen Gefühlswerte wußte. Er gab zuerst ein revidiertes lateinisches Formular heraus und wollte nicht, daß darauf ganz verzichtet würde.[67]

Zu den wirkungsvollsten Formen sakraler Sprache gehören Litaneien und Aufzählungen, da sie mit wenigen Worten eine Fülle von Bildern und Assoziationen wecken können. Mit jedem Namen der Allerheiligenlitanei oder biblischer Exempla-Reihen erstehen Persönlichkeiten und Szenen vor dem geistigen Auge des Beteiligten, vorausgesetzt, die Namen sagen ihm etwas. Entsprechende Beispiele aus unserem Gedicht habe ich schon genannt.

Die Evokation biblischer Szenen und liturgischer Texte ist naturgemäß am dichtesten im ersten Teil des Gedichts und dann wieder im fünften bis siebten Teil. Dazwischen stehen die eher didaktischen Teile, die theologischen und philosophischen Fragen gewidmet sind und ihren Kontrapunkt durch die Dämonenchöre erhalten. Aufs Ganze gesehen hat Newman die sakralsprachlichen Elemente mit Zurückhaltung und Maß verwendet.

Hilda Graef meint, Newman rede in diesem Werk „oft instinktiv in der Sprache der Mystiker ..., die er doch nie gelesen zu haben scheint".[68] Aber spezifisch mystische oder auch nur charakteristisch mystische Sprache kann ich in dem Gedicht nicht entdecken. Weder das Gefühl, beim Sterben durch das feste Gefüge der Welt ins absolute Nichts zu fallen, noch die paradoxe Erfahrung der Seele beim Anblick Christi hat etwas spezifisch Mystisches. Jeder Fromme kann sie machen oder zumindest nachempfinden.

Wir haben eingangs Stimmen zitiert, die Newman als Dichter nicht besonders hoch einstufen. Hier seien noch die Stimmen zweier Zeitgenossen zitiert, die anders urteilen. Der theologisch ge-

---

63 Vgl. *H.-J. Schulz*, Art. Trishagion: LThK² 10 (1965) 365.
64 Vgl. *A. Deissler*, Art. De profundis: LThK² 3 (1959) 240f.
65 Vgl. *A. Deissler / B. Fischer*, Art. Bußpsalmen: LThK² (1958) 822f.
66 Vgl. *W. Irtenkauf*, Art. Miserere: LThK² 7 (1962) 446.
67 Vgl. *B. Stolt*, Martin Luthers Rhetorik des Herzens (s. Anm. 38) 127–129.
68 *H. Graef*, Gott und mein Ich. Die Spiritualität John Henry Newmans, Frankfurt a. M. 1967, 218. Vgl. ebd. 217–230.

bildete, liberale Politiker und mehrmalige englische Premierminister William Ewart Gladstone schrieb Newman in einem Brief, er habe den „Traum des Gerontius“ schon mehrere Male Freunden laut vorgelesen und halte ihn für „die bemerkenswerteste Produktion in ihrem eigenen hohen Gang seit dem unerreichbaren ‚Paradiso‘ Dantes (the most remarkable production in its own very high walk since the unapproachable Paradiso of Dante)“.[69] Der Literaturkritiker Richard H. Hutton, Herausgeber des „Spectator“, schrieb kurz vor Newmans Tod eine einfühlsame Würdigung aus anglikanischer Sicht. Das letzte Kapitel seines Büchleins ist dem „Traum des Gerontius“ gewidmet und überschrieben: „Newman's Chief Poem, and the Unity of His Life“.[70] Hutton hält es für „one of the most unique and original of the poems of the present century, as well as that one of all of them which is in every sense the least in sympathy with the temper of the present century, indeed the most completely independent of the *Zeitgeist.*“[71]

Als 27jähriger hat Newman einen Aufsatz geschrieben: „Poetry, with reference to Aritstotle's Poetics“.[72] Darin heißt es:

> Poesie ist nach Aristoteles die Darstellung des Idealen. ... Indem sie also die Einbildungskraft erquickt durch die übermenschliche Schönheit ihrer Anschauungen, spendet sie Trost für ein Gemüt, das gebrochen ist durch die Enttäuschungen und Leiden des tatsächlichen Lebens, und wird darüber hinaus zur Äußerung der inneren Gefühle eines richtigen moralischen Gespürs, das eine Reinheit und Wahrheit sucht, die diese Welt nicht geben kann.[73]

Die heutige Literaturkritik mag diese Konzeption der Poetik für antiquiert oder beschränkt halten; die Darstellung des Idealen ist selten Ziel heutiger Poesie, und der Versuch, Trost zu spenden wird gerne als Vertröstung abgetan. Newmans Charakteristik dürfte auch kaum der wirklichen Auffassung des Aristoteles entsprechen.[74] Jedenfalls aber hat er mit seinem „Dream of Gerontius“ ein vollkommenes Beispiel für eine Dichtung gegeben, deren Gegenstand das Schöne ist und deren Ziel das Erwecken der Gefühle durch die Einbildungskraft.[75]

---

69 *W.E. Gladstone*, Brief vom 9. Januar 1868, zitiert in: The Letters and Diaries of John Henry Newman Bd. XXIV, Oxford 1973, 7 Anm. 1. Zu Gladstones literarischen, religiösen und theologischen Interessen vgl. *D.W. Bebbington*, The Mind of Gladstone. Religion, Homer, and Politics, Oxford 2004. Unsere Angelegenheit ist in diesem Buch leider nicht erwähnt.

70 *R.H. Hutton*, Cardinal Newman, London 1891 (aber schon im Herbst 1890 erschienen), 244–250. S. 250f ist ein Zusatz auf die Nachricht von Newmans Tod hin. *Ian Ker* nennt dieses Büchlein „one of the first and best studies of Newman after his death“ (John Henry Newman. A Biography, Oxford 1988, 540).

71 *R.H. Hutton*, Cardinal Newman (s. Anm. 70) 244. Weitere Zeugnisse für die Hochschätzung des Werkes auch in poetischer Hinsicht sind zitiert bei *W. Ward*, The Life of John Henry Cardinal Newman, Bd. 2, London 1912, 356f (Notiz von H.I.D. Ryders); *J. Artz*, Newman-Lexikon, Mainz 1975, 1072.

72 *J.H. Newman*, Poetry, with reference to Aristotle's Poetics, in: *Ders.*, Essays critical and historical Bd. 1, London [10]1890, 1–26. Der Aufsatz erschien zuerst 1829.

73 Ebd. 9f.

74 Vgl. *Arbogast Schmitt*, Die Literatur und ihr Gegenstand in der Poetik des Aritstoteles, in: Th. Buchheim u.a. (Hg.), Kann man heute noch etwas anfangen mit Aristoteles?, Hamburg 2000, 184–219.

75 „Poetry may be considered to be the gift of moving the affections through the imagination, and its object to be the beautiful“ (*J.H. Newman*, Note von 1871 zu dem in Anm. 72 zitierten Essay, ebd. 29).

5. Ein Traum

Nichts ist wirklicher und nichts objektiver als der Traum.
Georges Bernanos[76]

Newman bezeichnet sein Gedicht nicht als „Fabel" oder „Gleichnis" oder „Vision", er nennt es „Traum".[77] In dieser Bezeichnung liegt zweifellos ein Understatement, mit dem der fiktionale Charakter angedeutet wird. Doch soll in dieser Benennung auch Jakobs berühmter Traum anklingen. Ein wichtiger Aspekt für die Deutung des Titels dürfte außerdem eine Bemerkung sein, die Gerontius zu Beginn des 2. Teils macht, als er sich wie vom Schlaf erfrischt fühlt: „I had a dream" (II 180). Dieser Traum war nicht nur sein Sterben, sondern gemäß einem bekannten Motiv – wir finden es z.B in Calderóns Fronleichnamsspiel „Das Leben ein Traum" – sein ganzes irdisches Leben. Jetzt befindet er sich in einem merkwürdigen Zwischenzustand, in dem er immer noch von Träumen eingesponnen ist, auch wenn es jetzt „wahre" sind (IV 537f). Der eigentliche Wachzustand bricht erst mit dem letzten Morgen an, auf den seine ganze Existenz ausgerichtet ist. Auch sonst kann Newman mit diesem Begriff hintergründig spielen. So schrieb er einem Briefpartner, der das entworfene Bild der Letzten Dinge gern noch ausgeführt wünschte und einen Auftritt Unserer Lieben Frau (Maria) vermißte:

> Sie tun mir zuviel Ehre an, wenn Sie meinen, ich müsse in einem Traum alles sehen, was es an dem geträumten Gegenstand zu sehen gibt. Verschiedene geistliche Autoren sehen verschiedene Aspekte davon, und unter ihrem Schutz und nach ihrem Muster habe ich den Traum so niedergeschrieben, wie er dem Träumer erschien. Es ist nicht meine Schuld, wenn der Träumer nicht mehr geträumt hat. Vielleicht hat ihn etwas aufgeweckt. Träume sind gewöhnlich bruchstückhaft. Ich habe nicht mehr zu erzählen.[78]

Newman stellt sich mit seinem Gedicht in eine lange Tradition, deren berühmtester Vertreter Dante ist. Doch er versucht nicht mehr zu geben als er hat. Und recht besehen besitzt sein Gedicht eine Rundung und Vollständigkeit, die keinen Zusatz erlaubt. Aber damit ist noch nichts über seine Absicht gesagt. Wozu soll es dienen?

Man kann es als eine moderne *Ars moriendi* betrachten.[79] Es möchte dem Christen das Sterben erleichtern, indem es ihm intellektuelle Anstöße im Hinblick auf die kirchliche Lehre von den Letzten Dingen nimmt und mit den Mitteln der Dichtung seine theoretische Zustimmung zu dieser Lehre in eine reale, von innen kommende, verwandelt. Natürlich wußte Newman, daß die

---

[76] *G. Bernanos*, Die Geduld der Armen. Neue Briefe, übersetzt von H.U. von Balthasar, Einsiedeln 1954, 69 (Brief an Jorge de Lima vom 15.11.1943). Er fährt fort: „Aber es gibt einen Haufen beschränktes Volk, das bloß die Wirklichkeit Zolas gelten läßt."

[77] Zur biblisch begründeten Gattung der Traum- und Visionsliteratur vgl. *D.L. Jeffrey*, Art. Dreams, Visions, in: *Ders.*, (Hg.), A Dictionary of Biblical Tradition in English Literature, Grand Rapids (Mich.) 1992, 213–216. Er charakterisiert Newmans Werk als „a more Dantesque pilgrimage of the soul to God at the hour of death, built formally upon the Requiem Office (richtiger: der *Commendatio animae*), and rich in Allusion to biblical dreams" (ebd. 216).

[78] Vgl. *W. Ward*, Life II (s. Anm. 71) 78; The Letters and Diaries of John Henry Newman Bd. XXI, London 1971, 498 (Brief vom 16. Juni 1865).

[79] Zu dieser Tradition vgl. die schöne Anthologie: Ars moriendi. Die Kunst, gut zu leben und gut zu sterben. Texte von Cicero bis Luther, hg., eingeleitet und übersetzt von *J. Laager*, Zürich (Manesse) 1996.

kirchlichen Gebete, die er dabei mitbenutzt, einem Sterbenden wenig sagen, wenn sie ihm nicht bei Lebzeiten ans Herz gewachsen sind. So ist das Gedicht – wie die alten *Ars moriendi*-Texte auch – in erster Linie als *Lebenshilfe* gedacht.

Am Schluß seines Büchleins „Über die Einsamkeit der Sterbenden" meint der Soziologe Norbert Elias (1897–1990):

> Was Menschen tun können, um Menschen ein leichtes und friedliches Sterben zu ermöglichen, bleibt noch herauszufinden. ... Vielleicht sollte man doch offener und klarer über den Tod sprechen, sei es auch dadurch, daß man aufhört, ihn als Geheimnis hinzustellen. Der Tod verbirgt kein Geheimnis. Er öffnet keine Tür. Er ist das Ende eines Menschen. Was von ihm überlebt, ist das, was er anderen Menschen gegeben hat, was in ihrer Erinnerung bleibt.[80]

„Der Tod verbirgt kein Geheimnis. Er öffnet keine Tür." Woher weiß der Autor das? Diese Überzeugung beruht auf einem nicht weiter begründbaren Glauben. Der christliche Glaube hat immerhin den Vorteil, daß er nicht erst noch herausfinden muß, was Menschen tun können, um Menschen ein leichtes und friedliches Sterben zu ermöglichen.

[80] *N. Elias*, Einsamkeit (s. Anm. 7) 100. Ich danke Dr. Roland Brosch für den Hinweis auf dieses Büchlein.

Erstveröffentlichungen

Die ersten drei Beiträge gehen zurück auf eine Studientagung „Tod, wo ist dein Sieg? Der Glaube an die Auferstehung der Toten“ im Erbacher Hof, Mainz, am 25./26. April 1997. Sie wurden in den von Walter Seidel und Peter Reifenberg herausgegebenen „Materialien“ 1 / 1997 gedruckt. Ähnliches gilt vom Beitrag Nr. 14 (vgl. o. 179 Anm. 1).

2. Die merkwürdigste Geschichte der Welt, in: Ostern – Eine narrative Hinführung zu den neutestamentlichen Überlieferungen: Religionsunterricht heute, Heft 3–4 (1997) 23–27.

6. Eschatologie in der Verkündigung Jesu: SNTU 27 (2002) 155–177. Englisch: Eschatology in the Proclamation of Jesus, in: M. Labahn/ A. Schmidt (Hg.), Jesus, Mark and Q. The Teaching of Jesus and its Earliest Records (JSNT.S 214), Sheffield 2001, 216–238.

7. Spaßkultur und Todeskultur. Das Gleichnis vom reichen Narren (Lk 12,13–34) – damals und heute: EuA 78 (2002) 437–451.

8. Das Jenseits im Neuen Testament: TThZ 110 (2001) 115–132.

9. Die Eschatologie des 1. Petrusbriefs, in: H.-J. Klauck (Hg.), Weltgericht und Weltvollendung. Zukunftsbilder im Neuen Testament (QD 150), Freiburg i.B. 1994, 164–181.

10. „Wir alle müssen erscheinen vor dem Richterstuhl Christi“ (2 Kor 5,10): EuA 75 (1999) 456–468.

11. Barmherzigkeit und Gericht bei Paulus: TThZ 120 (2011) 64–78.

12. „Und das Licht leuchtet in der Finsternis.“ Das johanneische Weltbild, in: D. Zeller (Hg.) Religion und Weltbild (Marburger Religionsgeschichtliche Beiträge 2), Münster 2002, 73–89.

13. Das Buch in der Apokalypse, in: Kirchliches Buch und Bibliothekswesen, Jahrbuch 2004, Rottenburg a.N. 2005, 69–83.

14. Das christliche Geschichtsbild. Seine Herkunft und seine moderne Rezeption, in: F.W. Horn / M. Wolter (Hg.), Studien zur Johannesoffenbarung und ihrer Auslegung. FS Otto Böcher, Neukirchen-Vluyn, 2005, 46–70.

15. Poetik und Theologie des „Dream of Gerontius“ von John Henry Newman, in: Religiosität und Sprache (Mitteilungen für Anthropologie und Religionsgeschichte Bd. 19), Münster 2008, 131–152.

Bibelstellenregister

1. Altes Testament

2. Neues Testament

Autorenregister

Sachregister